선생님이 들려주는
이 책으로 공부해야 하는 이유!

●● **낯선 비문학에 쉽게 다가가기**   비문학을 어렵게 느끼고 다가가기 힘들어하는 학생들이 많습니다. 이 책은 비문학 독해가 낯선 학생들에게 비문학 독해란 무엇이고 어떻게 공부해야 하는지를 친절하게 알려 줍니다. 그리고 호기심을 유발하는 다양한 지문을 제시하여 읽기에 흥미를 갖게 하고 비문학과 차차 친해질 수 있도록 하지요.   − 김경아 선생님

●● **수능까지 내다본 비문학 공부의 첫걸음**   최근 수능 국어에는 정보량이 많은 긴 비문학 지문이 출제되고 있습니다. 수능에서 비문학 독해 능력이 매우 중요해진 것이지요. 이러한 흐름을 볼 때 이제 중학생에게도 비문학 독해 학습이 꼭 필요해졌습니다. 수능까지 내다본 비문학 공부를 시작하기에 이 책은 더없이 좋은 교재입니다. 이 책은 비문학 독해의 개념과 방법을 안내하고 있고, 지문과 문제에서 수능 유형을 충실하게 반영하였습니다. 선생님이자 동시에 예비 중1 아이의 엄마로서, 우리 아이에게도 꼭 필요한 교재라는 생각이 들었습니다.   − 송경님 선생님

●● **깔끔하고 체계적인 구성으로 부담 없는 학습 가능**   이 책은 대체로 지문 1쪽 + 문제 1쪽의 2쪽 구성이 반복되는 단순하고 깔끔한 구성으로 되어 있습니다. 지문의 길이가 적절하고 문제도 2~3개 정도로 많지 않아서, 비문학에 익숙지 않은 중학생들이 부담스럽지 않게 접근할 수 있어요.   − 오정화 선생님

●● **독해력이 강조되는 요즘, 매우 필요하고 활용도 높은 교재**   독해력은 국어 공부뿐만 아니라 모든 학습의 바탕입니다. 독해력의 중요성은 갈수록 강조되고 있고, 자유 학기제나 자유 학년제를 시행하는 학교가 늘면서 교과서 밖 지문을 수업에 활용하는 경우도 많아지고 있습니다. 이 책으로 공부하면 독해력과 어휘력, 사고력을 기를 수 있고, 이는 학교 공부를 잘할 수 있는 바탕이 됩니다.   − 백승재 선생님

●● **자신의 독해를 점검할 수 있는 친절하고 자세한 해설**   이 책은 '정답과 해설'에 전 지문과 문제가 다시 수록되어 있습니다. 제시된 지문 해설을 차근차근 읽으며 지문 분석 능력을 향상시킬 수 있지요. 또 문제마다 정답과 오답의 이유를 상세히 설명해 두어, 지문에서 근거를 찾아 정답을 찾는 방법을 쉽게 익힐 수 있습니다. 본문 학습 후 '정답과 해설'을 보며 자신의 독해를 점검하면 자연스럽게 독해력이 신장되겠죠?   − 허은경 선생님

●● **중학생 수준에 맞는 내용 구성**   지문이 너무 길거나 문제가 너무 많으면 아이들이 지치기 쉽고 독해에 의욕을 잃을 수도 있습니다. 이 책은 지문 분량이 평균 4문단 정도여서 중학생이 읽기에 적절합니다. 글의 난이도도 중학생 수준에 맞추되 다소 쉬운 것과 보다 수준 높은 지문을 적절히 배합하여, 아이들이 학습의 성취감을 느끼며 더 높은 수준에 도전할 수 있도록 이끌어 줍니다.   − 이수진 선생님

●● **자기 주도 학습이 가능한 교재**   이 책은 자기 주도 학습에 효과적인 장치들을 두루 갖추고 있습니다. 지문을 읽기 전에 보조단의 말풍선을 읽으면 독해의 방향을 잡을 수 있어요. 그리고 지문마다 '독해력 Upgrade'가 있어 글을 읽고 문단별 핵심 내용을 정리해 볼 수 있고, '정답과 해설'이 체계적이고 자세해서 자신이 놓친 부분과 잘 이해하지 못한 부분을 쉽게 확인할 수 있어요.   − 양혜민 선생님

●● **필수 어휘를 익히며 어휘력이 탄탄해진다**   이 책은 학생들의 어휘력 향상을 적극적으로 도와줍니다. 매 지문마다 핵심 어휘를 예문으로 확인해 보는 어휘 문제를 제시하였고, 단원별로 어휘 테스트를 2회씩 제공하고 있습니다. 어휘의 뜻을 짚어 보고 예문에 적용해 보면서 어휘력을 업그레이드시킬 수 있어요.   – 김요셉 선생님

●● **독해의 원리에 따른 독해 습관 기르기**   이 책은 독해 실전에 앞서 사실적 · 추론적 · 비판적 · 창의적 독해의 원리를 제시하고 있습니다. 그리고 이러한 독해 원리를 적용하여 독해 훈련을 할 수 있도록 사실적 · 추론적 · 비판적 · 창의적 이해를 확인하는 문제들을 수록하였습니다. 따라서 '지문 읽기 + 문제 풀기'를 반복하면 독해의 원리에 따라 독해하는 습관을 형성할 수 있을 것입니다.   – 고영옥 선생님

●● **기본 개념을 쌓고 문제 해결력도 키운다**   이 책의 지문들은 인문, 사회, 과학 등 각 영역의 주요한 기본 개념들을 다루고 있습니다. 지문을 주의 깊게 읽는 것만으로도 기본 개념을 쌓는 데 큰 도움이 됩니다. 그리고 내용을 파악하는 데 그치지 않고 사고의 확장성을 고려한 문제들이 제시되어서 문제 해결력도 키울 수 있습니다.   – 이한 선생님

●● **비문학 독해, 지금부터 꾸준히 하면 고등학교 국어 공부도 문제없다**   이 책은 총 세 권으로 구성되어 있고 권마다 48개의 지문이 수록되어 있습니다. 이 시리즈를 모두 공부하면 무려 144개의 지문을 읽게 되는 것이고, 문제 푸는 연습도 그만큼 많이 하게 되는 것이죠. 중학생 때 이 교재로 독해 연습을 해나가면 고등학생이 되어서 내신 국어나 수능 국어 비문학을 접할 때 당황하지 않고 문제를 잘 풀어갈 수 있을 것입니다.   – 박영민 선생님

●● **생각하는 힘을 기르고, 세상을 보는 시야가 넓어진다**   줄거리가 있어 이해하기 쉬운 문학에 비해, 비문학은 읽기 꺼려하는 학생들이 많습니다. 비문학 중에서도 학생마다 선호하는 영역이 달라서, 어떤 학생들은 과학을 싫어하기도 하고 어떤 학생들은 사회를 싫어하기도 해요. 하지만 편식이 몸에 좋지 않듯이 읽기도 마찬가지입니다. 중학생 시기에는 다양한 주제의 글을 두루 읽으며 배경지식을 쌓고, 각각의 주제에 대해 생각해 보는 것이 중요합니다. 이 책은 그러한 기회를 제공해 줌으로써 학생들이 생각하는 힘을 기르게 해 줍니다.   – 한혜연 선생님

●● **독해력에 날개를 달 절호의 기회**   항상 우리 아이들에게 읽기 훈련을 체계적으로 시키고 싶어 목말라 했는데, 반갑게도 이 책을 만날 수 있게 되어 기쁩니다. 이 책은 독해 학습에 효과적인 장치들을 체계적으로 구성한 교재입니다. 예비 중1이나 중1 때부터 이 책으로 공부하면, 아이들이 비문학 독해에 대해 가지고 있는 막연한 두려움을 조금씩 없애고 독해력을 무럭무럭 키울 수 있을 것입니다. 중학생들의 독해 실력과 국어 성적에 날개를 달아 줄 이 책을 추천합니다!   – 강윤숙 선생님

교재 개발에 도움을 주신 모든 선생님들께 깊이 감사드립니다.

강기태 서울	강윤숙 인천	고기정 서울	고영옥 서울	김경아 군포	김요셉 서울
김지유 서울	박영민 인천	박용선 서울	백승재 김해	서화양 서울	송경님 이천
심희영 서울	양윤진 서울	양혜민 서울	오정화 서울	윤정희 서울	이수진 용인. 광주
이 한 서울	정은정 인천	최홍민 평택	한혜연 구리	허은경 서울	홍진아 서울

중학 국어

일등급
독해력

1

비문학, 어떻게 공부할까?

왜 비문학 독해를 공부해야 하나요?

하나
비문학 독해란 무엇인가요?
국어에서 '비문학 독해'란 문학 작품이 아닌 한 편의 완결된 글을 읽고 이와 연관된 문제를 푸는 것입니다.

둘
모든 학습의 바탕인 독해력을 기를 수 있습니다.
독해력이 부족하면 국어 공부를 잘할 수 없습니다. 그리고 국어 능력이 부족하면 다른 과목 역시 학업 성취를 기대하기 어렵습니다.

셋
다양한 독서를 통해 사고력을 기를 수 있습니다.
다양한 제재의 글을 읽다 보면 생각의 폭이 넓어집니다. 이러한 사고력은 중·고등학교 생활뿐만 아니라 미래의 삶을 설계하는 데에도 큰 도움이 됩니다.

넷
고등학교 공부의 토대가 됩니다.
최근 수능 국어에서 비문학 영역이 어렵게 출제되고 있으므로, 미리부터 이에 철저하게 대비해야만 수능에서 고득점을 받을 수 있습니다.

어떤 지문이 나오나요?

비문학에서는 인문, 사회, 과학, 기술, 예술, 융합 등 다양한 제재의 지문이 제시됩니다.

제재	지문의 성격
인문	철학, 역사, 심리학, 논리학, 윤리학 등과 관련된 지문이 출제됩니다. 인간의 삶을 둘러싼 매우 근원적인 문제를 다루고 있습니다.
사회	경제, 정치, 법, 언론, 문화 현상 등과 관련된 지문이 출제됩니다. 현대 사회의 특성이나 구체적인 사회 현상을 주로 다루고 있습니다.
과학	물리학, 화학, 생명 과학, 지구 과학 등과 관련된 지문이 출제됩니다. 꼭 알아야 할 중요한 과학 원리나 개념을 다루고 있습니다.
기술	정보 통신 기술, 의학 기술, 산업 기술 등과 관련된 지문이 출제됩니다. 최신 기술의 동향이나 원리를 주로 다루고 있습니다.
예술	미술, 음악, 영화, 사진, 건축 등과 관련된 지문이 출제됩니다. 예술 사조나 예술 기법, 특정 작품에 대한 비평을 주로 다루고 있습니다.
융합	인문·과학의 복합, 예술·기술의 복합과 같이 여러 제재의 내용이 혼합된 지문이 출제됩니다. 지문의 길이가 길고 내용이 어려운 경우가 많습니다.

어떤 문제가 출제되나요?

글을 읽을 때는 사실적 독해, 추론적 독해, 비판적 독해, 창의적 독해가 필요합니다. 따라서 비문학에서는 이러한 독해 능력을 평가하기 위한 문제 유형들이 출제됩니다.

독서의 방법	평가 내용	문제 유형
사실적 독해	글에 드러나 있는 정보를 있는 그대로 이해하고 파악했는가?	• 이 글의 내용과 일치하지 <u>않는</u> 것은? • 이 글의 중심 화제로 가장 적절한 것은?
추론적 독해	글의 전체 맥락을 활용하여 드러나 있지 않은 정보를 이끌어 낼 수 있는가?	• 이 글로 미루어 알 수 있는 것은? • 이 글을 바탕으로 추론한 내용으로 적절하지 <u>않은</u> 것은?
비판적 독해	지문의 내용과 글쓴이의 관점에 대해 비판적으로 판단할 수 있는가?	• 이 글을 읽은 독자의 반응으로 적절하지 않은 것은? • ㉠에 대한 반론으로 가장 적절한 것은?
창의적 독해	이해한 내용을 구체적인 사례나 다른 상황에 적용할 수 있는가?	• ㉠의 예로 가장 적절한 것은? • 이 글을 바탕으로 〈보기〉의 사례를 검토한 내용으로 적절하지 <u>않은</u> 것은?

 어떻게 공부할까요?

하나 매일매일 일정한 분량을 꾸준하게 공부합니다.
다양한 글을 꾸준하게 읽는 것이 독해력 향상의 지름길입니다.

둘 비문학 지문의 특성과 문제 유형을 알아 둡니다.
비문학에서 주로 어떤 지문이 제시되는지, 어떤 문제 유형이 출제되는지 익혀 두면 지문 독해 및 문제 풀이에 도움이 됩니다.

셋 지문을 읽고 나면 내용을 요약하고 주제를 정리해 봅니다.
하나의 글에는 많은 정보가 담겨 있습니다. 독해 후에 문단별로 내용을 요약하고 전체 주제를 정리하는 연습을 반복해야 독해력이 향상됩니다.

넷 틀린 문제는 틀린 이유를 반드시 확인합니다.
비문학 문제는 지문 안에 답의 근거가 있습니다. 문제를 틀렸다면 지문을 다시 읽어 보고 왜 그 문제를 틀렸는지 확인해야 합니다.

다섯 모르는 어휘가 나왔을 때는 꼭 그 의미를 익혀 둡니다.
어휘의 사전적 의미를 익히고, 그 어휘가 문장에서 어떻게 활용되는지 확인합니다.

구성과 특징

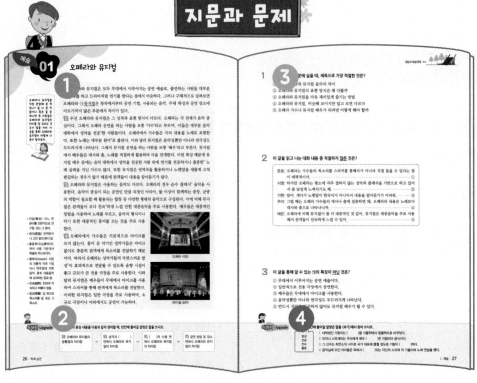

1 다양한 주제와 난이도의 지문

- 수능이나 모의고사에 출제될 가능성이 높은 다양한 주제를 뽑은 다음, 중학생 수준에 맞게 내용을 윤문하여 지문으로 제시했습니다.
- 지문의 순서는 길이와 난이도 등을 고려하여 배치했습니다. 제시된 순서대로 공부하면서 점차 어려운 지문에 도전해 보세요.
- 지문 안내 장치를 마련하여 독해의 방향을 잡도록 했습니다.

2 독해 연습 장치인 독해력 Upgrade

- 글의 전체 흐름을 파악하고 문단별 중심 내용을 요약해 볼 수 있는 학습 장치를 제시했습니다.
- 빈칸을 채우며 독해력 향상 훈련을 해 보세요.

3 다양한 유형의 우수한 문제

- 사실, 추론, 비판, 창의 등 다양한 유형의 문제를 수록했습니다.
- 지문을 읽은 후 문제를 풀면서 지문을 바르게 독해했는지 꼭 확인해 보세요.

4 어휘 연습 장치인 어휘력 Upgrade

- 지문이나 문제에 나왔던 어휘의 의미를 제대로 알고 있는지 확인할 수 있는 학습 장치를 제시했습니다.
- 틀린 문제가 있다면, 복습을 통해 어휘의 뜻을 확실히 익혀 두세요.

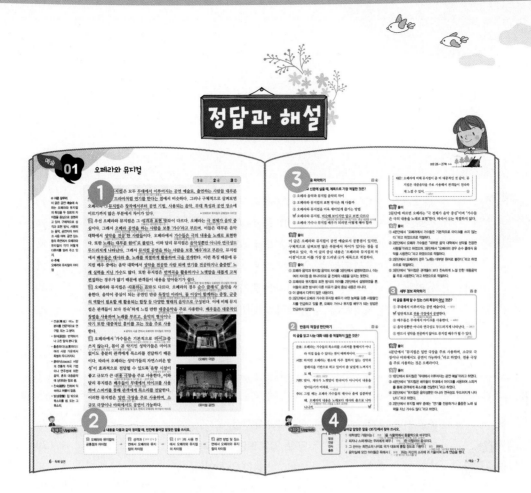

1 꼼꼼한 지문
분석과 주제

♥ 전 지문을 재수록한 다음 핵심 내용, 문장 간의 관계, 내용 전개 방식 등
글의 내용과 구조를 꼼꼼하게 분석했습니다.

♥ 독해의 방향을 제대로 잡았는지 확인할 수 있도록 지문 해제와 주제를
제시했습니다.

♥ 제시된 자료를 참고하여 지문을 바르게 독해했는지 확인해 보세요.

2 독해력 Upgrade
정답

♥ 〈독해력 Upgrade〉의 정답을 확인한 다음, 자신이 요약한 내용과 차이
가 있는지 비교해 보세요.

♥ 차이가 있다면, 지문을 다시 읽으며 내용을 정리해 보세요.

3 친절한 문제
분석과 해설

♥ 전 문제를 재수록한 다음 〈보기〉와 선택지를 꼼꼼하게 분석했습니다.

♥ 정답과 오답의 이유를 알기 쉽게 풀어서 해설했습니다.

♥ 틀린 문제가 있다면, 틀린 이유를 정확하게 파악해 보세요.

4 어휘력 Upgrade
정답

♥ 〈어휘력 Upgrade〉의 정답을 확인한 다음, 어휘의 뜻을 바르게 알고 있
는지 확인해 보세요.

♥ 틀린 문제가 있다면, 복습을 통해 어휘의 뜻을 확실히 익혀 두세요.

이 책의 차례

| 책 속의 책 | **정답과 해설** (전 지문과 문제를 재수록하여 알기 쉽게 해설하였습니다.)

학습 계획표

권장 학습 플랜

◎ 이 교재는 쉬운 지문부터 어려운 지문까지 순차적으로 공부할 수 있도록 구성하였습니다.
◎ 하루에 3지문씩 차례대로 공부하여 18일 안에 비문학 독해 공부를 마무리합니다.

학습 날짜(월/일)			학습 내용	틀린 문제	복습 계획
1일차(	월	일)	독해 원리 01 ~ 03		
2일차(	월	일)	독해 원리 04 ~ 06		
3일차(	월	일)	예술 01 ~ 03		
4일차(	월	일)	예술 04 ~ 06		
5일차(	월	일)	예술 07 ~ 09		
6일차(	월	일)	사회 01 ~ 03		
7일차(	월	일)	사회 04 ~ 06		
8일차(	월	일)	사회 07 ~ 09		
9일차(	월	일)	인문 01 ~ 03		
10일차(	월	일)	인문 04 ~ 06		
11일차(	월	일)	인문 07 ~ 09		
12일차(	월	일)	과학 01 ~ 03		
13일차(	월	일)	과학 04 ~ 06		
14일차(	월	일)	과학 07 ~ 09		
15일차(	월	일)	기술 01 ~ 03		
16일차(	월	일)	기술 04 ~ 06		
17일차(	월	일)	기술 07 ~ 09		
18일차(	월	일)	융합 01 ~ 03		

나만의 학습 플랜

◎ 자신의 학습 능력과 상황에 따라 꾸준하게 공부하는 것이 가장 중요합니다.
◎ 스스로 학습 계획을 세우고 반드시 지킬 수 있도록 노력해 보세요.

학습 날짜(월/일)	학습 내용	틀린 문제	복습 계획
1일차(월 일)			
2일차(월 일)			
3일차(월 일)			
4일차(월 일)			
5일차(월 일)			
6일차(월 일)			
7일차(월 일)			
8일차(월 일)			
9일차(월 일)			
10일차(월 일)			
11일차(월 일)			
12일차(월 일)			
13일차(월 일)			
14일차(월 일)			
15일차(월 일)			
16일차(월 일)			
17일차(월 일)			
18일차(월 일)			

독해 원리

아자! 힘내~

비문학 문제 유형

사실적 독해 ①

중심 화제 찾기

중심 화제를 찾아야 하는 이유

✿ 중심 화제는 글에서 중요하게 다루고 있는 대상입니다.

✿ 어떠한 글이 '무엇'에 대해 이야기하고 있다고 할 때 그 '무엇'에 해당합니다.

✿ 중심 화제를 찾아야 글의 핵심 내용을 놓치지 않고 바르게 이해할 수 있습니다.

중심 화제를 찾는 방법

✿ 글 속에서 반복적으로 나타나는 어휘가 무엇인지 확인합니다.

✿ 글을 읽어 가며 글쓴이가 '무엇'에 대해 말하고 있는지 확인합니다.

✿ 대체로 글의 첫 문단에서 중심 화제를 제시하며 독자의 주의를 환기하는 경우가 많습니다.

1 다음 글의 중심 화제로 알맞은 것은?

> 씨름은 두 사람이 샅바를 잡고 힘과 재주를 부리어 먼저 넘어뜨리는 것으로 승부를 겨루는 우리 고유의 운동이다. 이를 위한 씨름 기술에는 허리 기술, 다리 기술, 손 기술 등이 있다. 허리 기술은 상대방을 자기 앞으로 끌어당겨서 부리는 여러 가지 기술을 말한다. 그리고 다리 기술은 상대방을 자기의 다리로 걸고 부리는 기술, 손 기술은 손을 사용하여 부리는 기술을 말한다

① 씨름의 기술　　　　　　　　② 씨름의 기원

③ 씨름의 종류　　　　　　　　④ 씨름의 발달 과정

⑤ 씨름이 열리는 장소

2 다음 글의 제목으로 가장 적절한 것은?

> 우리가 살고 있는 지구와 가장 가까운 행성은 금성이다. 금성은 태양계에서 지구와 수성 사이에 위치하며, 지구와 가장 가까울 때는 약 4,100만km 정도 떨어진 곳에 있다. 우주에서 볼 때 금성과 지구는 크기가 비슷하기 때문에 마치 쌍둥이별처럼 보인다. 이처럼 금성은 지구와 거리도 가깝고 크기도 비슷해서, 어떤 사람들은 '혹시 외계인이 살고 있는 것은 아닐까?'라고 생각하기도 했다. 그러나 탐사 결과 생물체가 전혀 살 수 없는 곳으로 밝혀졌다.
>
> 금성의 이름에는 여러 가지가 있었다. 우리 선조들은 저녁에 보이는 금성과 새벽에 보이는 금성을 다른 이름으로 구분하여 불렀다. 우리나라에서는 저녁에는 서쪽 하늘에서, 새벽에는 동쪽 하늘에서 금성을 자주 볼 수 있다. 보통 해가 진 후 또는 해가 뜨기 전 약 3시간에 걸쳐 반짝이는 모습을 보여 준다. 저녁에 보이는 금성을 '개밥바라기' 또는 '태백성'이라고 불렀고, 새벽에 보이는 금성을 '샛별' 또는 '계명성'이라고 불렀다.

독해 Tip

글의 제목과 중심 화제
일반적으로 제목은 글의 화제와 중심 내용을 포괄하고 있다. 따라서 글의 제목을 묻는 것은 글의 중심 화제를 묻는 것과 유사한 의미를 지닌다.

① 금성의 역사　　　　　　　　② 금성의 과학적 중요성

③ 지구와 금성의 공통점과 차이점　　　④ 지구와 비슷한 태양계의 행성들

⑤ 지구와 닮은 금성의 특징과 여러 이름들

3 다음 글의 중심 화제로 가장 적절한 것은?

'의궤'는 조선 시대에 국가의 중요한 의식이나 행사를 글과 그림으로 기록한 자료이다. 이러한 의궤는 내용이 자세하여 국가의 중요한 일에 대한 종합 보고서라 할 수 있다.

의궤의 종류에는 왕실의 행사에 관한 의궤, 나라의 행사에 관한 의궤, 건축물에 관한 의궤 등이 있다. 왕실의 행사와 관련된 의궤에는 왕의 출생, 세자 책봉, 결혼식, 즉위식, 장례식 등의 진행 과정이 나타나 있다. 나라의 행사와 관련된 의궤에는 돌아가신 왕에게 제사를 지내는 일, 외국의 사신을 맞이하는 일 등이 기록되어 있다. 건축물에 관한 의궤에는 성곽이나 궁궐을 짓거나 수리하는 내용이 자세하게 나타나 있다.

의궤는 역사적 자료로서의 가치가 높다. 의궤는 조선 시대의 행사나 의례♥를 재현하고 당시의 건축물을 복원♥하는 중요한 자료로 쓰이기 때문이다. 이 자료 덕분에 우리는 왕실의 일상을 포함하여 세종 즉위식, 영조 시대의 잔치 의식, 고종의 결혼식 등 왕실 행사를 오늘날 그대로 재현할 수 있다. 수원 화성은 임진왜란과 일제 강점기에 훼손되었지만 의궤 중 하나인 《화성성역의궤》 덕분에 원형대로 복원되었다. 이처럼 자세한 설계도를 담은 기록물은 어느 나라에서도 쉽게 찾아볼 수 없다.

♥ 의례(儀禮): 행사를 치르는 일정한 법식. 또는 정하여진 방식에 따라 치르는 행사.
♥ 복원(復元): 원래대로 회복함.

① 의궤의 뜻과 유래
② 의궤의 종류와 가치
③ 왕실 행사의 종류와 특징
④ 왕실 행사의 절차와 재현 방법
⑤ 의궤의 쓰임과 수원 화성의 복원 과정

4 다음 글의 중심 화제로 가장 적절한 것은?

우리나라 고인돌은 동북아시아 고인돌 문화를 대표한다. 그중에서도 제주도 고인돌은 초기 철기 시대의 고인돌보다 발전된 형태로서 우리나라의 다른 지역에서는 찾아볼 수 없는 형식이다. 그래서 전 세계가 그 문화적 가치에 주목하고 있다.

제주도 고인돌은 대부분 단독으로 자리한다. 비록 고인돌이 모여 있다 할지라도 수십에서 수백 미터의 일정한 간격을 유지하고 있다. 전남 지방의 고인돌이 약 330제곱미터 안에 모두 모여 있는 모습과는 대조적이다. 제주도 고인돌은 만드는 방식도 독특하다. 바닥에 네 개의 기둥 돌을 놓고 그 위에 덮개돌을 얹어 만들었다. 그리고 덮개돌 윗면에는 여러 개의 홈을 파 놓았다. 이 홈은 다산과 풍요를 상징한다.

현재 제주도에 남아 있는 고인돌의 수는 120여 기♥이다. 제주도의 고인돌이 우리나라에서 가장 늦게까지 만들어졌음을 고려하면 남아 있는 수가 그리 많지 않은 편이다. 그 까닭은 제주도 고인돌의 재료가 현무암이라서 다른 지역의 고인돌에 비해 깨지기 쉽고, 고인돌이 있던 지역에 촌락이 생겨 많이 훼손되었기 때문이다.

♥ 기(基): 무덤, 비석, 탑 따위를 세는 단위.

① 제주도 고인돌의 유래
② 제주도 고인돌의 특징
③ 우리나라 고인돌의 역사
④ 우리나라 고인돌의 재료
⑤ 동북아시아 고인돌의 종류

문단의 중심 내용 파악하기

문단의 중심 내용을 파악해야 하는 이유
- 문단이란 여러 개의 문장을 하나의 주제 아래 묶은 글의 단위를 말합니다.
- 하나의 글은 여러 개의 문단으로 구성되어 있으며, 문단과 문단은 밀접한 관계를 맺고 있습니다.
- 글 전체의 핵심 내용을 파악하기 위해서는 먼저 각 문단의 중심 내용을 파악해야 합니다.

문단의 중심 내용을 파악하는 방법
- 중심 문장과 뒷받침 문장을 구별하여 중심 문장을 찾습니다.
- 중심 화제에 관한 내용을 포괄적으로 담고 있는 문장을 찾습니다.
- 중심 문장이 없을 경우에는 각 문장이 담고 있는 내용을 종합하여 중심 내용을 정리합니다.

1 다음 글의 중심 내용으로 알맞은 것은?

> 웃음은 최고의 보약이라는 말이 있다. 그만큼 웃음은 우리를 건강하게 해 준다. 웃음은 혈압을 낮추고 혈액 순환에도 도움을 주어 면역 체계와 소화 기관을 안정시킨다. 또 산소 공급을 두 배로 증가시켜 몸이 일시에 시원해지는 기분을 느끼게 해 준다. 웃으면서 분비되는 호르몬은 육체적 피로와 통증을 잊게 해 주고, 여러 가지 스트레스를 이겨 낼 수 있게 해 준다.

① 웃음은 혈압을 낮춘다.
② 웃음은 혈액 순환에 도움을 준다.
③ 웃음은 우리를 건강하게 해 준다.
④ 웃음은 산소 공급을 두 배로 증가시킨다.
⑤ 웃음은 육체적 피로와 통증을 잊게 해 준다.

2 다음 글에서 둘째 문단의 중심 문장으로 알맞은 것은?

> 건축에서 문의 방향을 결정짓는 요인은 크게 세 가지 정도로 꼽을 수 있다. 첫째는 공간의 활용, 둘째는 비상시의 대피, 셋째는 행동 과학이 그것이다.
> ㉠아파트를 제외한 주택에서 현관문의 여닫는 방향을 결정하는 요인은 공간 활용의 측면이 강하다. ㉡신발을 신고 실내로 들어가는 외국과 달리 우리나라 사람들은 신발을 벗고 실내로 들어간다. ㉢즉 신발을 벗어 둘 공간이 필요한 것이다. ㉣만약 현관문이 안쪽으로 열린다면 문을 열 때마다 현관의 신발들이 이리저리 쓸려 다닐 것이다. ㉤물론 현관이 충분히 넓다면 상관없겠지만 일반적으로 사람들은 현관보다는 방 공간이 더 넓기를 바란다.

독해 Tip

중심 문장과 뒷받침 문장
- 중심 문장: 문단의 중심 화제와 핵심 내용을 포괄적으로 담고 있는 문장.
- 뒷받침 문장: 중심 문장의 내용을 보다 상세하고 구체적으로 나타내어 중심 문장을 뒷받침하는 문장.

① ㉠   ② ㉡   ③ ㉢   ④ ㉣   ⑤ ㉤

3 다음 글에서 둘째 문단의 중심 문장으로 알맞은 것은?

냉장고는 현대 문명 중에서 가장 우리 생활 깊숙이 자리 잡은 필수품이다. 요즘 사람들은 냉장고 없이 사는 것은 아예 상상도 해 보지 않았을 것이다. 그러나 이 편리한 냉장고로 인해 우리는 매우 소중한 것들을 잃어 가며 살고 있다.

냉장고는 단지 음식을 저장하는 곳일 뿐인데 그것을 통해 무엇을 잃을까라고 생각할지 모른다. ㉠그러나 우선 냉장고가 있으면 언제 먹을지도 모를 음식을 보관하기 위해 전기를 잃게 되고 전기를 만드는 연료를 잃게 된다. ㉡무엇보다 가장 심각한 손실은 인정(人情)을 잃는다는 데 있다. ㉢냉장고가 없던 시절에는 내 식구가 먹고 남을 정도의 음식을 만들거나 얻게 되면 미련 없이 이웃과 나누어 먹었다. ㉣그런데 냉장고가 생기면서 이웃과 음식을 나누어 먹던 풍습이 사라졌다. ㉤냉장고에 음식을 넣어 두면 일주일이고 한 달이고 천천히 내 식구만 먹는 것이 가능해졌기 때문이다.

① ㉠   ② ㉡   ③ ㉢   ④ ㉣   ⑤ ㉤

4 다음 글의 중심 내용으로 가장 적절한 것은?

〈승정원일기〉는 승정원의 업무 일지로, 조선 초기부터 작성되기 시작하였으나 화재로 인해 현재는 1623년부터 1910년까지의 기록만 남아 있다. 〈승정원일기〉는 조선 시대에 국가의 정책이 어떻게 운영되었는지 이해하는 데 큰 도움을 준다. 승정원은 왕명의 출납, 왕의 음식과 건강 관리, 경호 등을 담당하던 기관으로, 왕의 국정 운영을 보조하였다. 승정원의 관리인 주서는 왕을 그림자처럼 따라다니며 왕의 언행♥ 하나하나를 속기♥로 적었을 뿐만 아니라 왕과 신하가 주고받은 이야기까지 낱낱이 기록했다. 이에 따라 〈승정원일기〉에는 국가 정책과 관련된 보고 내용과 왕의 지시 사항 등이 자세하게 기록되어 있다. 이러한 〈승정원일기〉를 통해 우리는 조선 시대에 정책이 결정되고 진행되는 과정 등을 매우 구체적이고 상세하게 파악할 수 있다.

♥ 언행(言行): 말과 행동을 아울러 이르는 말.
♥ 속기(速記): 꽤 빨리 적음.

① 〈승정원일기〉는 승정원의 업무 일지이다.
② 승정원은 왕의 국정 운영을 보조하던 기관이다.
③ 승정원의 관리는 왕의 언행을 자세히 기록했다.
④ 〈승정원일기〉는 화재로 인해 일부의 기록만 남아 있다.
⑤ 〈승정원일기〉는 조선 시대의 국가 정책 운영을 이해하는 데 도움을 준다.

추론적 독해 ①

생략된 내용 추론하기

생략된 내용을 추론해야 하는 이유
❀ 추론은 어떠한 판단을 근거로 삼아 다른 판단을 이끌어 내는 사고 과정입니다.
❀ 글쓴이가 모든 내용을 다 글로 표현하지는 않기 때문에 글을 읽을 때는 추론적 독해가 필요합니다.
❀ 생략된 내용의 추론은 글에 드러나 있는 정보를 바탕으로 생략되어 있는 정보를 추리하는 활동입니다.

생략된 내용을 추론하는 방법
❀ 생략된 내용을 파악하기 위해서는 먼저 겉으로 드러나 있는 정보를 정확하게 해석해야 합니다.
❀ 지시어와 접속어 등에 유의하여 내용 간의 논리적 연결 관계를 살펴봅니다.
❀ 글 전체의 흐름에 비추어 생략된 내용을 추리합니다.

1 ⓐ에 들어갈 말로 알맞은 것은?

> 민화에는 서민들의 소망이 담겨 있다. 서민들은 민화를 통하여 부귀, 화목, 장수를 빌었다. 예를 들어 부귀를 바랄 때에는 활짝 핀 맨드라미나 잉어를 그렸다. 화목을 바랄 때에는 어미 새와 여러 마리의 새끼 새가 함께 있는 모습을 그렸다. 또 장수를 바랄 때에는 바위나 거북 등을 그렸다.
> 민화에는 나쁜 기운을 물리치고자 하는 서민들의 바람도 담겨 있다. 나쁜 귀신을 쫓아내고 사악한 것을 물리치기 위해 해태♥, 닭, 개 등을 그렸다. 불이 나지 않기를 바라는 마음에서 전설의 동물 해태를 그려 부엌에 걸었다. 또 어둠을 밝히고 잡귀를 쫓아내기 위해 닭을 그려 문에 걸었다. (ⓐ   ) 개를 그려 곳간에 걸었다.

♥ 해태: 시비와 선악을 판단하여 안다고 하는 상상의 동물. 사자와 비슷하나 머리에 뿔이 있다고 한다.

① 농사가 잘되기를 바라는 마음에서
② 도둑이 들지 않기를 바라는 마음에서
③ 옷감이 떨어지지 않기를 바라는 마음에서
④ 물독에 물이 늘 가득하기를 바라는 마음에서
⑤ 식구들이 화목하게 지내기를 바라는 마음에서

2 ㉠에 들어갈 문장으로 알맞은 것은?

> 태양 광선은 가시광선, 적외선, 자외선 등 여러 가지 빛으로 이루어져 있다. 이 빛들은 각각 다른 특징을 가지고 있다. 이 중에서 자외선은 가시광선의 보랏빛 바깥쪽에 있는 빛이다. (㉠   ) 자외선의 이러한 성질을 이용하여 여러 가지 기구를 만든다. 자외선 살균 소독기는 병원의 의료 기구나 식당의 그릇을 소독하는 데 이용된다. 그런데 자외선에 지나치게 노출되면 화상을 입거나 피부염이 생긴다. 그래서 자외선이 강한 여름에는 자외선 차단제나 양산을 사용하는 것이 좋다.

① 자외선은 광합성을 돕는다.   ② 자외선은 피부를 검게 한다.
③ 자외선은 살균 효과가 있다.   ④ 자외선은 화상의 원인이 된다.
⑤ 자외선은 혈액 순환을 돕는다.

3 글의 흐름을 고려할 때 ㉮에 들어갈 내용으로 가장 적절한 것은?

> 시장이 새롭게 형성되는 초반에는 생산자나 소비자가 많지 않고 그 존재 여부도 잘 알려지지 않아 경쟁자가 거의 없기 마련이다. 이러한 시장을 경제학에서는 평화로운 푸른 바다를 의미하는 '블루 오션(blue ocean)'이라고 한다. 예를 들어 어느 한 기업이 즉석 밥을 최초로 판매하면 즉석 밥의 편리함에 반한 소비자들이 몰리면서 큰 시장을 형성하게 되고 이 기업은 독점적으로 많은 이익을 얻게 된다. 이렇게 다른 경쟁자가 거의 없는 시장이 바로 블루 오션이다.
>
> 그러나 블루 오션은 시간이 흐르면서 더 이상 블루 오션이 아닐 수 있다. 이익을 얻고자 하는 새로운 기업들이 해당 시장에 뛰어들면 경쟁이 발생하기 때문이다. 앞서 언급한 즉석 밥의 경우, 다른 기업들도 새로운 즉석 밥을 시장에 내놓으면서 경쟁 업체들은 소비자의 선택을 받기 위해 치열한 경쟁을 하게 된다. 이러한 시장 상황을 바다의 포식자♥들이 먹이를 낚아채기 위해 서로 경쟁하는 상황에 비유하여 '레드 오션(red ocean)'이라고 한다. 즉 레드 오션은 (㉮)

♥포식자(捕食者): 다른 동물을 먹이로 하는 동물.

① 기존에 없던 제품을 만들어 새로운 시장을 개척한 상태를 말한다.
② 경쟁에 밀린 업체들이 시장에서 빠져나가 경쟁이 사라진 상태를 말한다.
③ 경쟁 업체들이 고객을 확보하기 위해 치열한 경쟁을 벌이는 상태를 말한다.
④ 기존에 인기 있던 제품에 새로운 아이디어를 적용하여 새 시장을 형성한 상태를 말한다.
⑤ 시장의 규모가 알려지지 않거나 본격적인 시장 형태가 갖추어지지 않은 상태를 말한다.

4 글의 흐름으로 보아 Ⓐ에 들어갈 말로 가장 적절한 것은?

> 오늘날 광고에 동원되는 수단은 매우 다양하며 그것은 실제로 우리의 사고와 감성에 영향을 주고 있음을 부정할 수 없다. 1950년대에 실시된 한 심리학적 실험 결과가 의미하는 바가 무엇인가를 음미♥해 보면 이 문제의 심각성을 이해할 수 있으리라 믿는다.
>
> 1950년대에 미국의 한 광고 회사는 뉴저지주의 한 극장에서 영화를 상영하면서 5초마다 3천분의 1초 동안 "팝콘을 먹자."와 "콜라를 마시자."라는 문구를 영화에 끼워 내보냈다. 3천분의 1초는 우리가 의식적으로 지각♥하지 못할 정도로 짧은 시간이다. 그러나 놀랍게도 이렇게 한 후 팝콘은 57.5퍼센트, 그리고 콜라는 18.1퍼센트나 판매가 늘어났다고 한다.
>
> 일상적인 정보 메시지는 수용자가 그것을 의식하지만 어떤 정보는 수용자가 모르는 사이에 지각되기도 한다. 이를 전문적인 용어로는 역하 지각(閾下知覺)이라 하는데, 수용자가 그것을 통제할 수 없다는 특징을 갖는다. 따라서 앞에서 언급한 실험 결과는 (Ⓐ) 말해 주고 있다.

♥음미(吟味): 어떤 사물 또는 개념의 속 내용을 새겨서 느끼거나 생각함.
♥지각(知覺): 감각 기관을 통하여 대상을 인식함. 또는 그런 작용.

① 인간의 의식을 수량화하여 설명하는 일에 성공했음을
② 광고가 인간의 행위를 통제할 가능성이 있다는 사실을
③ 상업 광고를 하기에는 영화가 적합하지 않은 매체라는 점을
④ 현대 사회에서 광고의 폐해를 쉽게 극복할 수 있다는 사실을
⑤ 1950년대 미국에서는 영화와 광고가 밀접한 관계에 있었음을

원리 **4** 추론적 독해 ②

새로운 내용 추론하기

> **새로운 내용을 추론해야 하는 이유**
> ✿ 독자는 겉으로 드러나 있는 내용뿐만 아니라 미루어 짐작할 수 있는 내용, 숨어 있는 정보, 새로운 의미 등을 생각하며 글을 깊이 있게 읽어야 합니다.
> ✿ 새로운 내용의 추론은 글에 직접적으로 드러나지 않은 정보를 추론하며 의미를 심화하는 활동입니다.
>
> **새로운 내용을 추론하는 방법**
> ✿ 겉으로 드러나 있는 정보를 정확하게 해석하고 글의 구조와 흐름을 파악합니다.
> ✿ 글 전체의 내용과 흐름에 비추어 새로운 내용을 추리합니다.
> ✿ 새로운 내용을 추리할 때, 그에 대한 근거를 글 속에서 찾을 수 있는지 확인합니다.

1 ⓐ를 줄일 수 있는 실천 방안으로 가장 적절한 것은?

> 사람도 ⓐ빛 공해의 피해를 입고 있다. 우리나라의 도시에 사는 아이들은 시골에 사는 아이들보다 안과를 자주 찾는다. 세계적으로 유명한 과학 잡지 《네이처》에서는 밤에 항상 불을 켜 놓고 자는 아이의 34퍼센트가 근시♥라는 조사 결과를 발표했다. 불빛 아래에서는 잠드는 데 걸리는 시간인 수면 잠복기가 길어지고 뇌파도 불안정해진다. 이 때문에 도시의 눈부신 불빛은 아이들의 깊은 잠을 방해하고 있는 것이다.

♥ 근시(近視): 가까운 데 있는 것은 잘 보아도 먼 데 있는 것은 선명하게 보지 못하는 시력.

① 나무를 많이 심자.　　② 과학 잡지를 읽자.
③ 불필요한 전등은 끄자.　　④ 일회용품 사용을 줄이자.
⑤ 일찍 자고 일찍 일어나자.

2 ㉠, ㉡에 대해 추론한 내용으로 가장 적절한 것은?

> 인간은 누구나 ㉠사유 공간(私有空間)을 필요로 한다. 그러나 전체 인구가 현재의 수준에 머문다고 하더라도 제한된 전체 생활 공간을 고려한다면 개인의 사유 공간은 적정 공간의 한계를 넘을 수 없을 것이다. 따라서 윤리적으로 바람직한 것은 사유 공간을 최소한으로 줄이고 그 대신 여러 사람들이 함께 사용할 수 있으면서 사유 공간의 기능도 할 수 있는 ㉡공유 공간(公有空間)을 최대한으로 하는 것이다. 내가 하나의 공간을 독점함으로써 나에게 편리한 점도 많겠으나, 그것이 다른 많은 사람들에게 어떤 불편을 줄 것인지를 의식하는 것이 네거티비즘♥적인 사고이다.

♥ 네거티비즘(negativism): 부정주의 혹은 소극주의 정도로 해석할 수 있음. 여기서는 건축 행위가 가져올 수 있는 부정적인 결과를 사전에 고려해 보자는 사고방식을 뜻함.

① ㉠을 무한정 늘리는 것이 윤리적으로 바람직하다.
② ㉠의 기능은 인구가 늘어나면 필요하지 않게 된다.
③ ㉡은 다른 사람의 불편을 고려하지 않는다.
④ ㉡은 생활 공간의 부족을 해결하는 대안이 된다.
⑤ ㉠은 ㉡보다 여러 사람들이 함께 사용하기에 유리하다.

3 글쓴이가 다음 글을 쓰기 전에 가졌을 의문으로 적절하지 <u>않은</u> 것은?

> 옛날부터 '3'은 신성한 숫자로 여겨졌다. 이는 옛사람들이 해보다 달을 더 우러러보았던 관습에서 비롯되었다. 농경 사회에서 달은 풍요의 여신으로 숭배되었다. 달은 초승달, 보름달, 그믐달 세 가지의 모습으로 변한다. 이것은 풍요의 여신인 달을 더욱 신성한 존재로 여기게 했을 뿐만 아니라, '3'이라는 숫자도 신성한 숫자로 여기게 만들었다. 신화나 동화에서 '3'이 자주 등장하게 된 것도 이 때문일 것이다.
>
> 예를 들어, 그리스 신화에서 제우스는 신들의 제왕이 되고 나서 천하를 3등분했다. 자신은 하늘을 다스리고 하데스에게 땅 밑을, 포세이돈에게 바다를 다스리게 했다. 보는 사람마다 돌로 변하게 하는 메두사는 3자매 중 한 명이다. 손이 100개, 머리가 50개나 달렸던 헤카톤케이레스와 둥근 외눈박이 괴물 키클로페스는 3형제다. 전 세계 동화에는 삼 형제 이야기뿐 아니라 세 자매 이야기가 많다. 우리나라의 신화나 전설에도 숫자 '3'이 흔하게 나오는 것은 단순한 우연이 아니다. 단군 신화에서는 환인, 환웅, 단군이 삼신으로 나온다. 또 환웅은 천부인˙ 3개와 3,000명을 이끌고 태백산 꼭대기의 신단수˙ 밑으로 내려왔다.

˙천부인(天符印): 단군 신화에서, 환웅이 환인으로부터 받았다고 하는 세 개의 물건.
˙신단수(神壇樹): 단군 신화에서, 환웅이 처음 하늘에서 그 밑으로 내려왔다는 신성한 나무.

① 3에 대한 옛사람들의 생각은 현대에도 이어질까?
② 옛사람들이 3을 신성하게 여긴 까닭은 무엇일까?
③ 신화나 동화에 3이 자주 등장하는 까닭은 무엇일까?
④ 3에 대한 옛사람들의 생각을 어디에서 찾을 수 있을까?
⑤ 3에 대한 생각은 우리나라 신화나 전설에 어떻게 나타나고 있는가?

4 다음 글의 '이에 느낀 것'으로 가장 적절한 것은?

> 행랑채가 퇴락˙하여 지탱할 수 없게끔 된 것이 세 칸이었다. 나는 마지못하여 이를 모두 수리하였다. 그런데 그중의 두 칸은 비가 샌 지 오래되었으나, 나는 그것을 알면서도 이럴까 저럴까 망설이다가 손을 대지 않았던 것이고, 나머지 한 칸은 처음 비가 샐 때 서둘러 기와를 갈았던 것이다. 이번에 수리하려고 보니 비가 샌 지 오래된 것은 그 서까래, 추녀, 기둥, 들보˙가 모두 썩어서 못 쓰게 된 까닭으로 수리비가 엄청나게 들었고, 한 번밖에 비가 새지 않았던 한 칸의 재목들은 온전하여 다시 쓸 수 있었기 때문에 그 비용이 많이 들지 않았다.
>
> 나는 <u>이에 느낀 것</u>이 있었다. 사람의 경우도 마찬가지라는 사실을. 잘못을 알고서도 바로 고치지 않으면 곧 그 자신이 나쁘게 되는 것이 마치 나무가 썩어서 못 쓰게 되는 것과 같다. 잘못을 알고 고치기를 꺼리지 않으면 해(害)를 받지 않고 다시 착한 사람이 될 수 있으니, 저 집의 재목처럼 말끔하게 다시 쓸 수 있는 것이다. — 이규보, 〈이옥설˙〉

˙퇴락(頹落): 낡아서 무너지고 떨어짐.

˙들보: 칸과 칸 사이의 두 기둥을 건너지르는 나무.

˙이옥설(理屋說): '이옥'은 '집을 수리하다'의 뜻이고, '설'은 한문 수필의 한 양식이다.

① 잘못이 있으면 즉시 고쳐야 한다.
② 재산이 있어야 남을 도울 수 있다.
③ 자연재해에 철저히 대비해야 한다.
④ 남의 잘못을 용서하며 살아야 한다.
⑤ 좋은 일과 나쁜 일을 구분하기는 어렵다.

원리 5 비판적 독해

글의 내용 평가하기

글의 내용을 평가해야 하는 이유

✿ 비판은 객관적 근거를 바탕으로 글의 내용에 대해 논리적으로 판단하는 사고 과정입니다.

✿ 글을 읽을 때는 그 내용이나 의견을 그대로 수용하는 것이 아니라 비판적으로 독해해야 합니다.

✿ 글의 내용 평가는 내용의 타당성과 공정성, 자료의 정확성과 적절성 등을 평가해 보는 활동입니다.

글의 내용을 평가하는 방법

✿ 비판적 독해가 이루어지기 위해서는 먼저 사실적 독해와 추론적 독해가 충실하게 이루어져야 합니다.

✿ 글에 나타난 내용과 그 근거, 글쓴이의 주장과 의견 등을 파악합니다.

✿ 파악한 내용과 근거, 주장과 의견의 타당성을 판단해 봅니다.

---

1 다음 글에 제시된 내용에 대한 의견으로 적절하지 <u>않은</u> 것은?

> 세계 각국은 씨앗에 대한 소유권을 얻기 위해 경쟁하고 있다. 우리나라는 씨앗 소유권에 대한 인식이 부족하여 경제적으로 많은 손실을 보고 있다. '수수꽃다리', '나리', '구상나무' 등의 씨앗은 우리도 모르는 사이에 해외로 빠져나갔다. 이 씨앗들은 품종이 개량되어 비싼 값에 역수입되고 있다. 또한 우리는 우수한 품종의 씨앗을 사 오는 데 매년 많은 돈을 지불하고 있다. 그동안 씨앗을 개량하려는 노력이 부족하였기 때문이다.
>
> 지금부터라도 우리는 씨앗에 대한 소유권을 확보하기 위해 노력해야 한다. 그러면 씨앗의 소유권을 확보하기 위하여 어떻게 해야 할까? 첫째, 씨앗의 중요성을 인식하고 씨앗 소유권에 대해 관심을 가져야 한다. 둘째, 씨앗을 체계적으로 연구하는 기관을 많이 만들어야 한다. 셋째, 씨앗에 대한 기초 자료를 조사하고 수집해야 한다. 넷째, 재래종 씨앗을 보전하고 확보해야 한다. 다섯째, 우리 씨앗이 해외로 빠져나가는 것을 막기 위해 관리를 강화해야 한다.
>
> 예로부터 우리 조상들은 아무리 배가 고파도 씨앗으로 쓸 것은 먹지 않고 남겨 두었다. 그만큼 우리 조상들은 씨앗을 소중하게 여겼다. 앞으로 우리는 씨앗에 대한 소유권을 확보하기 위해 더 많은 노력을 기울여야 한다.

독해 Tip

비판적 독해의 기준

• 내용의 타당성: 글의 내용이 옳은가?

• 내용의 공정성: 글의 내용이 한쪽으로 치우치지 않는가?

• 자료의 정확성: 제시된 자료가 객관적인 사실과 일치하는가?

• 자료의 적절성: 제시된 자료가 글의 주장이나 설명 내용에 적합한가?

① 씨앗 소유권에 대해 관심을 갖자는 것은 좋은 생각이야. 그렇게 되면 씨앗 소유권을 지키기 위해 더 많이 노력하게 될 거야.

② 씨앗을 체계적으로 연구하는 기관을 많이 만들자는 것은 좋은 제안이야. 우수한 품종의 씨앗을 많이 개발할 수 있을 거야.

③ 씨앗에 대한 기초 자료를 조사하고 수집하자는 것은 좋은 생각이야. 아직 알려지지 않은 씨앗에 대한 자료를 모을 수 있을 거야.

④ 재래종 씨앗을 보전하고 확보하자는 것은 좋은 생각이야. 그렇게 되면 사라져 가는 재래종 씨앗을 보호할 수 있을 거야.

⑤ 씨앗이 해외로 빠져나가는 것을 막기 위해 관리를 강화하자는 것은 좋은 생각이야. 외국에서 들어오는 병충해로부터 우리 씨앗을 보호할 수 있을 거야.

2 둘째 문단에 언급된 내용의 타당성을 높이기 위한 방법으로 가장 적절한 것은?

> 학급에서 발생하는 괴롭힘 상황에 대한 전통적인 접근 방법은 '가해자 – 피해자 모델'
> 이다. 이 모델에서는 가해자와 피해자의 개인적인 특성 때문에 괴롭힘 상황이 발생한
> 다고 본다. 따라서 가해자는 선도하고 피해자는 치유 프로그램에 참여하도록 하는 등
> 문제의 해결에서도 개인적인 처방이 중시된다. 하지만 '가해자 – 피해자 모델'로는 괴롭
> 힘 상황을 근본적으로 해결하지 못한다. 왜냐하면 이 모델은 괴롭힘 상황에서 방관자♥
> 의 역할을 고려하지 못하기 때문이다. 학급에서 일어난 괴롭힘 상황에는 가해자와 피
> 해자뿐만 아니라 방관자가 존재한다.
>
> 만약 방관만 하던 친구들이 적극적으로 나선다면 괴롭힘을 멈출 수 있다. 피해자는
> 보호를 받게 되고 가해자는 자기의 행동을 되돌아볼 수 있게 된다. 반면에 방관자가 무
> 관심하게 대하거나 알면서도 모르는 척한다면 괴롭힘은 지속된다. 따라서 방관자의 역
> 할이야말로 학급의 괴롭힘 상황을 해결할 때 가장 주목해야 할 부분이다.

♥ 방관자(傍觀者): 어떤
일에 직접 나서서 관
여하지 않고 곁에서
보기만 하는 사람.

① 피해자 치유 프로그램이 성공적이었음을 보여 주는 통계 자료를 제시한다.
② 가해자에 대한 강력한 처벌을 통해 괴롭힘 문제를 해결한 사례를 제시한다.
③ 피해자가 가해자를 용서했더니 괴롭힘이 줄어들었다는 보고서 자료를 인용♥한다.
④ 아무도 말리지 않아 계속 괴롭혀도 된다고 생각했다는 가해자 면담 자료를 인용한다.
⑤ 학교 폭력의 가해자가 피해자로 바뀌고, 피해자가 가해자로 바뀌기도 하는 실제 사례
를 추가한다.

♥ 인용(引用): 남의 말
이나 글을 자신의 말
이나 글 속에 끌어 씀.

3 다음 글의 내용의 타당성에 대한 비판적 의견으로 가장 적절한 것은?

> 현대 문명은 모든 면에서 엄청나게 시간을 단축시켜 주는데 왜 현대인들은 더욱 시
> 간에 쫓기고 있는 것일까. 이 문제에 대해 이반 일리치라는 학자는 흥미로운 분석을 한
> 바 있다. 미개인들은 대략 시속 4.5km로 이동하며, 이동에 사용되는 시간은 하루 활동
> 시간의 5% 정도이다. 이에 비해 현대인들은 하루 활동 시간 중 약 22%를 이동하는 데
> 소비한다. 그리고 차까지 걸어가는 시간, 차 안에서 앉아 있는 시간, 차를 수리하는 데
> 드는 시간, 차표나 비행기표를 사러 가는 시간, 교통사고로 소비하는 시간 등을 모두
> 포함하면 문명인들은 대략 시속 6km로 움직인다는 것이 그의 분석이다.
>
> 이렇게 본다면 인류가 자랑하는 현대 문명은 미개 문명보다 겨우 시간당 1.5km 더
> 빨리 움직일 뿐이며, 더욱이 이동하는 데 4배 이상의 시간을 소비하는 셈이다. 기껏 자
> 동차와 비행기 등을 만들어 빨리 움직인다고 하지만, 결과적으로는 미개인들이 걸어다
> 니는 것보다 더 많은 시간을 낭비하는 것이 현대인의 삶인 것이다. 이처럼 더 느리게
> 살기 위해서 그토록 빠른 비행기와 자동차를 만들었다니, 현대 문명은 그 얼마나 어리
> 석은가.

① 통신 속도와 교통 속도의 발전을 과장하고 있군.
② 근거를 제시하지 않고 개인적인 견해를 밝히고 있을 뿐이야.
③ 현대 문명과 미개 문명 간의 공통점만 보고, 차이점을 고려하지 않고 있어.
④ 현대 문명의 부분적 단점을 근거로 현대 문명 전체를 비판하는 오류를 범하고 있어.
⑤ 현대 문명보다 고대 문명이 더 인간적이라는 종교적 신념에 기초해 주장을 펴고 있어.

원리 **6**

창의적 독해

구체적 사례에 적용하기

구체적 사례에 적용해 보아야 하는 이유
✿ 창의적 독해는 글의 내용과 글쓴이의 생각을 바탕으로 독자가 새로운 생각을 펼쳐 보는 활동입니다.
✿ 글에 제시된 일반적이고 추상적인 내용을 구체적인 사례에 적용해 보는 활동을 통해, 글의 내용을 바르게 이해하고 응용까지 할 수 있는지 확인할 수 있습니다.

구체적 사례에 적용하는 방법
✿ 글의 내용과 그 의미를 정확히 파악합니다.
✿ 글의 내용과 견줄 수 있는 구체적인 사례를 찾아 공통점을 확인합니다.
✿ 제시된 글의 내용과 이를 적용할 대상 사이에는 긴밀한 연관성이 있어야 합니다.

1 ㉠의 예로 적절하지 <u>않은</u> 것은?

> 과학의 유리[*] 상태를 심화시키는 데에 과학 내용의 어려움보다도 더 크게 작용하는 것은 과학에 관해 널리 퍼져 있는 잘못된 생각이다. ㉠흔히 현대 사회의 많은 문제들이 과학의 책임인 것으로 생각한다. 즉, 과학이 인간의 윤리나 가치 같은 것은 무시한 채 맹목적으로 발전해서 많은 문제들을 야기[*]하면서도 이에 대해서 아무런 책임을 지지 않고 있다는 생각이 그것이다.

♥ 유리(遊離): 따로 떨어짐.

♥ 야기(惹起): 일이나 사건 따위를 끌어 일으킴.

① 방사능 오염은 핵물리학 때문이다.
② 세균전이 일어난 것은 미생물학 때문이다.
③ 태풍 예측이 가능한 것은 기상학 때문이다.
④ 생명을 경시하는 풍조는 생명 과학 때문이다.
⑤ 우주 쓰레기가 많아진 것은 우주 과학 때문이다.

2 다음 글을 바탕으로 볼 때 만족감이 가장 클 것으로 기대되는 사례는?

> A의 용돈은 만 원, B의 용돈은 천 원이다. 그런데 용돈에 변화가 생겨서 A의 용돈은 만천 원이 되고, B의 용돈은 이천 원이 되었다. 이때 둘 중에 누가 더 만족할까? 객관적인 기준으로 본다면 A는 B보다 여전히 더 많은 용돈을 받으므로 A가 더 만족해야 한다. 그러나 용돈이 천 원 오른 것에 대해 A는 원래 용돈인 만 원을 기준으로, B는 천 원을 기준으로 그 가치를 느낄 것이므로 실제로는 B가 더 만족할 것이다. 이렇게 경제적인 이익이나 손실의 가치를 판단할 때 작동하는 내적인 기준을 경제 이론에서는 '준거점'이라고 한다. 사람들은 이러한 준거점에 의존하여 이익과 손실의 가치를 판단한다.

① 민희의 한 달 용돈이 십만 원에서 십일만 원으로 인상되었다.
② 영호는 오만 원의 용돈을 받다가 이달부터 육만 원을 받게 되었다.
③ 세나는 매달 이만오천 원의 용돈을 받았는데 이달부터 삼만오천 원을 받았다.
④ 지수는 용돈으로 이만 원을 받다가 이달부터 삼만 원으로 올려 받았다.
⑤ 영우는 만 원씩 받던 한 달 용돈을 이달부터 이만 원씩 받았다.

3 다음 글에 나타난 '작업'과 '고역'의 예로 가장 적절한 것은?

> 정치 철학자로 알려진 아렌트 여사는 우리가 보통 '일'이라 부르는 활동을 '작업'과 '고역▼'으로 구분한다. 이 두 가지 모두 인간의 노력, 땀과 인내를 수반하는 활동이며, 어떤 결과를 목적으로 하는 활동이다. 그러나 전자가 자의적인 활동인 데 반해서 후자는 타의에 의해 강요된 활동이다. 전자의 활동을 창조적이라 한다면 후자의 활동은 기계적이다. '작업'이 인간적으로 수용될 수 있는 물리적 혹은 정신적 조건하에서 이루어지는 '일'이라면 '고역'은 그 정반대의 조건에서 행해진 '일'이라는 것이다.
>
> 인간은 언제 어느 곳에서든지 '일'이라고 불리는 활동에 땀을 흘리며 노력해 왔고, 현재도 그렇고, 아마도 앞으로도 영원히 그럴 것이다. 구체적으로 어떤 종류의 일이 '작업'으로 불릴 수 있고 어떤 일이 '고역'으로 분류될 수 있느냐는 그리 쉬운 문제가 아니다. 그러나 일을 작업과 고역으로 구별하고 그것들을 위와 같이 정의할 때 고역으로서 일의 가치는 부정되어야 하지만 작업으로서 일은 오히려 찬미되고, 격려되며 인간으로부터 빼앗아 가서는 안 될 귀중한 가치라고 봐야 한다.   – 박이문, 〈일〉

▼고역(苦役): 몹시 힘들고 고되어 견디기 어려운 일.

① 요리사가 되고 싶어 새로운 조리법을 개발하는 것은 '작업'이겠군.
② 자신이 좋아하는 운동을 연습하여 실력이 향상되는 것은 '고역'이겠군.
③ 어머니의 잔소리 때문에 어쩔 수 없이 동생을 돌보는 것은 '작업'이겠군.
④ 신발 정리가 되어 있지 않은 것을 보고 자발적으로 정리하는 것은 '고역'이겠군.
⑤ 방이 지저분해서 꾸지람을 들은 뒤에 억지로 방 청소를 하는 것은 '작업'이겠군.

4 ⓐ에 들어갈 수 있는 질문으로 가장 적절한 것은?

> 몇 년 전 미국의 주간지 《타임》에서는 올해 최고의 발명품 중 하나로 '스티키봇(Stickybot)'을 선정했다. 이 로봇 기술의 핵심은 한 방향으로 힘을 가하면 잘 붙어 떨어지지 않지만 다른 방향에서 잡아당기면 쉽게 떨어지는 방향성 접착성 화합물의 구조를 가진 미세한 섬유 조직으로, 도마뱀의 발바닥에서 착안한 것이다. 스티키봇처럼 살아 있는 생물의 행동이나 구조를 모방하거나 생물이 만들어 내는 물질 등을 모방함으로써 새로운 기술을 만들어 내는 학문을 생체 모방 공학(biomimetics)이라고 한다.
>
> 칼과 화살촉 같은 사냥 도구가 육식 동물의 날카로운 발톱을 모방해 만든 것이라고 한다면 생체 모방의 역사는 인류의 탄생과 함께 시작되었다고 해도 과언이 아니다. 이렇듯 인간의 모방은 인류 문명의 발전에 기여해 왔고, 이는 앞으로도 계속될 것이다. 그러므로 우리는 일상생활 속에서 '철조망이 장미의 가시를 모방한 것은 아닐까?', '(ⓐ   )' 하는 의문을 가져 보기도 하고, 또 이를 통해 다른 생명체를 모방할 수 있는 방법을 생각해 보기도 하는 태도를 기를 필요가 있다.

① 믹서기는 맷돌의 원리를 모방한 것은 아닐까?
② 사다리는 의자의 다리를 모방한 것은 아닐까?
③ 갑옷은 갑각류의 딱딱한 외피를 모방한 것은 아닐까?
④ 배의 모터는 자동차의 튼튼한 엔진을 모방한 것은 아닐까?
⑤ 아파트의 거실은 한옥의 넓은 마루를 모방한 것은 아닐까?

독해 실전

아자! 힘내~

I
예술

오페라와 뮤지컬

오페라나 뮤지컬을 직접 관람해 본 적 있니? 둘 다 본 적 없거나 혹은 둘 중 하나만 본 사람들은 오페라와 뮤지컬의 차이를 잘 모르는 경우가 많을 거야. 이 글을 통해 오페라와 뮤지컬이 어떻게 다른지 알아보자.

1 오페라와 뮤지컬은 모두 무대에서 이루어지는 공연 예술로, 출연하는 사람들 대부분이 노래를 하고 드라마처럼 연기를 한다는 점에서 비슷하다. 그러나 구체적으로 살펴보면 오페라와 ㉠뮤지컬은 창작에서부터 공연 기법, 사용되는 음악, 무대 특성과 공연 장소에 이르기까지 많은 부분에서 차이가 있다.

2 우선 오페라와 뮤지컬은 그 성격과 표현 방식이 다르다. 오페라는 극 전체가 음악 중심이다. 그래서 오페라 공연을 하는 사람을 보통 '가수'라고 부르며, 이들은 대부분 음악 대학에서 성악을 전공˚한 사람들이다. 오페라에서 가수들은 극의 내용을 노래로 표현한다. 또한 노래는 대부분 원어˚로 불린다. 이와 달리 뮤지컬은 음악성뿐만 아니라 연극성도 두드러지게 나타난다. 그래서 뮤지컬 공연을 하는 사람을 보통 '배우'라고 부른다. 뮤지컬에서 배우들은 대사와 춤, 노래를 적절하게 활용하며 극을 전개한다. 이런 특징 때문에 뮤지컬 배우 중에는 음악 대학에서 성악을 전공한 사람 외에 연기를 전공하거나 출중한˚ 노래 실력을 지닌 가수도 많다. 또한 뮤지컬은 번역곡을 활용하거나 노랫말을 새롭게 고쳐 편집하는 경우가 많기 때문에 관객들이 내용을 알아듣기가 쉽다.

3 오페라와 뮤지컬은 사용하는 음악도 다르다. 오페라의 경우 순수 클래식˚ 음악을 사용한다. 음악이 중심이 되는 공연인 만큼 독창인 아리아, 둘 이상이 함께하는 중창, 군중의 역할이 필요할 때 활용되는 합창 등 다양한 형태의 음악으로 구성된다. 이에 비해 뮤지컬은 관객들이 보다 친숙˚하게 느낄 만한 대중음악을 주로 사용한다. 배우들은 대중적인 창법을 사용하여 노래를 부르고, 음악의 형식이나 악기 또한 대중적인 흥미를 끄는 것을 주로 사용한다.

* 전공(專攻): 어느 한 분야를 전문적으로 연구함. 또는 그 분야.
* 원어(原語): 번역하거나 고친 말의 본디 말.
* 출중하다(出衆하다): 여러 사람 가운데서 특별히 두드러지다.
* 클래식(classic): 서양의 전통적 작곡 기법이나 연주법에 의한 음악. 흔히 대중음악에 상대되는 말로 씀.
* 친숙(親熟): 친하여 익숙하고 허물이 없음.
* 발성(發聲): 입 밖으로 목소리를 냄. 또는 그 목소리.

4 오페라에서 가수들은 기본적으로 마이크를 쓰지 않는다. 몸이 곧 악기인 성악가들은 마이크 없이도 충분히 관객에게 목소리를 전달하기 때문이다. 따라서 오페라는 성악가들의 자연스러운 발성˚이 효과적으로 전달될 수 있도록 음향 시설이 좋고 규모가 큰 전용 극장을 주로 사용한다. 이와 달리 뮤지컬은 배우들이 무대에서 마이크를 사용하여 스피커를 통해 관객에게 목소리를 전달한다. 이러한 뮤지컬은 일반 극장을 주로 사용하며, 소규모 극장이나 야외에서도 공연이 가능하다.

〈오페라 극장〉

〈뮤지컬 공연〉

독해력 Upgrade ※각 문단의 중심 내용을 다음과 같이 정리할 때, 빈칸에 들어갈 알맞은 말을 쓰시오.

| 1 오페라와 뮤지컬의 공통점과 차이점 | → | 2 성격과 ( ) 면에서 오페라와 뮤지컬의 차이점 | → | 3 ( )의 사용 면에서 오페라와 뮤지컬의 차이점 | → | 4 공연 방법 및 장소 면에서 오페라와 뮤지컬의 차이점 |

1 이 글을 학교 신문에 실을 때, 제목으로 가장 적절한 것은?

① 오페라 음악과 뮤지컬 음악의 차이
② 오페라와 뮤지컬의 표현 방식은 왜 다를까
③ 오페라와 뮤지컬을 더욱 재미있게 즐기는 방법
④ 오페라와 뮤지컬, 비슷해 보이지만 알고 보면 다르다
⑤ 오페라 가수나 뮤지컬 배우가 되려면 어떻게 해야 할까

2 이 글을 읽고 나눈 대화 내용 중 적절하지 <u>않은</u> 것은?

> 준호: 오페라는 가수들의 목소리를 스피커를 통해서가 아니라 직접 들을 수 있다는 점이 매력적이야. ··· ①
>
> 서영: 하지만 오페라는 평소에 자주 접하지 않는 성악과 클래식을 기반으로 하고 있어서 좀 낯설게 느껴지기도 해. ·· ②
>
> 가현: 맞아. 게다가 노랫말이 한국어가 아니어서 내용을 알아듣기가 어려워. ·········· ③
>
> 주아: 그럴 때는 오페라 가수들의 대사나 춤에 집중하면 돼. 오페라의 내용은 노래보다 대사와 춤으로 나타나니까. ···························· ④
>
> 태은: 오페라에 비해 뮤지컬이 좀 더 대중적인 것 같아. 뮤지컬은 대중음악을 주로 사용해서 관객들이 친숙하게 느낄 수 있어. ······················ ⑤

3 이 글을 통해 알 수 있는 ㉠의 특징이 <u>아닌</u> 것은?

① 무대에서 이루어지는 공연 예술이다.
② 일반적으로 전용 극장에서 공연한다.
③ 배우들은 무대에서 마이크를 사용한다.
④ 음악성뿐만 아니라 연극성도 두드러지게 나타난다.
⑤ 반드시 성악을 전공하지 않아도 뮤지컬 배우가 될 수 있다.

어휘력 Upgrade ※다음의 빈칸에 들어갈 알맞은 말을 〈보기〉에서 찾아 쓰시오.

┌─ 보기 ─┐
발성
전공
친숙
출중
└────┘

1 대학생인 가람이는 (   )을 식물학에서 동물학으로 바꾸었다.
2 피자나 스파게티는 우리에게 매우 (   )한 이탈리아 음식이다.
3 그 선수는 최연소의 나이로 국가 대표에 뽑힐 정도로 기량이 (   )하다.
4 음악실에 모인 아이들은 목에서 (   )되는 자신의 소리에 귀 기울이며 노래 연습을 했다.

만화, 알고 보면 더 재미있다

만화는 많은 사람들이 즐기는 예술 장르야. 요즘은 스마트폰으로 웹툰을 보는 사람들도 흔히 볼 수 있지. 이러한 만화의 특징을 잘 안다면 만화를 좀 더 재미있게 읽을 수 있겠지?

1 사람들은 대부분 만화를 읽을 때 큰 어려움을 느끼지 않는다. 그보다는 쉽게 읽으며 재미를 느끼는 경우가 많다. 만화에는 다채로운˘ 그림이 있기 때문이다. 만화에서 그림은 대상의 형태나 상황을 구체적으로 보여 주는 역할을 한다. 그런데 그림은 글에 비해 훨씬 더 다양한 해석이 가능하기 때문에, 그림만으로는 작가가 전달하고자 하는 의도가 제대로 전달되지 않을 수 있다. 이러한 그림의 한계를 보완해 주는 것이 글이다. 만화에서 글은 줄거리가 전개되는 상황을 분명하게 드러내어 작가의 의도를 명확하게 알 수 있게 해 준다. 이처럼 만화는 글의 분명함과 그림의 구체성˘이 결합된 매체˘이다.

2 만화에 표현된 모든 것들은 작가가 만들어 낸 기호 체계이다. 그중에서도 칸이나 효과선, 말풍선 등은 다른 장르에서 보기 힘든 만화만의 특징적인 기호이다. 독자들은 이를 외우거나 애써 공부하지 않아도 자연스럽게 그 의미를 이해하고 받아들인다. 예를 들어 우리는 말풍선 속의 글을 읽으며 그것이 등장인물의 말이나 생각이라는 것을 자연스럽게 알고 이해한다. 또 만화 속 인물이나 물체의 주변에 그어진 효과선을 보며 그것을 바탕으로 대상의 움직임을 이해한다.

3 만화를 좀 더 재미있게 즐기고 작가의 의도를 정확하게 파악하기 위해서는 만화의 칸이 갖는 특징과 역할에 주목할 필요가 있다. 우리는 만화를 보면서 좌에서 우로, 위에서 아래로 움직이는 시각적 흐름에만 익숙해져 칸에 대해서는 무심히 지나가는 경향이 있다. 그러나 칸은 만화를 이루는 아주 중요한 요소이다. 칸은 그 크기와 모양이 다양하며, 하나의 칸 안에는 그림이나 글을 자유롭게 담아낼 수 있다. 독립된 하나의 칸을 통해, 또는 칸의 연속˘을 통해 등장인물의 움직임과 시간의 흐름이 나타나며 줄거리가 전개된다. 작가는 칸 자체에 변화를 주는 방법으로 독자의 시선을 집중시키거나 흐트러뜨려 이야기의 흐름에 완급˘을 조절한다.

4 이렇듯 만화는 칸을 활용한 예술이라고 할 수 있다. 따라서 만화를 볼 때 칸과 칸을 독립시키거나 연결시킨 의도를 파악하여 작가가 독자에게 전달하려는 핵심 의미를 포착˘해야 한다. 이때 주의할 점은, 하나의 칸만으로 작품 전체를 파악할 수는 없다는 사실이다. 만화는 나누어진 칸들의 연속을 통해 전체의 이야기가 완성되기 때문이다.

- ▼다채롭다(多彩롭다): 여러 가지 색채나 형태. 종류 따위가 한데 어울리어 호화스럽다.
- ▼구체성(具體性): 구체적인 성질.
- ▼매체(媒體): 어떤 작용을 한쪽에서 다른 쪽으로 전달하는 물체. 또는 그런 수단.
- ▼연속(連續): 끊이지 아니하고 죽 이어지거나 지속함.
- ▼완급(緩急): 느림과 빠름.
- ▼포착(捕捉): 요점이나 요령을 얻음.

독해력 Upgrade ※각 문단의 중심 내용을 다음과 같이 정리할 때, 빈칸에 들어갈 알맞은 말을 쓰시오.

| 1 글과 ( )이 결합된 매체인 만화 | → | 2 여러 가지 기호로 이루어진 만화 | → | 3 만화에서 ( )의 특징과 역할 | → | 4 칸에 주목한 만화 읽기 방법 |

1 이 글을 통해 알 수 있는 내용이 <u>아닌</u> 것은?

① 만화에서 그림은 대상의 형태나 상황을 구체적으로 보여 준다.

② 만화에서 글은 그림에 비해 중요도가 낮은 부수적[▼]인 요소이다.

③ 만화의 말풍선이나 효과선은 다른 장르와 구별되는 만화만의 특징적인 기호이다.

④ 만화를 볼 때 칸과 칸을 독립시키거나 연결시킨 작가의 의도를 생각하며 읽는 것이 좋다.

⑤ 대부분의 독자들은 만화의 기호를 애써 외우지 않아도 그 의미를 자연스럽게 이해할 수 있다.

▼부수적(附隨的): 주된 것이나 기본적인 것에 붙어서 따르는 것.

2 이 글을 읽고 〈보기〉에 대해 반응한 내용으로 적절하지 <u>않은</u> 것은?

┤ 보기 ├

① 크기와 모양이 제각각인 칸의 연속을 통해 줄거리가 전개되는군.

② 칸에 담긴 그림과 글에 따라 시선이 머무르는 시간이나 집중도가 달라지는군.

③ 칸 ④는 인물의 주변에 효과선을 넣어 움직임에 속도감이 느껴지도록 하였군.

④ 칸 ⑤는 여러 기호가 종합적으로 쓰여서 이 칸만으로 전체 내용을 파악할 수 있군.

⑤ 칸 ⑥은 그림의 한계를 글이 보완하여 전개되는 상황이 분명하게 드러나는군.

 **어휘력 Upgrade**

※다음의 빈칸에 들어갈 알맞은 말을 〈보기〉에서 찾아 쓰시오.

┌ 보기 ┐
매체
완급
연속
포착

1 이 글은 너무 산만하여 요점이 잘 (   )되지 않는다.

2 자전거를 처음 배울 때는 속도의 (   )을 잘 조절해야 한다.

3 그 배우는 남우 주연상을 2년 (   )으로 수상하는 영광을 안았다.

4 인터넷과 통신 (   )의 발달로 편지나 엽서를 써서 우편으로 보내는 일이 줄고 있다.

가우디가 남긴 위대한 유산

가우디는 스페인의 유명한 건축가야. 그가 만든 건축물들은 유네스코 세계 문화유산으로 지정되기도 했지. 이 글을 읽으며 가우디의 건축물과 그 특징에 대해 알아보자.

1 세계적인 건축가 가우디는 구리로 조각을 하는 아버지 밑에서 자라나면서 금속 장식에 관심을 가지기 시작했고, 이 관심이 건축으로 이어져 건축 학교에 입학한다. 이후 가우디는 곡선을 지배적으로 사용하는 독특한 양식을 선보이면서 명성을 얻게 된다. 가우디의 작품 세계는 기존 건물에 금속 장식을 치장˘하는 전반기와 자연주의를 표방하며 곡선을 공간의 이미지로 확장한 후반기로 나눌 수 있다.

2 가우디의 주요 건축물은 후반기 작품들이다. 그중 하나인 ㉠'카사밀라'는 공동 주택의 형태로 정면에서 바라보면 바위를 깎아 놓은 듯하고 옆에서 보면 파도같이 보이는 독특한 건축물이다. 모퉁이에 위치해 빛과 바람이 잘 들어오지 않는 문제를 해결하고자 지붕을 햇빛 방향에 따라 설계하고 옥상 난간을 반투명 철망으로 만들었다. 바위를 깎은 것 같지만 스페인 최초의 철골 콘크리트 구조물로 안정성도 확보하였다.

3 가우디의 후원자였던 사업가 구엘과 관련한 건축물도 주목할 만하다. 구엘은 자신이 살고 있는 저택의 별관을 지어 달라고 가우디에게 부탁했다. 가우디는 두 개의 아치˘로 중세의 성 같은 느낌을 풍기는 1층을 비롯해, 툭 튀어나온 느낌의 2층 응접실, 독특한 구조의 여러 굴뚝을 올린 꼭대기까지 총 4층 규모의 ㉡'구엘 저택'을 지었다. 또한 구엘은 자연 속의 전원주택을 만들기 위해 가우디에게 공사를 의뢰˘했는데, 공사를 진행하던 중 재정에 문제가 생겨 주택 건설은 없던 일이 되었다. 공사가 중단된 상태로 방치되던 그곳은 이후 ㉢'구엘 공원'이 되었다. 자연을 최대한 보존하면서 야자나무를 닮은 기둥, 세라믹 곡선 의자, 도리아식˘ 기둥으로 이루어진 홀, 동화 속 성과 같은 성당 등이 어우러진 이 공원은 가우디의 건축 스타일을 잘 보여 준다.

4 가우디는 자연을 토대로 한 예술적 감수성만 지닌 것이 아니었다. 그는 중력에 대한 치밀한 계산을 통해 고딕 건축에서 필수적인 인공의 버팀벽˘ 없이 날렵한 건축물을 설계할 수 있었다. ㉣'사그라다 파밀리아 성당'은 바로 이러한 기술력을 바탕으로 12사도˘를 의미하는 종탑, 믿음과 희망을 상징하는 탄생의 문 등 종교적인 색채를 띤 건축물로 구상되었다. 가우디는 어떤 건축물보다 이 성당에 정성을 쏟았다. 죽을 때까지 현장에 머물며 공사를 지휘한 것에서 이 성당에 대한 그의 애정을 확인할 수 있다. 여전히 건축이 진행 중인 이 성당은 완성되기까지 앞으로 20년은 더 걸릴 것이라고 한다. 가우디의 꿈은 아직도 진행 중인 셈이다.

˘ 치장(治粧): 잘 매만져 곱게 꾸밈.
˘ 아치(arch): 입구 부분에 걸쳐 놓은 곡선형 구조물.
˘ 의뢰(依賴): 남에게 부탁함.
˘ 도리아식(Doria式): 고대 그리스의 건축 양식 가운데 하나. 기둥이 굵고 주춧돌이 없으며, 위쪽으로 갈수록 조금씩 가늘어지고 기둥 가운데가 불룩한 배흘림이 있다.
˘ 버팀벽: 벽을 지지하기 위해 세우는 구조물.
˘ 12사도: 예수를 따르던 열두 명의 제자.

독해력 Upgrade

※각 문단의 중심 내용을 다음과 같이 정리할 때, 빈칸에 들어갈 알맞은 말을 쓰시오.

| **1** 가우디의 성장기와 작품 세계 | → | **2** ( )의 특징 | → | **3** 구엘 저택과 구엘 ( )의 특징 | → | **4** 사그라다 파밀리아 성당의 특징 |

1 이 글의 내용 전개 방식으로 적절한 것은?

① 가우디의 건축 기법이 발전한 과정을 밝히고 있다.
② 가우디 건축에 대해 비판적인 측면에서 고찰˘하고 있다.
③ 가우디 건축에 대한 여러 전문가의 이론을 종합하고 있다.
④ 가우디 건축이 지닌 미학˘적 특성과 한계를 평가하고 있다.
⑤ 가우디 건축의 특징을 여러 건축물을 예로 들어 설명하고 있다.

▾ 고찰(考察): 어떤 것을 깊이 생각하고 연구함.
▾ 미학(美學): 아름다움의 본질과 구조를 연구하는 학문.

2 이 글의 ㉠~㉣에 대한 설명으로 알맞지 <u>않은</u> 것은?

① ㉠은 빛과 바람이 잘 들어올 수 있도록 설계되었다.
② ㉡과 달리 ㉢은 처음 의뢰한 대로 공사가 완성되지 못했다.
③ ㉡과 ㉣은 종교적인 색채를 띤 건축물이라는 점에서 공통적이다.
④ ㉢에는 도리아식 기둥으로 이루어진 홀과 동화 속 성 같은 성당이 있다.
⑤ ㉣은 인공의 버팀벽 없이 날렵한 건축물을 제작하는 기술력을 바탕으로 한다.

3 이 글의 '가우디'가 〈보기〉의 '르코르뷔지에'를 비판할 말로 가장 적절한 것은?

┤ 보기 ├

프랑스의 건축가 르코르뷔지에는 외양보다는 공간에 중점을 두고, 콘크리트를 건축 재료로 활용하였다. 그의 건축 경향은 공간 활용, 백색 육면체, 간결, 추상, 인공성, 직선 등으로 요약할 수 있다. 인간은 자연에서 살지 않기 때문에 자연주의 대신 합리주의를 실천하는 건축을 한 것이다.

① 백색은 태양의 빛이며 직선은 태양 빛의 선임을 기억하셔야 합니다.
② 자연을 소재로 삼는 것은 여러 문제를 야기˘할 수 있음을 알아 두십시오.
③ 건축은 사람이 하는 일입니다. 사람이 만들었다는 것을 나타내야 합니다.
④ 공간 활용도는 중요합니다. 이를 극대화하기 위해 곡선을 적극적으로 사용해야 합니다.
⑤ 현대 문명은 자연의 가치를 간과˘하고 있습니다. 자연스러움이야말로 건축이 지향할 바입니다.

▾ 야기(惹起): 일이나 사건 따위를 끌어 일으킴.

▾ 간과(看過): 큰 관심 없이 대강 보아 넘김.

어휘력 Upgrade

※다음의 빈칸에 들어갈 알맞은 말을 〈보기〉에서 찾아 쓰시오.

┌ 보기 ┐
간과
야기
의뢰
치장

1 산성비는 토양의 산성화를 (   )한다.
2 성탄절이 다가오자 건물 앞에 크리스마스트리가 아름답게 (   )되었다.
3 사소한 일에 지나치게 신경을 쓰다가 정작 중요한 일을 (   )하는 경우가 있다.
4 그는 연구 보고서에 쓸 자료를 얻기 위해 전문 기관에 설문 조사를 (   )하였다.

원시인들은 왜 동굴에 벽화를 그렸을까

거리나 마을을 아름답게 꾸며 주는 벽화를 본 적 있을 거야. 아주 오랜 옛날, 원시인들은 동굴에 벽화를 그렸어. 그들은 과연 무엇을, 왜 그렸을까? 이 글을 통해 궁금증을 해결해 보자.

1 라스코 동굴 벽화는 1940년 프랑스에서 발견된 구석기 시대의 그림이다. 원시인들이 그린 것으로 추정˘되는 ⓐ이 벽화는 200여 마리의 동물들이 매우 사실적으로 그려져 있다. 그런데 이 그림들은 한결같이 어둡고 들어가기 힘든 동굴 안쪽에 그려져 있다. 그래서 학자들은 원시인들이 이 그림을 누군가에게 보여 주기 위한 목적으로 그린 것은 아닐 것이라고 추정한다.

2 벽에 그려진 동물들은 말, 소, 사슴 등의 식용˘ 동물이고 어떤 동물 그림에는 창이나 도끼로 가격˘한 흔적이 남아 있다. 그래서 학자들은 이 벽화를 사냥을 위해 그려진 그림으로 생각하고 있다. 학자들의 추정대로라면 원시인들은 동물을 쫓는 예리한˘ 사냥꾼의 눈으로 자신들이 관찰한 동물의 신체 구조, 가령 급소˘가 어디에 있는지

〈라스코 동굴 벽화〉

와 같은 지식들을 가능한 한 정확하게 동굴 벽화에 그려 냈을 것이다. 그리고 원시인들은 자신들이 그린 가상의 짐승을 향해 활을 쏘고 창을 던짐으로써 실제의 짐승을 사냥하는 것처럼 연습했을 것이고, 이는 사냥의 성공률을 한층 ⓐ높이는 역할을 했을 것이다.

3 그런데 만약 원시인들이 동물들을 실물과 다르게 그렸다면 어땠을까? 그 그림으로 사냥 연습을 한 사람들은 동물에 대한 잘못된 지식을 얻은 꼴이 되고, 사냥에 나선 사람들은 이로 인해 사냥을 망치거나 심지어 목숨이 위태로워지는 상황이 생기기도 했을 것이다. 이런 이유로 원시인들은 동물의 신체를 가능한 한 실제 모습과 똑같이 그리려고 노력했을 것이다. 특히 계절에 따른 제사를 앞두고는 사냥을 할 때 풍성한 결과를 거둘 수 있기를 간절히 기원하면서 더욱 세심하게 그림을 그렸을 것이다.

4 원시인들은 오랜 경험을 통해 이렇게 사실적으로 그려진 벽화가 주는 효과를 체득˘했을 것이다. 하지만 그들은 그것이 학습에 의한 효과임을 과학적으로 설명할 능력이 없었을 것이다. 그래서 원시인들은 그것을 하늘의 힘으로 이해하고, 또 그렇게 믿었을 것이다. 즉, 그들은 벽화를 그리는 예술 행위를 통해 하늘이 내려 주는 신비한 힘을 얻는다고 이해했을 것이다. 원시인들이 그토록 고달픈 삶을 살아가면서도 예술 활동을 계속했던 이유는 바로 여기에 있다고 볼 수 있다.

˘ 추정(推定): 미루어 생각하여 판정함.
˘ 식용(食用): 먹을 것으로 씀. 또는 그런 물건.
˘ 가격(加擊): 손이나 주먹, 몽둥이 따위로 때리거나 침.
˘ 예리하다(銳利하다): 관찰이나 판단이 정확하고 날카롭다.
˘ 급소(急所): 조금만 다쳐도 생명에 지장을 주는 몸의 중요한 부분.
˘ 체득(體得): 몸소 체험하여 알게 됨.

독해력 Upgrade ※각 문단의 중심 내용을 다음과 같이 정리할 때, 빈칸에 들어갈 알맞은 말을 쓰시오.

1 라스코 동굴 벽화에 대한 소개와 벽화를 그린 목적에 대한 추정 ➡ **2** 라스코 동굴 벽화가 그려진 (   )과 효과에 대한 학자들의 견해 ➡ **3** 라스코 동굴 벽화의 동물들이 (   )에 가깝게 그려진 이유 ➡ **4** 원시인들이 예술 활동을 계속했던 이유

1 ㉠에 대한 설명으로 알맞은 것은?

① 현대에 발견된 신석기 시대의 그림이다.
② 아름다움을 추구하는 예술 활동의 수단이었다.
③ 200여 마리에 달하는 상상의 동물들을 그린 것이다.
④ 사냥 대상인 동물들을 최대한 실물에 가깝게 그려 냈다.
⑤ 원시인들이 하늘이 내려 주는 신비한 힘으로 그린 그림이다.

2 이 글을 읽고 라스코 동굴 벽화에 대해 보인 반응으로 적절하지 <u>않은</u> 것은?

① 원시인들은 사냥에서 풍성한 결과를 거두기를 바라는 간절한 마음을 담아 벽화를 그렸겠군.
② 벽화에 그려진 동물들로 사냥 훈련을 하면 할수록 원시인들의 사냥 성공률이 높아졌을 거야.
③ 원시인들이 고달픈 삶을 살아가면서도 예술 활동을 계속한 것은 벽화가 주는 효과를 경험했기 때문이겠군.
④ 사냥을 망치거나 사냥 도중 목숨이 위태로워지는 상황이 발생하면 원시인들은 벽화 속 동물에게 제사를 지냈군.
⑤ 어둡고 들어가기 힘든 동굴 안쪽에 그려진 것으로 보아, 많은 사람에게 보여 주기 위해 벽화를 그린 것은 아닌 듯해.

3 밑줄 친 부분이 ⓐ의 문맥적 의미와 가장 유사한 것은?

① 실내 공기가 너무 싸늘해서 방의 온도를 <u>높였다</u>.
② 그녀는 친하지 않은 사람에게는 언제나 말을 <u>높인다</u>.
③ 그 선수는 올림픽 2연패를 달성하며 세계적으로 이름을 <u>높였다</u>.
④ 그는 새로운 사업의 성공 가능성을 <u>높이기</u> 위해 철저히 조사하고 준비했다.
⑤ 환경 단체는 환경을 파괴하는 개발 정책에 대해 비판의 목소리를 <u>높이고</u> 있다.

어휘력 Upgrade ※다음의 빈칸에 들어갈 알맞은 말을 〈보기〉에서 찾아 쓰시오.

보기
가격
식용
예리
체득

1 메뚜기는 (   )이 가능한 곤충이다.
2 싸우는 것보다는 참는 것이 낫다는 것을 경험으로 (   )했다.
3 그 골프 선수가 공을 정확히 (   )하는 순간 관중들이 환호했다.
4 수업 중 민호가 질문하자 선생님께서 (   )한 질문을 했다며 칭찬하셨다.

섬유, 예술로 거듭나다

1 섬유 예술은 실, 직물▾, 가죽, 짐승의 털 등의 섬유▾를 오브제로 사용하여 미적 효과를 나타내는 예술을 일컫는다. 오브제란 일상생활 용품이나 자연물을 본래의 용도에서 분리하여 예술 작품에 사용함으로써 새로운 의미를 불러일으키는 대상을 의미한다. 섬유 예술은 섬유가 예술성을 지닌 오브제로서 기능할 수 있다는 생각에서 비롯되었다.

2 섬유 예술이 하나의 새로운 장르로 자리매김한 결정적 계기는 1969년 제5회 〈로잔느 섬유 예술 비엔날레전〉에서 올덴버그가 〈부드러운 타자기〉라는 작품을 전시하여 주목받은 것이었다. 올덴버그는 이 작품을 통해 물건을 만드는 재료에 불과했던 가죽을 예술성을 구현하는 오브제로 활용하여, 섬유를 미적 대상으로 인식할 수 있게 하였다.

3 이후 섬유 예술은 평면성에서 벗어나 조형성▾을 강조하는 여러 기법들을 활용하여 작가의 개성과 미의식▾을 나타내는 흐름을 보였는데, 구체적인 기법으로 바스켓트리, 콜라주, 아상블라주 등이 있다. 바스켓트리는 바구니 공예를 일컫는 말로 섬유의 특성을 활용하여 꼬기, 엮기, 짜기 등의 방식으로 예술적 조형성을 구현하는 기법이다. 콜라주는 성질이 다른 여러 소재들을 혼합하여 일상성에서 벗어난 느낌을 주는 기법이고, 아상블라주는 콜라주의 평면적인 조형성을 넘어 우리 주변에서 흔히 볼 수 있는 물건들과 폐품 등을 혼합해 3차원적▾으로 표현하는 기법이다. 이 가운데 콜라주와 아상블라주는 현대 사회의 복합성과 인류 문명의 한 단면을 상징적으로 드러내는 수단으로 활용되기도 하였다.

라우센버그, 〈침대〉

4 섬유를 오브제로 활용한 대표적인 작품으로는 라우센버그의 〈침대〉가 있다. 이 작품에서 라우센버그는 섬유 자체뿐만 아니라 여러 오브제들을 혼합하여 예술성을 나타냈다. 〈침대〉는 캔버스에 평소 사용하던 커다란 침대보를 붙이고 베개와 퀼트▾ 천으로 된 이불, 신문 조각, 잡지 등을 붙인 다음 그 위에 물감을 흩뿌려 작업한 것이다. 이는 콜라주, 아상블라주 기법을 주로 활용하여 섬유의 조형적 아름다움을 잘 구현한 작품으로 평가받고 있다.

▾ 직물(織物): 실을 가로, 세로로 교차시켜 짠 물건.

▾ 섬유(纖維): 실을 잣는 재료가 되는 가는 털 모양의 물질.

▾ 조형성(造形性): 각종 재료를 사용하여 공간에 형태를 만드는 특성.

▾ 미의식(美意識): 아름다움을 느끼거나 이해하고, 아름다움을 가리어 판단하는 의식.

▾ 3차원적(三次元的): 직선이나 평면이 아니라 공간적이고 입체적인 방식을 취하는. 또는 그런 것.

▾ 퀼트(quilt): 천과 천 사이에 심이나 솜을 넣고 바느질하여 무늬를 두드러지게 한 것.

독해력 Upgrade ※각 문단의 중심 내용을 다음과 같이 정리할 때, 빈칸에 들어갈 알맞은 말을 쓰시오.

| **1** 섬유 예술의 개념과 등장 배경 | ➡ | **2** ( )를 미적 대상으로 인식하게 한 올덴버그의 작품 | ➡ | **3** ( )을 강조하는 섬유 예술의 구체적인 기법들 | ➡ | **4** 섬유 예술의 대표적 작품인 라우센버그의 ( ) |

1 이 글의 내용과 일치하지 <u>않는</u> 것은?

① 섬유 예술은 섬유가 오브제로서 기능할 수 있다는 생각에서 비롯되었다.

② 올덴버그의 작품을 통해 섬유 예술이 하나의 예술 장르로 자리 잡게 되었다.

③ 섬유 예술은 실용성에 초점을 둔 여러 가지 기법들을 활용하여 주제를 나타낸다.

④ 콜라주는 이질적˘인 여러 소재를 혼합하여 일상성에서 벗어난 느낌을 주는 기법이다.

˘ 이질적(異質的): 성질이 다른 것.

⑤ 라우센버그의 〈침대〉는 이불, 신문 조각, 잡지 등을 활용한 섬유 예술의 대표작이다.

2 이 글을 바탕으로 〈보기〉를 이해한 내용으로 적절하지 <u>않은</u> 것은?

┤ 보기 ├

이 작품은 라우센버그가 창작한 〈모노그램〉이다. 라우센버그는 나무 판넬에 물감을 칠하고 나무 조각이나 신발 굽 등 버려진 물건들을 붙였다. 그리고 그 위에 털이 풍성한 박제 염소를 놓고, 염소의 허리에는 현대 문명을 상징하는 타이어를 끼워 놓았다. 이 작품을 통해 생명체가 산업화로 인해 위협받고 있는 모습을 떠올릴 수 있다.

라우센버그, 〈모노그램〉

① 박제 염소의 털을 활용한 것에서 섬유를 미적 대상으로 인식하는 섬유 예술의 특징이 드러나는군.

② 나무 판넬 위에 박제 염소를 세워 놓은 것에서 아상블라주 기법이 사용되었음을 확인할 수 있군.

③ 염소의 허리에 끼워져 있는 타이어를 통해 현대 산업 사회의 한 단면을 상징적으로 드러내고 있군.

④ 나무 조각, 신발 굽, 박제 염소, 타이어 등은 작가의 개성과 미의식을 나타내는 데 활용된 오브제로 볼 수 있군.

⑤ 바스켓트리 기법이 주는 평면성을 강조하기 위해 나무 판넬에 물감을 칠하고 그 위에 버려진 물건들을 붙였군.

어휘력 Upgrade

※다음의 빈칸에 들어갈 알맞은 말을 〈보기〉에서 찾아 쓰시오.

┤ 보기 ├
결정적
대표적
미적
이질적

1 진돗개는 한국의 (　　　)인 토종개이다.

2 이 증거는 사건을 해결하는 (　　　)인 단서가 되었다.

3 여행을 하면 낯선 나라의 (　　　) 문화를 접할 수 있다.

4 사진작가는 카메라를 다루는 기술과 (　　　) 감각 모두를 갖춰야 한다.

하나로 통하는 한옥, 나를 살피는 공간

한옥에 살고 있거나, 살아 본 적 있니? 요즘은 한옥에 사는 사람이 드물어서 아마 대부분은 한옥의 특징을 자세히는 모를 거야. 이 글을 통해 한옥 공간의 특징에 대해 함께 알아보자.

1 한옥의 평면을 보면 개별 채에서부터 한 번 꺾인 'ㄱ' 자형, 두 번 꺾인 'ㄷ' 자형, 세 번 꺾여 에워싸는 'ㅁ' 자형, 에워싼 다음 한 번 더 뻗어 나간 'ㅂ' 자형 등 그 구성 방식이 다양하다. 이처럼 씨앗이 발아˚하듯 방 하나의 기본 공간 단위가 밖으로 증식˚하면서 분할˚하는 것을 '외파 증식'이라고 한다. 이러한 외파 증식으로 구성된 한옥은 독특한 공간적 특징을 보여 준다.

2 우선 한옥 공간은 막히지 않고 순환한다. 시작과 끝이 없고 하나로 '통(通)'한다는 뜻이다. '원(圓)'은 완전 도형이라 해서 동서양 모두에서 최고의 상태로 간주˚했는데 한옥에서는 이를 공간에 적용하여 막힘없이 둥글둥글 도는 동선 구조로 만들어 냈다. '원'에 '통'을 결합해서 '원통'한 공간으로 만들어 낸 경우는 한옥밖에 없다. 원통은 원처럼 둥글어서 통한다는 뜻이다. 다시 말해 뒤돌아서는 일 없이 직각으로만 꺾다 보면 처음 출발했던 곳으로 되돌아올 수 있다는 의미이다. 예를 들어 대청마루에 오르면 방으로 들어간 뒤 옆방으로 이어 가거나 방 밖으로 빠져나오는 식으로 다시 대청마루 앞으로 돌아올 수 있는 것이다.

3 이러한 한옥 공간에서는 여러 공간을 거쳐 가는 돌아가기와 최단 거리로 가는 질러가기가 모두 가능하다. 이것은 이동의 목적과 성격, 이동하는 사람의 상황과 마음 상태 등 여러 조건에 따라 동선을 선택할 수 있음을 의미한다. 이처럼 동선의 종류가 다양하다는 것은 이동 과정에서 느낄 수 있는 경험의 종류가 많다는 것이기도 하다.

4 또한 한옥 공간에서는 집 안에 앉아서 내 집을 볼 수 있는 특이한 현상이 가능해진다. 방 안에서 창이나 문을 통해 내 집을 풍경으로 감상할 수 있는 것이다. 이를 가리켜 '자경(自景)'이라 하는데, 말 그대로 '나 스스로, 즉 내 집의 일부가 풍경이 된다'는 뜻이다. 이러한 자경은 단순히 내 집의 풍경을 감상하는 것 이상의 의미를 지닌다. 여기에는 내가 내 몸을 스스로 살피고 돌아보는 자아 성찰의 의미가 담겨 있다. 증자의 《일성록》에 나오는 "하루 세 번 내 몸을 돌이켜 살핀다."라는 구절에서 드러나듯이 유교에서는 자기 몸을 살피는 일을 자기 수양의 한 과정으로서 중요하게 여겼다. 자경은 이러한 맥락에서 이해할 수 있다. 집 안에 앉아서 내 집의 모습을 살핀다는 것은 곧 자기 자신의 몸과 마음까지도 살피는 것이다. 이런 점에서 한옥은 유교 정신을 반영˚한 주거 공간이라 할 수 있다.

▾ 발아(發芽): ① 씨앗에서 싹이 틈. ② 어떤 사물이나 사태가 비롯함을 비유적으로 이르는 말.
▾ 증식(增殖): 늘어서 많아짐. 또는 늘려서 많게 함.
▾ 분할(分割): 나누어 쪼갬.
▾ 간주(看做): 상태, 모양, 성질 따위가 그와 같다고 봄. 또는 그렇다고 여김.
▾ 반영(反映): 다른 것에 영향을 받아 어떤 현상이 나타남. 또는 어떤 현상을 나타냄.

독해력 Upgrade ※각 문단의 중심 내용을 다음과 같이 정리할 때, 빈칸에 들어갈 알맞은 말을 쓰시오.

1 (   ) 방식으로 구성된 한옥 공간 ➡ **2** 막힘없이 순환하는 '원통'한 공간인 한옥 ➡ **3** 다양한 (   )에 따라 다른 경험을 할 수 있는 한옥 공간 ➡ **4** (   ) 작용이 이루어지는 한옥 공간

1 이 글을 통해 해결할 수 있는 질문이 <u>아닌</u> 것은?

① '원통(圓通)'의 의미는 무엇인가?
② '자경(自景)'의 사상적 배경은 무엇인가?
③ 한옥의 평면 구성 방식에는 어떤 것들이 있는가?
④ 한옥에서 외파 증식이 일어나는 이유는 무엇인가?
⑤ 외파 증식으로 인해 한옥에는 어떤 특징이 나타나는가?

2 이 글을 읽고 〈보기〉의 한옥 공간을 이해한 내용으로 적절하지 <u>않은</u> 것은?

┤ 보기 ├

방   마루

① 방 안에서 문을 열면 집의 일부를 풍경으로 감상할 수 있어.
② 방에서 밖으로 나갈 때 질러가기와 돌아가기가 모두 가능해.
③ 자경을 통해 자신과 분리된 세계의 모습을 파악할 수 있는 주거 공간이야.
④ 방에서 마루로 나와 둥글게 돌면 다시 방으로 되돌아오는, 순환하는 공간이야.
⑤ 방에서 밖으로 나갈 때, 어떤 동선을 선택하느냐에 따라 보고 느끼는 경험이 다를 거야.

어휘력 Upgrade   ※다음의 빈칸에 들어갈 알맞은 말을 〈보기〉에서 찾아 쓰시오.

┤ 보기 ├
간주
반영
발아
분할

1 유행어에는 당시의 사회 현실이 (   )되어 있다.
2 대학교에는 학생들이 등록금을 (   )하여 납부할 수 있는 제도가 있다.
3 정원수를 옮겨 심는 시기는 일반적으로 (   ) 직전인 가을부터 다음 해 봄 사이가 좋다.
4 프랑스인들이 인간의 가장 큰 덕목으로 (   )하는 것은 첫 번째가 정직이고 그다음이 관용이다.

예술 07 줌과 트랙의 촬영 기법

영화의 장면은 다양하게 구성돼. 화면 가득 인물이 보이기도 하고, 배경이 가까워지거나 멀어지기도 하지. 다양한 영화 촬영 기법 중 '줌'과 '트랙'이라는 것이 있어. 이들 기법의 특징과 효과에 주목하여 글을 읽어 보자.

1 영화 촬영에 많이 사용되는 '줌(zoom)'은 카메라를 고정하고 초점˚을 조절할 수 있는 렌즈를 사용하여 카메라가 대상에 접근˚하는 듯한 효과나 멀어지는 듯한 효과를 만들어 내는 방법이다. 카메라가 대상에 접근하는 듯한 효과를 줌 인(zoom in), 멀어지는 듯한 효과를 줌 아웃(zoom out)이라고 한다. 그리고 '트랙(track)'은 카메라 자체를 움직여 대상에 접근하거나 멀어지며 촬영하는 방법으로, 대상에 접근하는 것은 트랙 인(track in), 멀어지는 것은 트랙 아웃(track out)이라고 한다. 언뜻 보면 줌이나 트랙은 차이가 없는 것처럼 보이지만, 카메라가 고정되어 있는지 움직이는지에 따라 촬영된 영상이 다르다.

2 줌을 사용한 경우에는 카메라가 고정되어 있어서 카메라와 대상 간의 거리는 변화가 없다. 다만 줌 인 또는 줌 아웃에 따라 대상과의 초점 거리만 변한다. 따라서 가까이 있는 물체와 멀리 있는 물체 사이의 크기의 비율은 달라지지 않는다. 그러나 트랙을 이용한 경우에는 카메라가 직접 이동하기 때문에 가까이에 있는 물체와 멀리 있는 물체 사이의 크기의 비율이 달라진다.

3 그렇다면 줌과 트랙을 동시에 사용하면 어떻게 될까? 줌 인과 트랙 아웃을 결합˚하여 주인공을 촬영할 경우, 가까이 있는 주인공이나 물체의 크기는 그대로 유지되고 멀리 있는 물체나 배경은 점점 커지게 된다. 반대로 줌 아웃과 트랙 인을 결합하면 멀리 있는 물체나 배경들이 점점 작아져 주인공에게서 멀어지게 된다. 이러한 장면을 바라보는 관객들은 주인공과 주인공이 존재하는 공간 사이의 일상적˚인 관계가 파괴되는 인상을 받게 된다. 따라서 줌 아웃과 트랙 인이 결합된 장면은 자신이 처한 현실에서 벗어나고 싶거나 현실에 적응하지 못하는 주인공의 복잡한 마음을 관객들에게 효과적으로 보여 주는 역할을 한다.

4 알프레드 히치콕 감독의 〈현기증〉이라는 영화를 보면 주인공 스카티가 종탑에 올라가는 매들린을 저지˚하기 위해 쫓아가는 장면이 나온다. 이때 스카티가 종탑 아래를 내려다보는 장면이 등장하는데, 여기서 감독은 ㉠종탑의 바닥이 스카티의 시선으로부터 아주 멀어지는 화면을 연속해 보여 준다. 이는 주인공과 주인공이 존재하는 공간 사이의 일상적인 관계를 파괴한 장면에 해당하는데, 이 장면을 통해 감독은 스카티가 느끼는 고소 공포증과 죽음에 대한 복잡한 심리를 잘 보여 주고 있다.

˚ 초점(焦點): 사진을 찍을 때 대상의 영상이 가장 똑똑하게 나타나게 되는 점.
˚ 접근(接近): 가까이 다가감.
˚ 결합(結合): 둘 이상의 사물이나 사람이 서로 관계를 맺어 하나가 됨.
˚ 일상적(日常的): 날마다 볼 수 있는 것.
˚ 저지(沮止): 막아서 못하게 함.

독해력 Upgrade

※각 문단의 중심 내용을 다음과 같이 정리할 때, 빈칸에 들어갈 알맞은 말을 쓰시오.

| 1 영상 촬영 기법인 줌과 ( )의 개념 | ➡ | 2 줌과 트랙의 특징 | ➡ | 3 줌과 트랙을 동시에 사용할 때의 특징과 효과 | ➡ | 4 ( )과 트랙 인이 결합된 장면과 그 효과의 구체적인 예 |

1 이 글의 서술상 특징으로 적절하지 <u>않은</u> 것은?

① 대상의 개념을 분명하게 밝히고 있다.
② 대상을 활용하였을 때의 효과를 제시하고 있다.
③ 전문가의 견해를 언급하며 대상의 중요성을 강조하고 있다.
④ 대상 간의 차이점을 바탕으로 각각의 특징을 설명하고 있다.
⑤ 대상과 관련한 구체적인 예를 제시하여 독자의 이해를 돕고 있다.

2 이 글을 읽고 난 반응으로 적절하지 <u>않은</u> 것은?

① '줌'은 카메라를 고정하고 렌즈로 초점을 조절하여 촬영하는 방법이구나.
② '트랙 인'은 카메라 자체를 움직여 대상에 접근하며 촬영하는 방법이구나.
③ '줌'을 사용해 촬영할 경우 카메라와 대상 간의 거리는 변화가 생기지 않는구나.
④ '트랙'을 사용할 경우 가까운 물체와 멀리 있는 물체 사이의 크기 비율은 달라지지 않는구나.
⑤ '줌 인'과 '트랙 아웃'을 결합하면 가까이 있는 대상의 크기는 그대로 유지되고 멀리 있는 배경은 점점 커지는구나.

3 이 글을 참고할 때 ㉠에 사용된 촬영 기법으로 알맞은 것은?

① 트랙 아웃
② 줌 인, 트랙 인
③ 줌 인, 트랙 아웃
④ 줌 아웃, 트랙 인
⑤ 줌 아웃, 트랙 아웃

어휘력 Upgrade ※다음의 빈칸에 들어갈 알맞은 말을 〈보기〉에서 찾아 쓰시오.

┌ 보기 ┐
결합
일상적
저지
접근

1 뮤지컬은 노래, 연기, 춤이 (   )된 종합 예술이다.
2 그 섬은 주변이 암초로 둘러싸여 있어 (   )이 매우 어렵다.
3 그 배우는 에스엔에스를 통해 자신의 평범하고 (   )인 모습을 자주 보여 준다.
4 박 선수는 이날 경기에서 위기 때마다 온몸을 내던져 상대 팀의 공격을 (   )했다.

예술 08

관점의 충돌로 이루어진 서양 미술사

어떤 그림이 아름다운 그림일까? 이에 대한 답은 시대마다 달라져 왔어. 그래서 서양 미술에서는 시대별로 다양한 경향의 작품이 나타나지. 이 글을 읽으며 서양 미술사의 흐름을 살펴보자.

1 미술 사조란 시대적 상황에 영향을 받아 나타나는 미술의 사상적 변화의 흐름을 일컫는 말이다. 서양 미술이 본격적으로 시작된 것은 고대 그리스 · 로마 시대라고 할 수 있다. 특히 기원전 4~5세기의 미술은 일명 고전주의로 불리는 그리스 미술의 전성기인데, 이 시기의 미술은 형식과 조화를 통해 이상적인 인간상을 보여 주고자 한 것이 특징이다. 이는 후에 근세 르네상스 미술과 근대 신고전주의의 생성에까지 영향을 미친, 그야말로 서양 미술사의 뿌리가 되는 미술 사조라고 할 수 있다.

2 중세는 종교적 가치가 절대적인 시대였기에 이 시기의 미술은 신 중심의 종교적인 내용을 다루었다. 고딕 미술은 중세 시대에 발달한 대표적인 미술 양식으로, 12~14세기에 프랑스를 중심으로 유럽에 퍼져 나갔다. 고딕 미술은 특히 건축에서 수직을 강조한 뾰족한 첨탑, 좁고 긴 창문의 스테인드글라스가 발달한 것이 특징이다.

3 15~16세기에는 종교 중심의 중세 미술에 반발하여 고대 그리스 · 로마 미술로 돌아가고자 하는 르네상스 미술이 등장하였다. 신에서 인간으로 관심을 돌린 이 시기를 문화 · 예술의 부흥기로 ㉠본다. 이후 17세기 절대 왕정을 배경으로 과장되고 역동적인 경향의 바로크 미술이 나타났고, 18세기에는 절대 왕정이 약화되고 귀족 문화가 발달하면서 장식성이 강하고 경쾌하며 화려한 로코코 미술이 나타났다.

4 향락적인 로코코 미술에 반발해 18~19세기에 걸쳐 나타난 경향이 바로 신고전주의 미술이다. 근대의 신고전주의는 감성보다 이성을 중시한 철학을 바탕으로 엄격한 윤리와 도덕성을 추구하고, 고대 그리스 · 로마의 질서 정연한 통일감과 입체감으로 돌아가려는 경향을 나타냈다. 역사와 신화에 한정되었던 고전주의와 다르게 당시 일어난 사건을 그리는 등 자유롭게 주제를 선택했고, 장엄한 분위기와 붓 자국 없이 매끈하게 표현한 것이 특징이다. 그러나 신고전주의가 형식성과 엄격하게 균형 잡힌 구도를 지나치게 강조함으로써 이에 반발하여 낭만주의 미술이 나타나게 되었다. 낭만주의는 이성적인 그림을 추구한 신고전주의와 달리 인간 개개인의 감수성에 주목하여 인간의 자유롭고 복잡한 감정이 느껴지는 동적인 그림을 그렸다. 엄격한 구도보다는 비대칭 구도나 사선 구도를 사용하여, 자유분방한 붓질로 극적이고 강렬한 색채를 표현하였다.

5 근대 이후에도 아름다움에 대한 인식은 사회, 역사적 상황에 따라 변화해 왔다. 서양 미술사는 하나의 관점이 일정 기간 유지되다가 그에 반발하는 새로운 관점과 충돌하고 새로운 미술 사조가 탄생하는 일을 반복하며 형성되어 왔으며, 앞으로도 그러한 움직임은 계속될 것이다.

- 근세(近世): 시대 구분의 하나로, 중세와 근대 사이를 가리킴.
- 스테인드글라스: 색유리를 이어 붙이거나 유리에 색을 칠하여 무늬나 그림을 나타낸 장식용 판유리.
- 반발(反撥): 어떤 상태나 행동 따위에 대하여 거스르고 반항함.
- 절대 왕정(絕對王政): 근대로 넘어가는 과도기 유럽에서, 왕이 국가의 모든 권력을 장악하고 절대적 권한을 가진 정치 체제.
- 향락적(享樂的): 놀고 즐기는 것.
- 장엄(莊嚴): 씩씩하고 웅장하며 위엄 있고 엄숙함.

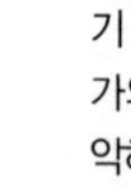

독해력 Upgrade ※각 문단의 중심 내용을 다음과 같이 정리할 때, 빈칸에 들어갈 알맞은 말을 쓰시오.

1 미술 사조의 개념과 고전주의 미술의 특징 → 2 중세 미술의 경향과 (　　) 미술의 특징 → 3 근세 르네상스 미술, 바로크 미술, (　　) 미술의 특징 → 4 근대 신고전주의와 낭만주의 미술의 특징 → 5 (　　)의 충돌을 거듭하며 이루어져 온 서양 미술사

1 이 글의 내용과 일치하지 <u>않는</u> 것은?

① 고딕 미술은 종교적인 가치를 중시한 미술 양식이다.
② 고전주의 미술은 이상적인 인간상을 표현하고자 했다.
③ 그리스·로마 미술은 이후에 전개된 미술 사조에 큰 영향을 미쳤다.
④ 르네상스 미술은 신 중심의 중세 미술과 달리 인간 중심의 경향을 보였다.
⑤ 로코코 미술은 절대 왕정을 배경으로 나타난 과장되고 화려한 미술 사조이다.

2 이 글을 읽고 〈보기〉에 대해 반응한 것으로 적절하지 <u>않은</u> 것은?

── 보기 ──

신고전주의 화가 다비드의 〈생 베르나르 골짜기를 넘는 보나파르트〉는 나폴레옹이 1800년 이탈리아 원정▼ 때 오스트리아를 물리치려고 알프스를 넘는 장면을 그린 그림이다. 위험한 상황에서 침착▼하게 병사들을 이끄는 나폴레옹의 모습을 나타냈으며, 왼쪽 아래에 나폴레옹의 이름 '보나파르트'를 역사 속 영웅들의 이름과 함께 새겨 당시 갓 서른을 넘은 나폴레옹의 영웅적인 모습을 강조하고 있다.

▼ 원정(遠征): 먼 곳으로 싸우러 나감.
▼ 침착(沈着): 행동이 들뜨지 아니하고 차분함.

① 화가는 당시에 일어난 사건을 주제로 선택하였군.
② 전체적으로 씩씩하고 위엄 있는 분위기가 느껴지는군.
③ 대상을 붓 자국 없이 매끈하게 표현한 것이 특징이겠군.
④ 전쟁에 임하는 인물의 복잡하고 격렬한 감정에 주목하였군.
⑤ 대상을 균형 잡힌 구도로 표현한 것에서 형식성을 중시했음을 알 수 있군.

3 이 글의 ㉠과 바꿔 쓰기에 가장 적절한 것은?

① 평가한다   ② 추측한다   ③ 선별한다
④ 부각한다   ⑤ 강조한다

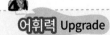

어휘력 Upgrade ※다음의 빈칸에 들어갈 알맞은 말을 〈보기〉에서 찾아 쓰시오.

── 보기 ──
반발
사조
장엄
침착

1 산 정상에서 바라본 일출은 (   )하고도 아름다웠다.
2 응급 상황에서 당황하지 말고 (   )하게 행동해야 한다.
3 그는 진보적인 지식인이지만 새로운 (   )를 받아들이는 데에는 신중하고 비판적이다.
4 예술계에서는 예술 작품에 대해 지나치게 규제를 가하는 것은 결코 바람직하지 않다고 (   )했다.

흥겨운 우리 음악 산조

1️⃣ 산조는 우리 민속 음악의 대표적 양식으로, 한 사람이 악기로 연주하는 기악 독주곡 형태의 하나이다. 산조는 연주 장소, 연주자, 연주 조건에 따라 즉흥적인 감정 표현을 중시하는 음악이다. 한 사람이 하나의 악기를 가지고 연주하는 것을 기본으로 하면서 여기에 장구 반주가 따른다. 장구 반주를 맡은 고수˘는 간간이 추임새˘를 넣어 연주자의 흥을 돋운다. 산조를 듣는 관객들도 악기의 연주 소리에 흥이 나면 추임새로 자신의 감동을 표현할 수 있다. 이러한 추임새는 연주자와 고수와 관객을 하나로 맺어 주는 기능을 한다.

2️⃣ 산조의 장단은 진양조장단, 중모리장단, 중중모리장단, 자진모리장단을 기본으로 하고, 연주자가 사용하는 악기에 따라 휘모리장단, 단모리장단˘ 등이 첨가된다. 일반적으로 산조는 가장 느린 진양조장단에서 시작하여 중간 빠르기인 중모리장단과 중중모리장단을 거쳐, 더 빨라진 자진모리장단 혹은 매우 빠른 휘모리장단으로 끝이 난다. 이렇게 점점 빨라지는 산조의 장단은 듣는 사람들의 감정과 흥을 고조˘시키며, 산조 가락이 절정에 이르렀을 때 관객들은 신명˘과 희열˘에 빠져들게 된다.

3️⃣ 산조는 가야금, 거문고, 대금, 향피리, 해금, 태평소, 단소, 아쟁 등 민속악에 쓰이는 거의 모든 악기마다 존재한다. 그런데 특이한 것은 산조를 연주할 때 사용하는 가야금과 대금, 아쟁 같은 악기는 정악이라고 불리는 국악 연주를 할 때보다 조금 작게 만든다는 점이다. 그래서 악기 이름도 앞에 산조라는 말을 붙여 산조 가야금, 산조 대금 등으로 부른다. 이는 정악이 느리고 우아한 장단을 기본으로 하는 것에 비해 산조는 장단이 빠르고 다양한 기교를 필요로 하는 것과 관련된다.

4️⃣ 산조에는 여러 유파˘가 있다. 그래서 똑같은 악기를 사용하더라도 유파에 따라 곡 전개의 흐름이나 음색의 특징 등에서 큰 차이를 보이기도 한다. 그러나 같은 유파라 하더라도 연주자에 따라 자신만의 독특한 산조가 만들어지기도 한다. 연주자 스스로가 연주하는 장소와 때, 분위기 등을 고려하여 가락에 변화를 줄 수 있기 때문이다. 이런 점에서 볼 때 산조는 연주자의 음악적 감성에 따라 끊임없이 만들어지고 변화할 수 있는, 열려 있는 음악 형식이라고 할 수 있다.

- ˘고수(鼓手): 북이나 장구를 치는 사람.
- ˘추임새: 흥을 돋우기 위해 고수가 장단을 치면서 삽입하는 '좋다', '얼씨구', '으이' 따위의 소리.
- ˘단모리장단: 산조에 쓰이는 가장 빠른 장단.
- ˘고조(高調): 사상이나 감정, 세력 따위가 한창 무르익거나 높아짐. 또는 그런 상태.
- ˘신명: 흥겨운 멋이나 기분.
- ˘희열(喜悅): 욕구가 충족되었을 때 느끼는 기쁨.
- ˘유파(流派): 주로 학계나 예술계에서, 생각이나 방법 경향이 비슷한 사람이 모여서 이룬 무리.

독해력 Upgrade ※각 문단의 중심 내용을 다음과 같이 정리할 때, 빈칸에 들어갈 알맞은 말을 쓰시오.

| 1️⃣ 산조의 개념과 연주 방식의 특징 | ➡ | 2️⃣ 산조 (   )의 특징과 효과 | ➡ | 3️⃣ 산조에 사용되는 (   )의 특징 | ➡ | 4️⃣ 산조의 다양성과 예술적 의의 |

1 이 글에 언급되지 <u>않은</u> 것은?

① 산조의 개념　　　　　　　　② 산조의 장단
③ 산조의 연주 방식　　　　　　④ 산조의 악기별 사용법
⑤ 산조의 예술적 의의

2 이 글의 서술상 특징으로 알맞은 것을 골라 묶은 것은?

> ㉠ 구체적인 예를 열거하며 이해를 돕고 있다.
> ㉡ 대상의 진행 과정을 순차적으로 제시하였다.
> ㉢ 질문을 반복적으로 제시하며 관심을 유도하고 있다.
> ㉣ 설명 대상을 다른 대상과 견주어 차이점을 드러내고 있다.
> ㉤ 설명 대상을 여러 가지 사물에 빗대어 그 특성을 드러내고 있다.

① ㉠, ㉡, ㉣　　　　　　　　② ㉠, ㉡, ㉤
③ ㉡, ㉢, ㉣　　　　　　　　④ ㉡, ㉣, ㉤
⑤ ㉢, ㉣, ㉤

3 이 글을 읽고 난 반응으로 적절하지 <u>않은</u> 것은?

① 둘 이상의 연주자가 각자의 악기로 함께 연주하는 것은 산조가 아니겠군.
② 산조 연주가 막바지에 이르러 장단이 가장 빨라지면 관객들은 신명과 희열을 느끼게 되겠군.
③ 고수의 추임새는 연주자에게 흥을 불어넣지만 연주자의 집중력을 떨어뜨리는 부정적인 면도 있군.
④ 정악에서 쓰이는 가야금에 비해 산조 가야금은 빠른 장단에 맞춰 가락에 변화를 주기에 효과적이겠군.
⑤ 산조는 즉흥적인 감정 표현을 중시하므로 연주자가 연주할 때마다 곡의 흐름이나 음색이 다양하게 나타나겠군.

어휘력 Upgrade　　※다음의 빈칸에 들어갈 알맞은 말을 〈보기〉에서 찾아 쓰시오.

┌ 보기 ┐
고조
신명
즉흥적
희열
└────┘

1 초대 가수들의 공연으로 축제의 분위기가 한껏 (　　　)되었다.
2 그는 구체적인 계획을 세우지 않고 (　　　)으로 여행을 떠났다.
3 할머니는 구성진 노랫소리에 (　　　)이 나서 어깨를 들썩이셨다.
4 마라톤을 완주한 후 나는 내 힘으로 무언가를 이루었다는 (　　　)을 맛보았다.

[01~04] **다음 단어와 그 뜻풀이를 바르게 연결하시오.**

01 경쾌하다 •　　　• ㉠ 큰 관심 없이 대강 보아 넘기다.

02 엄격하다 •　　　• ㉡ 여러 사람 가운데서 특별히 두드러지다.

03 간과하다 •　　　• ㉢ 움직임이나 모습, 기분 따위가 가볍고 상쾌하다.

04 출중하다 •　　　• ㉣ 말, 태도, 규칙 따위가 매우 엄하고 철저하다.

[05~08] **〈보기〉의 글자들을 조합하여 다음의 뜻풀이에 알맞은 단어를 쓰시오.**

┤ 보기 ├
장 치 열 식 친 증 희 숙

05 잘 매만져 곱게 꾸밈. 　　　　　　(　　)

06 친하여 익숙하고 허물이 없음. 　　(　　)

07 욕구가 충족되었을 때 느끼는 기쁨. (　　)

08 늘어서 많아짐. 또는 늘려서 많게 함. (　　)

[09~12] **다음의 빈칸에 들어갈 알맞은 단어를 〈보기〉에서 찾아 쓰시오.**

┤ 보기 ├
고조　야기　간주　지휘

09 과도한 다이어트는 심각한 건강 문제를 (　　)할 수 있다.

10 왕이 직접 수천 명의 군사를 (　　)하여 적을 향해 진군하였다.

11 우리 팀이 역전할 기미가 보이자 관중석의 열기가 점차 (　　)되었다.

12 시험 중에 휴대폰을 보는 것은 부정행위로 (　　)되니 휴대폰은 꺼 놓으세요.

[13~16] **제시된 초성과 뜻풀이를 참고하여 다음의 빈칸에 알맞은 단어를 쓰시오.**

13 ㅊㅈ : 미루어 생각하여 판정함.
　　예 오늘 광화문에 모인 사람들은 대략 만 명 이상으로 (　　)된다.

14 ㅊㅊ : 행동이 들뜨지 아니하고 차분함.
　　예 시험 시간이 빠듯했지만 현수는 (　　)한 태도로 끝까지 문제를 다 풀었다.

15 ㄱㅎ : 둘 이상의 사물이나 사람이 서로 관계를 맺어 하나가 됨.
　　예 오늘 이곳에서는 재즈와 사물놀이가 (　　)된 독특한 음악 공연이 벌어질 예정이다.

16 ㅂㅇ : 다른 것에 영향을 받아 어떤 현상이 나타남. 또는 어떤 현상을 나타냄.
　　예 유행어는 당시의 세상 형편을 잘 (　　)하는 거울 노릇을 한다.

[17~20] **다음의 밑줄 친 부분과 바꿔 쓸 수 있는 말을 〈보기〉의 단어를 활용하여 쓰시오.**

┤ 보기 ├
예리하다　저지하다　접근하다　확장하다

17 태풍이 한반도에 <u>다가오자</u> 기상청에서는 강풍 주의보를 내렸다. 　　　　　　(　　)

18 리더는 모름지기 <u>날카로운</u> 판단력과 포용력을 두루 갖추어야 한다. 　　　　　　(　　)

19 이 음식점은 지난해 가게를 <u>넓힌</u> 이후로 꾸준히 손님이 늘고 있다. 　　　　　　(　　)

20 환경 단체는 숲을 파괴하는 도시 개발을 <u>막기</u> 위해 시위를 하기로 했다. 　　　　　　(　　)

어휘력은 독해력의 기초!

• 나의 어휘력은 몇 점? 　　＿＿＿＿＿개 / 20개
• 18개 이상을 맞혔다면? 　어휘의 기초가 튼튼합니다.
• 17개 이하로 맞혔다면? 　본문에 제시된 지문과 어휘를 다시 공부한 다음 문제를 풀어 보세요.

[01~04] 다음 단어와 그 뜻풀이를 바르게 연결하시오.

01 신명 •
02 발성 •
03 장엄 •
04 포착 •

• ㉠ 흥겨운 멋이나 기분.
• ㉡ 요점이나 요령을 얻음.
• ㉢ 씩씩하고 웅장하며 위엄 있고 엄숙함.
• ㉣ 입 밖으로 목소리를 냄. 또는 그 목소리.

[05~08] 〈보기〉의 글자들을 조합하여 다음의 뜻풀이에 알맞은 단어를 쓰시오.

┤ 보기 ├
급 식 가 공 상 완 전 용

05 느림과 빠름. ( )

06 먹을 것으로 씀. 또는 그런 물건. ( )

07 어느 한 분야를 전문적으로 연구함. 또는 그 분야. ( )

08 사실이 아니거나 사실 여부가 분명하지 않은 것을 사실이라고 가정하여 생각함. ( )

[09~12] 다음의 빈칸에 들어갈 알맞은 단어를 〈보기〉에서 찾아 쓰시오.

┤ 보기 ├
본격적 역동적 이상적 일상적

09 장마가 끝나고 나자 ( )인 무더위가 시작되었다.

10 사람들이 반려 동물과 함께 산책하는 모습은 흔히 볼 수 있는 ( )인 풍경이다.

11 이 책은 인간이라면 누구나 한 번쯤 꿈꾸어 보는 ( )인 세계를 그리고 있다.

12 김 선수의 이번 프로그램은 고난도 점프와 빠른 회전 동작이 많아 ( )인 느낌을 준다.

[13~16] 제시된 초성과 뜻풀이를 참고하여 다음의 빈칸에 알맞은 단어를 쓰시오.

13 ㅊ ㄱ : 이미 있는 것에 덧붙이거나 보탬.
예 이 식품은 방부제를 전혀 ( )하지 않은 천연 식품입니다.

14 ㅇ ㅅ : 끊이지 아니하고 죽 이어지거나 지속함.
예 사물함에 편지와 선물이 들어 있는 일이 며칠째 ( )되었다.

15 ㅂ ㅂ : 어떤 상태나 행동 따위에 대하여 거스르고 반항함.
예 이곳에 공연장을 지으려는 계획은 소음을 염려한 인근 주민들의 ( )에 부딪쳤다.

16 ㅁ ㅊ : 어떤 작용을 한쪽에서 다른 쪽으로 전달하는 물체. 또는 그런 수단.
예 신문을 비롯한 각종 언론 ( )에서 그 사건을 중요하게 다루었다.

[17~20] 다음의 밑줄 친 부분과 바꿔 쓸 수 있는 말을 〈보기〉의 단어를 활용하여 쓰시오.

┤ 보기 ├
민첩하다 세심하다 위태롭다 중단되다

17 일부 지역에 전기 공급이 끊어져 주민들이 불편을 겪고 있다. ( )

18 계주에 나간 지호는 아슬아슬한 상황을 잘 넘기고 결국 1등으로 들어왔다. ( )

19 곰은 덩치가 크고 다리는 굵고 짧지만 사냥할 때의 움직임은 매우 날렵하다. ( )

20 겨울철 산불을 예방하고 피해를 줄이려면 빈틈없는 대비책을 마련해야 한다. ( )

어휘력은 독해력의 기초!
• 나의 어휘력은 몇 점? _____개 / 20개
• 18개 이상을 맞혔다면? 어휘의 기초가 튼튼합니다.
• 17개 이하로 맞혔다면? 본문에 제시된 지문과 어휘를 다시 공부한 다음 문제를 풀어 보세요.

독해 실전

II 사회

저작권, 얼마나 알고 있니?

저작권이라는 단어 자체는 아마 다들 익숙할 거야. 그런데 이 저작권이 '재산권'과 '인격권'으로 구분된다는 사실 알고 있니? 저작권의 종류와 이러한 저작권을 보호하는 이유를 생각하며 글을 읽어 보자.

1️⃣ 저작권(Copyright, 著作權)은 저작물을 창작한 저작자에게 부여°한 권리를 말한다. 이때 저작물이란 '인간의 생각 또는 감정을 표현한 창작물'이며 저작자는 '저작물을 창작한 사람'을 의미한다. 저작권은 소유권과 구분해야 하는데, 예를 들어 누군가가 어떤 소설책을 구입한다면 그 소설책의 소유권은 구매자가 갖지만, 소설가가 창조해 낸 세계나 가치 등은 구매자가 생각해 낸 것이 아니므로 저작권은 소설가가 갖게 된다.

2️⃣ 그렇다면 저작권은 왜 보호되어야 할까? 보통 저작자는 많은 시간과 노력을 기울여 저작물을 만들어 낸다. 그런데 누군가가 마음대로 저작물을 이용한다면 저작자의 노력은 물거품이 되고 저작자는 더 이상 창작 활동을 하지 않게 될 것이다. 저작권을 보호하는 이유는 창작 노력에 대한 적절한 권리를 보장하여 저작자의 창작 행위를 존중하고, 나아가 수준 높은 저작물들을 통해 풍요로운 문화를 ⓐ누리는 데 있다. 이를 위해 저작권법에서는 공개되지 않았던 다른 사람의 저작물을 발견한 사람, 저작물 작성을 의뢰°한 사람, 저작에 관한 아이디어나 조언°을 한 사람, 저작자의 옆에서 도와주거나 자료를 제공한 사람 등은 저작권자에서 배제°하여 저작물을 창작한 사람의 저작권이 원만히 보호될 수 있도록 하고 있다.

3️⃣ 저작권은 저작 재산권과 저작 인격권으로 구분할 수 있다. 먼저 저작 재산권은 저작자가 자신의 저작물에 대해 갖는 재산적인 권리를 뜻한다. 저작권법에 따르면 저작물을 복제하거나 저작물로 공연을 하는 것은 저작권자의 허락이 있어야 가능하다. 또한 방송이나 인터넷을 통해 저작물을 유통시키거나 원저작물을 번역, 편곡, 각색°, 편집을 할 경우에도 저작권자에게 동의를 구해야 한다. 만약 저작권자의 허락 없이 저작물을 이용하면 법에 따라 제재를 받을 수 있다.

4️⃣ 저작 인격권이란 저작자가 자신의 저작물에 대해 갖는 인격적·정신적 이익을 법률로써 보호받는 권리이다. 이에 따라 저작권자의 허락 없이는 저작물을 공표°해서는 안 되며, 저작물을 이용하는 자는 저작물에 있는 원저작자의 이름 표기를 지우거나 훼손해서는 안 된다. 또한 저작자의 뜻을 무시한 채 이용자 마음대로 저작물의 내용을 바꾸어서도 안 된다. 이러한 저작 인격권은 저작 재산권과 달리 다른 사람에게 양도°할 수 없다. 따라서 저작물의 저작 재산권을 양도받아도 저작 인격권은 여전히 저작자에게 있다는 사실을 기억할 필요가 있다.

▾ 부여(附與): 사람에게 권리·명예·임무 따위를 지니도록 해 주거나, 사물이나 일에 가치·의의 따위를 붙여 줌.

▾ 의뢰(依賴): 남에게 부탁함.

▾ 조언(助言): 말로 거들거나 깨우쳐 주어서 도움.

▾ 배제(排除): 받아들이지 않고 물리쳐 제외함.

▾ 각색(脚色): 소설이나 서사시 따위를 연극이나 영화의 대본으로 고쳐 쓰는 일.

▾ 공표(公表): 여러 사람에게 널리 드러내어 알림.

▾ 양도(讓渡): 권리, 재산 등을 남에게 넘겨줌.

독해력 Upgrade ※각 문단의 중심 내용을 다음과 같이 정리할 때, 빈칸에 들어갈 알맞은 말을 쓰시오.

| 1️⃣ 저작권의 개념 및 소유권과의 구분 | → | 2️⃣ 저작권을 보호하는 이유와 저작권자에서 배제되는 사례 | → | 3️⃣ ( )의 개념과 구체적인 내용 | → | 4️⃣ ( )의 개념과 구체적인 내용 |

1 이 글의 내용과 일치하지 <u>않는</u> 것은?

① 저작자는 저작물을 창작한 사람을 의미한다.

② 저작권은 저작 재산권과 저작 인격권으로 구분할 수 있다.

③ 저작권이 있는 저작물로 공연을 하려면 저작자의 허락을 받아야 한다.

④ 저작권이 보호되지 않으면 수준 높은 저작물들이 창작되지 않을 수 있다.

⑤ 저작물의 저작 재산권을 양도하면 저작물의 저작 인격권도 자동으로 양도된다.

2 다음 중 질문에 대한 답이 적절하지 <u>않은</u> 것은?

질문	답
저는 대학생인데요, 친구들과 돈을 모아 교재를 한 권만 사서 이걸 여러 권으로 복사하려고 합니다. 괜찮을까요?	저작권자의 허락 없이 저작물을 복제하는 것은 저작 재산권을 위반하는 행위입니다. ······································· ①
저는 피아니스트인데요, 저작권이 있는 음악을 연주회에서 연주하려면 저작권자의 동의를 구해야 하는지 궁금합니다.	저작권이 있는 저작물로 공연을 하기 위해서는 저작권자의 허락이 있어야 합니다. ······································· ②
최근 사망한 소설가의 미발표 소설을 찾아낸 경우, 이 소설의 저작권은 찾은 사람이 갖는 건가요?	공개되지 않았던 다른 사람의 저작물을 발견한 사람은 저작권자에서 배제됩니다. ·· ③
소설 원작을 각색하여 시나리오♥를 만들려고 합니다. 줄거리는 똑같으니 저작권자의 허락을 받지 않아도 되겠죠?	원저작물을 각색하는 것은 저작자의 저작 인격권을 훼손하는 행위이므로 해서는 안 됩니다. ······································· ④
저는 가수인데요, 선배 가수의 곡을 리메이크♥하려고 합니다. 약간만 편곡하는 정도인데 저작권자의 허락이 필요한가요?	저작 재산권에 따라, 원저작물을 편곡할 경우 저작권자의 허락이 필요합니다. ········· ⑤

♥ 시나리오(scenario): 영화를 만들기 위해 쓴 대본.

♥ 리메이크(remake): 예전에 있던 영화, 음악, 드라마 따위를 새롭게 다시 만듦.

3 문맥상 ⓐ와 바꿔 쓸 수 있는 말로 적절한 것은?

① 간추리는   ② 장악하는   ③ 파악하는

④ 포괄하는   ⑤ 향유하는

어휘력 Upgrade

※다음의 빈칸에 들어갈 알맞은 말을 <보기>에서 찾아 쓰시오.

┌ 보기 ┐
배제
양도
의뢰
조언

1 약사는 이 화장품을 건성 피부에는 쓰지 말라고 (　　　)했다.

2 국제 사회에서 (　　　)된 국가는 살아남기 어려운 시대가 되었다.

3 그 회사는 사회 환원 차원에서 회사 소유 건물을 인근 군청에 (　　　)하였다.

4 천연기념물로 지정된 느티나무가 훼손되자 마을 사람들은 경찰에 수사를 (　　　)했다.

초깃값 효과

사람들의 선택에 영향을 미치는 중요한 요인으로 '초깃값'이라는 것이 있어. 이는 컴퓨터의 기본 설정처럼 미리 정해져 있는 사항을 뜻해. 이 글을 통해 초깃값의 영향에 대해 알아보자.

1 미국 뉴저지주에서는 자동차 구입자가 보험을 들 때 보장˙ 범위가 제한˙된 저렴한 보험을 자동적으로 들게 되어 있다. 만약 추가로 돈을 더 지불하면 보장 범위가 넓은 보험으로 변경˙하는 것이 가능하다. 이에 대한 1992년 통계에 따르면 보험 가입자의 80%가 초기˙ 설정 그대로 저렴한 보험에 가입했다고 한다. 반대로 펜실베이니아주에서는 보험료가 비싼 쪽을 초기 설정으로 두어 자동적으로 가입하게 하고 저렴한 보험은 변경 가능한 사항으로 두었는데, 75%가 비싼 보험을 선택했다고 한다.

2 이 통계의 결과만 놓고 본다면 뉴저지주에 사는 사람들은 보험 가격을 중시하고 펜실베이니아주에 사는 사람들은 사고의 보장 범위를 더 중시하는 것처럼 보인다. 그러나 이들의 선택에 가장 큰 영향을 준 것은 가격이나 보장 범위가 아닌 초깃값이었다. 대다수의 사람들이 초깃값을 그대로 선택하는 경향을 보인 것이다. 이처럼 어떤 선택을 할 때에 다른 선택이 가능함에도 미리 설정되어 있는 사항을 그대로 따르려는 경향을 '초깃값 효과'라고 한다. 이는 무엇을 초깃값으로 설정하느냐가 사람들의 의사 결정에 큰 영향을 미칠 수 있음을 보여 준다.

3 그렇다면 초기 설정은 왜 사람들의 의사 결정에 영향을 미치는 것일까? 그 원인은 크게 세 가지로 정리할 수 있다. 첫째, 공공 정책의 경우 사람들이 초깃값을 정책 결정자의 '권유'로 생각하여 좋을 것이라고 여기고 받아들인다. 둘째, 초깃값과 다른 선택을 할 경우 서류 작성 등의 노력이 필요하므로, 확신이 없는 상황에서 굳이 시간과 노력을 들여 초깃값을 바꾸는 수고를 하지 않는다. 셋째, 초깃값을 선택하지 않는 것은 이미 주어진 것을 포기하는 손실˙로 인식되어, 그 손실을 피하려는 심리로 초깃값을 받아들인다.

4 물이 반 정도 들어 있는 컵을 보고 어떤 사람들은 '물이 반이나 있다'고 생각할 수도 있고 어떤 사람들은 '물이 겨우 반만 남았다'고 생각할 수도 있다. 그런데 만약 컵에 물이 가득 차 있는 것이 처음 상태였고 이것을 사람들이 보았다면 어떻게 반응할까? 아마도 대부분은 처음보다 물이 줄어 '반만 남았다'고 여길 것이다. 초기 설정은 이처럼 사람들의 의식에 큰 영향을 준다. 같은 물건이나 같은 정책이라도 초깃값을 어떻게 설정하느냐에 따라 사람들이 전혀 다르게 ㉠받아들일 수 있는 것이다. 따라서 공공 기관이나 정부는 국민들에게 도움이 되는 대안을 초깃값으로 설정하기 위해 노력할 필요가 있다.

▼ 보장(保障): 어떤 일이 어려움 없이 이루어지도록 조건을 마련하여 보증하거나 보호함.

▼ 제한(制限): 일정한 한도를 정하거나 그 한도를 넘지 못하게 막음. 또는 그렇게 정한 한계.

▼ 변경(變更): 다르게 바꾸어 새롭게 고침.

▼ 초기(初期): 정해진 기간이나 일의 처음이 되는 때나 시기.

▼ 손실(損失): 잃어버리거나 축이 나서 손해를 봄. 또는 그 손해.

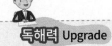

독해력 Upgrade ※각 문단의 중심 내용을 다음과 같이 정리할 때, 빈칸에 들어갈 알맞은 말을 쓰시오.

| **1** 뉴저지주와 펜실베이니아주의 보험 가입 현황에 대한 통계 | ➡ | **2** (　　　)이 선택에 미치는 영향과 초깃값 효과의 개념 | ➡ | **3** 초깃값 효과가 나타나는 (　　　) | ➡ | **4** 초깃값 설정의 중요성 |

1 이 글을 통해 알 수 있는 내용이 <u>아닌</u> 것은?

① 초기 설정은 사람들의 의사 결정에 큰 영향을 미친다.
② 사람들은 공공 정책의 초깃값을 정책 결정자의 권유로 생각한다.
③ 사람들은 초깃값을 선택하지 않는 것을 손실로 여기는 경향이 있다.
④ 대부분의 사람들은 자신에게 더 유리해지도록 초기 설정을 수정한다.
⑤ 사람들은 다른 선택이 가능한데도 초기 설정을 그대로 따르는 경우가 많다.

2 이 글을 읽고 〈보기〉에 대해 반응한 내용으로 적절하지 <u>않은</u> 것은?

┤ 보기 ├

　유럽 연합(EU)에서는 장기 기증에 동의한 사람이 적은 나라(덴마크 4%, 독일 12%, 영국 17%, 네덜란드 28%)와 많은 나라(스웨덴 86%, 오스트리아 · 벨기에 · 프랑스 · 헝가리 · 폴란드 98% 이상)가 확실히 구분된다. 덴마크, 독일 등 동의자가 적은 나라에서는 장기를 기증하겠다는 의사 표시를 하지 않는 한 기증 의사가 없다고 간주한다. 이에 반해 오스트리아처럼 동의자가 많은 나라에서는 장기 기증을 하지 않겠다는 의사 표시가 없는 한 기증 의사가 있다고 간주한다.

① 장기 기증에 동의한 사람이 적은 나라는 '장기 기증을 하지 않겠다.'가 초기 설정이군.
② 오스트리아에서 현재의 초기 설정을 바꾼다면 장기 기증 동의자가 줄어들 수 있겠군.
③ 초기 설정을 아예 없애면 덴마크나 독일의 장기 기증 동의자 수를 최대로 이끌어 낼 수 있겠군.
④ 장기 기증에 동의한 사람이 적은 나라와 많은 나라로 구분된 결과는 초깃값 효과와 관련이 있겠군.
⑤ 오스트리아 사람들 중에는 별도의 의사 표시를 하는 것이 번거로워서 장기 기증에 동의한 사람도 있겠군.

3 이 글의 ㉠과 바꿔 쓰기에 가장 적절한 것은?

① 고민할　　　　　② 수용할　　　　　③ 반영할
④ 분류할　　　　　⑤ 허용할

어휘력 Upgrade　※다음의 빈칸에 들어갈 알맞은 말을 〈보기〉에서 찾아 쓰시오.

┤ 보기 ├
보장
손실
제한
초기

1 민주주의 국가에서는 국민의 자유와 권리가 (　　　)된다.
2 쌀을 너무 박박 씻으면 쌀눈이 떨어져 영양분이 (　　　)된다.
3 꾸준한 건강 검진을 통해 병을 (　　　)에 발견하는 것이 중요하다.
4 U-20 축구 월드컵은 출전 선수의 나이를 20세 이하로 (　　　)한다.

선택을 위한 소비자의 갈등

물건을 살 때 몇 개의 후보를 놓고 고민했던 경험이 있을 거야. 그리고 막상 물건을 사고 보면 다른 게 더 좋아 보이는 경우도 있지. 이 글을 통해 구매 과정에서 소비자가 겪는 갈등에 대해 자세히 알아보자.

1️⃣ 소비자들은 어떤 제품이나 서비스를 구매하는 과정에서 흔히 심리적인 갈등을 겪는다. 가령 기능은 만족스럽지만 디자인이 아쉽다거나, 디자인은 만족스러운데 가격이 비싸서 고민하는 경우를 들 수 있다. 기업에서는 소비자들이 겪는 이러한 갈등을 고려하여 마케팅 전략♥을 세우게 된다.

2️⃣ 심리학자 커트 레빈은 소비자들이 구매 과정에서 겪는 갈등을 세 가지 유형으로 나누었다. 첫째, '접근-접근 갈등'은 두 가지 긍정적인 대안 중에서 어느 하나를 선택해야 하는 경우에 발생한다. 이러한 상황에서 소비자는 일시적으로 불안감을 가질 수 있으나 어느 대안을 선택하더라도 긍정적 결과가 나오므로 갈등이 비교적 약하며, 두 가지 중 어느 한 가지의 장점을 증가시키는 방향으로 갈등을 해소할 수 있다. 그리고 기업은 두 개의 대안이 지니고 있는 장점을 동시에 충족♥시킬 수 있는 묶음 상품을 제공함으로써 소비자의 갈등을 해소시킬 수 있다.

3️⃣ 둘째, '회피♥-회피 갈등'은 불쾌감이 생기는 부정적인 두 가지 대안 중 하나를 반드시 선택해야 할 때 겪게 된다. 예를 들면, 고장 난 가전제품을 새로 살 것인지 아니면 수리해서 쓸 것인지를 두고, 두 가지 모두 비용이 많이 들어서 고민하는 경우가 그것이다. 이때 기업은 보상 판매♥ 등을 통해 소비자가 적은 부담으로 신제품을 구매할 수 있도록 하여 선택의 부정적 측면을 줄이는 마케팅 전략을 사용할 수 있다.

4️⃣ 셋째, ㉠'접근-회피 갈등'은 긍정적인 특성과 부정적인 특성을 동시에 지닌 대안을 선택할 때 겪게 된다. 다른 두 갈등이 긍정적이거나 부정적인 특성 하나만을 가진 대안들을 놓고 갈등하는 것과 달리, 이는 두 가지 경향을 동시에 가진 하나의 대안을 놓고 갈등한다는 특징이 있다. 이 경우 소비자는 대안의 긍정적 측면과 부정적 측면 중 어느 한쪽을 더 고려할 것인지 고민하고, 목표를 추구할 것인지 아니면 포기할 것인지를 결정해야 한다. 그렇기 때문에 이 갈등은 가장 강한 스트레스가 생기는 유형이다.

5️⃣ 한편, 소비자들은 갈등 상황에서 하나의 대안을 선택하고 나면 선택하지 않은 다른 대안에 대한 아쉬움으로 심리적 불편함을 느끼게 되는데, 이를 '인지 부조화♥ 이론'으로 설명할 수 있다. 이 이론에 따르면 자신의 생각과 행동 등이 서로 일치하지 않아 불균형 상태를 느끼는 것이 '인지 부조화'이며, 이 경우 사람들은 자신의 생각과 행동을 일치시켜 조화 상태를 유지하려 한다. 따라서 소비자가 제품을 구입한 행동과 자신의 선택이 최선이 아닐지도 모른다는 생각 사이의 부조화를 겪게 되면, 소비자는 이를 해소하기 위해 선택하지 않은 제품의 단점을 찾아 깎아내리거나 선택한 제품의 장점을 찾아냄으로써 자신이 최선의 선택을 하였음을 확신하려고 한다.

♥ 마케팅 전략: 생산자가 상품 또는 서비스를 소비자에게 전달하고 판매하는 과정에서 필요한 가장 적절한 방법을 찾아 실천하는 일.

♥ 충족(充足): 일정한 분량을 채워 모자람이 없게 함.

♥ 회피(回避): 꾀를 부려 마땅히 져야 할 책임을 지지 아니함. 또는 일하기를 꺼리어 선뜻 나서지 않음.

♥ 보상 판매: 구매자가 갖고 있는 구형 제품을 거두어들이고 신제품이나 다른 제품을 할인하여 판매하는 일.

♥ 부조화(不調和): 서로 잘 어울리지 아니함.

독해력 Upgrade ※각 문단의 중심 내용을 다음과 같이 정리할 때, 빈칸에 들어갈 알맞은 말을 쓰시오.

| 1️⃣ 구매 과정에서 소비자의 갈등과 이를 고려하는 기업의 마케팅 전략 | → | 2️⃣ '접근-( ) 갈등'의 개념과 해소 방법 | → | 3️⃣ '회피-회피 갈등'의 개념과 해소 방법 | → | 4️⃣ '접근-( ) 갈등'의 개념과 해소 방법 | → | 5️⃣ 소비자가 겪는 인지 ( )와 해소 방법 |

1 이 글의 서술 방식으로 적절한 것은?

① 여러 학자의 이론을 소개하고 그 장단점을 비교하였다.

② 상반되는 두 이론을 제시하고 각각의 의의를 설명하였다.

③ 이론별로 장점을 설명하고 각각의 한계를 보완할 방안을 제시하였다.

④ 특정 이론을 세부 유형으로 나누어 설명하고 연관된 다른 이론을 소개하였다.

⑤ 특정 이론이 변화하는 과정을 통시적♥으로 설명한 후 구체적인 사례에 적용하였다.

> ♥ 통시적(通時的): 시간의 경과에 따라 나타나는 사물의 변화와 관련되는 것.

2 ㉠에 해당하는 사례로 적절한 것은?

① 달달한 짜장면도 먹고 싶고 얼큰한 짬뽕도 먹고 싶다.

② 치킨은 맛있지만 기름에 튀겨서 건강에 해로울 것 같다.

③ 휴일에 온천욕을 하면서 피로를 풀고 싶은데, 놀이공원에서 신나게 놀고 싶기도 하다.

④ 자동차를 비싼 유료 주차장에 주차하지 않고 그냥 길가에 세우면 주차 위반 벌금을 내야 한다.

⑤ 고장 난 휴대 전화를 새로 사고 싶지만 가격이 비싸고, 수리를 한다고 해도 어차피 수리 비용이 들어 고민이다.

3 ⑤를 읽고 난 반응으로 적절하지 않은 것은?

① 사람들은 인지 부조화 상태보다는 조화 상태를 추구하는구나.

② 자신의 행동과 생각이 일치하지 않을 때 사람들은 심리적으로 불편함을 느끼는구나.

③ 인지 부조화에서 벗어나기 위해 소비자는 자신이 선택한 제품의 단점을 찾아 깎아내리기도 하겠어.

④ 제품 구매 후 인지 부조화가 생긴 소비자는 선택하지 않은 제품의 장점을 일부러 무시할 수도 있겠구나.

⑤ 제품 구매 후 소비자가 그 제품의 광고를 찾아보는 이유는 자신의 선택이 옳았다는 확신을 얻기 위해서일 거야.

어휘력 Upgrade   ※ 다음의 빈칸에 들어갈 알맞은 말을 〈보기〉에서 찾아 쓰시오.

보기
부조화
충족
통시적
회피

1 이 영화는 예술성과 대중성을 모두 (   )했다고 평가받았다.

2 스마트 티브이 기술의 변화와 발전 과정을 (   )으로 살펴보았다.

3 책임을 (   )하려는 담당자의 태도에 팀원들이 실망을 감추지 못했다.

4 한옥 사이에 세워진 콘크리트 건물은 주위 환경과 (   )를 이루고 있었다.

다문화 사회, 지혜가 필요하다

길거리에서 외국인을 보는 것은 더 이상 드문 일이 아니야. 외국인들도 우리 사회의 구성원으로서 함께 살아가고 있지. 이런 현실에서 우리에게 필요한 태도는 무엇일지 생각하며 글을 읽어 보자.

1 2018년 10월 기준으로, 우리나라에 체류˚하고 있는 외국인 수는 전체 인구의 4.6%에 이르는 237만 명이다. 이는 우리나라가 다인종 사회로 변화되고 있다는 것을 보여 주며, 이러한 변화는 단순히 인구 구성 측면에서만이 아니라 문화적인 측면에서도 변화가 일어나고 있음을 의미한다.

2 이렇게 인종, 언어, 문화 등이 서로 다른 사람들이 하나의 공동체를 이루어 더불어 살아가는 사회를 '다문화 사회'라고 한다. 다문화 사회로 변화되면 문화의 다양성이 증대˚되고 문화 발전이 촉진된다. 다양하고 풍요로워진 문화가 상호 작용을 일으켜 다문화 사회에 알맞은 새로운 문화가 나타나게 되고, 구성원들은 다른 문화에 대한 이해와 적응력이 높아지게 되어 대외적˚으로 국제 경쟁력이 강화될 수 있다. 또한 대내적˚으로는 국제결혼 이주자들이 들어와 지역에 새로운 활기를 불어넣고, 외국인 노동자들이 부족한 노동력을 보완해 줌으로써 우리나라의 경제 발전에 도움을 준다.

3 하지만 다문화 사회에서는 언어적 차이로 구성원 간의 의사소통이 원활하지 못하거나 다른 문화에 대한 이해 부족으로 오해가 발생하여 갈등이 일어날 수 있다. 외국인에 의한 강력 범죄가 증가하면서 외국인들을 사회 불안 요인으로 바라보기도 하고, 외국인 취업자의 증가로 내국인의 일자리가 줄어든다고 걱정하기도 하는 등 반다문화적˚인 정서가 증가하고 있는 것도 현실이다. 또한 서구 선진국에서 온 외국인에게는 대체로 관대하지만˚ 개발 도상국에서 온 외국인은 부정적인 시선으로 바라보는 사회 구성원들의 이중적인 태도도 갈등의 요인으로 작용하고 있다.

4 이와 같은 다문화 사회의 문제점을 해결하려면, 먼저 국제화·세계화라는 전 지구적인 흐름 속에서 다문화 사회로의 변화가 자연스러운 현상임을 개개인이 이해하고 받아들이는 자세가 필요하다. 또한 사회적으로 다문화 교육과 체험 기회를 확대하여, 구성원들이 편견 없이 타 문화를 존중하고 열린 자세로 외국인들을 대하며 그들의 삶에 공감하는 다문화적 감수성˚을 지니도록 하는 것이 필요하다. 아울러 외국인들이 부당하게 차별받지 않고 기존 구성원들과 어울려 살아갈 수 있도록 정책적·제도적인 뒷받침이 필요하다.

˚체류(滯留): 객지에 가서 머물러 있음.

˚증대(增大): 양이 많아지거나 규모가 커짐. 또는 양을 늘리거나 규모를 크게 함.

˚대외적(對外的): 나라나 사회의 외부에 관련되는 것.

˚대내적(對內的): 나라나 사회의 내부에 관련되는 것.

˚반다문화적: 다문화 현상을 반대하는 것.

˚관대하다(寬大하다): 마음이 너그럽고 크다.

˚감수성(感受性): 외부 세계의 자극을 받아들이고 느끼는 성질.

독해력 Upgrade ※각 문단의 중심 내용을 다음과 같이 정리할 때, 빈칸에 들어갈 알맞은 말을 쓰시오.

1 다인종 사회로 변화되면서 문화적 변화가 일어나고 있는 우리 사회	→	2 다문화 사회의 개념과 다문화 사회의 ( ) 측면	→	3 다문화 사회에서 발생하는 여러 ( ) 과 문제점	→	4 다문화 사회의 문제를 해결하기 위한 방안

1 **이 글의 내용과 일치하지 <u>않는</u> 것은?**

① 다문화 사회에서는 언어나 인종이 다른 사람들이 함께 살아간다.

② 다문화 사회로 변화되면 문화적으로 다양성이 증대되고 풍요로워진다.

③ 외국인들은 약자이므로 내국인보다 우선시하고 배려하는 정책이 필요하다.

④ 타 문화에 대한 이해와 적응력을 높임으로써 국제 경쟁력을 강화할 수 있다.

⑤ 외국인을 국적이나 인종에 따라 차별하는 태도는 다문화 사회에서 갈등 요인이 될 수 있다.

2 **이 글을 읽고 난 반응 중 글쓴이의 관점과 일치하는 것은?**

① 세상이 아무리 변해도 우리의 고유°한 문화는 지켜야 해.

② 다른 나라로 이주해서 살려면 어느 정도의 불이익은 감수°해야 한다고 봐.

③ 외국인 취업자가 증가하는 것이 우리나라 경제 발전에 도움이 되는지 의문이야.

④ 개발 도상국의 경제력이 낮다고 해서 그 나라의 문화 수준도 낮게 보는 것은 옳지 않아.

⑤ 다문화 사회로의 변화가 세계적인 흐름이라 하더라도 우리가 그 변화를 반드시 받아들일 필요는 없지.

▾ 고유(固有): 본래부터 가지고 있는 특유한 것.

▾ 감수(甘受): 책망이나 괴로움 따위를 달갑게 받아들임.

3 **4를 참고할 때, 다문화 사회의 구성원으로서 바람직한 모습이 <u>아닌</u> 것은?**

① 초등학생인 민석이는 다문화 체험 교실을 다니며 여러 나라의 친구들을 사귄다.

② 중학생인 가영이는 전철이나 버스에서 보는 외국인을 신기하게 쳐다보지 않는다.

③ 대학생인 선경이는 한국에 유학 온 외국인들과 함께 듣는 수업에서 그들과 자유롭게 의견을 나눈다.

④ 직장인 최 씨는 소를 신성시°하여 소고기를 먹지 않는다는 외국인 동료가 안타까워 계속 소고기를 권했다.

⑤ 주부인 김 씨는 국제결혼으로 한국에 이주하여 사는 이웃 사람을 집에 초대하여 함께 음식을 만들어 먹었다.

▾ 신성시(神聖視): 어떤 대상을 함부로 가까이할 수 없을 만큼 고결하고 거룩한 것으로 여김.

어휘력 Upgrade ※다음의 빈칸에 들어갈 알맞은 말을 <보기>에서 찾아 쓰시오.

┌ 보기 ┐
고유
관대
증대
체류
└──────┘

1 민족 (   )의 명절인 추석이 하루 앞으로 다가왔다.

2 누군가를 사랑하게 되면 그 사람의 단점에 (   )해진다.

3 그 기자는 캐나다에서 4일간 (   )한 뒤 미국으로 향할 예정이다.

4 한국 음식이 세계에 알려지면서 한국식 조리법에 대한 관심이 (   )되었다.

상품의 가격은 어떻게 결정될까

물건의 가격은 어떻게 결정되는 걸까? 이를 알기 위해서는 '수요'와 '공급'이라는 경제 용어를 알아야 해. 수요와 공급이란 무엇이고, 이것이 시장의 물건 가격과 어떤 관련이 있는지 알아보자.

1️⃣ 시장은 상품을 사고파는 곳이다. 사람들은 시장에서 시장 가격을 바탕으로 거래에 참여하는데, 이 시장 가격은 시장 전체의 수요와 공급에 따라 결정된다.

2️⃣ 수요는 수요자가 특정 재화˚나 서비스를 구매하려는 욕구이며, 상품에 대해 특정 가격에서 나타나는 수요를 수량으로 표시한 것이 수요량이다. 수요자는 상품의 가격이 상승하면 수요량을 줄이고 상품의 가격이 하락하면 수요량을 늘린다. 따라서 상품의 가격과 수요량은 반비례의 관계를 갖는데, 이를 수요 법칙이라고 한다. 수요 곡선은 가격과 수요량의 관계를 그래프로 나타낸 것이다. 수요가 변동˚하면 수요량이 영향을 받아 수요 곡선이 이동한다. 예를 들어 소득이 증가하면 수요량이 증가하여 수요 곡선이 오른쪽으로 이동하고, 소득이 감소하면 수요량이 감소하여 수요 곡선이 왼쪽으로 이동한다.

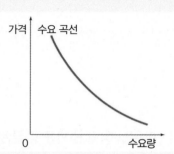

3️⃣ 공급은 공급자가 어떤 재화나 서비스를 판매하려는 욕구이며, 공급을 수량으로 표시한 것이 공급량이다. 수요와 마찬가지로 공급에 가장 큰 영향을 미치는 요인은 상품의 가격이다. 공급자는 상품의 가격이 상승하면 공급량을 ㉠늘리고, 상품의 가격이 하락하면 공급량을 줄인다. 따라서 상품의 가격과 공급량은 비례의 관계를 갖는데, 이를 공급 법칙이라고 한다. 공급 곡선은 가격과 공급량의 관계를 그래프로 나타낸 것이다. 가격 이외의 요인에 의해 공급이 변동하면 모든 가격대의 공급량이 영향을 받아 공급 곡선이 이동한다. 예를 들어 임금˚이 상승하여 생산비가 증가하면 모든 가격대의 공급량이 감소하여 공급 곡선이 왼쪽으로 이동한다.

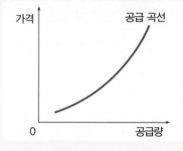

4️⃣ 시장에서 상품의 가격은 수요와 공급의 상호 작용에 의해 결정된다. 특정 가격에서 수요량이 공급량보다 많으면 초과 수요가 발생하고, 공급량이 수요량보다 많으면 초과 공급이 발생한다. 이렇게 수요량과 공급량이 균형을 이루지 못한 상태에서는 가격 변동이 일어난다. 수요량과 공급량이 일치하게 되면 상품을 구매하려는 사람과 판매하려는 사람 모두 원하는 수량을 사고팔 수 있다. 이처럼 시장 가격이 수요량과 공급량이 일치하는 지점 즉 균형점에 도달˚할 때를 시장 균형이라 하고, 이때의 가격과 거래량을 균형 가격과 균형 거래량이라고 한다. 그런데 시장에서의 수요와 공급은 고정˚적이지 않기 때문에 균형 가격은 시장의 상황에 따라 끊임없이 변화한다.

˚ 재화(財貨): 사람이 바라는 바를 충족시켜 주는 모든 물건.
˚ 변동(變動): 바뀌어 달라짐.
˚ 임금(賃金): 근로자가 노동의 대가로 받는 돈이나 물품.
˚ 도달(到達): 목적한 곳이나 수준에 다다름.
˚ 고정(固定): 한번 정한 대로 변경하지 아니함.

 **독해력 Upgrade** ※각 문단의 중심 내용을 다음과 같이 정리할 때, 빈칸에 들어갈 알맞은 말을 쓰시오.

| 1️⃣ 시장의 의미와 시장 가격을 결정하는 요소인 수요와 공급 | ➡ | 2️⃣ 수요 법칙의 의미와 ( )의 변동에 따른 수요 곡선의 이동 | ➡ | 3️⃣ 공급 법칙의 의미와 공급의 변동에 따른 공급 곡선의 이동 | ➡ | 4️⃣ 수요와 ( )의 상호 작용에 따라 결정되는 시장 가격 |

1 이 글의 내용과 일치하지 <u>않는</u> 것은?

① 시장 가격은 판매자에 의해 결정된다.
② 상품의 가격과 공급량은 비례 관계이다.
③ 수요는 어떤 재화나 서비스를 구매하려는 욕구이다.
④ 수요자는 상품의 가격이 상승하면 수요량을 줄인다.
⑤ 공급량은 어떤 재화나 서비스를 판매하려는 욕구를 수량으로 표시한 것이다.

2 이 글을 읽고 〈보기〉의 그래프를 해석한 내용으로 적절하지 <u>않은</u> 것은?

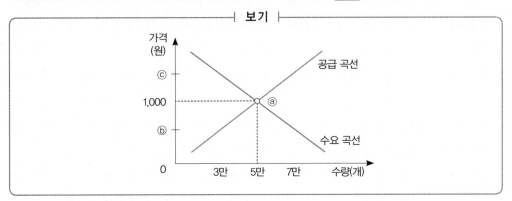

① 상품의 균형 거래량은 5만 개이다.
② ⓐ는 수요량과 공급량이 일치하는 지점이다.
③ 가격이 ⓑ일 때 초과 공급이 발생한다.
④ 가격이 1,000원일 때 시장 균형이 이루어진다.
⑤ 시장의 상황에 따라 균형 가격이 ⓒ로 바뀔 수 있다.

3 밑줄 친 부분이 ㉠의 문맥적 의미와 가장 유사한 것은?

① 동학 농민군은 조금씩 세력을 <u>늘렸다</u>.
② 그는 매우 알뜰하여 금세 재산을 <u>늘렸다</u>.
③ 회사 주차장의 규모를 <u>늘리기로</u> 결정했다.
④ 지원이는 밤낮없이 노력하여 수학 실력을 <u>늘렸다</u>.
⑤ 우리 동아리는 새로 가입을 받아 회원 수를 <u>늘렸다</u>.

어휘력 Upgrade ※다음의 빈칸에 들어갈 알맞은 말을 〈보기〉에서 찾아 쓰시오.

┤ 보기 ├
고정
도달
변동
재화

1 출발하기 하루 전에 계획이 (   )되었다.

2 그는 바위투성이 산을 가까스로 기어올라 정상에 (   )했다.

3 현대 사회는 신분이 (   )되었던 과거와 달리 능력에 따라 기회가 열려 있다.

4 인간의 욕망은 끝이 없는데 세상의 (   )는 한정되어 있어서 갈등이 발생한다.

양날의 검, 전자 패놉티콘

누군가가 내 행동을 계속 감시한다면 굉장히 신경 쓰일 거야. 오늘날에는 전자 기기를 통한 감시가 흔하게 이루어지고 있어. 감시는 과연 어떤 기능을 하는 걸까? 이 글을 읽으며 구체적으로 알아보자.

1 밤에 불이 환하게 켜진 아파트 거실에서 어두운 창문 밖을 바라보면 창밖의 모습은 보이지 않고 거울처럼 창에 비친 자신의 모습이 더 잘 보인다. 반대로 어두운 밤거리에서 불이 켜진 창을 보면 방 안의 모습이 잘 보인다. 이러한 원리를 이용해 죄수를 감시하고자 만든 감옥이 있다. 1791년 영국의 철학자 벤담이 제안한 원형 감옥인 '패놉티콘'이다. 전체적으로 동심원 구조로 되어 있는 이 감옥은 중앙의 감시 공간 내부가 죄수들이 있는 곳에 비해 상대적으로 어둡게 설계되어 있다. 그렇기 때문에 어두운 감시 공간에서 밝은 곳의 죄수는 잘 보이지만 밝은 죄수 방에서는 어두운 간수 쪽이 잘 보이지 않는다. 따라서 죄수는 간수가 자신을 항상 감시하고 있다고 생각해서 자신의 행동에 스스로 제약을 두게 되는 것이다.

2 전자 기기가 발달한 현대 사회에서는 벤담이 제안한 ㉠'패놉티콘' 이상의 감시와 통제˘가 이루어지고 있다. 현대 사회에서는 수많은 시시 티브이(CCTV)가 거리나 건물에 자리 잡고 우리의 일상을 지켜보고 있다. 신용 카드와 같은 전자 결제를 통해 개인의 소비 정보가 고스란히 드러나고, 인터넷 이용 기록이나 온라인 채팅, 전화 통화 기록도 저장되어 필요할 때 다시 복원˘할 수 있다. 이처럼 전자 기기를 통해 수집되는 막대한˘ 양의 정보를 바탕으로 한 새로운 감시 체계를 ㉡'전자 패놉티콘'이라고 부른다.

3 사람들은 자신의 정보를 전자 기기를 통해 국가나 다른 사람들에게 제공한다. 때로는 자신의 의사와는 상관없이 자신의 정보가 국가나 다른 사람들에게 넘어가는 경우도 있다. 이러한 정보들은 벤담이 제안한 패놉티콘에서 간수의 시선이 통제의 수단이 되었던 것처럼 현대인들을 통제하는 수단이 될 수 있다. 현대인들은 자신의 정보가 국가나 다른 사람들로부터 언제, 어떻게 열람될지 모르기 때문에 자신의 행동에 주의를 기울이게 된다. 결과적으로 현대인들은 감시와 통제 속에서 자유를 잃어버린 존재가 될 수 있는 것이다.

4 하지만 이러한 전자 정보가 항상 통제의 수단으로만 작용하는 것은 아니다. 역으로 시민들이 전자 정보를 활용하여 정치권의 부패, 권력의 남용˘, 대기업이나 언론에 대한 감시를 할 수도 있다. 정보 공개법을 통해서 역감시˘가 가능해진 것이다. 이러한 정보 공개법은 권력의 투명성을 감시하는 역할을 한다. 이는 투명한 사회를 위해 꼭 필요한 제도이다. 이렇게 볼 때 '전자 패놉티콘'은 사람들의 자유를 빼앗아 가는 부정적 속성만 지닌 것은 아니다. 역감시를 통해 투명 사회로 가는 순기능도 함께 가지고 있다. 따라서 '전자 패놉티콘'은 ㉢양날의 검으로 비유될 수 있다.

˘ **통제(統制):** 일정한 방침이나 목적에 따라 행위를 제한하거나 제약함.

˘ **복원(復元):** 원래대로 회복함.

˘ **막대하다(莫大하다):** 더할 수 없을 만큼 많거나 크다.

˘ **남용(濫用):** 권리나 권한 따위를 본래의 목적이나 범위를 벗어나 함부로 행사함.

˘ **역감시(逆監視):** 감시 대상자(시민)가 오히려 감시자(권력자)를 감시하는 것.

독해력 Upgrade ※각 문단의 중심 내용을 다음과 같이 정리할 때, 빈칸에 들어갈 알맞은 말을 쓰시오.

| **1** 패놉티콘의 개념과 원리 및 효과 | → | **2** ( ) 수집을 통해 감시·통제하는 전자 패놉티콘 | → | **3** 현대인의 ( )를 제한하는 전자 패놉티콘 | → | **4** 양면성을 지닌 전자 패놉티콘 |

1 이 글의 내용 전개 방식으로 적절한 것은?

① 특정 개념에 대한 상반˅된 주장을 소개한 후 절충˅안을 제시하고 있다.

② 특정 개념에 대한 다양한 비판을 제시한 후 새로운 이론을 제시하고 있다.

③ 특정 개념에 대한 비판들을 시대순으로 제시하며 대상의 단점을 드러내고 있다.

④ 특정 개념을 소개하고 그와 유사한 개념으로 설명을 확장한 후 현대적 의미를 제시하고 있다.

⑤ 특정 개념에 대한 여러 비판들을 검토한 후 대상에 대한 주관적인 해석과 평가를 덧붙이고 있다.

▾ 상반(相反): 서로 반대되거나 어긋남.

▾ 절충(折衷): 서로 다른 사물이나 의견, 관점 따위를 알맞게 조절하여 서로 잘 어울리게 함.

2 ㉠과 ㉡에 대한 설명으로 적절한 것은?

① ㉠에서는 ㉡과 달리 감시와 통제가 이루어진다.

② ㉠은 18세기 영국의 철학자가 노동자들을 감시하기 위해 제안한 공간이다.

③ ㉡에서 사람들은 정보 공개법으로 인해 자유를 잃어버린 존재가 될 수 있다.

④ ㉠과 ㉡은 모두 감시하는 사람이 감시 대상을 볼 수 없어 행동에 제약이 생긴다.

⑤ ㉡에서 사람들은 자신의 정보를 누군가가 보고 있다는 불안감으로 행동에 제약이 생긴다.

3 ㉢의 의미를 바르게 이해한 것은?

① 희주: 현대 사회가 개인의 자유를 빼앗고 통제하는 억압적인 사회라는 의미야.

② 소영: 전자 기기를 통한 감시는 사회의 안정을 위해서 수용해야 한다는 의미야.

③ 경수: 투명한 사회를 위해서 시민들이 권력자나 권력 기관을 역감시해야 한다는 의미야.

④ 태은: 전자 패놉티콘이 시민들의 불안을 키워서 사회적으로 부정적인 영향을 줄 수 있다는 의미야.

⑤ 지민: 전자 패놉티콘이 시민을 통제하는 동시에 권력의 투명성을 감시하는 양면적 기능을 지니고 있다는 의미야.

어휘력 Upgrade ※다음의 빈칸에 들어갈 알맞은 말을 〈보기〉에서 찾아 쓰시오.

┌ 보기 ┐
복원
상반
절충
통제

1 파괴된 환경을 (   )시키는 일은 매우 어렵다.

2 자신의 감정을 잘 (   )해야 실수를 하지 않는다.

3 그 소설에서는 성격이 서로 (   )되는 인물들 간의 갈등이 두드러진다.

4 협회에서는 팀 관계자의 의견과 선수들의 의견을 (   )해서 새로운 제도를 만들었다.

사회 07 묶어 팔기와 끼워 팔기

내가 자주 가는 분식집에는 떡볶이와 튀김을 묶은 세트 메뉴가 있어. 각각 따로 시킬 수 있는 메뉴를 왜 굳이 묶어서 판매하는 걸까? 이 글을 통해 그 이유를 알아보자.

1 기업은 물건을 생산하거나 판매하여 이윤♥을 추구한다. 기업은 손해를 보지 않고 이윤을 극대화하기 위해 다양한 전략을 활용하는데, 묶어 팔기와 끼워 팔기도 그 전략의 하나로 볼 수 있다. 묶어 팔기는 두 개 이상의 상품을 함께 판매하는 것을 의미한다. 묶어 팔기는 두 가지 유형으로 나눌 수 있는데 하나는 상품을 묶음으로만 판매하고 따로따로는 판매하지 않는 '순수 묶어 팔기'이고, 다른 하나는 상품을 별개로 팔기도 하고 묶음으로 판매하기도 하는 '혼합 묶어 팔기'이다.

2 시장에서는 주로 '혼합 묶어 팔기'가 사용된다. 〈표〉를 보면 개별 가격을 기준으로 커피는 4,000원이고 도넛은 3,000원이다. ㉠만약 이 판매자가 커피와 도넛을 묶음 상품으로 판매한다면 어떤 방법을 선택할 수 있을까? 우선 '순

	커피	도넛
개별 가격	4,000원	3,000원
묶음 상품 가격	?	

〈표〉

수 묶어 팔기'를 하는 경우, 커피나 도넛 중 하나만 사려는 소비자들은 굳이 다른 상품까지 함께 구매할 필요가 없기 때문에 묶음 상품을 선택할 가능성은 많지 않다. 따라서 판매자의 입장에서는 수익이 줄어들 염려 때문에 '순수 묶어 팔기' 대신 '혼합 묶어 팔기'를 시도할 것이다. 판매자가 묶음 상품의 가격을 개별 상품의 합계보다 저렴하게 한다면, 한 상품만 사려는 사람이 약간의 돈을 더 지불하고 묶음 상품을 구입하는 경우가 생길 수 있어 추가 이익이 발생할 수 있다.

3 한편 끼워 팔기는 정상적인 거래 관행♥에 비추어 볼 때 개별적으로 판매되어야 할 상품들을 소비자들에게 강제로 구입하도록 하는 행위를 말한다. 예를 들면 A 상품의 판매자가, 구매자가 구매를 희망하지 않는 B 상품도 사야 A 상품을 구매할 수 있다고 강요하며 판매하는 경우가 해당한다. 이처럼 끼워 팔기는 강제성에 따른 위법♥적 요소가 있다는 지적을 많이 받아 왔다.

4 공정 거래법에서는 묶어 팔기와 끼워 팔기에 대해 제재♥를 가하고 있다. 묶어 팔기는 강제성이 있다고 인정되면 위법 행위로 보고 있으며 끼워 팔기는 강제성이 심해 이미 법으로 금지되었다. 다만 끼워 팔기의 경우 자동차의 본체와 타이어, 시계와 시곗줄처럼 상품 간에 기능상 밀접한 보완♥ 관계가 형성되는 경우에는 위법 행위가 아니라는 해석을 하고 있다.

♥ 이윤(利潤): 기업의 총수입에서 생산하는 데 들어간 모든 비용을 빼고 남는 순이익.
♥ 관행(慣行): 오래전부터 해 오는 대로 함.
♥ 위법(違法): 법률이나 명령 따위를 어김.
♥ 제재(制裁): 법이나 규정을 어겼을 때 처벌이나 금지 따위를 행함. 또는 그런 일.
♥ 보완(補完): 모자라거나 부족한 것을 보충하여 완전하게 함.

 **독해력 Upgrade**

※각 문단의 중심 내용을 다음과 같이 정리할 때, 빈칸에 들어갈 알맞은 말을 쓰시오.

| **1** ( )을 극대화하기 위한 기업의 전략과 묶어 팔기의 유형 | ➡ | **2** 시장에서 ( ) 묶어 팔기가 주로 사용되는 이유 | ➡ | **3** ( )의 개념과 문제점 | ➡ | **4** 공정 거래법에서 규정하는 묶어 팔기와 끼워 팔기 |

1 이 글의 내용과 일치하는 것은?

① 시장에서는 주로 순수 묶어 팔기가 사용된다.

② 한 상품만 사려는 사람은 묶음 상품을 구매할 것이다.

③ 기업의 이윤을 극대화하려면 위법 행위가 불가피하다♥.

④ 강제성이 있다고 인정되는 묶어 팔기는 위법 행위에 해당한다.

⑤ 공정 거래법에서는 끼워 팔기의 모든 형태를 위법으로 판단한다.

♥ 불가피하다(不可避하다): 피할 수 없다.

2 **2**를 참고할 때 ㉠에 대한 답변으로 가장 적절한 것은?

① 순수 묶어 팔기로 하고 가격을 7,000원으로 정한다.

② 순수 묶어 팔기로 하고 가격을 7,000원보다 낮게 정한다.

③ 혼합 묶어 팔기로 하고 가격을 7,000원으로 정한다.

④ 혼합 묶어 팔기로 하고 가격을 7,000원보다 높게 정한다.

⑤ 혼합 묶어 팔기로 하고 가격을 7,000원보다 낮게 정한다.

3 이 글의 내용을 바탕으로 〈보기〉를 해석한 것으로 적절하지 <u>않은</u> 것은?

┤ 보기 ├

• A 식당에서는 라면과 김밥을 개별로 팔기도 하고 묶음으로 팔기도 한다. 묶음 상품의 경우 개별 상품의 합계보다 저렴하게 판매한다.

• B 전자의 경우 전자시계 본체만 단독으로 팔지 않고 시곗줄을 결합한 시계만을 판매한다.

• C 예식장에서 결혼하려면 C 예식장이 대여♥하는 의상과 C 예식장이 지정하는 사진 촬영 업체를 이용해야만 한다.

♥ 대여(貸與): 물건이나 돈을 나중에 도로 돌려받기로 하고 얼마 동안 내어 줌.

① A 식당의 주인은 추가 이익을 고려하여 라면과 김밥 묶음 상품을 만들었을 것이다.

② A 식당의 라면과 김밥은 순수 묶어 팔기와 혼합 묶어 팔기의 두 측면을 모두 가지고 있다.

③ B 전자의 시계는 줄이 결합된 경우에만 본체를 판매하므로 끼워 팔기에 속한다.

④ B 전자의 시계 판매는 보완적 측면이 강해서 공정 거래법의 제재를 받지 않는다.

⑤ C 예식장은 강제성이 있는 끼워 팔기를 하므로 공정 거래법의 제재를 받을 수 있다.

어휘력 Upgrade ※다음의 빈칸에 들어갈 알맞은 말을 〈보기〉에서 찾아 쓰시오.

┤ 보기 ├
대여
보완
위법
제재

1 구립 도서관에서는 주민들에게 책을 무료로 (   )하고 있다.

2 관청에 신고하지 않고 건물의 층수를 바꾸는 것은 (   )이다.

3 정부는 환경 보호를 위해 일회용품의 무분별한 사용을 (   )하기로 했다.

4 김 감독은 선수들의 수비에 약점이 많아서 (   )이 필요하다고 인터뷰했다.

헌법, 어디까지 고칠 수 있을까

헌법은 여러 법 가운데 가장 으뜸이 되는 법이야. 헌법을 개정할 때는 엄격한 절차에 따라야 하지. 그런데 법적 절차만 잘 따르면 어떤 조항이든 개정이 가능할까? 이 글을 통해 궁금증을 해결해 보자.

1 헌법이란 국가의 통치˘ 조직과 통치 작용의 기본 원칙을 규정한 근본적 규범˘을 말한다. 헌법은 국가 구성원들의 가장 기본적인 합의이자 국가를 구성하는 최상위 법규이기 때문에 쉽게 바꿀 수 없는 성질을 지니지만, 사회의 변화에 따라 헌법을 개정˘해야 하는 경우가 생기기도 한다.

2 그런데 헌법의 개정이 어느 정도까지 가능한가에 대해서는 학자들마다 입장이 다른데, 크게 '개정 무한계설'과 '개정 한계설'이라는 두 가지 견해로 대립된다. ㉠개정 무한계설은 개정 절차만 잘 따른다면 어떠한 조항이라도 개정할 수 있다는 입장이다. 이 입장에 선 학자들은 현재의 규범이나 가치를 다음 세대까지 강요하는 것은 ⓐ부당하다고 생각한다. 또한 헌법이 보장하는 최고의 권력을 가진 주체는 과거의 사람들이 아니라 현재를 살아가는 사람들이라고 주장한다. 그렇기 때문에 이들은 현재를 살아가는 사람들에게 헌법을 개정할 자격이 있다고 보는 것이다. 그러나 개정 무한계설은 헌법을 개정하고자 하는 현재의 주체들의 입장만을 중요하게 생각하고, 헌법의 개정에서 법적 절차만을 강조한다는 비판을 받는다.

3 ㉡개정 한계설은 헌법에서 자연법에 바탕을 둔 특정한 조항이나 사항은 개정할 수 없다는 입장이다. 자연법이란 인간과 사물의 본성에 근거하여 시대와 민족, 국가와 사회를 ⓑ초월하여 보편타당˘하게 적용될 수 있는 객관적인 질서에 해당하는 법이다. 국민 주권 원리, 인간의 존엄성과 자유 등에 관련된 조항이나 사항들은 자연법에 바탕을 둔 것으로, 개정 한계설을 주장하는 학자들은 이러한 헌법 조항이나 사항까지 개정하는 것은 자연법의 원리에 어긋나므로 ⓒ허용되지 않는다고 본다.

4 자연법의 원리에 바탕을 둔 개정 한계설은 오늘날 헌법 개정에서 일반적인 학설로 받아들여지고 있다. 이스라엘 대법원은 1999년 이스라엘 국가 안보원(GSS)이 테러리스트들을 고문한 사건에 대해 다음과 같이 판결하였다. "헌법에 규정된 바와 같이 국민의 안전을 위협하는 테러는 반드시 막아야 한다. 그러나 이를 위해 어떤 수단이든 다 ⓓ동원할 수는 없다. 이는 민주 사회의 숙명˘이다. …… 헌법에 ⓔ보장된 개인의 인권과 권리 인정은 안보를 다룬다 하더라도 반드시 지켜져야 할 요소이다. 그것이 마침내는 우리 사회의 정신과 힘을 강화시킬 것이기 때문이다." 이 판결은 국가 안보에 관한 일반적인 헌법 조항보다 자연법의 원리가 반영된 헌법 조항을 더 중시한 판결로 의미하는 바가 크다.

˘ 통치(統治): 나라나 지역을 도맡아 다스림.

˘ 규범(規範): 인간이 행동하거나 판단할 때에 마땅히 따르고 지켜야 할 가치 판단의 기준.

˘ 개정(改定): 이미 정하였던 것을 고쳐 다시 정함.

˘ 보편타당(普遍妥當): 특별하지 않고 사리에 맞아 타당함.

˘ 숙명(宿命): 날 때부터 타고난 정해진 운명. 또는 피할 수 없는 운명.

독해력 Upgrade ※각 문단의 중심 내용을 다음과 같이 정리할 때, 빈칸에 들어갈 알맞은 말을 쓰시오.

1 헌법의 개념과 헌법의 성격 ➡ **2** ( )의 주장과 그에 대한 비판 ➡ **3** ( )의 원리에 바탕을 둔 개정 한계설의 주장 ➡ **4** 자연법의 원리가 반영된 헌법 조항을 우선시한 판결 사례

1 ㉠과 ㉡에 대한 설명으로 적절하지 <u>않은</u> 것은?

① ㉠과 ㉡은 모두 헌법을 개정할 수 있다는 점에 동의한다.

② ㉠은 과거의 사람들보다 현재를 사는 사람들에게 더 초점을 맞춘다.

③ 오늘날 헌법 개정과 관련하여 일반적인 학설로 받아들여지고 있는 것은 ㉡이다.

④ ㉡은 시대와 국가를 초월하는 보편타당한 질서가 헌법 위에 존재한다고 생각한다.

⑤ ㉡은 자연법에 바탕을 둔 헌법 조항을 개정하려면 법적 절차를 밟아야 한다고 주장한다.

2 〈보기〉의 '법률 실증주의'의 관점에서 이 판결 을 평가한 내용으로 가장 적절한 것은?

| 보기 |

　19세기에 대두된 법률 실증주의는 국가 기관에 의해 실제로 제정된 실정법만을 법으로 인정하는 사상이다. 법률 실증주의자들은 법의 이론이나 해석·적용에서 오직 법 자체의 형식 논리만을 중시하며, 실제로 제정되지 않은 자연적 질서인 자연법의 존재를 부정한다.

① 테러리스트를 고문한 것은 자연법을 위반한 행위이므로 용납될 수 없어.

② 이스라엘 대법원의 판결은 법의 형식 논리를 중시했다는 점에서 납득이 가.

③ 국가 안보를 위해 어떤 수단이든 다 동원할 수는 없다는 판결 내용에 동의해.

④ 개인의 인권과 권리 인정에 관한 조항을 국가 안보에 관한 조항보다 중시한 근거가 부족해 보여.

⑤ 이스라엘 대법원의 판결은 헌법에 규정된 조항이 실제 현실과 얼마나 괴리♥가 큰지를 보여 주고 있어.

♥ 괴리(乖離): 서로 어그러져 동떨어짐.

3 ⓐ~ⓔ의 사전적 의미로 알맞지 <u>않은</u> 것은?

① ⓐ: 이치에 맞지 아니함.

② ⓑ: 여러 가지를 한데 모아서 합함.

③ ⓒ: 허락하여 너그럽게 받아들임.

④ ⓓ: 어떤 목적을 달성하고자 물건이나 수단, 방법 따위를 집중함.

⑤ ⓔ: 어떤 일이 어려움 없이 이루어지도록 조건을 마련하여 보증하거나 보호함.

어휘력 Upgrade　　※다음의 빈칸에 들어갈 알맞은 말을 〈보기〉에서 찾아 쓰시오.

| 보기 |
규범
괴리
숙명
통치

1 현실과 (　　　)된 문학은 감동이 적을 수밖에 없다.

2 우리 조상들은 충효를 삶의 가장 중요한 (　　　)으로 여겼다.

3 고대 바빌로니아 왕국은 함무라비 왕이 (　　　)할 때가 전성기였다.

4 그는 자신에게 주어진 시련을 (　　　)으로 여기며 묵묵히 헤쳐 나갔다.

돈으로 돈을 산다, 환율

뉴스에서 환율이 올랐다고 하자 해외여행을 앞둔 이모는 투덜거리고 미국에 가방을 수출하는 삼촌은 좋아하더라고. 왜 같은 현상을 두고 서로 다른 반응을 보이는 걸까? 이 글을 읽으면 그 이유를 알 수 있어.

1️⃣ 해외여행을 가는 사람들은 여행지에서 사용하기 위해 우리나라 돈을 외국 돈으로 바꾸곤 한다. 두 나라의 화폐가 교환되는 일정한 비율을 환율이라고 하는데, 환율은 특정 국가의 돈에 대한 우리 돈의 가치를 나타내는 것이다. 대부분의 나라에서는 미국 달러화를 기준으로 환율을 표시하는데, '1달러＝1,000원'과 같이 표시한다.

2️⃣ 배추의 가격이 시기마다 달라지듯이 환율도 시시각각 변한다. 1달러에 1,000원이던 환율이 1,100원으로 올라가면 상대적으로 우리나라 돈인 원화의 가치는 떨어진다. 반면에 1달러에 1,000원이던 환율이 900원으로 내려가면 원화의 가치는 상대적으로 높아진다. 동일한 1달러를 얻는 데 필요한 우리 돈이 줄어든다는 것은 우리 돈의 가치가 이전보다 더 높게 평가되었다는 것을 뜻한다. 배추 한 포기를 사과 두 개와 교환할 때보다 배추 한 포기를 사과 한 개와 교환할 때 사과의 가치가 더 높게 평가되는 것과 같은 이치*이다.

3️⃣ 그런데 환율은 왜 변하는 것일까? 달러화를 사려는 사람들보다 팔려는 사람들이 많아지면 시장에서 달러화의 공급이 늘어나게 되므로 달러화의 값은 떨어진다. 반면에 달러화를 팔려는 사람들보다 사려는 사람들이 많아지면 시장에서 달러화의 수요가 늘어나게 되므로 달러화의 값은 오른다. 마치 시장에 공급되는 배추의 양은 동일한데 이를 사려는 사람이 많아지면 배추 가격이 올라가고, 배추를 사려는 사람은 동일한데 이를 팔려는 사람들이 많아지면 배추 가격이 떨어지는 것과 같다. 배추와 같은 상품처럼 환율도 시장에서 수요와 공급의 변화에 따라 결정된다.

4️⃣ 환율의 변화는 국내 경제에 영향을 준다. 일반적으로 환율이 내려가면 국내 수출업체들이 불리*해진다. 상품을 수출하고 1달러를 받은 경우, 환율이 1,000원일 때는 수익이 1,000원이지만 환율이 900원으로 내려가면 수익이 900원으로 줄게 된다. 반면에 국내 수입업체들의 이익은 증가하게 된다. 상품을 수입하고 1달러를 지불*하는 경우, 환율이 1,000원에서 900원으로 하락하면 동일한 상품을 구입하는 데에 그만큼 더 적은 원화가 들기 때문이다. 환율이 올라가는 경우에는 일반적으로 이와 반대되는 현상이 발생한다.

5️⃣ 따라서 외국과의 무역 의존도*가 높은 우리나라는 환율의 변화에 민감*할 수밖에 없다. 환율의 변화는 자연스러운 시장 경제 현상이지만 급격한 환율 변동은 국내 기업에 심각한 문제를 일으키기도 하므로, 정부는 가지고 있는 달러를 시장에 팔거나 시장에서 달러를 사들임으로써 환율을 적절히 조절*하기도 한다.

- 이치(理致): 사물의 정당한 조리. 또는 도리에 맞는 취지.
- 불리(不利): 이롭지 아니함.
- 지불(支拂): 돈을 내어 줌. 또는 값을 치름.
- 의존도(依存度): 다른 것에 의지하여 생활하거나 존재하는 정도.
- 민감(敏感): 자극에 빠르게 반응을 보이거나 쉽게 영향을 받음. 또는 그런 상태.
- 조절(調節): 균형이 맞게 바로잡음. 또는 적당하게 맞추어 나감.

독해력 Upgrade ※각 문단의 중심 내용을 다음과 같이 정리할 때, 빈칸에 들어갈 알맞은 말을 쓰시오.

| 1️⃣ 환율의 개념과 표시 방식 | → | 2️⃣ 환율과 ( ) 가치의 관계 | → | 3️⃣ 시장의 ( )와 공급에 의해 결정되는 환율 | → | 4️⃣ ( )의 변화가 국내 경제에 미치는 영향 | → | 5️⃣ 국내 경제를 위한 정부의 환율 관리 |

1 이 글을 이해한 내용으로 적절하지 <u>않은</u> 것은?

① 환율은 시장에서 수요와 공급에 의해 결정된다.

② 환율이 내려가면 우리나라 화폐 가치가 올라간다.

③ 우리나라 화폐 가치가 떨어지면 수출에는 불리하다.

④ 환율이 급격히 변동하면 인위적♥으로 환율을 조정할 수도 있다.

⑤ 대부분의 나라에서는 미국 달러화를 기준으로 환율을 표시한다.

♥인위적(人爲的): 자연의 힘이 아닌 사람의 힘으로 이루어지는 것.

2 이 글을 읽고 다음 뉴스를 접했을 때의 반응으로 적절하지 <u>않은</u> 것은?

> 앵커: 이어서 경제 뉴스입니다. 미국과 중국의 무역 전쟁 여파로 환율이 급격히 오르고 있습니다.

① 원화의 가치가 상대적으로 떨어졌군.

② 환율이 오른 것을 좋아하는 사람도 있을 거야.

③ 해외여행을 가는 사람은 여행 비용이 더 들겠네.

④ 수출업체의 수익은 늘고 수입업체의 수익은 줄어들겠군.

⑤ 정부가 환율을 조정하기 위해 달러를 시장에서 사들이겠군.

3 이 글을 읽고 〈보기〉에 대해 판단한 내용으로 적절하지 <u>않은</u> 것은?

┤ 보기 ├

〈미국 기준〉

= 5달러 = 5천 원

① 현재 환율은 1달러 : 1,000원이다.

② 환율이 상승하면 미국에서 5천 원으로는 햄버거를 살 수 없다.

③ 현재 미국에서 햄버거 1개와 5천 원, 5달러는 동일한 가치를 갖는다.

④ 환율이 내려가면 미국에서 햄버거 1개를 사기 위해서는 5천 원 이상이 든다.

⑤ 달러의 가치가 하락하면 미국에서 5천 원으로는 햄버거 1개를 사고도 돈이 남는다.

어휘력 Upgrade   ※다음의 빈칸에 들어갈 알맞은 말을 〈보기〉에서 찾아 쓰시오.

┤ 보기 ├
민감
조절
지불
인위적

1 학부모들은 정부의 교육 정책에 (   )하기 마련이다.

2 이 책상은 아이들의 키에 맞추어 높낮이를 (   )할 수 있다.

3 영화 관람료를 현금, 신용 카드, 상품권 중에서 선택하여 (   )할 수 있다.

4 외모는 (   )으로 꾸밀 수 있지만 인상은 마음에서 자연스럽게 우러나는 것이다.

[01~04] 다음 단어와 그 뜻풀이를 바르게 연결하시오.

01 감수 •   • ㉠ 바뀌어 달라짐.

02 변동 •   • ㉡ 법률이나 명령 따위를 어김.

03 보완 •   • ㉢ 책망이나 괴로움 따위를 달갑게 받아들임.

04 위법 •   • ㉣ 모자라거나 부족한 것을 보충하여 완전하게 함.

[05~08] 〈보기〉의 글자들을 조합하여 다음의 뜻풀이에 알맞은 단어를 쓰시오.

┤ 보기 ├
도 충 윤 양 족 명 숙 이

05 권리, 재산 등을 남에게 넘겨줌.   (   )

06 일정한 분량을 채워 모자람이 없게 함.   (   )

07 날 때부터 타고난 정해진 운명. 또는 피할 수 없는 운명.   (   )

08 기업의 총수입에서 생산하는 데 들어간 모든 비용을 빼고 남는 순이익.   (   )

[09~12] 다음의 빈칸에 들어갈 알맞은 단어를 〈보기〉에서 찾아 쓰시오.

┤ 보기 ├
공표 상반 제재 증대

09 감독은 무단으로 훈련에 불참한 선수들을 (   )할 것이라고 밝혔다.

10 미세 먼지가 심해지면서 호흡기 건강에 대한 관심이 (   )되고 있다.

11 사회자는 두 토론자의 (   )되는 의견을 요약한 뒤 토론을 마무리하였다.

12 선거 기간에 허위 사실을 (   )할 경우 선거법에 따라 처벌을 받을 수 있다.

[13~16] 제시된 초성과 뜻풀이를 참고하여 다음의 빈칸에 알맞은 단어를 쓰시오.

13 ㅂㄱ : 다르게 바꾸어 새롭게 고침.
예 태풍이 오는 바람에 여행 일정을 (   )했다.

14 ㄱㅇ : 본래부터 가지고 있는 특유한 것.
예 가야금은 우리나라 (   )의 악기이다.

15 ㅎㅍ : 꾀를 부려 마땅히 져야 할 책임을 지지 아니함.
예 사건에 대한 기자들의 질문이 쏟아졌으나 그는 답변을 (   )하였다.

16 ㅈㅎ : 일정한 한도를 정하거나 그 한도를 넘지 못하게 막음. 또는 그렇게 정한 한계.
예 조선 시대에는 신분에 따라 착용할 수 있는 의복에 (   )이 있었다.

[17~20] 다음의 밑줄 친 부분과 바꿔 쓸 수 있는 말을 〈보기〉의 단어를 활용하여 쓰시오.

┤ 보기 ├
도달하다 유발하다 증가하다 하락하다

17 올 상반기에 수출이 크게 늘었다고 한다. (   )

18 마라톤에 참가한 재영이는 중간 지점에서 체력이 한계에 다다랐다. (   )

19 프로그램 시청률이 점점 떨어지고 있어서 제작진은 대책 회의를 열었다. (   )

20 공사 현장에서 안전 수칙을 어기는 행동은 심각한 문제를 일으킬 수 있다. (   )

어휘력은 독해력의 기초!

• 나의 어휘력은 몇 점?   _____개 / 20개

• 18개 이상을 맞혔다면? 어휘의 기초가 튼튼합니다.

• 17개 이하로 맞혔다면? 본문에 제시된 지문과 어휘를 다시 공부한 다음 문제를 풀어 보세요.

[01~04] 다음 단어와 그 뜻풀이를 바르게 연결하시오.

01 관행 •

02 불리 •

03 재화 •

04 보편 • 타당

• ㉠ 이롭지 아니함.

• ㉡ 오래전부터 해 오는 대로 함.

• ㉢ 특별하지 않고 사리에 맞아 타당함.

• ㉣ 사람이 바라는 바를 충족시켜 주는 모든 물건.

[05~08] <보기>의 글자들을 조합하여 다음의 뜻풀이에 알맞은 단어를 쓰시오.

┤ 보기 ├

남 뢰 정 의 개 통 용 제

05 남에게 부탁함. ( )

06 이미 정하였던 것을 고쳐 다시 정함. ( )

07 일정한 방침이나 목적에 따라 행위를 제한하거나 제약함. ( )

08 권리나 권한 따위를 본래의 목적이나 범위를 벗어나 함부로 행사함. ( )

[09~12] 다음의 빈칸에 들어갈 알맞은 단어를 <보기>에서 찾아 쓰시오.

┤ 보기 ├

괴리 경향 절충 체류

09 김 교수는 연구를 위해 독일에서 1년간 ( )할 예정이다.

10 시민 단체는 시의 정책 방향이 현실과 ( )가 크다고 비판했다.

11 평균 결혼 연령이 과거에 비해 높아지는 ( )이 나타나고 있다.

12 그의 제안은 양측의 의견을 ( )하여 모두를 만족시킬 만한 것이었다.

[13~16] 제시된 초성과 뜻풀이를 참고하여 다음의 빈칸에 알맞은 단어를 쓰시오.

13 ㅂ ㅇ : 원래대로 회복함.
예 환경 단체는 개발로 인해 훼손된 지역 생태계의 ( )을 위해 앞장서고 있다.

14 ㅊ ㄱ : 목적을 이룰 때까지 뒤쫓아 구함.
예 그는 돈이나 명예보다는 사랑을 ( )하는 삶이 더 아름답다고 생각한다.

15 ㅎ ㅅ : 어려운 일이나 문제가 되는 상태를 해결하여 없애 버림.
예 이번 비로 남부 지방 일대의 가뭄이 ( )될 것이다.

16 ㄷ ㅇ : 물건이나 돈을 나중에 도로 돌려받기로 하고 얼마 동안 내어 줌.
예 공원에서는 나들이 나온 시민들이 이용할 수 있도록 자전거를 무료로 ( )해 주고 있다.

[17~20] 다음의 밑줄 친 부분과 바꿔 쓸 수 있는 말을 <보기>의 단어를 활용하여 쓰시오.

┤ 보기 ├

감소하다 관대하다 막대하다 염려하다

17 영화 한 편을 찍는 데는 엄청난 비용과 노력이 들어간다. ( )

18 정부의 새로운 정책으로 국민의 세금 부담이 크게 줄었다. ( )

19 김 선생님은 학생들의 작은 실수를 너그러운 태도로 이해해 주신다. ( )

20 그는 꽃가지를 잡고 향기를 맡다가 꽃이 떨어질까 걱정하여 살며시 놓았다. ( )

어휘력은 독해력의 기초!

• 나의 어휘력은 몇 점? _____개 / 20개

• 18개 이상을 맞혔다면? 어휘의 기초가 튼튼합니다.

• 17개 이하로 맞혔다면? 본문에 제시된 지문과 어휘를 다시 공부한 다음 문제를 풀어 보세요.

독해 실전

아자! 힘내~

III 인문

기울어진 생각의 투, 편견

나는 발라드가 재미 없는 노래라고 생각해서, 발라드를 듣는 사람들이 이해가 안 갔어. 그런데 우연히 몇 번 듣다 보니 내가 그동안 편견에 빠져 있었다는 걸 깨달았지. 편견은 왜 생기는 걸까? 이 글을 읽으며 편견에 대해 알아보자.

1 낯선 언어, 나와 다른 생김새, 흔히 볼 수 없는 옷차림, 처음 보는 음식 등 익숙하지 않은 대상을 마주쳤을 때 사람들은 자기도 모르게 한 번쯤 쳐다보게 된다. 익숙하지 않은 대상에 대한 '다름'을 인식하는 것은 편견의 출발점이 될 수 있다. 편견은 객관적이고 정확한 정보도 없이 특정 집단이나 그 집단의 구성원들에 대해 지닌 치우친 생각이나 태도를 말하는데, 일반적으로 부정적 ⓐ인식이 밑바탕이 된다.

2 편견은 선천적˘인 것이 아니라 부모, 교사, 친구와 같은 주변 사람들의 태도나 미디어 등으로부터 학습되는 것이다. 편견의 대상은 어떤 집단도 될 수 있지만 특히 인원이 적거나 인종, 성별, 연령, 장애 등과 같은 눈에 띄는 특징을 지닌 집단이 대상이 되기 쉽다. 편견이 일단 생기면 그 대상에 대한 부정적인 인식은 쉽게 바뀌지 않고 지속되는 경향을 보인다.

3 편견이 일어나는 원인은 크게 다섯 가지를 들 수 있다. 첫째, 집단을 내 편과 다른 편으로 나누어 자신이 속한 집단은 호의적˘으로 평가하고 다른 편은 부정적으로 평가하는 '편 가르기'에 의해 편견이 생길 수 있다. 둘째, ⓑ한정된 자원을 놓고 지역이나 국가 사이에 정치·경제적으로 갈등할 때 상대 집단에 대한 편견이 생길 수 있다. 셋째, 사회생활이 자기 뜻대로 이루어지지 않아 욕구 불만이 생길 때, 이를 해소하기 위해 자신보다 약한 애꿎은˘ 희생양을 찾는 과정에서 편견이 생길 수 있다. 넷째, 자신의 신념˘이 지나치게 강하고 권위주의적인 성격을 지닌 경우 타인에 대해 편견을 갖는 경향이 강하다. 다섯째, 자신이 속한 사회나 문화에 자신을 일치시키는 동조화 과정에서 자신이 속한 집단의 가치 체계를 ⓒ습득함으로써 편견이 생기기도 한다.

4 편견은 대상 집단에 대해 부정적 인식을 갖는 것에서 그치지 않고 적대적인 태도나 행위를 표출하는 것으로 이어져 심각한 사회 문제를 ⓓ유발할 수 있다. 그렇기 때문에 편견을 극복하는 방법은 상당히 중요한 과제로 주목받고 있다. 편견을 극복하기 위해서는 우선 '다름'을 받아들이는 너그럽고 열린 마음을 지녀야 한다. 그리고 편견을 갖고 있는 집단의 구성원들과 함께 동등˘한 자격으로 공동 목표를 달성하기 위해 접촉하는 기회를 늘리는 것이 좋다. 이는 상대 집단에 대한 새로운 정보를 얻는 기회를 제공하고 친밀감을 형성하게 하여, 점진적˘으로 편견을 ⓔ해소할 수 있게 한다.

˘ 선천적(先天的): 태어날 때부터 지니고 있는 것.
˘ 호의적(好意的): 좋게 생각해 주는 것.
˘ 애꿎다: 아무런 잘못 없이 억울하다.
˘ 신념(信念): 굳게 믿는 마음.
˘ 동등(同等): 등급이나 정도가 같음. 또는 그런 등급이나 정도.
˘ 점진적(漸進的): 조금씩 앞으로 나아가는 것.

독해력 Upgrade ※각 문단의 중심 내용을 다음과 같이 정리할 때, 빈칸에 들어갈 알맞은 말을 쓰시오.

1 ( )의 개념	→	**2** 편견의 일반적 특징	→	**3** 편견이 일어나는 여러 가지 ( )	→	**4** 편견의 문제점과 편견을 극복하는 방법

1 이 글의 내용과 일치하지 <u>않는</u> 것은?

① 편견은 한번 생기면 쉽게 사라지지 않는다.
② 편견은 주변 사람들의 태도를 통해 학습될 수 있다.
③ 인원수가 많은 집단일수록 편견의 대상이 되기 쉽다.
④ 편견은 대상에 대한 위협적인 행동으로 이어져 사회 문제가 될 수 있다.
⑤ 대상에 대한 편견은 그 대상과의 접촉 기회가 많아지면 해소될 수도 있다.

2 ❸을 참고할 때, 편견이 작용한 행동으로 보기 <u>어려운</u> 것은?

① 다른 학교에서 전학 온 학생을 같은 반 학생들이 소외˘시킨다.
② 업무에 대한 불만을 해소하기 위해 윗사람에게 찾아가 따진다.
③ 내가 올바르다고 생각하는 방식과 다르게 생활하는 사람을 싫어한다.
④ 우리나라를 침략했던 국가에 대한 수업을 듣고 그 나라 사람들을 혐오한다.
⑤ 지역 축제를 유치˘하는 데 실패한 지역의 사람들이 성공한 지역 사람들을 미워한다.

˘소외(疏外): 어떤 무리에서 기피하여 따돌리거나 멀리함.

˘유치(誘致): 행사나 사업 따위를 이끌어 들임.

3 이 글의 ⓐ~ⓔ와 의미가 <u>다르게</u> 사용된 것은?

① ⓐ: 많은 사람들이 선거의 중요성을 <u>인식</u>하고 있다.
② ⓑ: 저희 가게에서는 수제 가죽 구두를 <u>한정</u> 판매하고 있습니다.
③ ⓒ: 길에서 <u>습득</u>한 지갑을 곧바로 경찰서에 가져다주었다.
④ ⓓ: 새 아파트가 들어서면서 교통 체증이 <u>유발</u>되어 불편하다.
⑤ ⓔ: 실업 문제를 <u>해소</u>하기 위해 새로운 정책이 마련되었다.

 어휘력 Upgrade

※다음의 빈칸에 들어갈 알맞은 말을 <보기>에서 찾아 쓰시오.

보기
동등
선천적
신념
유치

1 우리 팀 선수들은 이길 수 있다는 (   )을 갖고 경기에 임했다.
2 뛰어난 운동선수 중에는 (   )인 신체 조건이 좋은 경우가 많다.
3 이 책에서 저자는 발해의 역사를 신라의 역사와 (   )하게 다루었다.
4 그 지역은 관광 시설을 (   )하기 위해 여러 가지 노력을 기울이고 있다.

역사를 왜 배워야 할까

보통 '역사' 하면 과거의 사실이라고 생각할 거야. 그렇다면 과거에 일어난 사실들이 하나도 빠짐없이 전부 '역사'가 되는 걸까? 역사란 무엇이고 그것을 왜 배워야 하는지 생각하며 글을 읽어 보자.

1 역사의 사전적인 의미는 인류 사회의 발전과 관련된 의미 있는 과거 사실들에 대한 역사가의 인식이나 기록이다. 따라서 역사는 과거에 실제로 일어났던 모든 사실 중에서 역사가가 선택하고 기록한 것으로 역사가의 관점이 반영된 주관적인 것으로 볼 수 있다. 그러므로 역사가는 과거의 사실들 중에서 우리들의 삶에 많은 영향을 끼친 중요한 사건들을 찾아, 이를 새롭게 해석하여 의미와 가치를 부여하는 사람이라고 할 수 있다.

2 프랑스 역사가 마르크 블로크는 《역사를 위한 변명》에서 "신을 둘러싸고 있는 인간이나 사물 및 사건을 관찰하는 데 흥미를 느끼지 못하는 학자는 역사가라는 이름을 포기하는 편이 나을 것이다. 과거를 이해하는 데는 현재에 관한 지식이 더욱 직접적으로 중요한 경우가 많다. 현재에 관한 이해가 부족하면 필연적˅으로 과거를 알지 못한다."라고 하였다. 이 말에는 역사가가 과거에 있었던 일을 오늘날의 시각으로 해석하는 사람이라는 뜻이 담겨 있다.

3 그런데 역사적 사건들을 현재적 관점에서 재해석하는 것이 왜 중요할까? 1997년 우리나라는 외환 보유고˅가 바닥이 나서 국가 부도˅의 위기에 처하게 된다. 이 사건을 IMF 사태라고 한다. 이로 인해 많은 사람들이 직장을 잃었고 경제적 빈곤으로 어려움을 겪었으며 위기를 극복하기 위해 많은 노력을 해야 했다. 현재를 살아가는 사람들은 IMF 사태를 통해 그러한 문제가 일어난 이유를 찾고 스스로를 반성한다. 그러면서 앞으로는 이와 같은 잘못을 범하지 않아야 한다는 교훈을 얻고 미래를 살아가는 방법을 찾을 수 있게 된다. 이것이 바로 역사적 사건들을 현재적 관점에서 재해석해야 하는 이유이자, 우리가 역사를 배워야 하는 이유이다.

4 ㉠역사는 단순한 과거의 기록이 아니다. 역사는 현재의 시각에서 의미 있는 과거 사실들에 대한 인식이다. 따라서 역사를 배우면 우리가 살아가는 삶의 과정에서 무엇이 올바른 길인지를 판단하는 안목˅을 기를 수 있다. IMF 사태를 직접 경험하지 않았더라도 IMF 사태라는 역사적 사건과 그 의미를 배운다면, 현재 겪고 있는 문제를 해결할 실마리를 찾고 미래의 삶에 대한 지침이나 이정표˅를 마련할 수 있는 것이다.

˅ 필연적(必然的): 사물의 관련이나 일의 결과가 반드시 그렇게 될 수밖에 없는 것.
˅ 외환 보유고: 한 나라가 언제든지 대외 지급에 사용할 수 있도록 보유하고 있는 외화 자산.
˅ 국가 부도: 국가가 자신의 채무를 상환하지 못하게 되는 사태. 즉 국가가 다른 나라나 국제단체에 빌린 돈을 갚지 못하게 되는 사태.
˅ 안목(眼目): 사물을 보고 분별하는 견문과 학식.
˅ 이정표(里程標): 어떤 일이나 목적의 기준.

독해력 Upgrade

※각 문단의 중심 내용을 다음과 같이 정리할 때, 빈칸에 들어갈 알맞은 말을 쓰시오.

1 ( )의 의미와 역사가에 대한 정의 ➡ **2** 과거의 일을 현재의 시각으로 해석하는 학자로서의 역사가 ➡ **3** 역사적 사건들을 ( ) 관점에서 재해석하는 것의 중요성 ➡ **4** 역사를 배워야 하는 이유

1 이 글의 글쓰기 전략으로 적절하지 **않은** 것은?

① 대상을 다양한 사물에 빗대어 표현하고 있다.
② 구체적 사례를 제시하여 독자의 이해를 돕고 있다.
③ 대상의 사전적 의미를 밝히며 화제를 제시하고 있다.
④ 스스로 묻고 답하는 방식으로 중심 생각을 나타내고 있다.
⑤ 전문가의 견해를 인용하여 말하고자 하는 내용을 뒷받침하고 있다.

2 이 글의 글쓴이가 궁극적으로 말하고자 하는 것은?

① 앞으로 IMF 사태와 같은 일이 반복되어서는 안 된다.
② 역사는 역사가의 관점이 반영된 주관적인 것임을 깨달아야 한다.
③ 역사가는 과거의 역사적 사건을 오늘날의 관점에서 재해석해야 한다.
④ 우리는 역사를 배움으로써 현재와 미래를 살아가는 삶의 이정표를 마련해야 한다.
⑤ 우리가 역사를 배우는 이유는 과거의 잘못과 그 원인을 분명하게 밝히기 위해서이다.

3 ㉠의 관점을 드러내는 말로 가장 적절한 것은?

① 상식이나 상상이란 면에서, 어떤 즐거움도 역사와 비교될 수 없다.　　　　－ 데이비드 흄
② 역사가는 가능한 한 자신을 숨기고 사실을 있는 그대로 말해야 한다.　　　　－ 랑케
③ 우리가 역사에서 배우는 유일한 교훈은 배울 것이 아무 것도 없다는 것이다.　　　－ 헤겔
④ 역사란 역사가와 사실의 부단한 상호 작용의 과정, 즉 '현재와 과거의 끊임없는 대화'
　이다.　　　　　　　　　　　　　　　　　　　　　　　　　　　　　　　－ 카
⑤ 역사가의 주 임무는 당시의 행위 속으로 파고들어 가서 생각하고, 그 행위자의 사상
　을 알아내는 것이다.　　　　　　　　　　　　　　　　　　　　　　　－ 콜링우드

어휘력 Upgrade　　　※다음의 빈칸에 들어갈 알맞은 말을 〈보기〉에서 찾아 쓰시오.

┌─ 보기 ─┐
│ 보유　　│
│ 안목　　│
│ 이정표　│
│ 필연적　│
└──────┘

1 그는 수만 권의 책을 (　　　)하고 있다.
2 그 영화배우는 좋은 시나리오를 고르는 (　　　)이 뛰어나다.
3 그녀의 소설은 한국 소설사에서 하나의 (　　　)가 되었다는 평가를 받는다.
4 저출산 고령화 사회는 (　　　)으로 경제 활동에 참여하는 인구의 비율을 감소시킬 것이다.

인간의 지식을 넓히는 유추의 사고법

우리는 어떤 근거들을 바탕으로 '따라서 ~일 것이다.'라고 추측하는 경우가 있어. 이러한 추리 방법 가운데 하나가 '유추'이지. 이 글을 읽으며 유추의 특성에 대해 자세히 알아보자.

1 유추란 어떤 사물이나 현상의 성질을, 자신이 이미 알고 있는 다른 대상과의 유사점을 바탕으로 추리˚하는 방법이다. 유추는 '㉠알고자 하는 대상의 특성 확정 → ㉡알고 있는 대상과의 비교 → ㉢결론 내리기'의 과정으로 이루어진다.

2 방 안에 나무 상자를 놓고 여기에 강아지를 재우는 아이가 있다고 생각해 보자. 어느 날 친구 집에 놀러 간 아이가 친구의 방에 비슷한 상자가 있는 것을 발견하고, 친구에게 "너도 강아지를 키우는구나."라고 말했다. 아이는 친구가 갖고 있는 상자를 보고 이미 알고 있는 대상, 즉 자신이 갖고 있는 나무 상자를 떠올렸을 것이다. 그리고 '둘 다 상자이다.', '둘 다 방 안에 있다.' 등 공통점을 찾아내어, 자신이 나무 상자에 강아지를 재운다는 점으로 미루어 친구도 그럴 것이라고 짐작한 것이다. 이것이 바로 유추에 해당한다.

3 그러나 이러한 유추를 통해 내린 결론이 반드시 옳다는 보장은 없다. 친구가 방 안에 상자를 두고 강아지를 키울 수도 있지만, 강아지가 아닌 다른 동물을 키우거나 물건을 넣어 두는 용도˚로 활용할 수도 있는 것이다. 즉, 유추를 통해 알아낸 것을 틀림없는 사실이라고 하기는 어렵다. 하지만 그럼에도 유추가 필요한 이유는, 인간이 태어나면서부터 모든 것을 알지는 못하며 또 어느 한순간에 모든 것을 알아내지는 못하기 때문이다. 유추는 인간의 사고를 확장시켜 지식의 범주˚를 늘려 주고, 이를 통해 알고자 하는 대상의 특성이나 의미를 쉽게 파악할 수 있게 해 주는 중요한 추론 방법인 것이다.

4 결국 유추를 통해 옳은 결론을 내릴 가능성을 높이는 것이 중요한데, 그러려면 내가 알고자 하는 대상과 이미 알고 있는 대상 사이에 유사한 특성이 많아야 한다. 앞의 사례에서 아이는 '방 안에 놓인 상자'라는 유사성만을 가지고 친구의 상자가 강아지를 키우기 위한 용도일 것이라고 섣부르게 결론을 내렸다. 따라서 이 결론은 오류가 발생할 여지˚가 크다. 만약 아이가 상자의 재질, 크기, 모양, 색깔, 내용물 등 여러 가지 측면에서 친구의 상자와 더 많은 공통점을 갖고 있는 것을 비교 대상으로 선정˚했다면, 친구에게 "너도 강아지를 키우는구나."라는 말을 성급하게 꺼내지는 않았을 것이다.

˚ 추리(推理): 알고 있는 것을 바탕으로 알지 못하는 것을 미루어서 생각함.
˚ 용도(用途): 쓰이는 곳.
˚ 범주(範疇): 같은 성질을 가진 부류나 범위.
˚ 여지(餘地): 어떤 일을 하거나 어떤 일이 일어날 가능성이나 희망.
˚ 선정(選定): 여럿 가운데서 어떤 것을 뽑아 정함.

독해력 Upgrade ※각 문단의 중심 내용을 다음과 같이 정리할 때, 빈칸에 들어갈 알맞은 말을 쓰시오.

| **1** 유추의 개념과 과정 | → | **2** 유추에 따른 사고 과정의 예 | → | **3** 유추의 문제점과 유추의 ( ) | → | **4** 유추를 통해 옳은 ( )을 내릴 가능성을 높이는 방법 |

1 이 글에 언급된 내용이 <u>아닌</u> 것은?

① 유추의 개념   ② 유추의 역사
③ 유추의 과정   ④ 유추의 문제점
⑤ 유추의 필요성

2 이 글을 읽고 유추에 대해 이해한 내용으로 적절하지 <u>않은</u> 것은?

① 유추를 통해 내린 결론이 반드시 옳은 것은 아니구나.
② 유추는 대상들 간의 유사성을 바탕으로 하는 추리 방법이야.
③ 유추는 인간의 사고를 확장시켜 지식의 범주를 늘려 주는구나.
④ 유추는 오류가 발생할 여지가 크기 때문에 사용하지 않는 것이 바람직해.
⑤ 알고자 하는 대상과 알고 있는 대상 사이에 유사점이 많을수록 옳은 결론을 내릴 가능성이 높아지겠어.

3 ㉠~㉢에 따라 〈보기〉의 내용을 정리한 것으로 적절한 것은?

┤ 보기 ├

   화성에도 생명체가 존재할까? 태양계의 다른 행성들에 비해 화성은 태양과의 거리가 지구와 가장 비슷하다. 화성은 대기 온도가 영하 76℃까지 떨어지기도 하지만 지구의 최저 기온과 크게 차이가 없는 편이다. 또한 화성에서는 지구에서와 같이 암석과 물의 존재가 확인되었다. 그런데 지구에는 생명체가 존재한다. 그러므로 화성에도 생명체가 존재할 가능성이 높다.

① ㉠ – 지구에는 생명체가 존재한다.
② ㉠ – 화성에도 생명체가 존재할 가능성이 높다.
③ ㉡ – 화성에도 생명체가 존재할까?
④ ㉡ – 화성은 태양과의 거리가 지구와 가장 비슷하다.
⑤ ㉢ – 화성에서는 지구에서와 같이 암석과 물의 존재가 확인되었다.

어휘력 Upgrade   ※다음의 빈칸에 들어갈 알맞은 말을 〈보기〉에서 찾아 쓰시오.

┤ 보기 ├
여지
용도
선정
추리

1 주원이는 옷을 계절과 ( )에 따라 구분하여 정리했다.
2 김 형사는 단서들을 바탕으로 사건의 원인과 과정을 ( )했다.
3 늦게 도착한 사람들은 뒷자리에 앉는 것 말고는 선택의 ( )가 없었다.
4 도서관에서는 청소년이 꼭 읽어야 할 우수 도서를 ( )하여 홈페이지에 게시하였다.

선함은 타고나는 건인가 선택되는 건인가

사람의 본성은 선할까 악할까, 아니면 둘 중 무엇도 아닐까? 성리학에서는 이에 대해 어떻게 주장했는지, 그리고 정약용의 견해는 무엇인지 함께 알아보자.

1 사람은 착한 존재일까 나쁜 존재일까? 중국 유학˚에서 맹자는 사람의 본성˚이 착하다는 성선설(性善說)을 주장하였고, 순자는 인간의 본성이 이기적이고 악하다는 성악설(性惡說)을 주장하였다. 유학의 한 학파인 성리학에서는 인간을 선한 존재로 본다. 인간의 본성은 절대적인 선을 추구하며, 역사의 변화에 의해 사라지지 않는 불변성˚과 영원성이 있다고 본 것이다. 다만 인간이 가지고 있는 기질, 즉 성격과 성품에 따라 선한 행동이 나타날 수도 있고, 그렇지 않을 수도 있다고 여겼다.

2 정약용은 인간의 본성에 대한 성리학의 생각에 동의하지 않았다. 정약용은 인간의 본성을 선이나 악으로 이해하는 대신 '기호'로 보았다. 기호란 즐기고 좋아한다는 의미이다. 어떤 사람은 피자를 좋아하고 어떤 사람은 힙합을 좋아하는데, 이처럼 좋아하는 대상은 사람마다 다를 수 있으며 이 때문에 기호는 주관적인 경향이 있다고 말할 수 있다. 정약용은 기호를 육체적, 감각적인 즐거움을 좋아하는 육체적 기호와 선을 좋아하고 악을 싫어하는 정신적 기호로 구별했다. 그리고 육체적 기호는 동물과 인간이 모두 가지고 있지만 정신적 기호는 인간만이 가지고 있다고 보았다. 이러한 정약용의 본성론을 성기호설이라고 한다.

3 물에 빠진 아이를 구하기 위해 뛰어들면 내가 죽을 수도 있는 상황을 가정해 보자. 이런 상황에서도 아이를 구하고자 하는 것은 도덕적인 마음, 즉 정신적 기호에 따르는 것이다. 반대로 자신의 육체적 안위를 우선시하여 아이 구하기를 포기하는 것은 육체적 기호에 따르는 것이다. 이처럼 사람은 육체적 기호와 정신적 기호를 모두 가지고 있어서 그에 따라 선을 행할 수도 있고 악을 행할 수도 있다. 정신적 기호에 따른다면 자신이 악을 저질렀을 때 수치심을 느끼게 되고, 자신의 행동을 반성하면서 도덕적 성품을 기를 수 있다.

4 그렇다면 인간이 선과 악을 스스로 선택할 수 있는 이유는 무엇 때문일까? 정약용은 그것을 인간이 하늘로부터 '자주지권(自主之權)'을 받았기 때문이라고 보았다. 자주지권이란 선을 바라면 선을 행할 수도 있고 악을 바라면 악을 행할 수도 있는 인간의 자유 의지이다. 즉 정약용은 인간이 내재적˚으로 선하다고 본 성리학과 달리, 선악은 그것의 결단˚을 촉구하는 인간의 자유 의지에 의해 결정된다고 보았다. 선을 택할 것인가 그렇지 않을 것인가는 전적으로 인간의 결단에 달린 것으로, 정약용이 본 인간은 이처럼 주체성˚을 가진 존재였던 것이다.

- ˚유학(儒學): 중국의 공자를 시조로 하는 전통적인 학문. 인(仁)과 예(禮)를 근본 개념으로 함.
- ˚본성(本性): 사람이 본디부터 가진 성질.
- ˚불변성(不變性): 변하지 않는 성질.
- ˚내재적(內在的): 어떤 현상이 안에 존재하는 것.
- ˚결단(決斷): 결정적인 판단을 하거나 단정을 내림.
- ˚주체성(主體性): 인간이 어떤 일을 실천할 때 나타내는 자유롭고 자주적인 성질.

독해력 Upgrade ※각 문단의 중심 내용을 다음과 같이 정리할 때, 빈칸에 들어갈 알맞은 말을 쓰시오.

| **1** 중국 유학에서 논의된 인간의 본성 | → | **2** 인간의 본성을 (   )로 파악한 정약용의 견해 | → | **3** 육체적 기호와 (   ) 기호의 작용 | → | **4** 인간을 주체적인 존재로 본 정약용 |

1 이 글의 내용 전개 방식으로 적절한 것은?

① 정약용의 본성론이 지닌 시대적 한계를 분석하고 있다.

② 성리학의 사상을 중심으로 정약용의 본성론을 비판하고 있다.

③ 성리학이 정약용의 사상에 미친 영향을 다양한 관점에서 조명[▼]하고 있다.

④ 성리학과 정약용의 본성론에 내재된 공통적 원리를 도출[▼]하여 현실에 적용하고 있다.

⑤ 성리학과 대비되는 정약용의 본성론을 설명하고 그의 이론에서 드러나는 인간관을 밝히고 있다.

▼ 조명(照明): 어떤 대상을 일정한 관점으로 바라봄.

▼ 도출(導出): 판단이나 결론 따위를 이끌어 냄.

2 이 글을 이해한 내용으로 적절하지 <u>않은</u> 것은?

① 맹자와 달리 순자는 인간을 윤리적 존재로 보지 않았다.

② 정약용은 인간이 선과 악을 스스로 결단할 수 있는 자유 의지를 지녔다고 보았다.

③ 성리학과 정약용 모두 인간에게는 선한 것을 추구하려는 경향이 있다고 생각하였다.

④ 성리학에서는 인간과 동물 모두가, 정약용은 인간만이 본성을 가지고 있다고 보았다.

⑤ 정약용은 육체적 기호가 아닌 정신적 기호를 통해 도덕적 성품을 기를 수 있다고 보았다.

3 이 글의 '정약용'이 〈보기〉의 '흄'에게 할 말로 가장 적절한 것은?

┤ 보기 ├

흄은 도덕이 이성의 문제가 아니라 감정의 문제라고 생각했다. 그는 이성이 어떤 행위를 이끄는 동기가 될 수 없으며 행위는 근본적으로 감정이 작용한 산물이라고 보았다. 따라서 이성은 양심적이고 도덕적인 행동의 근원이 될 수 없으며, 감정이 인간을 도덕적 행위로 이끌 수 있다고 보았다.

① 이성이 도덕적 행위의 근거나 기준이 될 수는 없습니다.

② 인간을 도덕적 행위로 이끄는 감각은 고통과 쾌락입니다.

③ 도덕적 행위를 이끄는 것은 감정이 아니라 개인의 의지입니다.

④ 인간이 본래부터 지닌 동정심이야말로 도덕적인 행동의 근원입니다.

⑤ 사람의 성격에 따라 선한 행동이 나타날 수도 있고 그렇지 않을 수도 있습니다.

어휘력 Upgrade

※ 다음의 빈칸에 들어갈 알맞은 말을 〈보기〉에서 찾아 쓰시오.

┌ 보기 ┐
결단
도출
조명
주체성
└────┘

1 일주일간 협상을 진행했지만 결론을 (　　　)하지 못했다.

2 재영이는 이번 학생회장 선거에 출마하기로 (　　　)을 내렸다.

3 알려지지 않은 독립운동가들의 삶을 (　　　)한 프로그램이 제작되었다.

4 우리 민족은 외부로부터 많은 침략을 받아 왔으나 끈기 있게 항쟁하면서 민족 (　　　)을 지켜 왔다.

역사 연구가 알고 보니 둔갑술이었다고?

고구려나 발해처럼, 과거에 우리 조상들은 지금의 북한 땅을 넘어 그 이북의 영토까지 차지한 적이 있지. 그런데 이러한 우리의 역사를 자기네 것으로 둔갑시키려는 시도가 있어. 어떤 내용인지 함께 살펴보자.

1 중국 하면 넓은 국토와 14억에 달하는 엄청난 인구수를 쉽게 떠올릴 수 있다. 중국은 인구수가 많은 만큼 다양한 민족이 나라를 구성하는 다민족 국가로, 한족 외에 약 55개의 소수 민족으로 이루어져 있다. 중국은 이들을 융합하여 안정적으로 나라를 운영하고 주변국의 정세 변화에 대응하고자 2002년부터 5년간 중국 동북 지역의 역사와 현황에 관해 연구하였는데 이를 '동북 공정'이라고 한다.

2 우리가 중국의 동북 공정에 관심을 기울여야 하는 이유는 그들의 연구가 우리 역사에 직접적인 영향을 주기 때문이다. 중국은 영토론을 적용한 역사를 주장한다. 영토론이란 자국의 현재 영토♥ 안에서 일어난 과거의 역사는 모두 자신의 역사라고 주장하는 것이다. 이에 따르면 고조선, 부여, 고구려, 그리고 발해의 역사도 중국의 역사가 되고 만다.

3 발해 왕조는 고구려가 멸망하고 약 30년 후에 건국되었으며, 약 220여 년간 지금의 북한 지역과 중국의 동북 3성♥ 대부분 그리고 러시아 연해주의 대부분을 영토로 하여 유지됐다. 이들 지역에서는 발해의 유적이 다수 발굴되었고 현재에도 계속해서 많은 유물이 출토되고 있어 고고학적 관심의 대상이 되고 있다. 이처럼 옛 발해의 영토를 근거로 볼 때, 발해의 역사를 어느 한 나라에 귀속♥시키기는 어렵다.

4 그러나 중국 동북 공정의 대표 이론가들은 ㉠발해가 당나라의 지방 정권에 불과하다고 주장한다. 발해가 당나라에 귀부♥하여 조공♥을 했고 그 대가로 책봉♥을 받았는데, 이 책봉과 조공 관계가 지방 정권의 증거라는 것이다. 그러나 역사적 자료를 검토하면 발해가 당나라의 지방 정권이 아니라는 사실을 찾을 수 있다. 발해 유학생들이 당나라에 가서 응시한 과거 시험이 빈공과였다는 사실이 바로 그것이다. 빈공과는 당나라에서 외국인에게 보게 하던 과거 시험이므로, 이는 발해인을 외국인으로 생각했다는 증거이다. 또한 일본과의 외교 문서에서 발해의 2대 왕인 무왕이 자신을 고려국 왕이라고 일컬었는데, 여기에서 발해의 고구려 계승 의식을 발견할 수 있다. 그뿐만 아니라 중국의 역사서인 《구당서》에는 발해의 풍속이 고구려의 풍속과 같다는 기록이 전해지고 있는데, 이처럼 발해의 역사적 ⓐ뿌리는 고구려에서 찾을 수 있다. 그럼에도 발해를 당나라의 지방 정권이라고 깎아내리는 중국의 주장은 재검토되어야 마땅하다.

♥ **영토(嶺土):** 한 나라의 통치권이 미치는 지역.

♥ **중국의 동북 3성:** 중국 동북부에 위치한 헤이룽장성, 지린성, 랴오닝성을 가리킴.

♥ **귀속(歸屬):** 재산이나 영토, 권리 따위가 특정 주체에 붙거나 딸림.

♥ **귀부(歸附):** 스스로 와서 복종함.

♥ **조공(朝貢):** 예전에, 속국이 종주국에 때를 맞추어 예물을 바치던 일. 또는 그 예물.

♥ **책봉(冊封):** 예전에, 왕세자, 세손, 비, 빈 등의 지위에 봉하여 세우던 일.

독해력 Upgrade ※각 문단의 중심 내용을 다음과 같이 정리할 때, 빈칸에 들어갈 알맞은 말을 쓰시오.

| **1** 중국의 동북 공정이 시작된 배경과 동북 공정의 개념 | → | **2** ( )을 바탕으로 한 중국의 동북 공정 | → | **3** 영토론에 근거할 때 어느 한 나라에 귀속시킬 수 없는 ( )의 역사 | → | **4** 발해가 우리 역사인 근거와 중국의 주장에 대한 재검토 촉구 |

1 이 글을 읽고 난 반응으로 적절하지 <u>않은</u> 것을 〈보기〉에서 골라 묶으면?

| 보기 |

㉮ 역사 해석의 자유와 다양성을 존중해야겠군.
㉯ 중국의 동북 공정은 영토론을 바탕으로 하는군.
㉰ 중국의 동북 공정은 주변국의 역사에 대한 연구로군.
㉱ 동북 공정은 우리나라 역사를 왜곡♥한다는 문제가 있군.
㉲ 중국의 동북 공정에 관심을 갖고 계속 대응할 필요가 있겠군.

♥ 왜곡(歪曲): 사실과 다
르게 해석하거나 그릇
되게 함.

① ㉮, ㉰   ② ㉮, ㉱   ③ ㉯, ㉰
④ ㉰, ㉲   ⑤ ㉱, ㉲

2 ㉠에 반박할 근거로 적절하지 <u>않은</u> 것은?

① 발해는 때에 맞춰 당나라에 예물을 바치고 그 대가로 책봉을 받았다.
② 발해 유학생들이 당나라에서 응시한 시험은 외국인을 대상으로 한 과거 시험이다.
③ 발해의 2대 왕인 무왕은 일본과의 외교 문서에서 스스로를 고려국 왕이라고 일컬
었다.
④ 중국의 역사서인 《구당서》에 발해의 풍속이 고구려의 풍속과 같다는 기록이 전해지
고 있다.
⑤ 발해의 영토는 중국뿐만 아니라 러시아의 연해주와 북한 땅까지 포함하므로, 영토론
에 따르면 어느 한 나라에 귀속시키기 어렵다.

3 밑줄 친 부분이 이 글의 ⓐ와 같은 의미로 쓰인 것은?

① 이 식물의 <u>뿌리</u>는 먹을 수 있다.
② 치아가 <u>뿌리</u>까지 드러나 아프고 시리다.
③ 할머니께서 도라지 열 <u>뿌리</u>로 차를 끓이셨다.
④ <u>뿌리</u>가 깊은 나무는 바람에 흔들리지 않는다.
⑤ 효(孝)는 우리 전통 사회의 <u>뿌리</u>가 되는 정신이다.

어휘력 Upgrade ※다음의 빈칸에 들어갈 알맞은 말을 〈보기〉에서 찾아 쓰시오.

| 보기 |
귀속
영토
왜곡
책봉

1 주인 없는 재산은 국가에 (   )된다.
2 궁궐에서는 세자의 (   )을 축하하는 잔치가 열렸다.
3 신문 기사는 사실을 과장하거나 (   )해서는 안 된다.
4 헌법 제3조에 "대한민국의 (   )는 한반도와 그 부속 도서로 한다."라고 명시되어 있다.

우리 다 같이 체면 지킵시다

다른 사람에게 업신여김을 받거나 사람들 사이에서 창피함을 느끼게 되면, 아마 서로 사이가 어색해지거나 단절될 거야. 그래서 서로 '체면'을 지키는 일이 중요하지. 이 글을 통해 체면을 지키는 것의 중요성과 방법에 대해 알아보자.

① 우리 사회에서는 뻔뻔하게 다른 사람의 체면˘을 손상시키는 사람을 '염치없다˘'고 하고, 남이 굴욕감을 느끼는 것을 보고도 무심하게 냉정한 태도만을 보이는 사람을 '냉혹하다'고 말한다. 사람은 다른 사람들과 같이 생활하는 사회적 존재이므로, 서로 원만하게 어울리려면 염치없거나 냉혹하기만 한 태도는 바람직하지 않다. 다른 사람의 잘못을 보았을 때는 무조건 나무라기만 할 것이 아니라, 그 사람의 체면이나 감정을 배려하고 이를 지켜 주기 위한 노력도 필요한 것이다.

② 이와 관련하여 사회 심리학자 어빙 고프먼은 사람들이 타인과 마주하며 특정한 눈짓이나 몸짓, 상대방을 의식한 말들을 하는 '대면˘적 상호 작용'에 관해 연구하였는데, 그가 제시한 흥미로운 연구 결과 중 하나가 '체면 지키기' 방법에 대한 것이다.

③ 고프먼은 자신의 체면이 서 있다고 느끼는 사람은 다른 사람들을 대할 때 자신감을 갖고 침착하게 반응하지만, 체면이 없거나 망가진 사람은 상황에 어울리지 않는 표현을 하여 만남의 분위기를 해친다고 주장한다. 만남에서 체면을 잃어 도덕적 지지를 받지 못한 사람들은 마음에 동요˘가 생겨 혼란에 빠지며, 순간적으로 상호 작용을 할 수 없게 되어 허둥댄다는 것이다. 여기에 상황을 어떻게 해 볼 도리˘가 없다는 생각까지 겹치면 감정의 상처까지 더해져 만남의 분위기를 한층 더 해치게 된다.

④ 고프먼은 체면을 지키는 방법을 크게 두 가지로 나누어 설명하였는데, 하나는 자신의 체면을 자기 스스로 지키는 것이다. 이는 체면을 잃을 만한 위험 상황을 피함으로써 가능하다. 예를 들면, 자신이 지키고자 하는 가치와 모순되는 정보가 드러날 말이나 행동은 하지 않고, 다른 사람들에게 먼저 자신의 감정을 표현하는 것을 삼가며, 침착한 모습을 보이는 것 등이 해당한다.

⑤ 체면을 지키는 방법의 다른 하나는, 내가 타인의 체면을 지켜 주는 것이다. 만약 집단 내에서 한 사람의 체면이 망가졌다면 상황을 다 함께 수습˘하여 그 사람의 체면을 회복시키는 것이다. 이를 위해서는 '도전'과 '제안'이라는 과정이 필요하다. '도전'은 집단에 소속된 사람들이 특정한 잘못을 범한 사람에게 그 행동이 잘못되었음을 지적하고 일깨워 주는 것을 의미한다. 이러한 '도전'이 끝나면 '제안'이 이루어지는데, 이는 잘못한 당사자의 행동에 대해 '이해할 만한 것'이라는 신호를 보내 용서하는 것을 의미한다. '제안'을 통해 용서받은 사람은 자신을 용서해 준 이들에게 감사의 마음을 표시하는 신호를 보내게 되고 이로써 체면이 회복된다.

- ˘체면(體面): 남을 대하기에 떳떳한 도리나 얼굴.
- ˘염치없다(廉恥없다): 체면을 차릴 줄 알거나 부끄러움을 아는 마음이 없다.
- ˘대면(對面): 서로 얼굴을 마주 보고 대함.
- ˘동요(動搖): 생각이나 처지가 확고하지 못하고 흔들림.
- ˘도리(道理): 어떤 일을 해 나갈 방법.
- ˘수습(收拾): 어수선한 사태를 거두어 바로잡음.

독해력 Upgrade ※각 문단의 중심 내용을 다음과 같이 정리할 때, 빈칸에 들어갈 알맞은 말을 쓰시오.

| ① 타인의 (   )과 감정을 배려하는 태도의 필요성 | → | ② 어빙 고프먼의 (   ) 상호 작용 연구 | → | ③ 타인과의 상호 작용에서, 체면을 잃은 사람이 보이는 태도 | → | ④ 자신의 체면을 자기 스스로 지키는 방법 | → | ⑤ (   )과 '제안'을 통해 타인의 체면을 지켜 주는 방법 |

1 다음은 이 글을 읽은 후에 '체면 지키기'에 대해 정리한 내용이다. ㉠~㉤ 중 적절하지 <u>않은</u> 것을 골라 묶으면?

> 질문 1. '체면 지키기'란 무엇일까?
> • 사회적 존재인 인간이 타인과 원만하게 어울려 생활하기 위해 필요한 태도이다. ── ㉠
> • 타인의 잘못을 나무라는 대신 무심하고 냉정한 태도를 보이는 것이다. ─────── ㉡
>
> 질문 2. '체면 지키기'에 실패한 사람은 어떤 반응을 나타낼까?
> • 마음이 혼란스러워져서 상황에 어울리지 않는 표현을 하게 된다. ──────── ㉢
> • 감정의 상처가 생겨 만남의 분위기를 해치게 된다.
>
> 질문 3. '체면 지키기'의 방법에는 어떤 것이 있을까?
> • 자신의 체면을 스스로 지키려면, 체면을 잃을 만한 위험 상황을 두려워하지 말고 먼저 자신의 감정을 적극적으로 표현한다. ───────────────── ㉣
> • 집단 내에서 한 사람의 체면이 망가졌다면, 구성원들이 다 함께 상황을 수습하여 그 사람의 체면을 회복시키기 위해 노력한다. ──────────────── ㉤

① ㉠, ㉢　　② ㉠, ㉣　　③ ㉡, ㉣
④ ㉡, ㉤　　⑤ ㉢, ㉤

2 5를 바탕으로 할 때, <보기>에서 '상우'의 체면을 지켜 주기 위한 친구들의 태도로 가장 적절한 것은?

> ┤ 보기 ├
> 상우는 방학을 맞아 친구들과 놀이공원에 가기로 했다. 상우는 약속 며칠 전부터 친구들에게 약속 시간에 절대로 늦지 말라고 여러 차례 당부하고, 늦으면 벌금을 내야 한다고 으름장을 놓기까지 했다. 약속 당일에 친구들은 모두 제시간에 모임 장소에 도착했다. 그러나 정작 상우는 늦잠을 자서 한 시간 이상 늦게 도착했다.

① 다 함께 침묵한 채로 상우가 하는 말과 행동을 지켜보기만 한다.
② 한 시간 늦은 것쯤은 별일 아니라고 말하여 상우가 민망해하지 않도록 배려한다.
③ 늦지 말라고 해 놓고 정작 자신은 늦게 도착한 상우의 행동을 침착하게 나무란다.
④ 늦으면 벌금을 내야 한다고 했던 상우의 말을 읊어 주며, 벌금을 내면 잘못을 용서하겠다고 말한다.
⑤ 늦게 도착한 상우의 잘못을 지적한 뒤, 늦잠을 자서 약속 시간에 늦는 것은 누구나 할 수 있는 실수라고 말한다.

어휘력 Upgrade ※다음의 빈칸에 들어갈 알맞은 말을 <보기>에서 찾아 쓰시오.

> ┤ 보기 ├
> 대면
> 도리
> 동요
> 수습

1 그는 신입생들과의 첫 (　　)을 앞두고 살짝 긴장했다.
2 기술이 아무리 발달한다 해도 자연의 힘을 완전히 이겨 낼 (　　)는 없을 것이다.
3 그녀는 주위 사람들의 걱정과 만류에도 (　　)하지 않고 계획대로 일을 진행해 나갔다.
4 사고 현장이 (　　)되자 도로 위에 정체되어 있던 차들이 다시 서서히 움직이기 시작했다.

천한 신분이라고 해서 인재를 버려서는 안 된다

조선 시대에는 신분 제도에 따른 여러 가지 차별이 존재했어. 신분이 낮으면 능력이 뛰어나도 관직에 나갈 수 없었지. 조선 시대의 학자 허균은 이러한 현실을 비판했어. 이 글을 통해 그가 주장한 내용을 살펴보자.

1 나라를 다스리는 사람은 임금과 함께 하늘이 내려 준 직분˙을 행하는 것이니 재능이 없어서는 안 된다. 하늘이 인재를 만드는 것은 본디 세상에 쓰기 위해서이다. 하늘은 사람을 만들 때 귀한 집 자식이라고 해서 더 많은 재능을 주고 천한 집 자식이라고 해서 더 적게 주지는 않는다. 옛날의 어진 임금은 이를 알았기 때문에 더러는 신분이 낮은 집안에서 인재를 구했고, 더러는 항복한 오랑캐 장수 중에서도 인재를 뽑았으며 더러는 도둑이나 창고지기를 인재로 뽑기도 하였다. 그렇게 뽑힌 자들은 알맞은 자리에서 자신의 재능을 한껏 펼쳤다. 나라가 복을 받고 융성˙하게 된 것은 이렇게 인재를 뽑았기 때문이다.

2 중국같이 큰 나라도 혹시라도 인재를 놓칠까 늘 고민하였다. 어찌하여 변방에 살면서 큰 보배를 품고도 팔지 못하는 사람이 수두룩하며, 뛰어난 인재가 하급 구실아치˙ 속에 파묻혀 끝내 그 포부˙를 펼치지 못하는가? 참으로 인재를 모두 얻기도 어렵거니와 모두 거두어 쓰기도 또한 어렵다.

3 우리나라는 땅덩이가 좁고 인재가 드문 것이 늘 걱정이었다. 더구나 조선에 와서는 대대로 명망 있는 집의 자식이 아니면 좋은 벼슬을 얻지 못하고, 가난한 선비는 비록 재주가 뛰어나더라도 관리로 뽑히지 못한다. 하늘은 인간에게 재주를 고르게 주었는데 이를 명문의 집안과 과거 시험으로써 제한하니 인재가 늘 모자라서 걱정하는 것은 당연하다. 동서고금˙에 첩의 자식이라고 해서 재주를 인정해 주지 않는다는 말은 듣지 못했다. 오직 우리나라만이 첩의 자손들에게 벼슬할 기회를 주지 않는다.

4 두 오랑캐 사이에 끼어 있는 이 작은 나라에서는, 인재를 제대로 구하여 쓰지 못하는 것을 걱정해도 나랏일이 어찌 될지 장담할 수 없다. 그런데도 도리어 인재 등용˙의 길을 막고서 "우리나라에는 인재가 없다."라고 탄식만 한다. 이는 남쪽 나라를 치러 가면서 북쪽을 향해 수레를 모는 것과 무엇이 다르겠는가? 평범한 여인네가 한을 품으면 오뉴월에도 서리가 내린다는데, 원망을 품은 사내와 원한에 찬 홀어미가 나라의 반을 차지하니 화평한 기운을 불러오기는 어려우리라.

5 옛날에 어진 인재는 보잘것없는 집안에서 많이 ㉠나왔다. 만약 그때에도 지금 우리와 같은 법을 썼다면 범중엄과 같은 유명한 재상이나 충직한 신하였던 진관, 반양귀와 같은 사람은 나타나지 않았을 것이다. 또한 사마양저, 위청과 같은 뛰어난 장수나 왕부와 같은 사람의 뛰어난 글도 세상에 나오지 못했을 것이다.

6 하늘이 낸 인재를 사람이 버리는 것은 하늘의 뜻을 거스르는 것이다. 하늘을 거스르면서 하늘에 나라가 잘 유지되기를 비는 것은 있을 수 없는 일이다. 나라를 다스리는 자가 하늘의 순리˙를 받아들이고 행한다면 나라를 훌륭히 이어 갈 수 있을 것이다.

˙직분(職分): 직무상의 본분. 또는 마땅히 해야 할 본분.

˙융성(隆盛): 기운차게 일어나거나 대단히 번성함.

˙구실아치: 조선 시대에, 각 관아의 벼슬아치 밑에서 일을 보던 사람.

˙포부(抱負): 마음속에 지닌 앞날에 대한 계획이나 희망.

˙동서고금(東西古今): 동양과 서양, 옛날과 지금을 통틀어 이르는 말.

˙등용(登庸): 인재를 뽑아서 씀.

˙순리(順理): 도리나 이치에 순종함. 또는 마땅한 이치나 도리.

독해력 Upgrade ※각 문단의 중심 내용을 다음과 같이 정리할 때, 빈칸에 들어갈 알맞은 말을 쓰시오.

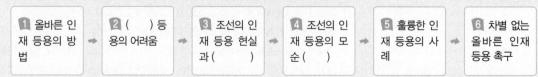

1 올바른 인재 등용의 방법 → 2 (   ) 등용의 어려움 → 3 조선의 인재 등용 현실과 (   ) → 4 조선의 인재 등용의 모순 (   ) → 5 훌륭한 인재 등용의 사례 → 6 차별 없는 올바른 인재 등용 촉구

1 이 글을 통해 짐작할 수 있는 내용이 <u>아닌</u> 것은?

① 조선은 중국에 비해 인재를 잘 거두어 쓰지 못했다.
② 재능은 사회적 지위나 신분과 관련 없이 주어지는 것이다.
③ 범중엄, 진관, 반양귀와 같은 사람들은 출신이 보잘것없는 사람들이다.
④ 오랑캐 중에서도 재능 있는 자를 뽑아 쓴다면 어진 임금이라고 할 만하다.
⑤ 조선에서는 신분이 낮은 집안의 자식과 달리 첩의 자식은 인재로 등용될 수 없었다.

2 각 문단의 특징을 정리한 내용으로 적절하지 <u>않은</u> 것은?

1문단	현재와는 다른 과거의 바람직한 사례를 제시하고 있다. ………… ①
▼	
2문단	의문문을 사용하여 현실에 대한 안타까움을 드러내고 있다. ……… ②
▼	
3문단	조선의 인재 등용 방식에 문제가 있음을 비판하고 있다. ……… ③
▼	
4문단	비유적 표현을 사용하여 현실을 극복할 구체적 방안을 제시하고 있다. … ④
▼	
5문단	출신과 상관없이 등용되었던 훌륭한 인재들을 제시하여 주장을 뒷받침하고 있다. ………… ⑤
▼	
6문단	차별 없이 인재를 등용할 것을 촉구하고 있다.

3 ㉠과 바꿔 쓰기에 가장 적절한 것은?

① 결정(決定)되다　　② 배출(輩出)되다
③ 실행(實行)되다　　④ 기대(期待)되다
⑤ 장려(奬勵)되다

 어휘력 Upgrade ※다음의 빈칸에 들어갈 알맞은 말을 <보기>에서 찾아 쓰시오.

보기: 융성, 포부, 등용, 순리

1 고려는 흔히 불교의 왕국으로 인식될 정도로 불교가 (　　)했다.
2 일을 (　　)대로 하지 않고 제 이익만 챙기려 하다 보면 문제가 생긴다.
3 세계적인 음악가가 되겠다는 (　　)를 실현하기 위해서는 열심히 연습을 해야 한다.
4 대통령은 청렴성과 국민적 신망을 갖춘 사람을 국무총리로 (　　)하겠다고 발표했다.

경험의 가치에 주목한 근대 경험론

낯선 음식을 직접 먹어 보면 그 맛을 알게 되는 것처럼, 우리는 경험을 통해 무언가를 알게 되는 경우가 많아. 이러한 경험의 중요성을 강조한 서양 철학이 '경험론'이야. 이 글을 통해 경험론에 대해 알아보자.

♥천체(天體): 행성, 위성. 혜성 등 우주에 존재하는 모든 물체.
♥의존(依存): 다른 것에 의지하여 존재함.
♥근원(根源): 사물이 비롯되는 근본이나 원인.
♥부인(否認): 어떤 내용을 옳거나 그러하다고 인정하지 아니함.
♥합리론(合理論): 진정한 인식은 경험이 아닌 타고난 이성에 의하여 얻어진다고 하는 태도.
♥동력(同力): 어떤 일을 일으키며 밀고 나가는 힘.
♥연역적 추론: 이미 알고 있는 일반적인 원리로부터 개별적 사실이나 특수한 다른 원리에 도달하는 방법.

1 중세 서양인들은 세계가 완전한 하늘의 세계와 불완전한 지상의 세계로 이루어져 있다고 생각했다. 우주의 중심은 지구이며, 천체♥들을 움직이는 힘은 신의 의지라고 생각했다. 상상에 의존♥하는 이러한 세계관은 천체들을 직접 관측하고 망원경으로 확인하면서 서서히 흔들렸다. 사람들은 머리로만 생각해 왔던 이상적 질서들이 '경험'을 통해 부정될 수 있다는 사실을 새삼 깨달았다. 근대 경험론은 이런 과정을 통해 탄생했다고 볼 수 있다.

2 경험론이란 인간의 인식이나 지식의 근원♥을 인간의 지각, 즉 경험에서 찾는 철학적 입장을 가리킨다. 굳이 "지혜는 경험의 딸이다."라는 레오나르도 다빈치의 말이 아니더라도 경험이 어떤 가르침을 준다는 사실을 부인♥할 사람은 드물 것이다. 경험을 통해 무엇을 알게 되는 것은 모든 사람이 일상적으로 겪는 과정이기 때문에 이 입장을 거부하는 것은 쉽지 않다.

3 경험론의 전통은 멀리 고대 그리스까지 거슬러 올라가지만, 합리론♥에 대립되는 본격적인 경험론은 프랜시스 베이컨이 체계를 세웠다. 이 두 사상은 자연 과학이 발전하게 된 핵심 동력♥을 각각 다르게 파악하며 철학적 기초를 닦아 나갔다. 경험론자들은 관찰과 실험에 근거한 귀납적 방법이, 합리론자들은 이성적 사고에 기반을 둔 연역적 추론♥이 각각 자연 과학의 발전을 이끌었다고 여겼다.

4 ㉠경험론자들은 귀납법을 통해 구체적이고 개별적인 사례들에서 인간과 자연에 대한 보편적인 법칙을 알아 갈 수 있다고 생각했다. 하지만 조금 더 생각해 보면 경험론은 한계가 있다는 것을 알 수 있다. 예를 들어, 똑같은 장소를 걸어서 지나친 여행자와 기차를 타고 지나친 여행자를 생각해 보자. 장소는 같지만 두 여행자가 그 장소를 바라보았던 경험은 분명 다를 것이다. 그런 점에서 경험의 세계는 절대적으로 확신하기가 어려운 것이다. _____㉮_____

5 이러한 한계가 있음에도, 인간이 얻게 되는 의미 있고 근거 있는 인식은 경험에서 출발한다는 경험론의 입장은 여전히 설득력이 있다. 근대 이후 철학들은 경험론에서 바라본 경험의 의미를 존중하면서 그 의미를 나름대로 확장했다. 칸트의 관념론은 '정신의 경험'까지, 라캉의 구조론은 '무의식의 경험'까지 의미를 넓힌 것이다. 이처럼 근대 이후 철학의 상당 부분은 경험론의 영향 아래 진행되었다고 해도 과언이 아니다.

독해력 Upgrade ※각 문단의 중심 내용을 다음과 같이 정리할 때, 빈칸에 들어갈 알맞은 말을 쓰시오.

| **1** 근대 (　　) 의 탄생 배경 | → | **2** 지식의 근원을 경험에서 찾는 경험론 | → | **3** (　　)에 대립되는 경험론의 확립과 두 사상의 관점 차이 | → | **4** 절대적 확신이 어려운 경험론의 한계 | → | **5** 경험론의 의의 |

1 이 글에서 확인할 수 있는 내용이 <u>아닌</u> 것은?

① 경험론의 개념과 의의
② 경험론을 비판한 학자
③ 중세 서양인들의 세계관
④ 경험론과 합리론의 차이점
⑤ 경험론의 영향을 받은 근대 이후 철학의 예

2 Ⓐ에 들어갈 내용으로 가장 적절한 것은?

① 그러므로 경험이야말로 진리를 얻는 가장 쉽고 빠른 길이다.
② 그러므로 경험을 통해 알아낸 법칙이야말로 확실히 믿을 수 있다.
③ 그러므로 '어떤' 경험을 하느냐보다는 '누가' 경험을 하느냐가 중요하다.
④ 그러므로 개인의 성격이나 취향에 따라 경험의 내용도 각각 달라지게 된다.
⑤ 그러므로 자신의 경험에 오류가 있을 수도 있음을 받아들이는 태도가 필요하다.

3 추론의 방식이 ㉠의 관점과 <u>다른</u> 것은?

① 지금까지 관찰한 바에 의하면 해는 항상 동쪽에서 떴다. 따라서 오늘도 동쪽에서 해가 뜰 것이다.
② 동물을 사랑하는 사람들은 마음이 곱다. 그런데 희원이는 동물을 사랑한다. 따라서 희원이는 마음이 곱다.
③ 호랑이는 새끼를 낳는다. 원숭이도 새끼를 낳는다. 호랑이와 원숭이는 포유류이다. 그러므로 포유류는 새끼를 낳는다.
④ 사과는 위에서 아래로 떨어진다. 돌멩이도 위에서 아래로 떨어지고, 책도 위에서 아래로 떨어진다. 즉, 모든 물체는 위에서 아래로 떨어진다.
⑤ 스파르타는 독립된 문화를 남기지 못한 채 사라졌다. 역사적으로 볼 때 독립된 문화를 갖지 못한 많은 나라들이 스파르타처럼 역사 속으로 사라졌다. 이를 통해, 독립된 문화가 없는 나라나 민족은 살아남지 못한다는 것을 알 수 있다.

어휘력 Upgrade ※다음의 빈칸에 들어갈 알맞은 말을 <보기>에서 찾아 쓰시오.

보기
근원
동력
부인
의존

1 제주도 조랑말의 (　　　)은 바로 몽골의 말들이다.
2 그는 소문의 내용이 사실과 다르다고 강하게 (　　　)했다.
3 노인은 희미한 기억에 (　　　)하여 고향의 옛집을 찾아갔다.
4 그는 약간의 스트레스는 적당한 긴장을 주어 집중력을 높이는 (　　　)이 된다고 보았다.

아이들은 어떻게 언어를 배울까

옹알이를 하던 아기들이 어느 순간 단어를 말하고 문장을 만드는 걸 보면 참 신기하지 않아? 이러한 언어 습득이 어떻게 이루어지는지에 대해서는 여러 견해가 있어. 이 글을 읽으며 함께 살펴보자.

1️⃣ 아이들은 어떻게 언어를 습득˘하는 걸까? 이 물음에 대해 스키너로 대표되는 ㉠행동주의 학자들은 아이들이 지속적인 모방˘과 학습을 통해 언어를 습득한다고 주장한다. 이들의 주장에 따르면 아이들의 언어 습득은 '자극 – 반응 – 강화'의 과정을 통해 일어난다. 예를 들어 아침에 출근하는 엄마를 보고 아빠가 '빠이빠이'라고 말하면(자극), 아이는 아빠의 말을 모방하여 '빠이빠이'라고 말하고(반응), 이에 대해 부모는 칭찬이나 물적 보상(강화) 등으로 아이가 그 행동을 다시 하도록 격려하게 된다. 이런 경험을 통해 아이는 말을 배워 간다. 즉 행동주의 학자들은 후천적˘인 경험이나 학습을 언어 습득의 요인˘으로 본다.

2️⃣ 그러나 촘스키는 아이들이 부모나 어른들로부터 한 번도 들어 본 적 없는 새로운 문장을 끊임없이 생성해 낸다는 점을 근거로 들어 행동주의 학자들을 비판했다. 촘스키의 ㉡생득주의 이론에 따르면 인간은 두뇌 속에 언어를 스스로 배울 수 있는 '언어 습득 장치(LAD)'를 가지고 태어나기 때문에 추상적˘이고 복잡한 언어 규칙을 습득할 수 있다. 즉 아이들이 주변 사람들의 언어를 접하게 되면, 그 언어 속에 들어 있는 여러 가지 문법 규칙들을 LAD라는 장치를 통해 찾아내고, 그 문법 규칙들을 이용해 말을 하거나 다른 사람의 말을 이해한다는 것이다. 하지만 이 관점은 아이들이 LAD라는 장치를 통해 어떻게 문법 규칙을 체계화하는지는 구체적으로 설명하지 못하는 한계가 있다.

3️⃣ ㉢사회적 상호 작용 이론에서는 아이들이 다른 사람과의 의사소통을 통해 상호 작용함으로써 언어 습득이 이루어진다고 본다. 이 이론에서는 생득주의 학자들과 마찬가지로 아이들의 언어 습득 과정을 문법 규칙을 찾아내서 적용하는 과정으로 설명한다. 그러나 생득주의에서 주장하는 것처럼 태어날 때부터 가지고 있는 LAD라는 장치를 통해 문법 규칙들을 찾아 적용하는 것이 아니라, 사람들과의 의사소통을 통해 문법 규칙을 찾는다고 주장한다.

4️⃣ 이러한 이유로 사회적 상호 작용 이론에서는 행동주의의 입장을 받아들여 아이들의 언어 습득에서 모방의 역할을 강조한다. 그런데 여기서 모방이란 아동이 기계적으로 성인의 말을 따라 한다는 의미가 아니라, 자기가 들은 말들을 모방함으로써 지금껏 의사소통 경험을 통해 획득한 문법 규칙을 검증˘하는 것이다. 나이가 어린 아동일수록 성인이 이야기하는 문장 중 일부만 모방하는 경우를 종종 볼 수 있는데, 사회적 상호 작용 이론에서는 이것을 자신이 가지고 있는 문법 규칙을 검증하기 위해 자기가 이해한 부분만을 모방하는 것으로 해석한다.

▼ 습득(習得): 배워서 자기 것으로 함.
▼ 모방(模倣): 다른 것을 본뜨거나 본받음.
▼ 후천적(後天的): 성질, 체질, 질환 따위가 태어난 후에 얻어진 것.
▼ 요인(要因): 사물이나 사건이 성립되는 까닭. 또는 조건이 되는 요소.
▼ 추상적(抽象的): 직접 경험하거나 지각할 수 있는 일정한 형태와 성질을 갖추고 있지 않은 것.
▼ 검증(檢證): 가설이나 사실, 이론 등을 검사하여 참인지 거짓인지 증명함.

독해력 Upgrade ※각 문단의 중심 내용을 다음과 같이 정리할 때, 빈칸에 들어갈 알맞은 말을 쓰시오.

| 1️⃣ 후천적 경험이나 학습을 언어 습득 요인으로 본 행동주의 이론의 주장 | → | 2️⃣ 언어 습득 장치를 이용해 언어를 습득한다고 본 (   ) 이론의 주장 | → | 3️⃣ 사회적 상호 작용 이론의 관점 및 생득주의 이론과의 비교 | → | 4️⃣ 사회적 상호 작용 이론과 (   ) 이론의 공통점과 차이점 |

1 이 글의 서술 방식으로 적절한 것은?

① 여러 현상들의 원인을 분석하여 결론을 제시하고 있다.

② 화제에 대한 서로 다른 관점의 이론들을 소개하고 있다.

③ 화제에 대한 특정 이론의 변화 과정을 단계별로 밝히고 있다.

④ 문제를 제기하고 그것을 해결할 구체적인 방안을 제시하고 있다.

⑤ 가설˘을 설정하고 다양한 이론에서 근거를 찾아 그것을 증명하고 있다.

˘ 가설(假說): 어떤 사실
을 설명하려고 임시로
세운 이론.

2 이 글을 읽고 〈보기〉에 대해 보인 반응으로 적절하지 <u>않은</u> 것은?

┤ 보기 ├

　　1920년 인도의 늑대 굴에서 발견된 8세 소녀 카말라나 19세기 프랑스에서 야생 상태
로 발견된 11세 소년 빅토르는 인간 사회에서 몇 년에 걸친 긴 적응 기간을 보내며 야생
의 행동 방식을 바꾸게 된다. 그러나 아무리 긴 시간이 지나도 이들이 완벽해지지 못한
부분이 있었으니 바로 언어이다. 인간 사회로 돌아온 뒤 30여 년을 보낸 빅토르는 말
귀를 알아듣고 또 일부 읽기도 했으나 끝내 말하는 법은 배우지 못했으며, 카말라 역시
몇 단어를 제외하고는 말이 아니라 소리를 내는 것으로 의사소통을 했다고 한다.

① ㉠에 따르면, 빅토르와 카말라는 어린 시절에 언어에 대한 모방이나 학습 경험을 갖
지 못했군.

② ㉡에 따르면, 빅토르와 카말라는 어린 시절에 언어 습득 장치(LAD)가 작동할 수 있
는 기회를 갖지 못했군.

③ ㉢에 따르면, 빅토르와 카말라가 끝내 언어를 제대로 습득하지 못한 것은 타인과의
의사소통을 통해 문법 규칙을 찾아내고 적용하는 데 실패했기 때문이군.

④ ㉡과 ㉢에 따르면, 빅토르와 카말라가 단어를 말할 때마다 물적 보상과 칭찬이 주어
졌더라면 이들은 언어를 완벽하게 습득할 수 있었겠군.

⑤ ㉠~㉢에 따르면, 빅토르와 카말라의 사례는 언어를 접할 수 있는 환경이 언어 습득
에 중요하다는 것을 보여 주는군.

어휘력 Upgrade

※다음의 빈칸에 들어갈 알맞은 말을 〈보기〉에서 찾아 쓰시오.

┤ 보기 ├
검증
모방
습득
요인

1 이 약은 관련 기관의 (　　　)을 받은 안전한 제품입니다.

2 배우들의 연기력과 화려한 연출이 그 드라마의 인기 (　　　)으로 꼽히고 있다.

3 그는 남의 것을 (　　　)하는 데는 뛰어났지만 독창적인 작품을 내놓지는 못했다.

4 현우는 축구 교실에서 패스, 드리블, 슈팅과 같은 여러 가지 기술을 (　　　)했다.

[01~04] 다음 단어와 그 뜻풀이를 바르게 연결하시오.

01 융성 •
　　　　　• ㉠ 배워서 자기 것으로 함.

02 습득 •
　　　　　• ㉡ 어떤 일이나 목적의 기준.

03 조명 •
　　　　　• ㉢ 어떤 대상을 일정한 관점으로
　　　　　　　바라봄.

04 이정표 •
　　　　　• ㉣ 기운차게 일어나거나 대단히
　　　　　　　번성함.

[05~08] <보기>의 글자들을 조합하여 다음의 뜻풀이에 알맞은 단어를 쓰시오.

┤ 보기 ├
면 도 체 한 봉 계 출 책

05 판단이나 결론 따위를 이끌어 냄. （　　　）

06 남을 대하기에 떳떳한 도리나 얼굴. （　　　）

07 예전에, 왕세자, 세손, 비, 빈 등의 지위에 봉하여 세우던 일. （　　　）

08 사물이나 능력, 책임 따위가 실제 작용할 수 있는 범위. 또는 그런 범위를 나타내는 선. （　　　）

[09~12] 다음의 빈칸에 들어갈 알맞은 단어를 <보기>에서 찾아 쓰시오.

┤ 보기 ├
선천적 전적 필연적 호의적

09 그 연극은 관객들로부터 （　　　）인 반응을 얻으며 흥행에 성공했다.

10 남북의 언어가 점점 달라진 것은 남북 분단이 가져온 （　　　）인 결과였다.

11 반 학생들은 소풍 장소로 경복궁을 추천한 선생님의 의견에 （　　　）으로 동의했다.

12 그는 （　　　）으로 체력이 강해서 바깥 활동을 많이 해도 피로를 잘 느끼지 않는다.

[13~16] 제시된 초성과 뜻풀이를 참고하여 다음의 빈칸에 알맞은 단어를 쓰시오.

13 ㄱ ㄷ : 결정적인 판단을 하거나 단정을 내림.
예 그는 오랜 고민 끝에 유학을 떠나기로 （　　　）을 내렸다.

14 ㅍ ㅂ : 마음속에 지닌 앞날에 대한 계획이나 희망.
예 그 신인 배우는 만인에게 사랑을 받는 좋은 연기자가 되고 싶다는 （　　　）를 밝혔다.

15 ㅅ ㅇ : 어떤 무리에서 기피하여 따돌리거나 멀리함.
예 늑대들은 그들의 집단에서 （　　　）되지 않기 위해 우두머리에게 순종한다.

16 ㅇ ㅈ : 어떤 상태나 상황을 그대로 보존하거나 변함 없이 계속하여 지탱함.
예 우리 팀은 이번 시즌 내내 1위를 （　　　）하였고 마침내 우승을 거머쥐었다.

[17~20] 다음의 밑줄 친 부분과 바꿔 쓸 수 있는 말을 <보기>의 단어를 활용하여 쓰시오.

┤ 보기 ├
계승하다 대면하다 동등하다 형성하다

17 우리 학교 학생들은 모두 같은 조건에서 공부한다.
（　　　）

18 민족의 전통문화를 이어받아 창조적으로 발전시켜야 한다.
（　　　）

19 음식물을 통해 섭취된 영양분은 우리 몸을 이루는 재료가 된다.
（　　　）

20 드라마가 중반부에 이르자 헤어졌던 남녀 주인공이 만나는 장면이 나왔다.
（　　　）

어휘력은 독해력의 기초!
• 나의 어휘력은 몇 점? ＿＿＿＿개 / 20개
• 18개 이상을 맞혔다면? 어휘의 기초가 튼튼합니다.
• 17개 이하로 맞혔다면? 본문에 제시된 지문과 어휘를 다시 공부한 다음 문제를 풀어 보세요.

06회 단원 어휘 테스트

[01~04] 다음 단어와 그 뜻풀이를 바르게 연결하시오.

01 안목 •　　　　•㉠ 굳게 믿는 마음.

02 귀속 •　　　　•㉡ 공정하지 못하고 한쪽으로 치우친 생각.

03 신념 •　　　　•㉢ 사물을 보고 분별하는 견문과 학식.

04 편견 •　　　　•㉣ 재산이나 영토, 권리 따위가 특정 주체에 붙거나 딸림.

[05~08] <보기>의 글자들을 조합하여 다음의 뜻풀이에 알맞은 단어를 쓰시오.

┤ 보기 ├
염 도 요 리 주 치 인 성 체

05 어떤 일을 해 나갈 방법.　　　　　(　　)

06 체면을 차릴 줄 알며 부끄러움을 아는 마음. (　　)

07 사물이나 사건이 성립되는 까닭. 또는 조건이 되는 요소.　　　　　　　　　　　　　(　　)

08 인간이 어떤 일을 실천할 때 나타내는 자유롭고 자주적인 성질.　　　　　　　　　　(　　)

[09~12] 다음의 빈칸에 들어갈 알맞은 단어를 <보기>에서 찾아 쓰시오.

┤ 보기 ├
기호 수습 유치 편협

09 각자 (　　)에 맞는 음식을 골라 주문했다.

10 외래문화의 수용을 무조건 반대하는 것은 (　　)한 생각이다.

11 그는 이 사태를 어디서부터 어떻게 (　　)해야 할지 막막했다.

12 올림픽을 (　　)하기 위해 두 도시가 치열한 경합을 벌이고 있다.

[13~16] 제시된 초성과 뜻풀이를 참고하여 다음의 빈칸에 알맞은 단어를 쓰시오.

13 ㄷ ㅇ : 인재를 뽑아서 씀.
　예 과거 제도는 관리를 (　　)하기 위해 시험을 치르는 제도이다.

14 ㄱ ㅇ : 사물이 비롯되는 근본이나 원인.
　예 스트레스는 온갖 병의 (　　)이다.

15 ㅎ ㅈ : 수량이나 범위 따위를 제한하여 정함. 또는 그런 한도.
　예 기념주화는 보통 (　　)된 수량만 발행하기 때문에 미리 신청해야 한다.

16 ㄱ ㅈ : 가설이나 사실, 이론 등을 검사하여 참인지 거짓인지 증명함.
　예 그 이론은 (　　)을 거치지 않은 것이므로 신뢰할 수 없다.

[17~20] 다음의 밑줄 친 부분과 바꿔 쓸 수 있는 말을 <보기>의 단어를 활용하여 쓰시오.

┤ 보기 ├
생성되다 손상되다 의식하다 회복하다

17 백두산 천지는 화산 폭발로 생겨난 호수이다.
　　　　　　　　　　　　　　　　(　　)

18 이사 도중 유리그릇이 상하지 않게 신경 써서 포장했다.　　　　　　　　　　　　　(　　)

19 체력을 되찾기 위한 가장 좋은 방법은 잠을 충분히 자는 것이다.　　　　　　　　　(　　)

20 모두의 시선이 자신에게 쏠렸음을 깨달은 지민이의 얼굴이 붉어졌다.　　　　　　　(　　)

┌─────────────────────────
│ 어휘력은 독해력의 기초!
├─────────────────────────
• 나의 어휘력은 몇 점? 　_____개 / 20개
• 18개 이상을 맞혔다면? 어휘의 기초가 튼튼합니다.
• 17개 이하로 맞혔다면? 본문에 제시된 지문과 어휘를 다시 공부한 다음 문제를 풀어 보세요.

독해 실전

아자! 힘내~

IV

과학

인간의 얼굴, 그 특징을 찾아라

포유류는 척추동물 중 가장 넓은 범위에 퍼져 있는 동물로, 인간도 포유류에 속해. 그런데 인간의 얼굴은 일반적인 포유류와 구별되는 특징이 있어. 어떤 특징인지 이 글을 통해 궁금증을 해결해 보자.

1️⃣ 머리와 얼굴 구조 연구 분야에서 권위 있는 학자로 알려진 도널드 엔로는 인간의 얼굴을 두고 ㉠"일반적인 포유류의 기준에서 인간의 이목구비는 이례적♥이고, 전문화되었으며, 어떻게 보면 기이하기♥까지 하다."라고 설명하였다. 일반적으로 ㉡'얼굴'이란 '입, 코, 눈이 있는, 동물의 머리 앞쪽 면'을 의미한다. 폐나 팔다리, 꼬리 등은 척추동물에 따라 사라지기도 하였으나 얼굴만큼은 모든 척추동물이 가지고 있다. 그렇다면 인간의 얼굴은 과연 어떤 특징을 가지고 있을까?

2️⃣ 인간의 얼굴 생김새가 갖는 특징은 다른 포유류와의 비교를 통해 확인할 수 있다. 〈그림〉에서 여우는 긴 주둥이와 머리 덮개뼈 쪽으로 부드러운 경사를 이루는 안면 윤곽을 가지고 있다. 이는 대부분의

〈그림〉

포유류에서 보이는 얼굴의 특징이다. 반면에 인간의 얼굴은 주둥이가 줄어들어 돌출♥된 흔적만 남아 있고 두개골 앞면에 둥글납작하며 수직으로 솟은 이마가 있다. 또한 ㉢여우의 얼굴은 털로 덮여 있고 대다수의 포유류처럼 촉촉한 코를 가지고 있지만, 인간의 얼굴은 피부가 그대로 노출되어 있고 마른 코를 가지고 있다. 한편 침팬지의 얼굴은 여우와 인간, 두 종의 특징이 혼합되어 있으면서도 여우보다는 인간의 얼굴에 더 가깝다.

3️⃣ 인간의 얼굴은 생김새뿐만 아니라 표현력 면에서도 다른 포유류와 구별된다. 인간, 침팬지, 여우가 동료들과 소통하는 모습을 관찰해 보면 세 동물 모두에서 얼굴의 표정 변화가 나타나지만 인간의 얼굴 표정이 훨씬 다양하고 섬세함을 알 수 있다. 여우나 침팬지와는 달리, 대화를 나눌 때 인간은 표정을 순식간에 만들어 말의 의미를 보강♥한다. ㉣예를 들면 실눈을 뜨면서 이마를 살짝 찌푸리는 표정은 이해하지 못해 혼란한 상태임을 의미하기도 하고, 여기에 더해 입꼬리를 살짝 내린다면 회의적♥임을 나타내기도 한다. 입술이 벌어진 상태에서 입꼬리가 살짝 위로 올라간 모습은 행복함이나 즐거움의 신호인 반면, 꽉 다문 입술은 불신♥을 의미하기도 한다. 이렇게 ㉤다양한 얼굴 표정은 말을 주고받는 행위의 뒤에서 그림자처럼 따라다니며 대화 내용의 이면♥에 담긴 중요한 감정 상태를 전달한다. 인간의 얼굴 표정은 매우 정교하고 민감한 의사소통 도구인 것이다.

4️⃣ 지금까지 살펴본 것처럼 인간의 얼굴은 생김새 면에서 여타♥의 포유류가 갖고 있는 얼굴과 뚜렷이 구별되는 특징들을 갖고 있다. 또한 다양하고 섬세한 표정을 지을 수 있어 의사소통 과정에서 중요한 역할을 하기도 한다. 이러한 점들을 생각하면서 우리 주변의 다양한 '얼굴'을 관찰하는 것은 꽤나 흥미로운 일이 될 것이다.

♥ 이례적(異例的): 보통 있는 일에서 벗어나 특이한 것.
♥ 기이하다(奇異하다): 기묘하고 이상하다.
♥ 돌출(突出): 쑥 내밀거나 불거져 있음.
♥ 보강(補強): 보태거나 채워서 본디보다 더 튼튼하게 함.
♥ 회의적(懷疑的): 어떤 일에 의심을 품는 것.
♥ 불신(不信): 믿지 않음.
♥ 이면(裏面): 겉으로 나타나거나 눈에 보이지 않는 부분.
♥ 여타(餘他): 그 밖의 다른 것.

독해력 Upgrade ※각 문단의 중심 내용을 다음과 같이 정리할 때, 빈칸에 들어갈 알맞은 말을 쓰시오.

| 1️⃣ 일반적인 포유류와 구별되는 (　　)의 얼굴 특징에 대한 궁금증 | ➡ | 2️⃣ 여우, 침팬지와 비교한 인간의 얼굴 생김새 | ➡ | 3️⃣ 의사소통 도구로 사용되는 인간의 다양한 얼굴 (　　) | ➡ | 4️⃣ (　　)와 표정 면에서 여타의 포유류와 구별되는 인간의 얼굴 |

1 이 글의 내용을 다음과 같이 정리할 때, 적절하지 <u>않은</u> 것을 골라 묶은 것은?

1문단
인간의 얼굴은 어떤 특징을 가지고 있을까?

2문단
• 인간은 여우와 달리 머리덮개뼈 쪽으로 부드러운 경사를 이루는 안면 윤곽을 가지고 있다. ·············· ⓐ • 인간의 얼굴은 주둥이가 줄어들어 돌출된 흔적만 남아 있다. ·············· ⓑ • 침팬지의 얼굴은 여우와 인간 두 종의 특징이 혼합되어 있으나 여우보다는 인간의 얼굴과 더 비슷하다. ·············· ⓒ

3문단
• 여우, 침팬지, 인간 모두 동료와 소통할 때 얼굴에 표정 변화가 있다. ·············· ⓓ • 여우나 침팬지보다 인간의 얼굴 표정이 훨씬 다양하고 섬세하다. ·············· ⓔ • 인간의 얼굴 표정은 말의 의미를 보강하여 정교하고 민감한 의사소통 도구가 된다. ·············· ⓕ

4문단
인간은 얼굴의 생김새와 신체 능력 면에서 일반적인 포유류와 구별되는 특징을 갖고 있다. ·············· ⓖ

① ⓐ, ⓖ   ② ⓑ, ⓔ   ③ ⓐ, ⓓ, ⓖ

④ ⓒ, ⓓ, ⓕ   ⑤ ⓒ, ⓔ, ⓕ

2 ㉠~㉤에서 활용된 설명 방식의 특징으로 적절하지 <u>않은</u> 것은?

① ㉠: 전문가의 말을 인용하여 인간의 얼굴에 대해 설명하고 있다.

② ㉡: 얼굴의 뜻을 설명하여 얼굴이 어느 부위를 가리키는 것인지 알려 주고 있다.

③ ㉢: 인간의 얼굴과 여우의 얼굴의 특징을 견주어 차이점을 제시하고 있다.

④ ㉣: 구체적인 예를 들어 인간의 표정이 어떻게 말의 의미를 보강하는지 설명하고 있다.

⑤ ㉤: 사례를 나열하여 인간의 얼굴 표정이 의사소통 도구인 이유를 설명하고 있다.

어휘력 Upgrade   ※다음의 빈칸에 들어갈 알맞은 말을 <보기>에서 찾아 쓰시오.

┌ 보기 ┐
돌출
보강
이례적
회의

1 태안반도는 충청남도 북서단에서 서해를 향해 (   )된 땅이다.

2 국가 대표 팀은 부족한 수비력을 (   )하기 위해 특별 훈련을 하였다.

3 성공을 위해 앞만 보고 달려왔던 그는 어느 날 문득 인생에 (   )를 느꼈다.

4 재방송은 보통 시청률이 높지 않은데, 그 예능 프로그램은 (   )으로 재방송도 시청률이 높다.

염증이 우리 몸을 지키는 방패라고?

날카로운 것에 손을 베이면 치료를 해도 하루쯤 뒤에 빨갛게 부어오르고 아프곤 해. 상처가 심하면 흉터가 남기도 하지. 우리 몸의 이러한 현상은 왜, 어떻게 일어나는 것인지 이 글을 통해 알아보자.

▼ 분열(分裂): 하나의 세포로 이루어진 개체가 둘 이상으로 나뉘어 불어나는 것.

▼ 포식(捕食): 다른 동물을 잡아먹음.

▼ 대식 세포(大食細胞): 백혈구의 하나로, 침입한 병원균이나 손상된 세포를 포식하여 면역 기능 유지에 중요한 역할을 함.

▼ 모세 혈관(毛細血管): 온몸의 조직에 그물 모양으로 퍼져 있는 매우 가는 혈관.

▼ 혈장(血漿): 혈액에서 혈구를 제외한 액상 성분.

▼ 만성(慢性): 병이 급하거나 심하지도 아니하면서 쉽게 낫지도 않는 상태나 성질.

▼ 치명적(致命的): 생명을 위협하는 것.

1 우리 몸을 둘러싸고 있는 피부의 세포층은 병균의 침투를 막는 방어벽 역할을 한다. 하지만 상처가 생겨 병균이 우리 몸속으로 들어오게 되면 빨갛게 붓고 열이 나며 통증이나 고름이 생기기도 하는 염증 반응이 일어난다.

2 염증 반응은 몸속으로 ㉠침투한 병균이 분열▼하면서 몸 전체로 퍼져 나가는 것을 막고 손상된 세포들을 제거하여 상처 난 부분을 낫게 하기 위해 일어난다. 염증 반응이 진행되면 손상된 세포나 병균을 포식▼할 수 있는 백혈구의 일종인 '대식 세포▼'에 의해 병균들이 잡아먹히면서 파괴된다. 염증 반응이 진행되는 동안 이 반응과 관련된 물질들이 활성화되면서 모세 혈관▼들이 확장된다. 이로 인해 피가 흐르는 속도는 증가되고 상처 주변은 붉게 변한다. 병균을 공격할 백혈구는 혈장▼과 함께 확장된 혈관 세포들 사이로 빠져나와 염증 조직으로 들어가게 된다. 이에 따라 주변이 부어올라 신경 말단에 압력을 가하게 되어 통증이 일어나기도 한다.

3 염증 반응이 지속되어 손상된 조직이 완전하게 ㉡재생되는 '완화'에 이르게 되면 백혈구의 ㉢공급은 중단되고 염증 반응도 끝이 난다. 하지만 조직의 손상이 심한 경우에는 상처 부위의 완전한 회복이 어려워 흉터가 남는 '섬유화'에 이르게 된다. 또 병균과 싸우는 중에 죽은 백혈구와 파괴된 병균들의 찌꺼기들로 이루어진 불투명한 액체 물질인 '고름'이 생기기도 한다. 그리고 염증 반응을 일으킨 원인이 완전히 제거되지 않아 '만성▼ 염증'으로 진행되면 염증 부위에 백혈구의 대식 세포가 계속 남아 있게 되어, 병균에 대한 방어 작용으로 내뿜는 독소로 인해 우리 몸에도 나쁜 영향을 주게 된다.

4 우리 몸을 외부에서 들어오는 병균으로부터 안전하게 지켜 주는 염증 반응은 특정 병균만을 ㉣방어하는 일반적인 면역 반응들과는 달리 병균의 종류를 가리지 않고 일어나는 특징이 있다. 이러한 염증 반응이 일어나지 않는다면 우리 몸속으로 들어온 병균들이 몸 전체로 쉽게 퍼지게 되어 병균에 의한 심각한 전신 ㉤감염 증상인 패혈증이 발생하여 치명적▼인 상황이 초래될 수 있다.

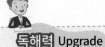

독해력 Upgrade

※각 문단의 중심 내용을 다음과 같이 정리할 때, 빈칸에 들어갈 알맞은 말을 쓰시오.

1 ( )의 개념 → 2 염증 반응이 일어나는 이유와 염증 반응의 진행 과정 → 3 염증 반응의 여러 가지 결과 → 4 ( )으로부터 우리 몸을 지켜 주는 염증 반응

정답과 해설 62쪽 ▶▶

1 '염증 반응'에 대한 설명으로 알맞지 <u>않은</u> 것은?

① 염증 반응은 특정한 병균에 대해서만 일어난다.
② 염증 반응은 병균의 확산을 막고 상처를 치유[▼]하기 위해 일어난다.
③ 염증 반응이 진행되면 대식 세포가 우리 몸에 침입한 병균을 파괴한다.
④ 염증 반응이 일어나지 않아 몸 전체로 병균이 퍼지면 패혈증으로 목숨을 잃을 수도 있다.
⑤ 병균을 방어하기 위해 백혈구가 내뿜는 독소에 너무 오래 노출되면 인체에 악영향이 생길 수 있다.

▼치유(治癒): 치료하여 병을 낫게 함.

2 〈보기〉의 질문 중 이 글을 읽고 해결할 수 <u>없는</u> 것을 골라 묶은 것은?

┤ 보기 ├
㉮ 상처 부위에 고름이 생기는 이유는 무엇인가?
㉯ 상처 부위에 통증이 생기는 이유는 무엇인가?
㉰ 병을 유발하는 병균의 종류에는 어떤 것들이 있는가?
㉱ 염증 반응에 관여하는 백혈구에는 어떤 것이 있는가?
㉲ 상처 부위의 손상이 아주 심한 경우에는 어떤 과정을 거쳐 완화에 이를까?

① ㉮, ㉰   ② ㉮, ㉱   ③ ㉯, ㉱
④ ㉯, ㉲   ⑤ ㉰, ㉲

3 ㉠~㉤의 사전적 의미로 알맞지 <u>않은</u> 것은?

① ㉠: 세균이나 병균 따위가 몸속에 들어옴.
② ㉡: 이미 경험하거나 학습한 정보를 다시 기억해 내는 일.
③ ㉢: 요구나 필요에 따라 물품 따위를 제공함.
④ ㉣: 상대편의 공격을 막음.
⑤ ㉤: 병원체인 미생물이 동물이나 식물의 몸 안에 들어가 증식하는 일.

어휘력 Upgrade ※다음의 빈칸에 들어갈 알맞은 말을 〈보기〉에서 찾아 쓰시오.

┤ 보기 ├
손상
치명적
치유
포식

1 육식 동물은 다른 동물을 (   )하며 살아간다.
2 약을 너무 자주 먹으면 위가 (   )될 우려가 있다.
3 의사들은 지나친 다이어트가 건강에 (   )인 악영향을 줄 수 있다고 경고한다.
4 개인주의가 발달하면서 외로움을 (   )해 줄 공동체 문화는 날이 갈수록 축소되고 있다.

지진은 왜 일어날까

지진을 느껴 본 적 있니? 지진은 지구가 일으키는 매우 파괴적인 자연 현상 중 하나야. 지진이 일어나는 원인은 과연 무엇인지 '판 구조론'을 통해 알아보자.

1 그동안 지진 안전지대로 여겨졌던 한반도에 최근 몇 차례의 강한 지진이 일어나면서 걱정의 목소리가 높아졌다. 지진은 왜 일어날까? 지진의 원인에는 여러 가지가 있지만 흔히 생각하는 자연재해로서의 지진은 '판 구조론'을 통해 설명할 수 있다. 이는 판들끼리 서로 충돌하기 때문에 지진이 일어난다는 것이다.

2 지구 내부는 중심 부분에 핵이 있고 그 위에 맨틀˘이 있으며, 그 위에 지각˘이 있는 구조이다. 지각은 해양 지각과 대륙 지각으로, 맨틀은 상부 맨틀과 하부 맨틀로 나뉘는데, 상부 맨틀은 다시 단단한 고체인 암석권과 그 밑에 액체 상태인 연약권으로 나뉜다. 보통 판(plate)이라고 칭하는 곳은 지각과 암석권을 포함한 개념이다.

3 한편 연약권은 액체 상태여서 대류˘ 현상이 일어나는데 이 맨틀의 대류 현상 때문에 판들이 이동을 하게 된다. 〈그림〉은 현재까지 알려진 주요 판들의 이름과 판들의 이동 양상˘이다. 연약권의 대류 속도가 위치에 따라 일정하지 않기 때문에

〈그림〉

각 판들이 움직이는 속도도 각기 다르며, 이로 인해 판들끼리 충돌하는 경우가 있다.

4 판은 바다에 위치한 해양판과 육지에 위치한 대륙판으로 나눌 수 있으며 이에 따라 판의 충돌은 해양판끼리의 충돌, 대륙판끼리의 충돌, 그리고 해양판과 대륙판의 충돌로 구분할 수 있다. 해양판은 두께가 대륙판에 비해서 얇은 대신 밀도가 높은 특징이 있다. 따라서 해양판끼리 충돌할 때에는 밀도가 큰 해양판이 밀도가 작은 해양판 밑으로 들어가며, 이 과정에서 지진이 발생하거나 마그마가 해양 지각을 뚫고 나와 화산 활동이 일어나면서 섬들이 만들어진다. 대륙판끼리 충돌할 때에는 판끼리 서로를 밀기 때문에 거대한 산맥이 형성되며 이 과정에서 판들이 부서지면 지진이 발생하기도 한다. 해양판과 대륙판이 충돌하면 얇고 무거운 해양판이 가벼운 대륙판 밑으로 가라앉는 침강˘ 현상이 일어나면서 지진이 발생하기도 하고, 해양판이 아래로 내려가면서 마그마를 건드려 화산을 발생시키기도 한다.

5 판 구조론을 통해 맨틀의 대류 현상이 확인되면서 지구 내부가 단단한 고체로 되어 있다는 학설을 수정할 수 있게 되었으며, 더불어 지진과 화산, 해저 산맥이 생기는 이유에 대해서도 설명할 수 있게 되었다.

˘ 맨틀(mantle): 지구 내부의 핵과 지각 사이에 있는 부분.

˘ 지각(地殼): 지구의 바깥쪽을 차지하는 부분. 대륙에서는 평균 35km, 해양에서는 5~10km의 두께이다.

˘ 대류(對流): 기체나 액체에서, 물질이 이동함으로써 열이 전달되는 현상.

˘ 양상(樣相): 사물이나 현상의 모양이나 상태.

˘ 침강(沈降): ① 밑으로 가라앉음. ② 지각의 일부가 아래쪽으로 움직이거나 꺼지는 현상.

독해력 Upgrade

※각 문단의 중심 내용을 다음과 같이 정리할 때, 빈칸에 들어갈 알맞은 말을 쓰시오.

| **1** 판 구조론으로 설명할 수 있는 ( )의 원인 | → | **2** 지구의 내부 구조와 ( )의 개념 | → | **3** 판들의 이동 원인과 ( ) 원인 | → | **4** 판들이 충돌하는 세 가지 양상 | → | **5** 판 구조론의 의의 |

1 이 글에서 확인할 수 있는 내용이 <u>아닌</u> 것은?

① 판의 개념과 종류   ② 지구 내부의 구조

③ 판 구조론의 의의   ④ 지진 발생 시 행동 요령

⑤ 판의 충돌로 생기는 결과

2 이 글을 읽고 〈보기〉를 이해한 내용으로 적절하지 <u>않은</u> 것은?

┤ 보기 ├

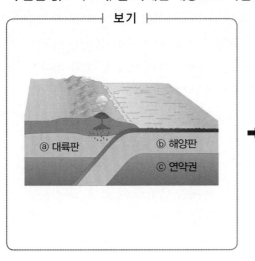

ⓐ 대륙판   ⓑ 해양판   ⓒ 연약권

➡

- ⓐ는 ⓑ보다 두께가 두껍고 밀도가 낮다. ················· ①
- ⓑ는 해양 지각과 암석권을 포함한 개념이다. ············· ②
- ⓒ는 액체 상태여서 대류 현상이 일어난다. ············· ③
- ⓐ와 ⓑ가 충돌하면 서로를 밀어서 산맥을 만든다. ············· ④
- ⓐ와 ⓑ가 충돌하면서 지진이나 화산이 발생할 수 있다. ·········· ⑤

3 〈보기〉를 참고하여 이 글을 보완하기 위한 방안으로 가장 적절한 것은?

┤ 보기 ├

판이 꼭 맨틀의 대류에 의해서만 움직이는 것은 아니다. 달의 인력˘과 이로 인한 조수 간만의 차˘도 판의 이동에 영향을 미치며, 지구의 자전과 중력˘도 판의 이동 속도에 적지 않은 영향을 끼치는 것으로 드러났다.

˘인력(引力): 공간적으로 떨어져 있는 물체끼리 서로 끌어당기는 힘.

˘조수 간만의 차: 밀물과 썰물 때의 물의 높이 차이.

˘중력(重力): 지구 위의 물체가 지구로부터 받는 힘.

① 지구의 내부 구조에 대해 더욱 자세히 서술한다.

② 판이 이동하는 원인에 여러 가지가 있음을 서술한다.

③ 판의 충돌 양상을 보여 주는 구체적인 사례를 추가한다.

④ 지구 자체가 가지고 있는 힘이 판을 움직이게 함을 설명한다.

⑤ 판 구조론으로 지진 외에 다른 자연 현상도 함께 설명할 수 있음을 서술한다.

어휘력 Upgrade ※다음의 빈칸에 들어갈 알맞은 말을 〈보기〉에서 찾아 쓰시오.

┤ 보기 ├

대류
양상
중력
침강

1 돌은 무거울수록 물속으로 빨리 ( )한다.

2 새로운 증거가 발견되어 재판의 ( )이 달라졌다.

3 난로를 피우면 공기의 ( ) 현상으로 방 안이 따뜻해진다.

4 물건이 위에서 아래로 떨어지는 것은 ( )이 작용하기 때문이다.

뭉치면 강해진다, 물고기의 무리 짓기

1 다른 동물들처럼 물고기들도 집단생활을 하는 종류가 많다. 해저의 돌 틈이나 모래 위에서 홀로 생활하는 물고기들도 있지만, 정어리나 고등어 같은 어종은 어마어마한 무리를 이루어 드넓은 바다를 유영*하며 살아간다. 바다에서뿐만 아니라 민물에서도 송사리나 피라미들이 빠른 물살을 헤치며 유연한 동작으로 무리 지어 다니는 것을 볼 수 있다. 이 수많은 물고기들은 대열을 흩트리지 않고 어떻게 일사불란*하게 움직일 수 있는 걸까? 또한 포식자*의 눈에 쉽게 뜨일 수 있는데도 왜 굳이 무리를 지어 살아가는 걸까?

2 물고기들이 무리를 짓는 이유는 홀로 살아가는 것보다 생존에 훨씬 유리하기 때문이다. 육지 동물의 먹이 사슬 꼭대기에 있는 호랑이가 독자적인 생활을 하는 것은 호랑이를 위협할 만한 존재가 없기 때문이다. 반면에 말이나 소와 같은 초식 동물은 비교적 규모가 큰 무리를 만들어 생활한다. 맹수로부터 개체를 지키기 위해서이다. 이와 마찬가지로 물고기들도 무리를 지어 생활함으로써 포식자로부터 개체를 보호한다.

3 ㉮일반적으로 물고기들은 자신보다 큰 대상은 공격하지 않는다. 작은 종류의 물고기들이 무리를 지으면 거대한 생명체처럼 보이는 착시 현상을 일으켜 포식자의 공격을 미연*에 방지할 수 있다. 또한 포식자를 먼저 발견한 물고기가 방향을 바꾸어 도망을 치면, 그때의 물의 파장이 옆으로 순식간에 전해져 무리 전체가 위험을 피할 수 있다는 장점도 있다. 물고기들의 무리 짓기는 종의 번식에도 도움을 준다. 개체가 멀리 떨어져 생활하는 경우와 비교할 때, 무리 생활은 짝짓기를 하는 데에 훨씬 더 유리하기 때문이다.

4 그렇다면 다른 생물들에 비해 시력이 약한 물고기들이 무리 지어 다니면서도 서로 충돌하지 않는 이유는 무엇일까? 대부분의 물고기들은 물의 흐름이나 온도, 깊이 등을 감지*하는 옆줄이라는 감각 기관이 있다. 이 옆줄의 감각 체계를 동원하여 주변의 미세한 변화를 감지하고 대열을 유지하는 일사불란한 모습을 보이는 것이다. 또한 무리 지어 다니는 물고기들은 대개 몸체가 반짝이는데, 이는 시력이 좋지 않은 물고기들의 시각을 자극하기에 충분하여 무리의 움직임을 유도하기도 한다. 일부 종들은 페로몬*의 방출과 그 자극을 통해 신호를 주고받으면서 방향을 전환하기도 한다. 이처럼 물고기들은 복잡한 감각 기관들을 이용하여 수많은 개체가 놀라울 정도의 일체감을 보이면서 무리 지어 살아간다.

독해력 Upgrade
※각 문단의 중심 내용을 다음과 같이 정리할 때, 빈칸에 들어갈 알맞은 말을 쓰시오.

| 1 물고기가 무리 지어 다니는 방법과 이유에 대한 궁금증 | ⇒ | 2 ( )을 위한 물고기들의 무리 짓기 | ⇒ | 3 생존에 도움이 되는 무리 짓기의 구체적 ( ) | ⇒ | 4 무리 지은 물고기들이 대열을 유지하는 방법 |

1 〈보기〉는 이 글의 내용을 발표하기 위해 작성한 PPT이다. ㉠~㉣ 중 잘못된 것을 <u>모두</u> 고른 것은?

┤ 보기 ├

(1) 물고기들이 무리 지어 다니는 이유는 무엇일까?	(2) 물고기는 시력이 약한데 어떻게 무리의 대열을 유지할까?
㉠ 포식자가 작은 물고기 떼를 큰 물고기로 착각하게 할 수 있다. ㉡ 자신보다 큰 대상을 위협하여 쫓아내기에 효과적이다. ㉢ 무리에서 쉽게 짝을 찾을 수 있어서 종의 번식에 유리하다.	㉣ 옆줄이라는 감각 기관으로 주변의 미세한 변화를 감지한다. ㉤ 상황에 따라 몸체의 색을 바꾸어 무리의 움직임을 유도한다. ㉥ 일부 종은 페로몬을 통해 신호를 주고받으며 대열을 유지한다.

① ㉠, ㉥   ② ㉡, ㉤   ③ ㉢, ㉣

④ ㉠, ㉣, ㉤   ⑤ ㉡, ㉢, ㉥

2 ㉮와 같은 성질을 이용하여 포식자의 위협에서 벗어나는 예로 적절한 것은?

① 스컹크는 적과 마주쳐 위험에 처하면 악취˘가 강한 황금색 액체를 적의 얼굴을 향해 발사한다.

˘악취(惡臭): 나쁜 냄새.

② 목도리도마뱀은 적을 만나면 순간적으로 목도리를 펼쳐 몸집을 최대한 크게 하여 적을 놀라게 한다.

③ 우유뱀은 독이 없지만 강한 독을 가진 산호뱀과 비슷한 몸 색깔을 갖추어서, 적을 만나면 산호뱀 행세˘를 한다.

˘행세(行世): 해당되지 아니하는 사람이 어떤 당사자인 것처럼 처신하여 행동함. 또는 그런 짓.

④ 호랑나비 애벌레는 자신을 노리는 새를 쫓기 위해 머리 뒤쪽의 커다란 무늬를 이용하여 새가 무서워하는 뱀처럼 연기한다.

⑤ 뼈오징어는 상어가 나타나면 검푸른 먹물을 확 내뿜어서, 시력이 나쁜 상어가 먹물을 뼈오징어로 착각하여 공격하는 틈에 얼른 도망친다.

어휘력 Upgrade ※다음의 빈칸에 들어갈 알맞은 말을 〈보기〉에서 찾아 쓰시오.

┤ 보기 ├
감지
미연
일사불란
행세

1 동물의 눈은 인간의 눈보다 빛을 (   )하는 능력이 더 뛰어나다.

2 예전에는 벼슬과 족보를 사서 양반 (   )를 하는 사람들이 있었다.

3 사고를 (   )에 방지하려면 평소에 안전 점검을 철저히 해야 한다.

4 카메라 앞에 선 배우들은 감독의 큐 사인을 받고 (   )하게 움직이기 시작했다.

물 분자에서 찾는 생명의 비밀

물은 우리 생명을 위한 필수적인 요소야. 물은 어떤 특성을 지녔기에 우리 몸에서 중요한 역할을 하는 걸까? 이 글을 통해 함께 알아보자.

1 물은 우리 몸의 약 70퍼센트를 차지하는 물질이다. 물은 혈액, 소변, 땀을 구성하는 요소로, 우리 몸에 영양분을 공급하고 노폐물을 몸 밖으로 배출함으로써 생명 유지에 중요한 역할을 한다.

2 물이 이렇게 중요한 역할을 할 수 있는 것은 물 분자의 특징에서 비롯된다. 물의 화학식 표기는 H_2O이다. 즉, 물 분자는 수소 원자(H) 두 개와 산소 원자(O) 한 개가 결합된 형태이다. 이때 산소 원자와 수소 원자는 각자 가지고 있는 전자˘를 1개씩 내어서 전자쌍을 만들고 이를 공유하며 결합한다.

3 그런데 산소는 수소보다 크기도 크고 전자쌍을 당기는 힘도 더 크다. 따라서 산소와 수소가 전자를 공유할 때, 전자들이 수소보다는 산소 쪽에 가깝게 모이게 된다. 전자들은 전기적으로 (−)의 전하를 띠므로, 전자가 몰린 산소는 (−)의 성질을 가지게 되고 반대로 수소는 (+)의 성질을 가지게 된다. 이로 인해 물은 (−)의 성질을 가진 분자와 (+)의 성질을 가진 분자들을 모두 끌어당길 수 있는 극성˘을 지니게 된다.

4 물이 생명체의 생명 유지에 중요한 역할을 하는 것은 물 분자가 가진 이러한 극성과 관련된다. 산소의 강한 (−) 성질은 다른 물 분자의 수소까지도 끌어당긴다. 따라서 하나의 물 분자에 결합된 수소 원자가 다른 가까운 물 분자의 산소 원자 쪽에 끌려가 물 분자끼리 결합하게 되는데, 이를 물 분자의 수소 결합이라고 한다. 이러한 ㉠물 분자의 수소 결합으로 인해 물 분자들은 다른 분자들에 비해 더 강력한 결합을 형성하게 되며, 이 강력한 결합 때문에 물의 온도는 쉽게 변하지 않게 된다. 물은 상온˘에서 액체 상태이고 100℃에서 끓어 기체인 수증기로 변하며 0℃ 이하에서는 고체인 얼음으로 변한다. ㉡만일 물의 온도가 쉽게 변해서 상온에서 기체나 고체 상태가 된다면, 물이 구성 성분의 대부분을 차지하는 생명체는 존재할 수 없었을 것이다.

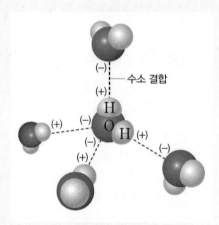

〈물 분자의 수소 결합〉

5 또한 물 분자의 극성 때문에 물은 여러 가지 물질을 잘 녹이는 특성을 지닌다. 그래서 물은 우리 몸에서 용매˘ 역할을 하며, 각종 물질을 운반하는 기능을 담당한다. 즉, 물은 우리 몸에서 혈액을 구성하며 영양소, 호르몬, 노폐물 등을 운반함으로써 생명 유지를 가능하게 하는 것이다.

˘ 전자(電子): 음의 전기를 띠고 원자핵 주위를 회전하는 물질.
˘ 극성(極性): 전극의 양극과 음극이 가지고 있는 서로 다른 성질.
˘ 상온(常溫): 자연 그대로의 기온.
˘ 용매(溶媒): 어떤 액체에 물질을 녹여서 용액을 만들 때 그 액체를 가리키는 말.

독해력 Upgrade ※각 문단의 중심 내용을 다음과 같이 정리할 때, 빈칸에 들어갈 알맞은 말을 쓰시오.

| **1** 우리 몸의 생명 유지에 중요한 역할을 하는 물 | → | **2** (   )의 구조와 원자들의 결합 방식 | → | **3** (   )을 지니는 물 분자 | → | **4** 물 분자의 수소 결합과 물의 (   ) 및 생명 유지의 관계 | → | **5** 우리 몸에서 용매 역할을 하고 운반 기능을 담당하는 물 |

1 이 글의 내용과 일치하지 <u>않는</u> 것은?

① 물은 우리 몸에서 영양소, 호르몬, 노폐물 등을 운반한다.
② 물 분자는 수소 원자 두 개와 산소 원자 한 개가 결합하여 이루어진다.
③ 물 분자의 산소 원자는 (+) 성질을 갖고 반대로 수소 원자는 (−) 성질을 갖는다.
④ 물 분자의 산소 원자와 수소 원자는 각자 전자 하나씩을 내어 이를 서로 공유한다.
⑤ 물은 (−)의 성질을 가진 분자와 (+)의 성질을 가진 분자들을 모두 끌어당길 수 있는
성질을 갖는다.

2 이 글을 읽고 ㉠에 대해 이해한 내용으로 적절하지 <u>않은</u> 것은?

① ㉠은 물 분자가 지닌 극성 때문에 일어나는 현상이구나.
② 물의 온도가 쉽게 변하지 않는 것은 ㉠과 밀접한 관련이 있어.
③ 하나의 물 분자를 이루는 수소와 산소 간에도 ㉠이 활발하게 일어나는구나.
④ 물 분자들이 다른 분자들에 비해 더 강력한 결합을 형성하는 이유는 ㉠에 있어.
⑤ ㉠은 산소의 강한 (−) 성질이 다른 물 분자의 수소를 끌어당겨 일어나는 현상이야.

3 ㉡의 이유를 추론한 내용으로 가장 적절한 것은?

① 물의 전기적 성질이 사라지기 때문이다.
② 물 분자의 수소 결합이 약해지기 때문이다.
③ 물은 생명체가 생명을 유지하는 데 반드시 필요하기 때문이다.
④ 생명체의 몸에서 물이 하는 역할을 다른 물질이 대신하기 때문이다.
⑤ 생명체의 체온 조절이 불가능하고 혈액도 흐르지 못할 것이기 때문이다.

어휘력 Upgrade ※다음의 빈칸에 들어갈 알맞은 말을 <보기>에서 찾아 쓰시오.

┌─ 보기 ─┐
│ 강력 │
│ 상온 │
│ 용매 │
│ 운반 │
└──────┘

1 설탕을 물에 녹일 때, 물은 (　　　)에 해당한다.
2 멸균 우유는 유통 기한까지는 (　　　)에 보관해도 된다.
3 꽃가루는 벌이나 나비에 의해서 다른 곳으로 (　　　)된다.
4 그 작가는 저작권 침해에 대해 (　　　)하게 대응하겠다고 밝혔다.

약을 배달하는 우체부, 바이러스

바이러스는 질병을 유발하는 물질이야. 그런데 이 바이러스가 우리 몸을 치료하는 데 활용될 수 있다고 해. 어떻게 그게 가능한 걸까? 이 글을 읽으며 궁금증을 해결해 보자.

1 환절기나 겨울철에 자주 앓는 감기는 주로 감기 바이러스로 말미암아 걸리는 질병이다. 전염성이 높아 매년 유행하고 세계적으로 많은 사망자를 발생시키기도 했던 독감 역시 바이러스로 인한 것이다. 그래서 바이러스 하면 공포의 대상으로 생각하기 쉽다. 그러나 바이러스의 특징을 잘 이용하면 인간에게 유익하게 활용할 수도 있다. 대표적인 것이 바로 유전자 치료에 쓰이는 바이러스성 벡터♥이다. 바이러스성 벡터란 치료 물질을 실어서 세포에 전달하는 운반체이다. 이러한 바이러스성 벡터를 이용한 유전자 치료 과정에 대해 알기 위해서는 먼저 바이러스가 인간 세포에 어떻게 침투하는지 알아야 한다.

2 바이러스는 일반적인 세균의 크기에 비해 매우 작아서 세균을 걸러 내는 여과기를 그대로 통과할 정도이다. 이 바이러스는 생명체 밖에서는 단순히 단백질과 핵산♥으로만 이루어진 비생명체이지만, 인간의 세포 안에 들어가면 생명체로서 기능하게 된다. 어떻게 바이러스가 인간의 세포 안에서 생명체로서 기능을 할 수 있을까? 먼저 바이러스가 인체에 침투하여 인간의 세포에 부착하면 바이러스는 그 세포에 자신의 DNA♥를 넣는다. 그리고 인간의 세포 안에 존재하는 핵산과 자신의 DNA를 결합시킨다. 이후 바이러스는 침투한 인간의 세포 안에서 바이러스 자신을 구성하는 핵산과 단백질을 새로 만들고 점점 개체 수를 늘려 생명체로서 증식하게 된다.

3 유전자 치료에서는 바이러스의 이러한 특징을 활용하여 유전자 치료 물질을 환자의 세포 안에 넣는다. 바이러스성 벡터에 치료용 유전자를 집어넣어서 치료가 필요한 인체 세포에 침투시키면, 바이러스성 벡터가 치료 유전자를 인체 세포에 넣는다. 이렇게 되면 인체 세포 안의 핵산과 치료 유전자가 결합하여 손상된 세포를 ⓐ치료하게 되는 것이다.

4 이처럼 두려움의 대상으로만 알고 있는 바이러스도 그 특징을 잘 이용하면 인간에게 유익할 수 있다. 그러나 바이러스는 원래 질병을 유발♥하는 물질이다. 따라서 이를 벡터로 사용하기 위해서는 질병을 일으키는 기능을 최대한 억제♥시켜야 한다. 또한 바이러스성 벡터는 크기가 매우 작아 삽입할 수 있는 치료용 유전자의 크기에 제한이 있다. 바이러스성 벡터의 이러한 문제점을 극복하기 위해 최근에는 고분자♥ 화합물을 벡터로 활용하는 ㉠비바이러스성 벡터가 개발되고 있다.

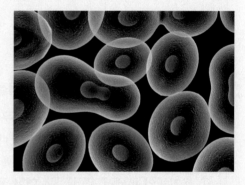

♥ 벡터(vector): 매개체, 운반체.
♥ 핵산(核酸): 모든 생물의 세포 속에 들어 있는 고분자 유기물의 일종. 유전을 지배하는 중요한 물질로, 생물의 증식을 비롯한 생명 활동 유지에 중요한 작용을 함.
♥ DNA: 유전자의 본체.
♥ 유발(誘發): 어떤 것이 다른 일을 일어나게 함.
♥ 억제(抑制): 정도나 한도를 넘어서 나아가려는 것을 억눌러 그치게 함.
♥ 고분자(高分子): 화합물 가운데 분자량이 대략 1만 이상인 분자. 또는 화학 결합으로 거의 무한 개수의 원자가 결합하여 있는 분자.

독해력 Upgrade ※각 문단의 중심 내용을 다음과 같이 정리할 때, 빈칸에 들어갈 알맞은 말을 쓰시오.

1 (　　　　)의 특징을 이용한 바이러스성 벡터의 개념 → **2** 바이러스의 특징과 바이러스가 인체에 침투하여 생명체로 기능하는 과정 → **3** (　　　　　　)를 통한 유전자 치료 과정 → **4** 바이러스성 벡터의 한계와 이를 극복하기 위한 대안 연구

정답과 해설 70쪽 ▶▶

1 이 글에 대한 설명으로 알맞은 것은?

① 바이러스가 치료용 유전자임을 밝히고 있다.
② 바이러스성 벡터가 생명체로 기능하는 과정을 밝히고 있다.
③ 바이러스성 벡터가 인체에 치료 물질을 전달하는 과정을 밝히고 있다.
④ 비바이러스성 벡터가 바이러스성 벡터보다 문제점이 많음을 밝히고 있다.
⑤ 비바이러스성 벡터는 크기가 매우 작아 활용하는 데 한계가 있음을 밝히고 있다.

2 〈보기〉를 참고하여 ㉠에 대해 반응한 내용으로 적절하지 않은 것은?

┤ 보기 ├

　비바이러스성 벡터는 핵까지 도달하는 것이 바이러스성 벡터보다 쉽지 않다. 따라서 비바이러스성 벡터는 바이러스성 벡터에 비해 유전자 치료가 성공할 확률이 낮을 수밖에 없다. 하지만 비바이러스성 벡터는 비교적 제조♥ 방법이 간단하고 벡터에 실리는 유전자 크기에 제한이 없다는 장점이 있다. 특히 독성으로 인해 부작용이 생기거나 질병이 유발될 우려♥가 거의 없다는 점에서 비바이러스성 벡터에 대한 연구가 더욱 주목받고 있다.

♥ 제조(製造): 원료에 인공을 가하여 정교한 제품을 만듦.
♥ 우려(憂慮): 근심하거나 걱정함. 또는 그 근심과 걱정.

① ㉠은 바이러스성 벡터의 문제점을 보완할 수 있군.
② ㉠은 인체 세포의 핵까지 도달하는 것이 가장 큰 과제로군.
③ ㉠은 바이러스성 벡터에 비해 치료 가능한 질병이 더 많겠군.
④ ㉠은 바이러스성 벡터에 비해 질병을 유발할 가능성이 높겠군.
⑤ ㉠은 바이러스성 벡터에 비해 비교적 간단히 제조할 수 있어 비용이 적게 들겠군.

3 다음 중 밑줄 친 부분의 의미가 ⓐ와 가장 유사한 것은?

① 정비소에서 자동차 엔진을 고쳤다.
② 그 병을 고치려면 수술을 해야 한다.
③ 글의 내용을 조금 고쳤더니 훨씬 재미있다.
④ 그는 나무 상자를 고쳐서 개집으로 만들었다.
⑤ 국회에서는 국민 생활에 불편을 주는 낡은 법을 고치기로 했다.

 **어휘력 Upgrade** ※ 다음의 빈칸에 들어갈 알맞은 말을 〈보기〉에서 찾아 쓰시오.

┤ 보기 ├
억제
우려
유발
제조

1 폭력적인 장면은 아이들의 정서를 해칠 (　　)가 있다.
2 이 고장에서는 수백 년 전부터 포도주를 (　　)해 왔다.
3 음식물을 상온에 오래 두면 식중독을 (　　)하는 균이 만들어진다.
4 환경 오염을 줄이기 위해서는 오염 물질의 방출량을 (　　)시켜야 한다.

외계 행성, 눈에 보이지 않아도 찾을 수 있다

1 오래전부터 사람들은 지구 밖에 외계 생명체가 존재하는지에 대해 많은 관심을 가졌다. 그래서 천문학자들은 지구와 유사한 환경을 갖춘 외계 행성을 찾으려 노력해 왔다. 1995년 외계 행성이 처음 발견된 이래 최근까지 800개에 가까운 외계 행성들이 발견되었다고 한다. 하지만 이들은 인간의 눈으로 직접 보고 확인한 것이 아니라 대부분 간접적인 방법으로 그 존재를 확인한 것들이다.

2 제자리에서 스스로 빛을 내는 별인 항성은 밤하늘에서 육안♥으로도 쉽게 확인할 수 있다. 반면에 행성은 스스로 빛을 내지 못하고 항성의 주위를 돌면서 항성의 빛을 받아 반사하므로, 항성보다 수천만 배 어둡고 망원경으로도 직접 관측♥하기 매우 어렵다. 그렇다면 천문학자들은 외계 행성을 어떤 방법으로 찾아내는 것일까?

3 외계 행성을 발견하는 데 가장 많이 사용되는 방법은 '시선 속도 측정법'이다. 이 방법은 행성이 항성을 중심으로 공전♥할 때, 고정된 것처럼 보이는 항성도 사실은 미세하게 움직이고 있다는 원리를 이용한 것이다. 이것은 무거운 어른과 가벼운 아이가 서로 줄을 팽팽하게 잡은 상태에서, 아이가 어른의 주위를 빙빙 도는 상황으로 설명할 수 있다. 아이가 〈그림〉의 화살표 방향으로 빙빙 돈다면 어른도 〈그림〉의 화살표 방향으로 조금씩 돌게 되는데, 이때 어른은 아이와의 공통 질량♥을 중심축으로 하여 공전하게 된다. 아이보다 어른의 힘이 월등히 세면 셀수록 어른은 거의 제자리에서 빙빙 돌게 된다. 어른과 아이의 공통 질량 중심이 어른 쪽으로 더 이동되기 때문이다. 반대로 어른의 주위를 도는 아이의 당기는 힘이 커지면 어른과 아이의 공통 질량 중심이 아이 쪽으로 이동하게 되어 어른의 공전 ⊙궤도가 더 커지게 된다.

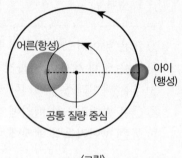

어른(항성)
아이(행성)
공통 질량 중심
〈그림〉

4 행성이 있는 항성도 공통 질량을 중심으로 공전한다. 항성의 질량이 행성보다 워낙 커서 항성의 움직임이 상대적으로 고정된 것처럼 보이지만 사실은 미세하게 움직이고 있는 것이다. 시선 속도 측정법은 직접 관측하기 어려운 행성 대신 망원경으로 확인이 가능한 항성을 관측하는 방법이다. 어른이 움직이는 정도를 보고 아이의 무게와 둘 사이의 거리를 추정♥할 수 있듯이, 항성의 움직이는 정도를 파악함으로써 그 항성의 주변을 돌고 있는 행성의 존재 여부♥나 행성의 질량, 행성과 항성 사이의 거리 등을 간접적으로 확인하는 것이다. 지금까지 발견된 외계 행성의 대부분은 바로 이 시선 속도 측정법으로 발견되었다.

♥ 육안(肉眼): 맨눈. 안경이나 망원경, 현미경 따위를 이용하지 아니하고 직접 보는 눈.
♥ 관측(觀測): 육안이나 기계로 자연 현상의 상태나 변화 등을 관찰하여 측정하는 일.
♥ 공전(公轉): 한 천체가 다른 천체의 주위를 주기적으로 도는 일.
♥ 질량(質量): 물체를 이루고 있는 물질의 고유한 양.
♥ 추정(推定): 미루어 생각하여 판정함.
♥ 여부(與否): 그러함과 그러하지 아니함.

독해력 Upgrade

※각 문단의 중심 내용을 다음과 같이 정리할 때, 빈칸에 들어갈 알맞은 말을 쓰시오.

| **1** 외계 행성에 대한 인류의 관심과 발견 | ➡ | **2** 항성과 ( )의 차이점 및 행성 발견 방법에 대한 의문 | ➡ | **3** 행성 발견에 이용되는 ( )의 원리 | ➡ | **4** ( )을 통해 행성을 간접적으로 확인하는 시선 속도 측정법 |

1 이 글의 내용과 일치하는 것은?

① 밤하늘에서 육안으로 외계 행성을 발견할 수 있다.
② 행성은 항성의 빛을 반사해서 빛을 내기 때문에 항성보다 밝다.
③ 지금까지 발견된 외계 행성 대부분은 직접적인 방법으로 관측되었다.
④ 시선 속도 측정법은 행성의 공전 궤도를 망원경으로 관측하는 방법이다.
⑤ 항성의 움직임을 파악하면 항성 주위를 도는 행성의 존재 여부를 확인할 수 있다.

2 이 글을 통해 미루어 짐작한 내용으로 적절한 것은?

① 행성의 질량이 작아지면 항성의 공전 궤도가 더 커진다.
② 항성의 질량이 커지면 항성의 공전 궤도가 더 작아진다.
③ 항성과 행성의 거리가 가까워지면 행성의 공전 속도가 빨라진다.
④ 항성과 행성의 질량이 모두 커지면 행성의 공전 궤도가 더 커진다.
⑤ 항성과 행성의 질량이 모두 작아지면 행성의 공전 궤도가 더 커진다.

3 밑줄 친 부분이 ㉠의 문맥적 의미와 가장 유사한 것은?

① 친구가 시작한 사업이 드디어 정상 <u>궤도</u>에 올랐다.
② 오늘 낮에 고속 열차가 <u>궤도</u>를 이탈하는 사고가 발생했다.
③ 뉴스에서 인공위성이 무사히 <u>궤도</u>에 진입하였다는 소식을 전했다.
④ 그 회사는 2년 연속 목표 매출이 증가하며 성공 <u>궤도</u>를 밟고 있다.
⑤ 대학을 다니던 지민이는 인생의 <u>궤도</u>를 수정하여 아이돌 가수가 되었다.

어휘력 Upgrade ※다음의 빈칸에 들어갈 알맞은 말을 〈보기〉에서 찾아 쓰시오.

┌ 보기 ┐
관측
여부
육안
추정

1 공룡으로 (　　　)되는 거대한 동물의 뼈가 발견되었다.
2 기자는 사실 (　　　)를 반드시 확인하고 기사를 써야 한다.
3 이 실험 도구에는 (　　　)으로 확인할 수 없는 세균이 묻어 있다.
4 기상청에서는 태풍의 발생을 미리 (　　　)하고 알려서 피해를 최소화해야 한다.

축구 경기의 바나나킥에 담긴 비밀

얼마 전 축구를 봤는데, 직선으로 쭉 뻗어 나갈 것 같았던 공이 휘어지면서 골대로 들어가더라고. 마술처럼 공이 휘어지는 게 신기하지 않아? 이 현상에 숨어 있는 원리가 무엇인지 함께 알아보자.

1️⃣ 축구 경기를 보면 선수가 찬 공이 휘어서 날아가는 경우를 흔히 볼 수 있다. 이처럼 공이 휘어서 날아가도록 차는 것을 바나나킥이라고 한다. 예측˘ 방향과 다르게 휘어져 날아가는 축구공은 골키퍼를 당황하게 만들고 그물을 흔들어 득점을 안겨 준다. 경기를 지켜보는 팬들을 열광˘하게 만드는 이 바나나킥에는 과연 어떤 비밀이 담겨 있는 것일까?

2️⃣ 회전하면서 날아가는 축구공이 휘어지는 현상은 '마그누스 효과'와 '베르누이 정리'로 설명할 수 있다. 마그누스 효과는 회전하는 물체가 물체 주변의 압력 차이에 의해 휘어져 날아가는 현상으로, 독일의 물리학자인 마그누스가 날아가는 대포의 포탄을 연구하다가 발견하였다. 베르누이 정리는 공기가 빠르게 흐르면 압력이 감소˘하고 공기가 느리게 흐르면 압력이 증가한다는 것으로, 스위스의 과학자인 베르누이가 알아낸 원리이다. 축구에서의 바나나킥은 마그누스 효과와 베르누이 정리에 의한 대표적인 현상이다.

3️⃣ 선수가 공의 오른쪽 측면을 차서 축구공이 시계 반대 방향으로 회전하며 날아갈 때를 생각해 보자. 〈그림〉에서 보듯이 공의 오른쪽은 서로 반대 방향으로 흐르는 공기가 부딪쳐 저항력이 생기면서 공기의 흐름이 느려지고, 이에 따라 공기 압력이 높아진다. 반면에 공의 왼쪽은 두 가지 공기가 같은 방향으로 흐르며 더해져 공기의 흐름이 빨라지고, 이에 따라 공기 압력이 낮아진다. 힘은 압력이 높은 쪽에서 낮은 쪽으로 작용하므로 축구공은 왼쪽으로 휘면서 날아가게 되는 것이다.

4️⃣ 하지만 공의 속도가 아주 빠를 때는 공 주변에 작은 소용돌이인 난류가 생기는데, 이렇게 되

공의 진행 방향과 반대 방향으로 움직이는 공기의 흐름

공을 따라 도는 공기의 흐름

〈그림〉

면 공 양쪽에 흐르는 공기 간의 속도 차이가 크지 않아 압력 차이도 크게 발생하지 않는다. 실험에 따르면 축구공의 속도가 시속 108km보다 빠르면 난류가 발생한다고 한다. 이 경우 공의 왼쪽과 오른쪽에 압력차가 거의 없어 베르누이 정리가 적용˘되지 않는다. 만약 어떤 축구 선수가 시속 120km의 속력으로 공을 차는 경우 처음에는 공이 직선으로 날아가다가, 시속 108km 이하로 속력이 떨어지면 공이 휘면서 날아가게 될 것이다.

♥ 예측(豫測): 미리 헤아려 짐작함.
♥ 열광(熱狂): 너무 기쁘거나 흥분하여 미친 듯이 날뜀. 또는 그런 상태.
♥ 감소(減少): 양이나 수치가 줆. 또는 양이나 수치를 줄임.
♥ 적용(適用): 알맞게 이용하거나 맞추어 씀.

독해력 Upgrade

※각 문단의 중심 내용을 다음과 같이 정리할 때, 빈칸에 들어갈 알맞은 말을 쓰시오.

| 1️⃣ 바나나킥의 개념과 그 원리에 대한 궁금증 | ➡ | 2️⃣ 바나나킥을 설명할 수 있는 마그누스 효과와 (   ) 정리 | ➡ | 3️⃣ 회전하며 날아가는 공이 휘어지는 원리 | ➡ | 4️⃣ (   )가 발생하는 경우와 난류가 미치는 영향 |

1 이 글의 내용 전개 방식으로 적절한 것은?

① 특정 이론이 적용된 다양한 사례를 나열하고 있다.

② 과학 이론을 바탕으로 구체적 현상을 설명하고 있다.

③ 특정 현상과 관련된 여러 가지 실험 결과를 종합하고 있다.

④ 특정 현상에 대한 문제점을 제기한 뒤 해결 방안을 제시하고 있다.

⑤ 전문가의 말을 인용♥하여 특정 현상에 대한 기존 이론을 비판하고 있다.

♥인용(引用): 남의 말이
나 글을 자신의 말이
나 글 속에 끌어 씀.

2 이 글을 참고하여 〈보기〉에 대해 분석한 내용으로 적절하지 <u>않은</u> 것은?

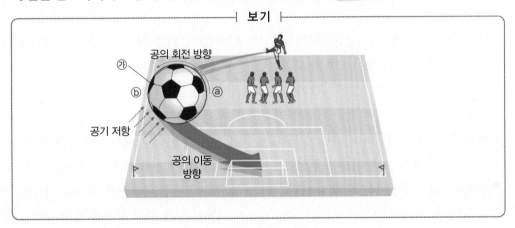

| 보기 |

① ⓐ쪽의 공기 압력은 ⓑ쪽의 공기 압력보다 낮을 것이다.

② ⓑ쪽에서는 저항력이 작용하여 공기의 흐름이 ⓐ쪽보다 느릴 것이다.

③ 공이 ㉮ 지점을 통과하기 전까지는 공 주변에 난류가 생겼을 것이다.

④ 공이 ㉮ 지점을 통과한 뒤부터는 축구공의 속력이 시속 108㎞보다 빨라질 것이다.

⑤ 회전하면서 날아가는 축구공이 휘어지고 있으므로 이는 마그누스 효과이다.

어휘력 Upgrade   ※다음의 빈칸에 들어갈 알맞은 말을 〈보기〉에서 찾아 쓰시오.

| 보기 |
감소
열광
예측
적용

1 법은 누구에게나 공평하게 (   )되어야 한다.

2 그 가수가 무대에 등장하자 관객 모두가 (   )하였다.

3 이번 주말까지 비가 100mm 더 올 것으로 (   )되고 있다.

4 그 환자는 혈액 속의 헤모글로빈이 (   )되어 빈혈이 생긴 것이다.

네가 어디에 있는지 알고 있다, GPS

요즘은 내비게이션의 길 안내로 목적지까지 찾아가는 것이 쉬워졌어. 스마트폰을 이용해 나의 현재 위치를 확인할 수도 있지. 이것을 가능하게 하는 것이 GPS야. 위치 정보를 알아내는 GPS의 원리를 알아보자.

1 GPS(Global Positioning System)는 인공위성을 이용해 위치를 정확하게 알아내는 기술로, 기존의 위치 탐지˘ 시스템보다 휴대˘하기 편하고 정확하며 시간이나 장소, 기상˘ 여건의 영향을 덜 받으므로 쉽게 사용할 수 있다.

2 GPS는 두 점의 위치를 알고 이 두 점과 나머지 한 점과의 거리를 알면 그 한 점의 위치를 구할 수 있다는 삼변 측량의 원리가 적용된 기술이다. 가령, 〈그림〉과 같이 위치를 알고 있는 점 A · B와, 위치를 모르는 점 P가 있다고 하자. 이때 A와 P의 거리를 알고, B와 P의 거리를 알면 P의 위치를 구할 수 있다. A와 B를 중심으로 하여 각각의 점과 P 사이의 거리를 반지름으로 하는 원을 그리면 〈그림〉처럼 두 개의 원이 나오는데, 두 원이 교차˘하는 2개의 점 중 하나가 바로 P의 위치가 된다.

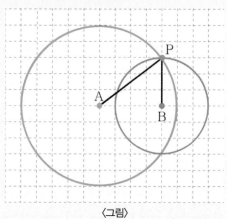

〈그림〉

3 GPS도 이러한 원리를 사용하여 위치를 알아낸다. 위성에서 나오는 전파에는 위성의 정확한 위치를 알려 주는 신호가 포함되어 있다. 만약 위성이 두 개가 있고 사용자가 가진 GPS 수신기에 이 위성들의 신호가 잡힌다면, 이것은 삼변 측량에서 두 점의 위치를 아는 것과 같다. 그렇다면 이제 GPS 수신기 위치에서 각 위성까지의 거리를 알아내야 하는데, 이때 위성 안의 시계와 전파를 수신˘하는 GPS 수신기 안의 시계는 서로 일치해야 한다. 그래야 위성에서 보낸 전파가 수신기까지 오는 데 걸린 시간을 정확히 계산할 수 있기 때문이다. GPS 수신기는 전파의 이동 시간을 계산하여 위성과 수신기 사이의 거리를 구한다. 전파는 빛의 속력으로 이동하므로, 전파가 이동하는 데 걸린 시간에 빛의 속력을 곱하여 위성과 GPS 수신기 사이의 거리를 구할 수 있다.

4 GPS 수신기에서 각 위성까지의 거리를 알아냈다면, 이제 사용자의 위치 정보를 얻을 수 있다. 이때 GPS 수신기의 위치는 보통 두 지점이 나오는데, 이 중 하나는 지구 표면 가까이에 위치하고 다른 하나는 지구에서 멀리 떨어진 우주 공간에 위치하게 된다. 따라서 GPS 수신기는 둘 중 지구 표면 가까이에 있는 지점을 자신의 현재 위치로 파악한다. 이처럼 GPS 수신기만 있으면 위치를 비교적 정확하게 나타낼 수 있어서 ㉠GPS는 현재 여러 분야에 적극적으로 활용되고 있다.

˘ 탐지(探知): 드러나지 않은 사실이나 물건 따위를 더듬어 찾아 알아냄.

˘ 휴대(携帶): 손에 들거나 몸에 지니고 다님.

˘ 기상(氣象): 바람, 구름, 눈, 더위, 추위 등 대기 중에서 일어나는 물리적인 현상을 통틀어 이르는 말.

˘ 교차(交叉): 서로 엇갈리거나 마주침.

˘ 수신(受信): 전화, 라디오, 텔레비전 방송 따위의 신호를 받음. 또는 그런 일.

독해력 Upgrade ※각 문단의 중심 내용을 다음과 같이 정리할 때, 빈칸에 들어갈 알맞은 말을 쓰시오.

| **1** GPS의 개념과 장점 | → | **2** GPS에 적용된 ( )의 원리 | → | **3** GPS 수신기가 위성들과 수신기 사이의 거리를 알아내는 방법 | → | **4** GPS 수신기가 자신의 ( )를 파악하는 방법 |

1 이 글을 읽고 <보기>를 이해한 것으로 적절하지 <u>않은</u> 것은?

| 보기 |

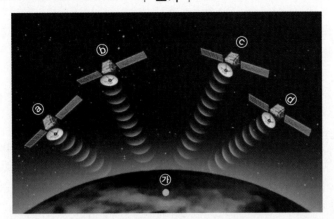

※ ㉮는 GPS 수신기의 위치이고, ⓐ~ⓓ는 GPS 수신기에 신호가 잡힌 위성들임.

① GPS 수신기가 ㉮를 파악하는 방법에는 삼변 측량의 원리가 적용되어 있다.

② ⓐ~ⓓ가 GPS 수신기에 보내는 신호에는 각 위성의 위치를 알려 주는 정보가 들어 있다.

③ ⓐ~ⓓ를 이용해 위치를 파악하는 GPS 기술은 기존의 위치 탐지 시스템에 비해 여러 가지 장점이 있다.

④ GPS 수신기는 ⓐ~ⓓ가 보내는 전파가 ㉮에 도달하는 데 걸리는 시간을 계산하여 각 위성의 위치를 구한다.

⑤ 위성 안의 시계와 GPS 수신기 안의 시계가 서로 일치하지 않으면, ㉮에서 ⓐ~ⓓ까지 각각의 거리를 계산하는 데 오차가 생길 수 있다.

2 이 글을 바탕으로 할 때 ㉠의 사례로 적절하지 <u>않은</u> 것은?

① GPS를 이용해 물류의 이동 상황을 실시간으로 확인할 수 있다.

② GPS와 전자 지도를 연결하면 목적지까지의 길 안내를 받을 수 있다.

③ GPS 수신기를 피부에 이식해 전자 여권으로 사용하여 신원˙을 확인할 수 있다.

④ 버스에 GPS 수신기를 장착하면 버스가 어디를 지나고 있는지를 각 정류장에서 알 수 있다.

⑤ 치매 환자의 목걸이나 허리띠에 GPS 수신기를 장착하면 환자의 위치를 가족들이 파악할 수 있다.

˙신원(身元): 개인의 성장 과정과 관련된 자료. 곧 신분이나 평소 행실, 주소, 직업 따위를 이름.

 **어휘력** Upgrade　※다음의 빈칸에 들어갈 알맞은 말을 <보기>에서 찾아 쓰시오.

| 보기 |
기상
교차
수신
휴대

1 (　　　　)이 악화되어 비행기가 뜨지 못했다.

2 그는 땀이 많아서 항상 손수건을 (　　　　)하고 다닌다.

3 대전역에서는 여러 방면으로 가는 많은 철로가 (　　　　)한다.

4 고산 지역에서는 전파 방해가 심해서 라디오 방송조차 잘 (　　　　)되지 않는다.

[01~04] 다음 단어와 그 뜻풀이를 바르게 연결하시오.

01 포함 •

02 당황 •

03 제조 •

04 치명적 •

• ㉠ 생명을 위협하는 것.

• ㉡ 놀라거나 다급하여 어찌할 바를 모름.

• ㉢ 원료에 인공을 가하여 정교한 제품을 만듦.

• ㉣ 어떤 사물이나 현상 가운데 함께 들어 있거나 함께 넣음.

[05~08] <보기>의 글자들을 조합하여 다음의 뜻풀이에 알맞은 단어를 쓰시오.

┤ 보기 ├

인 지 성 각 전 력 만 공

05 지구의 바깥쪽을 차지하는 부분. ( )

06 한 천체가 다른 천체의 주위를 주기적으로 도는 일. ( )

07 공간적으로 떨어져 있는 물체끼리 서로 끌어당기는 힘. ( )

08 병이 급하거나 심하지도 아니하면서 쉽게 낫지도 아니하는 성질. ( )

[09~12] 다음의 빈칸에 들어갈 알맞은 단어를 <보기>에서 찾아 쓰시오.

┤ 보기 ├

미세 여부 침투 행세

09 이 시험의 합격 ( )는 사흘 후에 알 수 있다.

10 현미경으로 ( )한 물체를 확대하여 관찰할 수 있다.

11 세균이 상처 부위로 ( )되지 않도록 치료를 잘 해야 한다.

12 '나이롱환자'는 환자가 아니면서 환자 ( )를 하는 사람을 익살스럽게 이르는 말이다.

[13~16] 제시된 초성과 뜻풀이를 참고하여 다음의 빈칸에 알맞은 단어를 쓰시오.

13 ㄱㅈ : 느끼어 앎.
예 이 문은 광센서로 사람의 움직임을 ( )하는 자동문이다.

14 ㅇㅎ : 병의 증상이 줄어들거나 누그러짐.
예 도라지는 가슴과 목의 통증을 ( )시켜 목기침, 가래에 탁월한 효능이 있다.

15 ㅇㄹ : 근심하거나 걱정함. 또는 그 근심과 걱정.
예 화재가 번질 ( )가 있어 근처 주민들을 대피시켰다.

16 ㅇㅇ : 맨눈. 안경이나 망원경, 현미경 따위를 이용하지 아니하고 직접 보는 눈.
예 76년마다 나타나는 혜성이 어젯밤 ( )으로 보일 만큼 접근했다고 한다.

[17~20] 다음의 밑줄 친 부분과 바꿔 쓸 수 있는 말을 <보기>의 단어를 활용하여 쓰시오.

┤ 보기 ├

거대하다 방지하다 생존하다 제거하다

17 이 옷은 물에 젖는 것을 막기 위해 방수 처리를 했다. ( )

18 우리 마을 입구에는 500살이 넘은 커다란 은행나무가 있다. ( )

19 식후에 마시는 솔잎차는 입 냄새를 없애는 데 효과적이다. ( )

20 바다이구아나는 바위가 많은 섬에서 살아남기 위해 발톱이 길게 변했다. ( )

┌─────────────────────────────────
│ 어휘력은 독해력의 기초!
├─────────────────────────────────
│ • 나의 어휘력은 몇 점? _____개 / 20개
│ • 18개 이상을 맞혔다면? 어휘의 기초가 튼튼합니다.
│ • 17개 이하로 맞혔다면? 본문에 제시된 지문과 어휘를 다시 공부한 다음 문제를 풀어 보세요.
└─────────────────────────────────

08회 단원 어휘 테스트 ✔

[01~04] 다음 단어와 그 뜻풀이를 바르게 연결하시오.

01 포식 •
02 미연 •
03 적용 •
04 작용 •

• ㉠ 다른 동물을 잡아먹음.
• ㉡ 알맞게 이용하거나 맞추어 씀.
• ㉢ 어떤 일이 아직 그렇게 되지 않은 때.
• ㉣ 어떠한 현상을 일으키거나 영향을 미침.

[05~08] <보기>의 글자들을 조합하여 다음의 뜻풀이에 알맞은 단어를 쓰시오.

┤ 보기 ├
유 력 감 침 발 중 염 강

05 어떤 것이 다른 일을 일어나게 함. ( )

06 지구 위의 물체가 지구로부터 받는 힘. ( )

07 병원체인 미생물이 동물이나 식물의 몸 안에 들어가 증식하는 일. ( )

08 밑으로 가라앉음. 또는 지각의 일부가 아래쪽으로 움직이거나 꺼지는 현상. ( )

[09~12] 다음의 빈칸에 들어갈 알맞은 단어를 <보기>에서 찾아 쓰시오.

┤ 보기 ├
동원 열광 유영 일사불란

09 유럽인들은 무엇보다도 축구에 ( )한다.

10 범죄 수사에 첨단 장비들이 ( )되면서 검거율이 높아졌다.

11 그녀는 어항 속에서 ( )하는 금붕어를 보며 생각에 잠겼다.

12 무대에 오른 태권도 시범단은 조금의 흐트러짐도 없는 ( )한 움직임을 보여 주었다.

[13~16] 제시된 초성과 뜻풀이를 참고하여 다음의 빈칸에 알맞은 단어를 쓰시오.

13 ㅇㅊ : 미리 헤아려 짐작함.
예 이번 선거는 결과를 ( )하기 힘들다.

14 ㄱㅇ : 두 사람 이상이 한 물건을 공동으로 소유함.
예 해외여행을 다녀온 현우는 인터넷에 후기를 올려 여행 정보를 ( )하였다.

15 ㅇㅈ : 정도나 한도를 넘어서 나아가려는 것을 억눌러 그치게 함.
예 심판의 편파 판정에 대해 그는 끓어오르는 화를 ( )하고 최대한 이성적으로 말했다.

16 ㄱㅊ : 육안이나 기계로 자연 현상의 상태나 변화 등을 관찰하여 측정하는 일.
예 새로 쏘아 올린 인공위성은 우주에서 지구 표면의 상태를 ( )하게 될 것이다.

[17~20] 다음의 밑줄 친 부분과 바꿔 쓸 수 있는 말을 <보기>의 단어를 활용하여 쓰시오.

┤ 보기 ├
극복하다 방어하다 부착하다 충돌하다

17 지구가 혜성과 부딪칠 확률은 매우 낮다. ( )

18 우리 팀은 상대 선수들의 공격을 제대로 막지 못했다. ( )

19 사장님은 가게 문 앞에 연휴 동안 휴업한다는 안내문을 붙였다. ( )

20 그 영화는 주인공들이 한국 전쟁의 상처와 슬픔을 이겨 내는 과정을 그리고 있다. ( )

어휘력은 독해력의 기초!

• 나의 어휘력은 몇 점? _____개 / 20개
• 18개 이상을 맞혔다면? 어휘의 기초가 튼튼합니다.
• 17개 이하로 맞혔다면? 본문에 제시된 지문과 어휘를 다시 공부한 다음 문제를 풀어 보세요.

독해 실전

V
기술

적정 기술이란 무언일까

첨단 기술의 발달로 삶이 더욱 편리해졌지만, 첨단 기술의 혜택을 받지 못하는 지역도 아직 많아. 그런 지역에 도움이 될 수 있는 기술이 바로 적정 기술이야. 글을 읽으며 적정 기술에 대해 알아보자.

1 '적정 기술(Appropriate Technology)'은 특정 사회 공동체의 정치, 문화, 환경 등의 측면을 고려하여 현지에서 직접 생산과 소비가 가능하도록 만들어진 기술이다. 이는 주로 빈곤 지역에 사는 가난한 사람들의 삶의 질을 향상시키기 위해 만들어진 기술이라 할 수 있다.

2 적정 기술의 기초를 제공한 사람은 인도의 비폭력 평화주의자인 마하트마 간디이다. 그는 인도의 작은 마을들이 물레를 돌려 자급자족˘하는 경제를 이루어 나갈 수 있도록 유도하였다. 하지만 이 기술을 본격적으로 연구하기 시작한 사람은 영국의 경제학자 슈마허이다. 그는 1973년 《작은 것이 아름답다》라는 저서를 통해 '중간 기술'이라는 개념을 소개했다. 중간 기술은 최소의 비용으로 현지의 재료와 노동력을 사용하여 현지 사람들이 직접 사용할 수 있는 소규모 생산 기술을 말한다. 중간 기술이라는 이름이 열등˘한 것으로 오해받을 수 있어서 현재는 '대안 기술', '적정 기술'이라는 이름을 사용한다.

3 적정 기술이 사용된 대표적인 사례는 모하메드 바 아바가 고안한 '항아리 냉장고'이다. '항아리 속 항아리(Pot-in-Pot)'라고도 불리는 이것은 커다란 항아리 속에 작은 항아리를 집어넣고 그 사이를 모래로 채운 다음, 모래에 물을 충분히 적시면 완성된다. 이 항아리 냉장고는 증발의 원리를 이용한 것이다. 한여름에 옥상이나 바닥에 물을 뿌리면 시원해지는 원리와 같다. 물이 증발하면서 옥상이나 바닥의 열을 빼앗아 가는 것처럼, 항아리 사이에 있는 젖은 모래흙의 수분이 증발하면서 작은 항아리 내부의 온도는 약

2℃ 정도 낮아져 그 안의 음식을 오래 보관할 수 있게 된다. 주기적으로 항아리에 물을 뿌려 주면 항아리 속 온도를 항상 낮게 유지할 수 있다. 토마토의 경우 항아리 냉장고를 사용하면 21일 정도 저장이 가능하다. 항아리 냉장고 덕분에 이 지역 사람들은 신선한 과일이나 채소를 장기간 보관해서 판매할 수 있게 되었다.

4 이처럼 적정 기술은 빈곤 지역 주민들이 당면˘한 문제를 해결하여 삶의 질을 높임으로써 인간적 가치 실현에 이바지˘할 수 있다. 1970년 이후 적정 기술을 기반˘으로 많은 제품이 개발되어 현지에 보급되어 왔다. 그러나 그 성과에 대해서는 여전히 논란이 있다. 기술의 보급만으로는 특정 지역의 빈곤 탈출과 경제적 자립을 이룰 수 없기 때문이다. 따라서 기술 개발과 더불어 지역 문화에 대한 이해를 높이고 현지인을 교육하는 등 빈곤 지역의 문제를 해결하기 위한 지속적인 노력이 필요하다.

˘자급자족(自給自足): 필요한 물자를 스스로 생산하여 충당함.

˘열등(劣等): 보통의 수준이나 등급보다 낮음.

˘당면(當面): 어떤 일에 바로 맞닥뜨림.

˘이바지: 도움이 되게 함.

˘기반(基盤): 기초가 되는 바탕. 또는 사물의 토대.

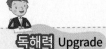

독해력 Upgrade ※각 문단의 중심 내용을 다음과 같이 정리할 때, 빈칸에 들어갈 알맞은 말을 쓰시오.

1 (   )의 개념과 목적 ➡ 2 적정 기술의 시작과 발전 ➡ 3 적정 기술의 사례인 (   )의 원리와 효과 ➡ 4 적정 기술의 의의와 과제

1 이 글에 사용된 설명 방식으로 적절하지 <u>않은</u> 것은?

① 대상의 의미를 분명히 밝히고 있다.
② 대상에 대한 구체적인 예를 제시하고 있다.
③ 대상에 대한 전문가의 정의를 소개하고 있다.
④ 대상의 실현 양상을 나라별로 비교하여 설명하고 있다.
⑤ 대상의 문제점과 그것의 해결을 위한 방향을 제시하고 있다.

2 〈보기〉는 이 글을 읽은 학생들이 적정 기술에 대해 이해한 내용이다. 적절하지 <u>않은</u> 반응을 골라 묶은 것은?

┤ 보기 ├
ㄱ 적정 기술은 현지의 재료와 노동력을 사용하는군.
ㄴ 적정 기술을 본격적으로 연구한 사람은 슈마허로군.
ㄷ 적정 기술이 보급된 지역은 빈곤에서 탈출할 수 있군.
ㄹ '중간 기술'에 대한 반발로 만들어진 것이 '적정 기술'이군.
ㅁ 적정 기술은 주로 빈곤 지역에 사는 가난한 사람들을 위한 것이군.

① ㄱ, ㄴ   ② ㄱ, ㄹ   ③ ㄴ, ㅁ
④ ㄷ, ㄹ   ⑤ ㄷ, ㅁ

3 이 글의 '항아리 냉장고'와 가장 유사한 사례는?

① 나노 기술을 통해 은의 탁월한 항균 효과를 살린 세탁기
② 발광 다이오드를 사용함으로써 두께를 줄이고 화질을 개선한 텔레비전
③ 가운데가 빈 드럼통에 줄을 매달아 굴려 차량 없이도 많은 물을 옮길 수 있도록 한 물통
④ 엔진과 전기 모터를 상황에 따라 사용함으로써 유해♥ 가스를 적게 배출하도록 만든 자동차
⑤ 인공위성과 전자 지도를 활용해 모르는 길을 쉽고 정확하게 찾아갈 수 있도록 한 내비게이션

♥유해(有害): 해로움이 있음.

어휘력 Upgrade   ※다음의 빈칸에 들어갈 알맞은 말을 〈보기〉에서 찾아 쓰시오.

┤ 보기 ├
당면
열등
이바지
자급자족

1 남보다 (   )하다는 생각을 버려야 성공할 수 있다.
2 그의 꿈은 교육자가 되어 교육 발전에 (   )하는 것이다.
3 지구 온난화는 현대에 인류가 (   )한 중대한 문제 중 하나이다.
4 우리 집 텃밭에는 채소를 골고루 심었기 때문에 웬만한 채소는 (   )이 된다.

쪼개면 빨라진다, 패킷 교환 방식

좋이에 쓴 편지는 편지 한 통이 통째로 전달돼. 그렇다면 인터넷에서 보내는 이메일도 과연 그럴까? 인터넷에서는 어떤 방식으로 정보 전달이 이루어지는지 이 글을 통해 알아보자.

1 우리는 하루에도 몇 번씩 상대방과 이메일이나 메시지를 주고받는다. 인터넷상에 우편배달부가 있는 것도 아닌데 어떻게 이메일이나 메시지가 상대방에게 잘 전달될 수 있는 걸까? 이를 이해하기 위해서는 먼저 인터넷에서 정보를 전달하는 최소 단위인 '패킷'의 개념과 데이터가 전송되는 과정인 패킷 교환 과정에 대해 알아야 한다.

2 먼저 패킷이란 네트워크를 사용해서 데이터를 전송하기 위해 데이터를 일정한 단위로 나누어 놓은 것을 말한다. 어떤 도시에 살고 있는 사람들에게 필요한 물건들을 보낸다고 가정˘해 보자. 만약 하나의 트럭에 ⓐ물건들을 전부 싣고 도시로 이동한다면, 도로 상황이 좋지 않거나 다른 사고가 발생하여 물건이 제때 전달되지 못하는 경우가 발생할 수 있다. 그렇다면 ⓑ물건을 여러 개로 나누어서 각각 다른 트럭에 싣고 ⓒ서로 다른 도로를 이용해 물건들을 전달한다면 어떨까? 일부 도로에 문제가 생기더라도 다른 경로를 통해 물건들이 도착하여 사람들이 그것을 이용할 수 있을 것이다.

3 ⓓ데이터도 마찬가지다. 패킷으로 나누지 않고 전체를 한꺼번에 보낸다면 ⓔ하나의 경로로만 가야 한다. 그러나 네트워크는 두 대의 컴퓨터끼리만 직접 연결된 구조가 아니다. 여러 대의 컴퓨터가 연결되어 복잡한 구조를 이루고 있다. 따라서 데이터를 보내는 컴퓨터와 받는 컴퓨터가 직접 연결되지 않은 경우 ⓕ데이터가 매우 늦게 전송되거나 전송되지 못하고 막혀 있는 일이 있을 수 있다. 이런 이유로 물건들을 여러 트럭에 나누어 싣고 서로 다른 도로를 이용해 전달하는 방법과 같이 데이터를 ⓖ패킷으로 나누어 ⓗ여러 회선˘으로 동시에 보내는 방법을 사용하는 것이다.

4 이러한 정보 전달 방식을 패킷 교환 방식이라고 한다. 패킷 교환 과정을 구체적으로 살펴보면 다음과 같다. 먼저 A컴퓨터가 B컴퓨터에 전달하고자 하는 메시지가 있을 때 A컴퓨터의 교환기(라우터˘)가 이를 데이터 패킷으로 나눈다. 이후 교환기가 이 데이터 패킷들을 전송하기 위한 최적˘의 경로를 파악한다. 그렇게 파악된 최적의 경로에 따라 데이터 패킷을 여러 회선으로 나누어 B컴퓨터로 전송한다. 그러면 B컴퓨터의 교환기에서 수신한 패킷들을 다시 결합하여 데이터를 복원하고, B컴퓨터는 이것을 이메일이나 메시지로 사용자에게 보여 주는 것이다. 한마디로 패킷 교환은 하나의 데이터를 여러 패킷으로 나누고, 인터넷의 여러 회선을 동시에 이용하는 것이다. 이 방식을 활용하면 하나의 회선으로 보내는 것보다 훨씬 빠르고 원활˘하게 데이터를 전달할 수 있다.

▾ 가정(假定): 사실이 아니거나 또는 사실인지 아닌지 분명하지 않은 것을 임시로 인정함.
▾ 회선(回線): 전기 음성 신호나 문자 신호 따위가 통할 수 있도록 가설된 선.
▾ 라우터(router): 네트워크 간의 연결점에서 패킷에 담긴 정보를 분석하여 적절한 통신 경로를 선택하고 전달해 주는 장치.
▾ 최적(最適): 가장 알맞음.
▾ 원활(圓滑): 거침이 없이 잘되어 나감.

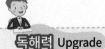
독해력 Upgrade ※각 문단의 중심 내용을 다음과 같이 정리할 때, 빈칸에 들어갈 알맞은 말을 쓰시오.

1 인터넷 정보 전달의 단위인 패킷의 개념과 패킷 교환 과정 이해의 필요성 ➡ 2 패킷의 개념과 패킷 전달을 빗댄 사례 ➡ 3 데이터를 (　　)으로 나누어 전송하는 이유 ➡ 4 (　　　) 과정과 이 방식의 장점

1 이 글을 읽고 파악한 내용으로 적절하지 <u>않은</u> 것은?

① 패킷은 데이터를 일정한 단위로 나누어 놓은 것을 뜻한다.
② 패킷 교환 방식에서는 인터넷의 여러 회선을 동시에 이용한다.
③ 데이터를 전송할 때 일정한 단위로 나누지 않으면 하나의 경로로만 가야 한다.
④ 데이터를 하나의 회선으로만 보낼 경우 전송이 막히거나 매우 늦어질 수 있다.
⑤ 네트워크는 두 대의 컴퓨터끼리만 직접 연결된 구조이므로 데이터를 빠르게 전송할 수 있다.

2 이 글의 ⓐ~ⓗ에 대한 설명으로 적절하지 <u>않은</u> 것은?

① ⓐ는 ⓓ를 비유적으로 표현한 것이다.
② ⓑ를 데이터 전송 상황과 대응시키면 ⓖ에 해당한다.
③ ⓒ를 이용해서 물건을 보내는 것은 ⓔ로 패킷을 보내는 것과 같다.
④ 데이터를 ⓔ에만 의존하여 보내면 ⓕ의 결과가 발생할 수 있다.
⑤ 데이터를 ⓖ와 ⓗ를 이용하여 보내면 원활하게 전송할 수 있다.

3 4 를 참고할 때 패킷 교환 방식의 순서로 알맞은 것은?

① 경로 파악 → 패킷 나누기 → 여러 회선으로 패킷 전송 → 패킷 결합 → 패킷 수신
② 경로 파악 → 하나의 회선으로 패킷 전송 → 패킷 나누기 → 패킷 수신 → 패킷 결합
③ 패킷 나누기 → 경로 파악 → 여러 회선으로 패킷 전송 → 패킷 수신 → 패킷 결합 및 데이터 복원
④ 패킷 나누기 → 경로 파악 → 여러 회선으로 패킷 전송 → 패킷 결합 및 데이터 복원 → 패킷 수신
⑤ 패킷 나누기 → 경로 파악 → 하나의 회선으로 패킷 전송 → 패킷 수신 → 패킷 결합 및 데이터 복원

어휘력 Upgrade ※다음의 빈칸에 들어갈 알맞은 말을 〈보기〉에서 찾아 쓰시오.

┌ 보기 ┐
가정
원활
최적
회선

1 검은콩은 해독력이 뛰어나 혈액 순환을 (   )하게 해 준다.
2 만일 하늘에 태양이 없다고 (   )한다면 지구는 어떤 모습일까?
3 사계절이 분명한 한반도는 농경 문화가 싹트기에 (   )의 땅이었다.
4 1971년에 판문점의 남북 연락 사무소를 잇는 직통 전화 (   )이 개통되었다.

지구를 살리는 에너지를 찾아라

석유나 석탄은 우리가 유용하게 사용하고 있는 연료들이야. 하지만 이런 연료는 양이 한정되어 있어서 쓰다 보면 언젠가 사라질 거야. 그렇다면 영원히 사용할 수 있는 에너지는 없을까? 이 글을 읽으며 함께 알아보자.

1 현재 인류가 사용하는 에너지의 대부분은 화석 연료를 기반으로 한다. 화석 연료란 땅속에 파묻힌 생물이 오랜 세월에 걸쳐 화석같이 굳어져 만들어진 연료로 석탄, 석유, 천연가스 등을 말한다. 그런데 매장된 양이 한정된 화석 연료는 인구 증가와 산업 발전에 따라 그 소비량이 급속도로 늘어났고, 급기야 화석 연료의 고갈˘을 걱정해야 하는 상황에 이르렀다. 화석 연료로부터 배출된 온실가스˘가 일으키는 지구 온난화 현상은 인류의 또 하나의 골칫거리가 되었다. 지구 온난화는 기상 이변을 유발하고 그로 인한 피해는 점점 커지고 있다. 이러한 상황에서 화석 연료의 사용을 계속 고집하는 것은 지구의 미래를 생각하지 않는 무책임한 태도이다. 화석 연료를 대신할 수 있는 에너지를 찾는 것은 인류가 당면˘한 중요한 과제라고 할 수 있다.

2 원자력이나 쓰레기를 활용한 에너지가 대안으로 제시되기도 한다. 그러나 원자력 발전의 연료인 우라늄도 언젠가는 고갈될 수 있고 방사능 누출˘ 등의 위험까지 안고 있으므로 원자력은 화석 연료의 대안이 되기에는 적절하지 않다. 쓰레기를 태워 에너지를 얻는 방식도 환경 오염 물질이 배출된다는 문제를 안고 있으며, 쓰레기 역시 사용하면 없어지는 것이므로 화석 연료의 대안이 될 수 없다.

3 이와 달리 태양열이나 바람, 지열˘ 등의 에너지원은 사용해도 없어지지 않고 다시 얻을 수 있다. 태양열은 태양이 존재하는 한 사라지지 않으며, 풍력도 지구에서 바람이 부는 한 계속 얻을 수 있다. 이렇게 언제까지든 계속 사용할 수 있는 에너지를 '재생 가능 에너지원'이라고 한다. 재생 가능 에너지원은 화석 연료처럼 고갈을 염려할 필요가 없으며, 이산화 탄소를 배출하지 않기 때문에 기후 변화를 유발하지 않는다.

4 재생 가능 에너지원은 인류 전체가 사용하기에 충분하다. 태양에서 1년간 지구로 오는 태양열은 인류가 1년 동안 사용하는 에너지의 1만 배 정도나 된다. 사하라 사막의 1/10 면적에 비치는 햇빛이 담고 있는 에너지는 인류 전체가 1년간 사용하는 에너지와 같은 양이다. 이러한 재생 가능 에너지원을 이용할 수 있는 기술은 다양하게 개발되어 있다. 햇빛을 전기로 변환하는 태양광 발전 기술, 햇빛을 모아 난방열과 온수를 만드는 태양열 집열판˘ 기술, 바람으로 전기를 만드는 풍력 발전 기술 등은 이미 널리 사용되고 있다. 또한 지열 발전 기술의 보급도 계속 확대되고 있으며, 동식물 폐기물을 활용해 자원으로 바꾸는 기술인 바이오매스 기술도 개발되어 널리 확산되고 있다.

- ˘고갈(枯渴): 어떤 일의 바탕이 되는 돈이나 물자, 소재, 인력 따위가 다하여 없어짐.
- ˘온실가스: 지구 대기를 오염시켜 온실 효과를 일으키는 이산화 탄소, 메탄 등의 가스를 통틀어 이르는 말.
- ˘당면(當面): 바로 눈앞에 당함.
- ˘누출(漏出): 액체나 기체가 밖으로 새어 나옴. 또는 그렇게 함.
- ˘지열(地熱): 지구 안에 본디부터 있는 땅속 열.
- ˘집열판(集熱板): 열을 한데 모으는 데에 쓰이는 판.

독해력 Upgrade ※각 문단의 중심 내용을 다음과 같이 정리할 때, 빈칸에 들어갈 알맞은 말을 쓰시오.

| **1** ( )를 대신할 에너지 개발의 필요성 | → | **2** ( )과 쓰레기 활용 에너지가 화석 연료의 대안이 될 수 없는 이유 | → | **3** ( )되지 않고 기후 변화를 유발하지 않는 재생 가능 에너지원 | → | **4** 재생 가능 에너지원의 양과 기술 개발 현황 |

1 이 글을 통해 알 수 있는 내용이 <u>아닌</u> 것은?

① 화석 연료의 개념 　　　　　　② 화석 연료의 문제점
③ 재생 가능 에너지의 장점 　　　④ 지구 온난화에 따른 피해 사례
⑤ 재생 가능 에너지원을 이용하는 기술

2 이 글을 바탕으로 질문에 답할 때, ⓐ~ⓓ에 해당하는 에너지원으로 적절하지 <u>않은</u> 것은?

질문		그렇다	아니다
현재 사용하고 있는 에너지원인가?	⇨	ⓐ	
고갈이 걱정되는 에너지원인가?	⇨	ⓑ	
친환경적인 에너지원인가?	⇨		ⓒ
화석 연료의 대안이 될 수 있는가?	⇨	ⓓ	

① ⓐ: 풍력 　　　　　　　　　　② ⓑ: 천연가스
③ ⓒ: 쓰레기를 활용한 에너지 　　④ ⓓ: 원자력
⑤ ⓓ: 태양열

3 <보기>를 읽고 이 글에 대해 반응한 내용으로 적절하지 <u>않은</u> 것은?

┤ 보기 ├

　　풍력 발전은 바람의 세기에 따라 풍차 날개가 파손˚되거나 돌아가지 않을 수 있다. 날개에 치여 죽는 동물의 수도 의외로 많다. 또 풍력 발전소를 조성하기 위해서는 매우 넓은 땅이 필요하다. 마찬가지로 태양열 발전도 계속 확대되다 보면 발전 시설을 설치하는 데 필요한 땅이 모자라는 상황이 올 수도 있다. 단위 시간당 지구에 도달하는 태양 에너지 자체도 한정되어 있다.

˚파손(破損): 깨어져 못 쓰게 됨. 또는 깨뜨려 못 쓰게 함.

① 재생 가능 에너지원을 이용하기 위해서는 적지 않은 자원이 필요하군.
② 개발된 재생 가능 에너지를 올바른 용도로 사용하는 것이 무엇보다 중요하군.
③ 재생 가능 에너지원의 양이 충분하다지만, 실제로는 이용에 한계가 있을 수 있군.
④ 재생 가능 에너지원을 이용하는 과정에서 의도치 않은 부정적 결과가 생길 수도 있군.
⑤ 근본적으로 문제가 없는 자원이나 기술은 없으므로 화석 연료를 대체할 에너지 기술에 대해 꾸준히 연구해야겠군.

어휘력 Upgrade ※다음의 빈칸에 들어갈 알맞은 말을 <보기>에서 찾아 쓰시오.

┌ 보기 ┐
고갈
누출
당면
파손

1 유통 과정에서 (　　　)된 물품은 교환해 드립니다.
2 그 단체는 현재 자금 (　　　)로 어려움을 겪고 있다.
3 위급한 일에 (　　　)하였을 때는 당황하지 말고 신중하게 대처해야 한다.
4 밸브나 이음새 부분에서 일어나는 가스 (　　　)은 큰 사고로 이어지는 경우가 많다.

거센 폭풍도 이겨 내는 우리 전통 배, 한선

우리나라는 삼면이 바다로 둘러싸여 있어서 조상들은 일찍이 배를 타고 바다를 누볐어. 그렇다면 옛날에는 어떤 방식으로 배를 만들었을까? 뭔가 특별한 기술이 있었을까? 이 글을 통해 궁금증을 해결해 보자.

1 고려 원종 15년, 고려는 원나라 해군과 함께 원정군을 이루어 일본 정벌에 나서게 된다. 이때 일본 규슈 앞바다에서 태풍을 만나 원나라 배는 대부분 파손되거나 침몰하였는데, 고려에서 만든 배들은 원나라 배보다 생존율이 높았다고 한다. 고려의 배가 태풍에서 생존율이 높았던 이유는 무엇일까? 그 비밀은 우리나라의 전통 배 한선(韓船)의 구조와 재료를 통해서 확인할 수 있다.

2 한선의 구조와 재료는 조수 간만의 차˘가 크고 물살이 비교적 거세고 빠른 편인 우리나라 해안의 특성이 고려되었다. 우선 한선은 바닥이 평평하다. 그래서 썰물 때 배가 쓰러지지 않고 갯벌에 안전하게 내려앉을 수 있다. 또한 한선은 〈그림〉에 나타난 바와 같이 멍에와 가룡목이라는 가로로 된 구조물을 설치했다. 이는 배가 좌우 양쪽으로 벌어지거나 오그라드는 것을 잡아 주고, 배의 앞뒤 그리고 옆면에서 오는 외부 충격들을 배 전체가 흡수할 수 있도록 해 준다.

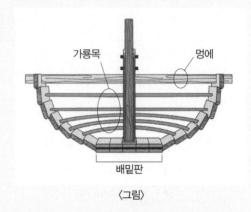

가룡목   멍에

배밑판

〈그림〉

3 재료 면에서 한선의 특징 가운데 하나는 쇠못 대신 나무못을 사용한 것이다. 나무못은 시간이 지나도 녹슬거나 틈이 벌어지지 않고, 쇠못에 비해 탄력성이 좋아서 파도에 의한 거센 충격을 잘 흡수한다. 또한 한선은 소나무를 재료로 하여 배의 몸체가 튼튼한데, 이는 임진왜란 당시 일본 수군이 사용한 안택선˘과 조선 수군이 사용한 판옥선˘을 비교해 보면 알 수 있다. 안택선은 삼나무를, 판옥선은 소나무를 사용하였는데, 삼나무는 소나무에 비해 탄력성이나 단단함이 약해서 두 배가 부딪치면 안택선이 판옥선에 비해 파손 정도가 컸다. 이 점을 이용하여 조선 수군은 배를 직접 부딪쳐 일본 수군의 배를 깨뜨리는 전법을 쓰기도 했다. 또한 조선 수군은 배의 튼튼한 구조와 재료 덕에 대포와 같은 중화기˘를 배에서 직접 사용할 수 있었으나, 안택선은 대포가 발사되면서 만들어 내는 반동으로 인한 충격을 견디기 어려워 중화기를 사용하는 데 매우 제한적이었다.

4 이처럼 한선은 한반도의 자연환경을 고려하여 탁월한 구조와 재료로 튼튼하게 만들어졌기에, 똑같은 태풍 속에서도 원나라 배에 비해 무사할 수 있었다. 그러나 일제 강점기를 거치면서 한선이 열악하다는 일제의 선전으로 인해 한선은 그 명맥˘이 끊기고 말았다. 최근 들어 한선을 이해하고 복원하려는 움직임이 나타나고 있지만 사람들의 관심은 많이 부족한 상황이다. 우리의 우수한 전통 기술에 좀 더 관심을 기울여야 할 때이다.

˘ 조수 간만의 차: 밀물과 썰물 때의 물의 높이 차.
˘ 안택선(安宅船): '아타케부네'를 우리 한자음으로 읽은 이름. 예전에 일본에서 쓰였던 대형 전투함이다.
˘ 판옥선(板屋船): 조선 명종 때 개발한 널빤지로 지붕을 덮은 전투함.
˘ 중화기(重火器): 화약의 힘으로 탄알을 쏘는 병기 가운데 비교적 무게가 무겁고 화력이 강한 것.
˘ 명맥(命脈): 어떤 일의 지속에 필요한 최소한의 중요한 부분.

독해력 Upgrade

※각 문단의 중심 내용을 다음과 같이 정리할 때, 빈칸에 들어갈 알맞은 말을 쓰시오.

| 1 태풍에서도 살아남았던 우리 전통 배 한선 | → | 2 한선의 ( )적 특징 | → | 3 ( ) 면에서 탁월한 한선의 특징 | → | 4 일제 강점기를 거치며 명맥이 끊긴 한선에 대한 관심 촉구 |

1 이 글을 신문 기사로 재구성할 때, 표제와 부제로 적절한 것은?

① 전쟁을 승리로 이끈 한선 – 조선 시대 판옥선의 뛰어난 전투력
② 한선이란 무엇인가 – 일제의 탄압 속에서도 살아남은 한선의 저력♥
③ 태풍에서 살아남은 한선의 비밀 – 발달 과정으로 보는 한선의 역사
④ 뛰어난 기술력을 보여 주는 한선 – 이제는 그 명맥을 되살려 나가야 할 때
⑤ 세계가 주목하는 한선의 우수함 – 외국의 배와 비교한 한선의 크기와 속도

♥ 저력(底力): 속에 간직하고 있는 든든한 힘.

2 이 글을 읽고 알 수 있는 내용이 **아닌** 것은?

① 삼나무로 만든 배보다 소나무로 만든 한선이 더 단단하고 강하다.
② 나무못은 쇠못에 비해 비용이 저렴하고 수리할 때 교체하기가 쉽다.
③ 가룡목은 배가 좌우 양쪽으로 벌어지는 것을 잡아 주는 역할을 한다.
④ 조선 수군의 판옥선은 대포와 같은 중화기를 배에서 직접 사용할 수 있었다.
⑤ 한선의 명맥이 끊기는 데는 한선에 대한 일제의 부정적인 선전이 큰 영향을 미쳤다.

3 이 글과 〈보기〉를 읽고 반응한 내용으로 적절하지 **않은** 것은?

─┤ 보기 ├─

중국, 일본 등 다른 나라 배들은 배 밑부분이 V 자형으로 뾰족하게 되어 있는데 이러한 형태의 배를 첨저선이라고 한다. 첨저선은 물살을 쉽게 가르고 나아갈 수 있어서 속도가 빠르기 때문에 대부분의 나라는 첨저선을 선호♥했다.

♥ 선호(選好): 여럿 가운데서 특별히 가려서 좋아함.

① 다른 나라의 배들과 비교했을 때 한선의 바닥 모양은 독특하다고 볼 수 있어.
② 한선이 첨저선이 아닌 이유는 한반도의 해안 특성과 밀접하게 관련되어 있어.
③ 조수 간만의 차가 큰 서해를 드나들기에는 첨저선보다 한선이 유리♥한 것 같아.
④ 한선의 바닥을 V 자 형태로 만들었다면 썰물 때 갯벌 위에 서지 못하고 쓰러졌을 거야.
⑤ 한선은 먼바다를 빠르게 항해할 일이 없었기 때문에 굳이 첨저선으로 만들 필요가 없었어.

♥ 유리(有利): 이익이 있음.

어휘력 Upgrade ※다음의 빈칸에 들어갈 알맞은 말을 〈보기〉에서 찾아 쓰시오.

┤ 보기 ├
명맥
선호
유리
저력

1 우리나라 사람들은 남향으로 된 건물을 (   )한다.
2 축구 대표 팀은 강력한 우승 후보를 상대로 역전승을 거두는 (   )을 보여 주었다.
3 조선 시대에는 불교의 교세가 땅에 떨어져 서민층을 중심으로 (   )만 이어 가게 되었다.
4 산에 오를 때는 되도록 가벼운 신발을 신는 것이 피로감을 덜고 부상을 방지하는 데 (   )하다.

하이브리드 자동차

1 대기 오염이 날로 심각해지는 요즘, 환경 오염을 줄일 수 있는 자동차에 대한 관심도 높아지고 있다. 그러한 관심 속에서 개발되어 상용화˘에 성공한 것이 하이브리드(hybrid) 자동차이다. '하이브리드'란 두 가지 기능을 하나로 합쳤다는 의미이다. 하이브리드 자동차는 화학 연료를 소모하는 기존의 엔진에 전기 모터를 함께 장착하여, 내연 기관 엔진만 있는 자동차보다 화학 연료 소비율을 낮추고 배기가스를 적게 배출하는 대표적인 친환경 차이다.

2 ㉠하이브리드 자동차는 〈그림〉처럼 내연 기관 엔진과 전기 모터, 배터리, 연료 탱크, 변속기 등으로 이루어져 있다. 내연 기관 엔진은 휘발유나 경유 등의 연료를 연소시켜 열에너지를 기계적 에너지로 바꾸고 이 에너지로 바퀴를 굴린다. 전기 모터는 바퀴가 회전하면서 생기는 운동 에너지˘를 전력으로 바꾸어 배터

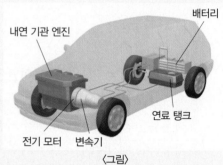

내연 기관 엔진
배터리
전기 모터   변속기
연료 탱크
〈그림〉

리를 충전하거나, 거꾸로 배터리에 충전된 전기를 사용하여 자동차를 움직이게 한다. 변속기는 내연 기관 엔진과 전기 모터의 회전 운동을 바퀴에 전달한다. 그리고 연료 탱크는 연료를 보관하고 엔진에 공급한다.

3 하이브리드 자동차의 시동을 걸 때는 전기 모터가 바퀴를 회전시킴으로써 자동차를 출발시키는데, 이때 내연 기관 엔진은 사용하지 않으므로 소음이 적고 매연도 배출되지 않는다. 주행˘을 할 때는 상황에 따라 내연 기관 엔진과 전기 모터를 적절히 사용한다. 가속˘할 때는 엔진과 전기 모터를 모두 사용해서 구동력˘을 높이고, 감속˘할 때는 엔진을 멈추고 바퀴의 운동 에너지로 전기 모터를 회전시킨다. 이때 발생하는 전기 에너지를 배터리에 충전하고 이를 다시 재사용함으로써 연료 및 전기 에너지의 사용 효율을 높일 수 있다. 정차˘할 때는 엔진과 전기 모터가 모두 정지한다.

4 하이브리드 자동차는 대용량의 배터리와 전기 모터를 추가로 장착해야 하므로 기존의 자동차보다 무겁고 가격이 비싸다. 또한 충전 시간이 오래 걸리고, 배터리의 용량 한계로 주행 거리도 비교적 짧으며, 배기가스를 아예 배출하지 않는 것은 아니라는 단점이 있다. 그러나 기존의 자동차가 갖지 못한 장점으로 보아, 무공해에 가까운 전기 자동차나 수소 자동차가 완전히 상용화되기 전까지 하이브리드 자동차는 계속해서 중요한 교통수단의 역할을 할 것으로 보인다.

- ˘상용화(常用化): 일상적으로 쓰이게 됨. 또는 그렇게 만듦.
- ˘운동 에너지: 운동하는 물체가 가지고 있는 에너지.
- ˘주행(走行): 주로 동력으로 움직이는 자동차나 열차 따위가 달림.
- ˘가속(加速): 점점 속도를 더함. 또는 그 속도.
- ˘구동력(驅動力): 동력 기구를 움직이는 힘.
- ˘감속(減速): 속도를 줄임. 또는 그 속도.
- ˘정차(停車): 차가 멈춤. 또는 차를 멈춤.

독해력 Upgrade   ※각 문단의 중심 내용을 다음과 같이 정리할 때, 빈칸에 들어갈 알맞은 말을 쓰시오.

| **1** 하이브리드 자동차의 개념과 특징 | → | **2** 하이브리드 자동차의 (   )와 각 요소의 기능 | → | **3** 주행 상태와 (   )에 따른 하이브리드 자동차의 작동 원리 및 장점 | → | **4** 하이브리드 자동차의 한계와 전망 |

1 이 글에 쓰인 서술 방식으로 적절한 것은?

① 대상을 구성 요소별로 나누어 각각의 기능을 설명하고 있다.
② 대상이 지닌 문제점의 원인을 다양한 관점에서 분석하고 있다.
③ 대상의 한계를 지적하고 그것을 극복할 방안을 제시하고 있다.
④ 대상의 문제점을 바탕으로 앞으로의 상황을 부정적으로 전망*하고 있다.
⑤ 대상의 핵심 기술이 변화·발전해 온 과정을 중심으로 내용을 전개하고 있다.

> ❤전망(展望): 앞날을 헤아려 내다봄. 또는 내다보이는 장래의 상황.

2 ㉠에 대한 설명으로 적절하지 <u>않은</u> 것은?

① 배기가스를 적게 배출하는 친환경 차이다.
② 기존 자동차에는 없는 전기 모터가 장착되어 있다.
③ 기존 자동차보다 무겁고 가격이 비싸다는 단점이 있다.
④ 전기 자동차나 수소 자동차와 달리 상용화된 교통수단이다.
⑤ 대용량 배터리가 있어서 기존 자동차보다 주행 거리가 길다.

3 다음은 하이브리드 자동차에 대한 수업의 일부이다. 선생님의 질문에 대한 답으로 알맞은 것은?

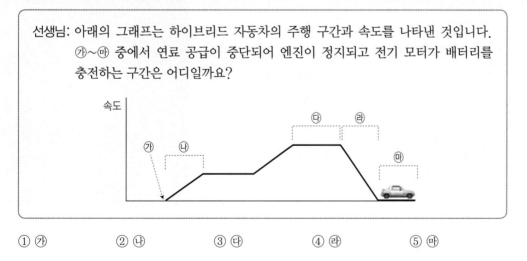

선생님: 아래의 그래프는 하이브리드 자동차의 주행 구간과 속도를 나타낸 것입니다. ㉮~㉺ 중에서 연료 공급이 중단되어 엔진이 정지되고 전기 모터가 배터리를 충전하는 구간은 어디일까요?

① ㉮   ② ㉯   ③ ㉰   ④ ㉱   ⑤ ㉲

어휘력 Upgrade ※다음의 빈칸에 들어갈 알맞은 말을 〈보기〉에서 찾아 쓰시오.

> ┌ 보기 ┐
> 가속
> 전망
> 정차
> 주행

1 당분간 따뜻한 날씨가 지속될 것으로 (　　　)된다.
2 신호 문제로 지하철의 (　　　) 시간이 평소보다 길어졌다.
3 편리한 기계들이 발명되면서 산업화가 더욱 (　　　)되었다.
4 이 자전거에는 안전등이 달려 있어서 야간 (　　　)에도 안전합니다.

조명 기구의 3단 변신

에디슨이 백열전구를 발명한 이후 인류는 전기를 이용한 조명 기구를 널리 사용하게 되었어. 그런데 요즘은 백열전구보다 형광등이나 LED 사용이 늘고 있어. 이들의 차이에 주목하며 글을 읽어 보자.

♥ 필라멘트(filament): 전구 내부에서 전류에 의해 가열되어 빛을 발하는 가는 금속 선.

♥ 열전자(熱電子): 금속이 가열되어 온도가 높아질 때 방출되는 전자.

♥ 자외선(紫外線): 태양 광선의 스펙트럼을 사진으로 찍었을 때 가시광선의 바깥쪽에 나타나는 전자파를 통틀어 이르는 말.

♥ 반도체(半導體): 전기를 전하는 성질이 중간 정도인 물질을 통틀어 이르는 말. 낮은 온도에서는 거의 전기가 통하지 않으나 높은 온도에서는 전기가 잘 통함.

♥ 정공(正孔): 반도체의 전자가 밖에서 에너지를 받아 보다 높은 상태로 이동하면서 그 뒤에 남은 구멍.

1 조명 기구는 전기 에너지를 빛 에너지로 변환하여 어두운 곳을 환하게 밝힌다. 이때 조명 기구를 밝히는 데 사용되는 전력의 양이 빛으로 바뀌는 비율을 가리켜 발광 효율이라고 한다. 전기를 이용한 인류 최초의 조명 기구라 할 수 있는 백열전구가 발명된 이래 형광등과 LED(발광 다이오드) 같은 조명 기구들이 새롭게 등장했는데, 이들은 발광 효율을 높이는 방향으로 발전하였다.

2 백열전구는 둥근 유리구 안에 필라멘트♥를 넣고 질소나 아르곤과 같이 다른 물질과 화합하지 않는 기체를 넣은 단순한 구조이다. 필라멘트에 전압을 가하면 필라멘트가 뜨거워지며 빛을 내보낸다. 그런데 전구에 들어가는 전력의 양 중 빛으로 변하는 것은 10% 정도이고 나머지는 열로 변한다. 그렇기 때문에 백열전구는 발광 효율이 아주 낮다. 또한 필라멘트가 고온으로 가열되므로 끊어지기 쉬워 수명도 짧다.

3 형광등은 원통형 유리관 안에 수은 및 다른 물질과 화합하지 않는 아르곤과 같은 기체가 들어 있고, 양 끝에 필라멘트가 붙어 있는 구조이다. 이 두 개의 필라멘트를 가열하면 열전자♥가 나오게 되는데, 이 열전자가 수은 입자에 충돌하면 자외선♥이 발생하고, 자외선이 형광등 안쪽에 발라진 형광 물질에 닿으면 빛으로 바뀐다. 이때 형광 물질의 종류에 따라 빛의 색이 달라지기도 하고 자외선을 빛으로 바꾸는 효율이 달라지기도 한다. 형광등은 필라멘트에서 직접 빛을 얻는 것이 아니므로 백열전구에 쓰이는 전력의 30% 정도로 같은 밝기의 빛을 낼 수 있다. 또한 백열전구에 비해 열도 적게 나고 수명도 5~6배 정도 길다.

4 LED(발광 다이오드)는 p형, n형이라는 두 종류의 반도체♥를 접합한 구조로 되어 있다. LED에서 빛이 만들어지는 원리는 의외로 간단하다. 반도체에 빛을 쬐어 주면 전자와 정공♥이 만들어지면서 전류가 흐르고 이 전류가 빛이 된다. 즉, 전자가 많은 n형 반도체와 정공이 많은 p형 반도체를 접합해서 만든 pn반도체에 전기를 걸어 주면, 중간에서 여유분의 전자와 정공이 만나면서 빛이 만들어지는 것이다. LED는 전기 에너지를 직접 빛 에너지로 바꾸어 주기 때문에 발광 효율이 백열전구나 형광등보다 높다. 또한 필라멘트와 같은 가열체가 없으므로 형광등에 비해 수명이 길고 열 발생 또한 적다.

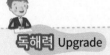

독해력 Upgrade

※각 문단의 중심 내용을 다음과 같이 정리할 때, 빈칸에 들어갈 알맞은 말을 쓰시오.

| **1** ( )을 높이는 방향으로 발전한 조명 기구 | → | **2** 백열전구의 구조와 발광 원리 및 특징 | → | **3** ( )의 구조와 발광 원리 및 특징 | → | **4** ( )의 구조와 발광 원리 및 특징 |

1 이 글을 통해 알 수 있는 내용이 <u>아닌</u> 것은?

① LED는 두 종류의 반도체를 접합한 구조로 되어 있다.
② 형광등은 백열전구보다 나중에 등장한 조명 기구이다.
③ LED는 반도체를 통해 전기 에너지를 직접 빛 에너지로 바꾼다.
④ 백열전구는 오랫동안 켜 두어도 필라멘트가 끊어질 염려가 없다.
⑤ 발광 효율이란 조명 기구에 공급되는 전력의 양이 빛으로 바뀌는 비율이다.

2 이 글을 읽고 정리한 내용으로 알맞은 것은?

수명(짧다 < 길다)	백열전구 < LED < 형광등	①
	LED < 형광등 < 백열전구	②
열 발생(적다 < 많다)	백열전구 < 형광등 < LED	③
발광 효율(낮다 < 높다)	형광등 < LED < 백열전구	④
	백열전구 < 형광등 < LED	⑤

3 이 글을 참고하여 〈보기〉를 이해한 것으로 적절하지 <u>않은</u> 것은?

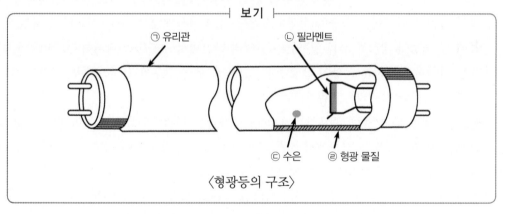

┤ 보기 ├

⊙ 유리관   ⓒ 필라멘트
ⓒ 수은   ② 형광 물질
〈형광등의 구조〉

① ⊙ 안에는 아르곤과 같이 다른 물질과 화합하지 않는 기체가 들어 있다.
② 형광등에는 ⓒ이 두 개가 있으며 각각 양 끝에 붙어 있다.
③ ⓒ에서 나온 열전자가 ⓒ에 충돌하면 자외선이 발생한다.
④ ⓒ이 ②에 닿으면 전기 에너지가 빛으로 바뀐다.
⑤ ②의 종류에 따라 빛의 색이 달라질 수 있다.

어휘력 Upgrade

※다음의 빈칸에 들어갈 알맞은 말을 〈보기〉에서 찾아 쓰시오.

┤ 보기 ├
가열
수명
화합
효율

1 물을 (   )하면 수증기가 발생한다.
2 피로가 쌓일수록 일의 (   )은 떨어지기 마련이다.
3 건전지의 (   )이 다했는지 기기가 작동하지 않았다.
4 이번 축제는 지역 주민들이 함께 (   )할 수 있는 좋은 계기가 될 것이다.

씨를 뿌려 비를 만드는 인공 강우

옛날 우리 조상들은 가뭄이 길어지면 비가 오기를 하늘에 비는 제사를 지냈어. 하지만 오늘날에는 제사를 지내는 대신 사람이 직접 비를 만들어 내지. 이것을 가능하게 하는 기술에 대해 한번 살펴볼까?

1️⃣ 비는 자연 현상이기 때문에 사람의 힘으로 비가 오게 하는 것은 불가능하다고 여겨져 왔다. 그래서 대형 산불이 빨리 진화되지 않아 피해가 커질 때, 사람들은 비가 내리기를 그저 바랄 뿐이었다. 그런데 필요한 지역에 인공적˚으로 비를 내릴 수 있는 ㉠인공 강우 기술이 개발되었다. 인공 강우는 구름층은 형성되어 있지만 구름 방울˚들이 비가 내릴 수 있는 빗방울로 자라지 못하는 경우에, 인공적으로 구름 씨˚ 역할을 하는 작은 입자들을 대기 중에 뿌려 빗방울 형성을 촉진˚해 비를 내리게 하는 것이다.

2️⃣ 인공 강우의 원리는 구름층의 속성에 따라 크게 두 가지로 나뉜다. 먼저 0℃ 이하의 차가운 구름층은 작은 얼음 알갱이인 빙정이 주변의 수증기 입자들을 끌어들여 큰 빙정이 되어 비나 눈으로 내린다. 이런 빙정 역할을 할 수 있는 요오드화 은이나 빙정 생성을 촉진하는 드라이아이스를 구름 씨로 뿌려 줌으로써 인공 강우를 유발할 수 있다. 다음으로 0℃ 이상의 따뜻한 구름층은 작은 물방울들이 충돌과 병합˚에 의해 큰 물방울로 성장하여 비를 내리기 때문에, 이런 역할을 촉진할 수 있는 염화 나트륨과 같은 흡습성˚ 물질이나 물을 구름 씨로 뿌려 주면 인공 강우가 일어날 수 있다.

3️⃣ 인공 강우로 기상 상태를 효과적으로 조절하면 가뭄, 홍수, 집중 호우, 태풍과 같은 자연재해를 예방할 수 있고, 농작물 재배에 도움이 되며, 충분한 수자원을 미리 확보할 수 있다. 하지만 인공 강우는 구름이 형성되지 않은 맑은 하늘에서 비를 내리게 할 수는 없고 생성 초기의 짧은 순간의 구름에만 적용할 수 있는 한계점이 있다.

4️⃣ 인공 강우는 여러 요인들을 고려하여 실시되어야 한다. 구름 씨를 뿌리는 시점이 적절하지 않거나 적당한 구름층이 형성되지 않은 상황에서 인공 강우를 시도하게 되면, 구름층에 큰 구멍이 생기고 구름 입자들이 떨어져 나가면서 구름층을 파괴하여 자연적으로 내리는 비마저 방해하는 상황이 발생할 수 있다. 또 인공 강우가 실시된 주변 지역이 장기간에 걸쳐 가뭄에 시달리는 경우도 발생할 수 있다.

5️⃣ 최근에는 대기 중에 존재하는 수많은 입자들을 전기장으로 뒤흔들어 수증기를 끌어모으는 방법으로 맑은 하늘에서 비를 내리게 하는 방법들이 연구되고 있다. 아마도 가까운 미래에는 구름층이 없는 상태에서도 비를 내리게 될 수 있을 것이다. 이처럼 기상 상태를 인간이 마음대로 조절할 수 있게 된다면 우리의 삶은 더 윤택˚해질 것이다. 하지만 이러한 시도들이 지구의 생태계에 어떤 악영향을 줄지는 아무도 예측할 수 없고 기술에 소요˚되는 비용도 막대하다. 우리 삶을 풍요롭게 해 주면서도 부작용을 최소화한 인공 강우 기술을 위해 더욱 체계적이고 신중한 연구가 꾸준히 진행되어야 할 것이다.

♥ 인공적(人工的): 사람의 힘으로 만든 것.
♥ 구름 방울: 대기 속에 떠다니면서 구름을 형성하는 작은 물방울.
♥ 구름 씨: 인공 강우를 만들기 위해 구름에 뿌리는 화학 물질.
♥ 촉진(促進): 다그쳐 빨리 나아가게 함.
♥ 병합(倂合): 둘 이상의 조직이나 사물을 하나로 합침.
♥ 흡습성(吸濕性): 물질이 공기 중의 습기를 빨아들이는 성질.
♥ 윤택(潤澤): 살림이 풍부함.
♥ 소요(所要): 필요로 하거나 요구되는 바.

독해력 Upgrade ※각 문단의 중심 내용을 다음과 같이 정리할 때, 빈칸에 들어갈 알맞은 말을 쓰시오.

| 1️⃣ 인공 강우의 개념 | → | 2️⃣ ( )의 속성에 따른 인공 강우의 원리 | → | 3️⃣ 인공 강우의 효과와 ( ) | → | 4️⃣ 인공 강우를 시도할 때 발생할 수 있는 ( ) | → | 5️⃣ 인공 강우 기술에 대한 전망과 당부 |

1 ㉠에 대한 이해로 적절하지 <u>않은</u> 것은?

① ㉠은 구름 방울들이 자연적으로 빗방울로 자라지 못할 때 시도한다.
② ㉠은 구름이 형성되지 않은 맑은 하늘에서 비를 내리게 하는 기술이다.
③ ㉠으로 가뭄, 홍수, 집중 호우, 태풍과 같은 자연재해를 예방할 수 있다.
④ ㉠을 실시할 때, 구름층의 온도에 따라 사용하는 화학 물질의 종류가 다르다.
⑤ ㉠을 잘못 시도하면 자연적으로 내리는 비마저 방해하는 부작용이 발생할 수 있다.

2 이 글을 읽고 〈보기〉에 대해 보인 반응으로 적절하지 <u>않은</u> 것은?

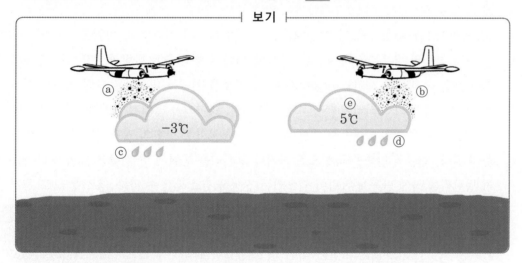

| 보기 |

① ⓐ: 빙정 기능을 하는 요오드화 은을 구름 씨로 뿌리는 것이 좋겠군.
② ⓑ: 습기를 빨아들이는 염화 나트륨을 구름 씨로 사용하는 것이 적절하겠군.
③ ⓒ: 빙정들이 근처의 수증기를 끌어들여 크기가 커지면서 비로 내리겠군.
④ ⓓ: 작은 물방울들이 서로 부딪히고 합쳐지며 물방울이 굵어져서 비가 오겠군.
⑤ ⓔ: 생성된 지 오래된 구름층에 구름 씨를 뿌려야 인공 강우가 성공할 확률이 높겠군.

어휘력 Upgrade   ※다음의 빈칸에 들어갈 알맞은 말을 〈보기〉에서 찾아 쓰시오.

| 보기 |
병합
윤택
인공적
촉진

1 광고는 판매를 (   )하기 위한 가장 대표적인 수단이다.
2 신라는 24대 진흥왕 때 가야를 (   )하여 국토를 확장하였다.
3 인류가 이룩한 문명은 인간에게 (   )한 생활을 가져다주었다.
4 동해안 일대는 천연적인 관광 자원과 (   )인 관광 자원이 잘 어우러져 있다.

초고층 건물이 휘청거리지 않는 이유는 뭘까

50층이 넘는 초고층 건물을 보면 참 신기해. 그렇게 높게 지었는데도 휘청거리지 않고 꿋꿋이 서 있으니 말이야. 초고층 건물을 지을 때는 과연 어떤 기술이 활용되는지 이 글을 통해 알아보자.

1 현재 세계에서 제일 높은 건물은 두바이에 있는 부르즈 할리파로 163층에 828미터이다. 이렇게 높은 건물은 어떻게 지어지는 걸까? 일반적으로 초고층 건물은 높이가 200미터 이상이거나 50층 이상인 건물을 말한다. 초고층 건물은 건물 자체의 엄청난 무게를 견뎌야 하며, 높은 곳의 거센 바람을 이겨 내야 한다. 이때 무게로 인해 위에서 아래로 작용하는 힘을 수직 하중˅이라 하고, 바람 등에 의해 가로 방향으로 작용하는 힘을 수평 하중이라고 한다.

2 부르즈 할리파는 하중을 견디는 방법으로 코어월 공법을 사용했다. 코어월(core wall)이란 건축물의 중앙부에 세우는 빈 파이프 모양의 철골 콘크리트 구조물로, 건물의 중심을 잡는 역할을 하는 벽체이다. 코어월의 가운데 빈 공간을 활용하기 위해 보통 이 부분에 계단이나 승강기, 수도 시설 등을 집중시킨다. 부르즈 할리파에 쓰인 코어월에는 800kg/㎠의 고강도 콘크리트가 사용되었는데, 이러한 고강도 콘크리트는 외부에서 작용하는 힘을 잘 지탱˅하여 건물이 크게 흔들리지 않게 한다.

3 일반적으로 건물의 높이가 높아질수록 수평 하중이 커지는데, 바람은 건물에 작용하는 수평 하중의 대부분을 차지한다. 바람에 의한 수평 하중은 바람과 부딪히는 건물의 면적이 같을 때 바람의 세기와 비례하게 된다. 건물을 위에서 내려다본 단면˅이 사각형인 경우, 바람이 건물의 모서리에 부딪히면 일부 공기 덩어리가 떨어져 나간다. 이 공기 덩어리는 건물 뒤로 돌아가 소용돌이를 만들어 바람이 불어온 방향의 직각 방향으로 건물을 흔들게 된다. 건물의 단면을 곡선으로 하거나 모서리를 둥글게 한 건물은 떨어져 나가는 공기 덩어리를 작게 만들어 바람이 일으키는 진동을 감소시킬 수 있다. 유선형˅으로 생긴 물고기와 잠수함이 물의 저항을 덜 받는 것과 비슷한 원리라고 할 수 있다. 부르즈 할리파 역시 바람에 의한 수평 하중을 감소시키기 위해 건물의 전체 면을 곡선으로 처리하였다.

4 초고층 건물은 바람에 의한 건물의 흔들림을 줄이기 위해 특수한 설비를 이용하기도 하는데, 대표적인 것이 진동을 흡수하는 장치인 댐퍼이다. 건물 내부에 거대한 추를 매달아 둔다거나, 상층부에 무거운 구조물을 놓고 조금씩 움직일 수 있게 스프링 등으로 고정해 두면, 바람이 불어 건물이 기우는 방향과 반대로 추가 흔들리면서 하중을 상쇄˅시켜 건물의 흔들림이 줄어들게 된다.

˅ 하중(荷重): 물체에 작용하는 외부의 힘 또는 무게.
˅ 지탱(支撐): 오래 버티거나 배겨 냄.
˅ 단면(斷面): 물체의 잘라 낸 면.
˅ 유선형(流線型): 물이나 공기의 저항을 최소한으로 하기 위하여 앞부분을 곡선으로 만들고, 뒤쪽으로 갈수록 뾰족하게 한 형태.
˅ 상쇄(相殺): 상반되는 것이 서로 영향을 주어 효과가 없어지는 일.

독해력 Upgrade ※각 문단의 중심 내용을 다음과 같이 정리할 때, 빈칸에 들어갈 알맞은 말을 쓰시오.

1 초고층 건물의 개념과 초고층 건물이 받는 하중 ➡ **2** 하중을 견디기 위해 초고층 건물에 활용되는 (　　) 공법 ➡ **3** 바람에 의한 수평 하중을 줄이는 건물의 곡선 처리 ➡ **4** 바람에 의한 수평 하중을 줄이는 (　　) 기술

1 이 글의 서술상의 특징으로 적절하지 않은 것은?

① 용어의 의미를 명확하게 제시하고 있다.
② 구체적인 예를 들어 대상에 대해 설명하고 있다.
③ 유추˘의 방법을 사용하여 독자의 이해를 돕고 있다.
④ 대상의 발달 과정을 중심으로 내용을 전개하고 있다.
⑤ 의문문을 사용하여 화제에 대한 관심을 유도하고 있다.

˘ 유추(類推): 어떤 대상을 보다 친숙한 다른 대상에 빗대어 설명하는 방법.

2 이 글의 내용과 일치하는 것은?

① 초고층 건물은 보통 100층 이상인 건물을 말한다.
② 건물의 높이가 높아질수록 수평 하중이 줄어든다.
③ 고강도 콘크리트는 초고층 건물의 안전을 위협하는 요인이다.
④ 건물에 작용하는 수평 하중의 대부분을 차지하는 것은 바람이다.
⑤ 수직 하중은 바람이나 지진 등에 의해 건물의 사방에서 작용하는 힘이다.

3 이 글을 읽고 초고층 건물을 짓기 위해 나눈 의견으로 적절하지 않은 것은?

① 바람으로 건물이 흔들릴 때 진동이 흡수되도록 건물에 댐퍼를 설치해야 해요.
② 건물 중앙부에 고강도 콘크리트 구조물로 벽체를 세워서 건물의 중심을 잡아야 해요.
③ 바람에 의한 수평 하중을 감소시킬 수 있도록 건물의 단면을 곡선으로 처리해야 해요.
④ 계단과 승강기는 코어월의 가운데 빈 공간을 활용하여 건물 중심에 설치하는 게 좋겠어요.
⑤ 건물 내부에 거대한 추를 매달아 두면 건물에 부딪히는 바람의 세기를 약화시킬 수 있어요.

어휘력 Upgrade ※다음의 빈칸에 들어갈 알맞은 말을 〈보기〉에서 찾아 쓰시오.

┌─ 보기 ─┐
단면
상쇄
지탱
하중
└────────┘

1 수레가 (　　　　)을 견디지 못해 주저앉았다.
2 지금 이 담은 버팀목 몇 개로 겨우 (　　　　)되고 있다.
3 주방장이 가로썰어 놓은 귤은 (　　　　)이 깨끗하여 활짝 핀 꽃처럼 보였다.
4 영지가 왔다는 반가움이 민수가 오지 않았다는 섭섭함을 (　　　　)하지는 못했다.

기술 09 속도에 날개를 달다, 양자 컴퓨터

컴퓨터의 계산 속도는 인간의 계산 속도에 비하면 아주아주 빨라. 그런데 이런 컴퓨터로도 수백 년이 걸리는 계산을 몇 분 만에 해내는 컴퓨터가 있다고 해. 어떤 컴퓨터인지 이 글을 통해 같이 알아볼까?

1 양자론은 우리 눈으로 확인할 수 없는 원자나 전자와 같이 물질을 구성하는 입자ˇ나 빛(광자) 등이 움직이는 원리를 파악하는 과학 이론이다. 그리고 이 양자론을 이해하는 핵심 열쇠는 '상태의 공존ˇ'이다. 우리가 실제로 체험할 수 있는, 즉 눈으로 확인 가능한 현실 세계의 관점에서 입자는 입자로, 파동ˇ은 파동으로 보이는 것이 상식이다. 그러나 원자나 전자처럼 극히 작은 양자ˇ의 세계에서는 하나의 대상에 입자와 파동의 상태가 공존할 수 있다.

2 이렇게 하나의 대상에 상태가 공존할 수 있다는 양자론의 관점과 원리가 활용된 것이 양자 컴퓨터이다. 우리가 현재 사용하고 있는 ㉠일반 컴퓨터의 경우, 정보를 표현할 때 전류가 흐르거나 흐르지 않는 두 가지 상태를 각각 1과 0에 대응시키는 이진법을 사용한다. 이때 정보를 처리하는 최소 단위로 '비트(bit)'를 사용한다. 비트 하나에는 0과 1 두 가지의 정보를 넣을 수 있는데, 정보를 표현할 때는 둘 중 하나만 나타낼 수 있다. 즉 1비트가 한 번에 처리할 수 있는 정보는 하나이며, 두 개의 정보가 공존할 수 없는 것이다. 그러므로 1비트로 나타낼 수 있는 정보는 0 또는 1의 두 가지이다. 두 개의 비트, 즉 2비트로 나타낼 수 있는 정보의 개수는 4개(00, 01, 10, 11)이고, 3비트로 나타낼 수 있는 정보의 개수는 8개(000, 001, 010, 011, 100, 101, 110, 111)이다. 이때 각각의 비트는 순차적으로 입력해야 한다. 예를 들어 111을 표현하기 위해서는 세 개의 비트를 순차적으로 입력해야만 하는 것이다.

3 일반 컴퓨터와 달리 상태의 공존이 가능하다는 양자론을 바탕으로 한 ㉡양자 컴퓨터는 '양자 비트'를 정보 처리의 최소 단위로 한다. 양자 비트는 0과 1의 두 가지 정보를 동시에 나타낼 수 있어서, 1비트가 한 번에 두 개의 정보를 동시에 처리할 수 있다. 만약 두 개의 양자 비트가 있다면 4개의 정보(00, 01, 10, 11)를 한꺼번에 처리하는 것이 가능하며, n개의 양자 비트는 2의 n제곱만큼의 정보를 동시에 처리할 수 있다. 따라서 양자 컴퓨터의 연산 속도는 정보를 순차적으로 처리해야 하는 일반 컴퓨터와 비교할 수 없을 만큼 빠르다.

4 수학의 소인수 분해ˇ를 예로 들 경우, 250자리의 이진법 체계의 수를 소인수 분해 하려면 지금의 컴퓨터로는 80만 시간이 걸릴 것으로 예상한다. 만약 1,000자리의 이진법 체계의 수라면 우주의 나이보다도 더 많은 시간이 걸릴 것이라고 본다. 그러나 양자 컴퓨터로는 몇십 분 정도면 충분하다. 또한 기존 컴퓨터로는 해독하는 데 수백 년 이상 걸리는 암호 체계도 양자 컴퓨터를 이용하면 불과 4분 만에 풀어낼 수 있다.

ˇ입자(粒子): 물질을 구성하는 미세한 크기의 물체.
ˇ공존(共存): 두 가지 이상의 사물이나 현상이 함께 존재함.
ˇ파동(波動): 공간의 한 점에 생긴 물리적인 상태의 변화가 차츰 둘레에 퍼져 가는 현상. 물의 겉면에 생기는 파문이나 음파, 빛 따위를 이른다.
ˇ양자(量子): 더 이상 나눌 수 없는 에너지의 최소량의 단위.
ˇ소인수 분해: 자연수를 소수의 곱으로만 나타내는 일. 12는 2×2×3으로 나타낼 수 있다.

독해력 Upgrade ※각 문단의 중심 내용을 다음과 같이 정리할 때, 빈칸에 들어갈 알맞은 말을 쓰시오.

1 양자론의 개념과 양자론 이해의 핵심인 상태의 공존 → **2** (　　)를 최소 단위로 한 일반 컴퓨터의 정보 처리 방식 → **3** (　　)를 사용해 정보를 동시에 처리하는 양자 컴퓨터 → **4** 정보 처리 속도가 아주 빠른 양자 컴퓨터

1 이 글의 서술 방식으로 적절하지 <u>않은</u> 것은?

① 대상의 뜻을 분명히 밝히고 있다.
② 구체적인 예를 들어 독자의 이해를 돕고 있다.
③ 두 대상의 특징을 차이점을 중심으로 제시하고 있다.
④ 대상이 지닌 한계를 비판하며 글을 마무리하고 있다.
⑤ 대조를 통해 두 대상 중 하나의 장점을 부각[♥]하고 있다.

▼부각(浮刻): 어떤 사물을 특징지어 두드러지게 함.

2 ㉠과 ㉡에 대한 설명으로 적절하지 <u>않은</u> 것은?

① ㉠은 이진법을 사용하여 정보를 저장한다.
② ㉠과 달리 ㉡은 정보의 동시 처리가 가능하다.
③ ㉡은 ㉠보다 훨씬 빠른 속도로 연산이 가능하다.
④ ㉡은 정보를 순차적으로 입력하여 차례대로 처리한다.
⑤ ㉠은 정보 처리 단위로 비트를, ㉡은 양자 비트를 사용한다.

3 이 글로 미루어 알 수 있는 내용으로 적절한 것은?

① 일반 컴퓨터에서 10101을 나타내려면 4비트가 필요하다.
② 일반 컴퓨터는 2비트로 두 가지의 정보를 나타낼 수 있다.
③ 양자 컴퓨터에서 4개의 양자 비트는 16개의 정보를 동시에 처리할 수 있다.
④ 양자 컴퓨터는 하나의 대상에 상태가 공존할 수 없다는 관점을 바탕으로 고안[♥]되었다.
⑤ 양자 컴퓨터는 소인수 분해와 같은 연산을 빠르게 해낼 수 있지만 암호 해독에는 적합하지 않다.

▼고안(考案): 연구하여 새로운 안을 생각해 냄. 또는 그 안.

어휘력 Upgrade ※다음의 빈칸에 들어갈 알맞은 말을 <보기>에서 찾아 쓰시오.

┌ 보기 ┐
고안
공존
부각
파동

1 이 도시는 현대와 과거가 ( )하고 있다.
2 소리의 ( )은 고막에 전달된 후 증폭된다.
3 생산량을 늘릴 수 있는 새로운 농사법이 ( )되었다.
4 그는 세계 선수권 대회에서 우승을 거둔 이후 유망주로 ( )되었다.

[01~04] 다음 단어와 그 뜻풀이를 바르게 연결하시오.

01 기반 • • ㉠ 기초가 되는 바탕.

02 열등 • • ㉡ 어떤 일에 바로 맞닥뜨림.

03 해독 • • ㉢ 보통의 수준이나 등급보다 낮음.

04 당면 • • ㉣ 잘 알 수 없는 암호나 기호 따위를 읽어서 풂.

[05~08] <보기>의 글자들을 조합하여 다음의 뜻풀이에 알맞은 단어를 쓰시오.

┌──── 보기 ────┐
│ 윤 빈 송 택 행 주 곤 전 │
└──────────────┘

05 살림이 풍부함. ( )

06 가난하여 살기가 어려움. ( )

07 주로 동력으로 움직이는 자동차나 열차 따위가 달림. ( )

08 글이나 사진 따위를 전류나 전파를 이용하여 먼 곳에 보냄. ( )

[09~12] 다음의 빈칸에 들어갈 알맞은 단어를 <보기>에서 찾아 쓰시오.

┌──── 보기 ────┐
│ 고갈 누출 소요 저력 │
└──────────────┘

09 무너진 다리를 복구하는 데는 많은 시간과 비용이 ( )된다.

10 충돌 사고가 일어난 유조선에서 기름이 ( )되어 바다가 오염되고 있다.

11 수소는 오염 물질 배출이 적고 ( )될 걱정도 없는 미래의 친환경 에너지원이다.

12 기대감이 낮았던 그 영화는 흥행에 성공해 500만 관객을 동원하는 ( )을 보여 주었다.

[13~16] 제시된 초성과 뜻풀이를 참고하여 다음의 빈칸에 알맞은 단어를 쓰시오.

13 ㅇㅎ : 해로움이 있음.
예 그 제품은 인체에 ( )한 성분이 검출되어 판매가 중단되었다.

14 ㄱㅅ : 점점 속도를 더함. 또는 그 속도.
예 눈썰매는 ( )이 붙어서 평지에 와서도 한참을 갔다.

15 ㅈㅁ : 앞날을 헤아려 내다봄. 또는 내다보이는 장래의 상황.
예 이날 경기를 관람한 박 선수는 한국 태권도의 앞날이 매우 밝다고 ( )했다.

16 ㄱㅈ : 사실이 아니거나 또는 사실인지 아닌지 분명하지 않은 것을 임시로 인정함.
예 우리가 무인도에 떨어졌다고 ( )해 보자.

[17~20] 다음의 밑줄 친 부분과 바꿔 쓸 수 있는 말을 <보기>의 단어를 활용하여 쓰시오.

┌──── 보기 ────┐
│ 기여하다 적합하다 지탱하다 흡수하다 │
└──────────────┘

17 뿌리는 수분과 영양분을 빨아들여 가지로 보낸다.
( )

18 삼베옷은 짜임새가 듬성듬성하여 더운 여름에 입기에 알맞다.
( )

19 그녀는 세계 평화에 이바지한 공로로 노벨 평화상을 수상하였다.
( )

20 겨우 두 개의 기둥으로는 높이 솟은 건물의 무게를 버티지 못할 것이다.
( )

┌─────────────────────────────┐
│ 어휘력은 독해력의 기초! │
│ • 나의 어휘력은 몇 점? _____개 / 20개 │
│ • 18개 이상을 맞혔다면? 어휘의 기초가 튼튼합니다. │
│ • 17개 이하로 맞혔다면? 본문에 제시된 지문과 어휘를 다시 공부한 다음 문제를 풀어 보세요. │
└─────────────────────────────┘

[01~04] **다음 단어와 그 뜻풀이를 바르게 연결하시오.**

01 병합 •   • ㉠ 사물의 특징이나 성질.

02 촉진 •   • ㉡ 다그쳐 빨리 나아가게 함.

03 입자 •   • ㉢ 물질을 구성하는 미세한 크기의 물체.

04 속성 •   • ㉣ 둘 이상의 조직이나 사물을 하나로 합침.

[05~08] **〈보기〉의 글자들을 조합하여 다음의 뜻풀이에 알맞은 단어를 쓰시오.**

┌─── 보기 ┐
쇄 신 출 정 배 차 수 상
└─────────┘

05 차가 멎음. 또는 차를 멈춤. ( )

06 안에서 밖으로 밀어 내보냄. ( )

07 상반되는 것이 서로 영향을 주어 효과가 없어지는 일. ( )

08 전화, 라디오, 텔레비전 방송 따위의 신호를 받음. 또는 그런 일. ( )

[09~12] **다음의 빈칸에 들어갈 알맞은 단어를 〈보기〉에서 찾아 쓰시오.**

┌─── 보기 ┐
고안 명맥 양상 파손
└─────────┘

09 이 비행기는 공기의 저항을 적게 받도록 ( )되었다.

10 태풍으로 ( )된 도로가 일주일 만에 완벽하게 복구되었다.

11 다민족으로 이루어진 나라는 문화의 ( )도 그만큼 다양하다.

12 그동안 어렵게 ( )을 유지해 온 전통 과자들이 최근 인기를 얻고 있다.

[13~16] **제시된 초성과 뜻풀이를 참고하여 다음의 빈칸에 알맞은 단어를 쓰시오.**

13 ㅅㅎ : 여럿 가운데서 특별히 가려서 좋아함.
  예 무공해 채소를 ( )하는 소비자들이 꾸준히 늘고 있다.

14 ㅂㄱ : 어떤 사물을 특징지어 두드러지게 함.
  예 그 드라마는 청소년들의 갈등과 미래에 대한 고민을 ( )하여 드러냈다.

15 ㄱㅈ : 두 가지 이상의 사물이나 현상이 함께 존재함.
  예 우리 사회에는 여러 가족 형태가 ( )한다.

16 ㅎㅅ : 실력, 수준, 기술 따위가 나아짐. 또는 나아지게 함.
  예 과거에 비해 개인용 컴퓨터의 성능과 속도가 크게 ( )되었다.

[17~20] **다음의 밑줄 친 부분과 바꿔 쓸 수 있는 말을 〈보기〉의 단어를 활용하여 쓰시오.**

┌─── 보기 ┐
신중하다 전환하다 제공하다 조성하다
└─────────┘

17 가라앉은 분위기를 바꾸기 위해 신나는 음악을 틀었다. ( )

18 조명은 편안한 실내 분위기를 만드는 데 중요한 역할을 한다. ( )

19 어머니는 동생에게 덤벙대지 말고 조심스럽게 행동하라고 당부했다. ( )

20 시에서는 학생들이 건전하게 모일 수 있는 장소를 내주고 활동비도 지원하기로 했다. ( )

┌─────────────────────────────┐
│ **어휘력은 독해력의 기초!**
│ • 나의 어휘력은 몇 점? _____개 / 20개
│ • 18개 이상을 맞혔다면? 어휘의 기초가 튼튼합니다.
│ • 17개 이하로 맞혔다면? 본문에 제시된 지문과 어휘를 다시 공부한 다음 문제를 풀어 보세요.
└─────────────────────────────┘

독해 실전

아자! 힘내~

VI

융합

인권을 향한 외침, 여성 운동

역사 공부를 하다 보면, 남성과 여성을 동등하게 대우하지 않았던 사례를 흔히 발견할 수 있어. 이러한 불평등을 극복하기 위해 여성 운동이 시작되었지. 이 글을 읽으며 여성 운동에 대해 함께 알아보자.

1️⃣ 인권이란 사람이 사람으로서 당연히 누려야 하는 인간답게 살 권리이다. 인권은 성별, 국적, 나이 등의 조건과 무관하게 누구에게나 주어진 권리이다. 그러나 오랜 역사 속에서 여성은 인권을 제대로 보호받지 못한 경우가 많았고, 흔히 남성과 가정에 종속˚된 존재로 인식되었으며, 그러한 인식을 바탕으로 한 제도에 의해 억압˚받아 왔다. 여성 운동은 이러한 차별적인 상황을 극복하기 위한 사회 운동이다. 이는 여성이 주체적이고 동등한 사회 구성원으로서 살아가는 사회를 실현하고자 하는 움직임으로, 우리나라에서는 개화기 때부터 비롯되었다.

2️⃣ 엄격한 유교 사회였던 조선에서는 남존여비˚의 가치관으로 인해 다양한 불평등이 존재했다. 가부장으로서 가정에서 절대적인 권력을 가진 남성과 달리 여성은 남성에게 종속되고 남성을 뒷받침하는 존재로 인식되었다. 사회 활동이 가능했던 남성과 달리 여성은 사회 활동이 금지되어 관직에 나아갈 수도 없었다. 그러나 19세기 후반 개화기에 이르러 서구 문물이 들어오고 신교육을 받은 여성들이 등장하면서 이러한 사회에 대한 비판 의식이 생겨났다. 그들은 여성도 인간으로서 자기 정체성을 가져야 한다고 보았으며, 여성 단체를 조직하여 활동하면서 여성의 교육권 보장과 남녀의 균등˚한 교육 기회 등을 주장하였다.

3️⃣ 20세기에 들어 자본주의가 정착하고 산업화가 이루어짐에 따라 여성의 사회적 활동도 늘어났다. 그리고 신체 조건과 힘이 중요하던 노동 현장에 과학 기술이 도입되면서 여성들도 노동 현장에서 중요한 역할을 맡게 되었다. 이에 따라 여성이라는 이유로 차별받지 않을 권리를 더 활발히 주장하게 되었고, 이러한 여성 운동을 통해 여성의 사회적 지위는 과거에 비해 많이 상승하게 되었다.

4️⃣ 21세기 여성 운동은 그 주체와 범위가 더욱 확장되면서 다양한 변화를 일으키고 있다. 양성평등이 모든 사회 구성원이 함께 추구해야 하는 공동의 과제라는 인식이 확대되었고, 여성의 인권 보장을 위해 법과 제도도 개선되고 있으며, 정치·경제·교육·문화 등 여성 운동의 영역도 더욱 다양해졌다. 여성이 억압받아 온 역사에 비해 여성 운동의 역사는 매우 짧지만, 짧은 시간 동안 이뤄 낸 성과와 변화는 적지 않다고 볼 수 있다. 앞으로의 여성 운동은 이러한 성과를 바탕으로 하여 모든 사람의 평등, 인권, 복지를 추구하는 방향으로 확장되어야 할 것이다.

▼종속(從屬): 자주성이 없이 주가 되는 것에 딸려 붙음.

▼억압(抑壓): 자기의 뜻대로 자유로이 행동하지 못하도록 억지로 억누름.

▼남존여비(男尊女卑): 남자는 높고 여자는 낮다는 뜻으로, 사회적 지위나 권리 등에서 남자를 여자보다 우대하고 존중하는 일을 가리킴.

▼균등(均等): 고르고 가지런하여 차별이 없음.

독해력 Upgrade　　※각 문단의 중심 내용을 다음과 같이 정리할 때, 빈칸에 들어갈 알맞은 말을 쓰시오.

| 1️⃣ (　　　　)의 배경과 개념 | ➡ | 2️⃣ 조선 사회의 불평등과 (　　　　)의 여성 운동 | ➡ | 3️⃣ 20세기 여성 운동과 여성의 지위 변화 | ➡ | 4️⃣ 21세기 여성 운동의 양상과 여성 운동이 나아갈 방향 |

1 이 글의 표제와 부제로 가장 적절한 것은?

① 인권과 여성 운동의 상관관계 – 조선 시대의 사례를 중심으로
② 남성과 여성, 그 불평등의 역사 – 교육과 노동 문제를 중심으로
③ 여성 운동이 나아갈 방향은 무엇인가 – 법과 제도의 개선을 중심으로
④ 여성 운동은 왜, 어떻게 전개되었나 – 한국 사회의 여성 운동을 중심으로
⑤ 우리는 왜 여성 운동에 주목해야 하는가 – 21세기 여성 운동의 성과를 중심으로

2 이 글과 〈보기〉를 읽고 난 반응으로 적절하지 <u>않은</u> 것은?

─┤ 보기 ├─

〈대한민국 헌법〉
제11조 ① 모든 국민은 법 앞에 평등하다. 누구든지 성별·종교 또는 사회적 신분에 의하여 정치적·경제적·사회적·문화적 생활의 모든 영역에 있어서 차별을 받지 아니한다.

〈양성평등 기본법〉
제3조 "양성평등"이란 성별에 따른 차별, 편견, 비하 및 폭력 없이 인권을 동등하게 보장받고 모든 영역에 동등하게 참여하고 대우받는 것을 말한다.
제4조 ① 모든 국민은 가족과 사회 등 모든 영역에서 양성평등한 대우를 받고 양성평등한 생활을 영위*할 권리를 가진다.
② 모든 국민은 양성평등의 중요성을 인식하고 이를 실현하기 위하여 노력하여야 한다.

❤ 영위(營爲): 일을 꾸려 나감.

① 여성이라는 이유로 차별받지 않을 권리는 〈대한민국 헌법〉에서 보장하고 있어.
② 우리 사회에서 양성평등이라는 개념이 확립되고 중시되기까지, 여성 운동이 많은 영향을 미쳤을 거야.
③ 〈양성평등 기본법〉을 보면, 오늘날 사회가 남존여비의 가치관이 당연시되었던 조선 사회에 비해 얼마나 많이 달라졌는지 알 수 있어.
④ 양성평등이 단지 여성 운동만의 과제가 아니라 모든 사회 구성원이 함께 추구해야 하는 공동의 과제임을 〈양성평등 기본법〉에서 확인할 수 있어.
⑤ 양성평등을 법에서 명시하고 있긴 하지만 현실의 차별은 여전히 존재하므로, 앞으로의 여성 운동은 여성의 이익을 극대화하는 것을 궁극적인 목표로 삼고 나아가야 해.

어휘력 Upgrade ※다음의 빈칸에 들어갈 알맞은 말을 〈보기〉에서 찾아 쓰시오.

┌─ 보기 ─┐
균등
억압
영위
종속
└────┘

1 인간의 삶이 과학 기술에 (   )되어서는 안 된다.
2 조선 시대에는 유교를 숭상하고 불교를 (   )했다.
3 꾸준히 운동을 해야 건강하고 활기찬 삶을 (   )할 수 있다.
4 지역의 (   )한 발전을 위해서는 중앙에 집중된 인구와 기업들을 분산시켜야 한다.

프랙털, 수학에서 예술로 나아가다

수학과 예술은 서로 동떨어진 분야라고 생각하기 쉽지만, 실제로는 수학이 예술의 바탕이 되는 경우가 많아. '프랙털 아트'도 그중 하나이지. '프랙털'이란 무엇이고 이것이 예술과 어떻게 관련되는지 함께 알아보자.

1 고사리 이파리를 확대해 보면 전체의 형태와 동일한 모양이 계속 반복되는 것을 발견할 수 있다. 이처럼 부분의 모양이 전체의 형태를 닮는 '자기 유사성'을 지니면서, 전체와 동일한 모양이 부분에서 계속 반복되는 '순환성'이 나타날 때, 이러한 구조를 '프랙털(fractal)'이라고 한다.

2 프랙털의 예는 고사리 잎 외에도 자연에서 다양하게 찾아볼 수 있다. 눈의 결정체, 나뭇가지가 뻗어 나가는 모양, 울퉁불퉁한 해안선, 여러 줄기로 갈라져 나오는 번개, 심지어 사람의 혈관이 뻗어 나가는 모양에서도 프랙털 구조를 발견할 수 있다. 우리 눈으로 확인 가능한 규칙적인 자연 현상이나 모습뿐만 아니라, 언뜻 보면 불규칙해 보이는 자연 현상이나 모습에서도 프랙털을 찾아낼 수 있는 것이다.

3 프랙털이라는 용어는 1975년에 미국의 수학자 망델브로에 의해 제시되었다. 수학에서는 프랙털의 성질과 프랙털 이론을 적용해 만든 도형에 대한 연구가 이루어져 왔다. 이처럼 수학에서 출발한 프랙털은 예술 분야에서 응용˘되고 있는데 이를 '프랙털 아트'라고 한다. 프랙털 아트는 주로 컴퓨터 그래픽을 이용하여 같은 모양이 반복되는 추상적이고 몽환적˘인 그림이나 영상을 만들어 내는 시각 예술이다.

4 프랙털 아트의 대표적인 작가로는 카와구치 요이치로가 있다. 그는 프랙털 모양을 발생시키는 소프트웨어를 이용하여 자신의 작품 세계를 확립˘하였다. 그의 대표작인 〈성장 모델(Growth Model)〉은 조개껍질, 양과 사슴의 뿔, 산호 등의 성장 과정을 관찰하여 이를 컴퓨터 프로그램을 활용해 단순화시킨 뒤, 대상이

카와구치 요이치로, 〈성장 모델〉

만들어진 원리와 법칙에서 규칙성을 찾아 프랙털 아트로 구현˘한 작품이다. 프랙털 아트는 전통적인 예술 작품에서도 발견할 수 있다. 서양의 고딕 성당에 나타나는 스테인드글라스와 동양의 불교 미술인 만다라˘ 등이 대표적인 예이다. 이들 작품에서는 프랙털의 특성인 자기 유사성과 순환성을 찾아볼 수 있다.

5 프랙털 아트는 규칙적으로 반복되는 이미지를 복사하여 나열하는 방법을 사용하거나, 반복되는 이미지들을 확대 또는 축소하여 이미지에 변화를 주기도 하며, 규칙적으로 반복되는 이미지 자체를 변환하는 방법을 사용하기도 한다. 그러나 확대·축소·변환이라는 방법을 사용하더라도 이는 작품의 특정 부분에 변화를 주기 위한 방법일 뿐이며, 작품의 전체적인 모습은 '같은 모양의 반복'이라는 프랙털 구조에 바탕을 두고 있다.

˘응용(應用): 어떤 이론이나 이미 얻은 지식을 구체적인 개개의 사례나 다른 분야의 일에 적용하여 이용함.

˘몽환적(夢幻的): 현실이 아닌 꿈이나 환상과 같은 것.

˘확립(確立): 체계나 견해, 조직 따위가 굳게 섬.

˘구현(具現): 어떤 내용이 구체적인 사실로 나타나게 함.

˘만다라(曼茶羅): 신성한 단에 부처와 보살을 배치한 그림으로 우주의 진리를 표현한 것.

독해력 Upgrade ※각 문단의 중심 내용을 다음과 같이 정리할 때, 빈칸에 들어갈 알맞은 말을 쓰시오.

| **1** ( )의 개념 및 특성 | → | **2** ( )에 다양하게 존재하는 프랙털의 예 | → | **3** ( )에서 출발한 프랙털을 예술에 응용한 프랙털 아트 | → | **4** 프랙털 아트 작품의 예 | → | **5** 작품 전체와 부분에서 사용되는 프랙털 아트의 구현 방법 |

1 이 글에 언급된 내용이 <u>아닌</u> 것은?

① 프랙털의 특성
② 프랙털 아트의 개념
③ 프랙털 도형의 구체적인 예
④ 프랙털이 발견되는 자연 현상
⑤ 프랙털이라는 용어를 제시한 학자

2 이 글의 ㉠에 대한 반응으로 적절하지 <u>않은</u> 것은?

① 컴퓨터 프로그램을 활용하여 만들어 낸 시각 예술이군.
② 작품 전체를 이루는 기본 원리는 같은 모양의 반복이군.
③ 눈에 보이는 규칙적인 자연 현상을 사실적으로 묘사하였군.
④ 반복되는 이미지들을 부분에 따라 확대, 축소하여 변화를 주었군.
⑤ 자연물의 성장 과정을 관찰하여 그것에서 찾아낸 규칙성을 구현하였군.

3 이 글을 참고하여 <보기>의 ㉮~㉰를 이해한 것으로 적절하지 <u>않은</u> 것은?

┤ 보기 ├

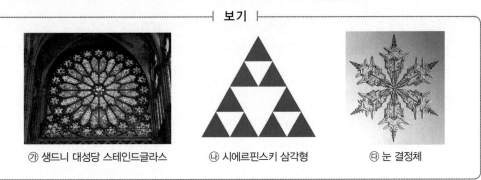

㉮ 생드니 대성당 스테인드글라스　　㉯ 시에르핀스키 삼각형　　㉰ 눈 결정체

① ㉮는 프랙털을 응용한 전통적인 예술 작품이다.
② ㉯는 자기 유사성을 갖는 도형이다.
③ ㉰는 자연에서 찾아볼 수 있는 프랙털의 예이다.
④ ㉮와 ㉯는 불규칙한 자연 현상에도 프랙털이 존재함을 보여 준다.
⑤ ㉮, ㉯, ㉰는 동일한 모양이 반복되는 순환성을 보인다.

어휘력 Upgrade　※다음의 빈칸에 들어갈 알맞은 말을 <보기>에서 찾아 쓰시오.

┤ 보기 ├
구현
몽환적
응용
확립

1 희곡은 무대에서 (　　　)되는 문학이다.
2 교통질서를 (　　　)하기 위해 제도를 정비하였다.
3 식물에 대한 과학적 지식이 농업에 (　　　)되고 있다.
4 이 그림은 마치 꿈속을 여행하는 듯한 (　　　) 기분을 느끼게 한다.

가상 세계의 문을 여는 AR과 VR

'가상 현실'이나 '증강 현실'이라는 말을 들어 봤을 거야. 이 기술들을 활용한 게임도 많이 출시되고 있지. 가상 현실과 증강 현실은 구체적으로 어떤 기술들인지, 혹시 문제점은 없는지 함께 알아보자.

1️⃣ 증강 현실(AR)은 실제 세계에 3차원 가상 물체를 겹쳐 보여 주는 기술로, 현실 세계에 실시간으로 부가♥ 정보를 갖는 가상 세계를 합쳐 하나의 영상으로 처리한다. 축구 중계를 할 때 그라운드에 나타나는 정보 그래프가 대표적인 예이다. 가상 현실(VR)은 실제와 ㉠비슷하나 실제가 아닌 인공 환경을 기본 개념으로 하고 있다. 이 환경은 상상이나 환영♥의 개념은 아니면서 현실과는 밀접하지만 그렇다고 현실은 아닌 공간이다. 가상 현실은 어떤 특정한 환경이나 상황을 컴퓨터로 만들어, 그것을 사용하는 사람이 마치 실제 그 세계 안에 존재해 직접 경험하는 것처럼 만들어 준다.

2️⃣ 이러한 증강·가상 현실 구현을 위해서는 여러 기술이 필요한데, 지금까지 가장 활발하게 기술이 진척♥된 분야는 눈을 ㉡감싸는 머리 덮개형 디스플레이, 즉 HMD(Head Mounted Display) 개발 분야이다. HMD는 인간의 감각 중 가장 많은 정보를 받아들이는 시각을 속여 맨눈으로 볼 때와 최대한 비슷하게 만드는 기술을 기반으로 한다. 초창기 HMD는 눈앞 액정에 시각 정보를 제공하는 수준이었지만 디스플레이 기술이 ㉢나아지면서 최근에는 오감♥을 다양한 센서와 결합한 HMD가 출시되었고 이러한 HMD는 게임이나 교육용 프로그램에서 최적의 몰입도를 갖게 하고 있다.

3️⃣ 그러나 증강·가상 현실 기술들에 대한 우려의 목소리도 높다. 첫째는 조작 가능성이다. 프로그램에 대한 접근과 조작이 ㉣쉬워진다면 이것이 악용되어 사용자들의 자유 의지가 제한되고 억압될 수 있다. 둘째로 사람 간의 관심이나 공감의 결여♥이다. 현실에서 상처받은 사람들이 증강·가상 현실로 들어간다면 사람을 통한 감정 교류가 축소되면서 관심을 주고받는 것을 회피하거나 공감 능력이 떨어지게 될 수 있다. 마지막으로 현실 도피에 대한 우려이다. 가상 현실에 지나치게 몰입하여 현실을 거부하는 사람들이 늘어날 수 있다는 것이다.

4️⃣ 이와 관련하여 우리는 보드리야르의 철학론을 ㉤눈여겨볼 필요가 있다. 보드리야르는 광고가 발달하고 이미지가 넘치는 현대 사회에서는 현실보다 가상이 더 중요시되고 있다고 보았다. 그는 현실보다 더 현실 같은 허상♥이 우리의 사유를 특정 방향으로 마비시키고 있으며 이로 인해 사람들이 현실과 가상을 잘 구분하지 못하고 수동적, 순응적 존재가 된다고 하였다. 이러한 보드리야르의 철학은 증강·가상 현실과 우리 삶의 관계를 다시 한번 생각해 보게 한다. 증강·가상 현실 기술이 발전해 나감에 따라 그것을 현명하게 받아들이는 태도에 대한 고민도 필요할 것이다.

♥ 부가(附加): 주된 것에 덧붙임.

♥ 환영(幻影): 감각의 착오로 사실이 아닌 것이 사실로 보이는 환각 현상.

♥ 진척(進陟): 일이 목적한 방향대로 진행되어 감.

♥ 오감(五感): 시각, 청각, 후각, 미각, 촉각의 다섯 가지 감각.

♥ 결여(缺如): 있어야 할 것이 빠져서 없거나 모자람.

♥ 허상(虛像): 실제 없는 것이 있는 것처럼 나타나 보이는 모습.

독해력 Upgrade ※각 문단의 중심 내용을 다음과 같이 정리할 때, 빈칸에 들어갈 알맞은 말을 쓰시오.

| 1️⃣ ( )과 가상 현실의 개념 | → | 2️⃣ 증강·가상 현실을 구현하는 데 필요한 ( ) 기술의 발전 현황 | → | 3️⃣ 증강·가상 현실에 대한 우려 | → | 4️⃣ 증강·가상 현실과 관련하여 보드리야르의 철학에 주목해야 할 필요성 |

1 이 글의 내용과 일치하는 것은?

① 증강 현실은 현실에는 존재하지 않는 공간을 기반으로 한다.

② 최근의 HMD 기술은 눈앞 액정에 시각 정보를 제공하는 수준에 이르렀다.

③ 축구 중계에서 그라운드에 나타나는 정보 그래프는 가상 현실 기술의 예이다.

④ HMD의 기반은 시각을 속여 맨눈으로 볼 때와 최대한 비슷하게 만드는 기술이다.

⑤ 보드리야르는 광고가 발달하고 이미지가 넘치는 현대에서는 가상보다 현실이 더 중요시된다고 보았다.

2 〈보기〉의 입장에서 ❸에 대해 할 말로 가장 적절한 것은?

┤ 보기 ├

'외상 후 스트레스 장애(PTSD)'는 교통사고, 전쟁, 폭행 등 생명을 위협할 정도의 극심한˘ 스트레스를 경험한 후 발생하는 심리적 반응으로 우울증, 분노 장애, 악몽 등의 증상이 나타난다. 그런데 이러한 PTSD를 치료하는 데 가상 현실 프로그램이 뛰어난 효과가 있음이 증명되었다. 가상 현실 프로그램을 통한 PTSD 치료에서는, HMD를 환자에게 씌우고 이것이 가상 현실임을 알려 주면서 환자가 경험한 것과 비슷한 상황을 눈앞에 보여 준다. 환자는 당시의 끔찍한 기억을 떠올리면서도 이것이 가상 현실임을 알기에 그 장면을 마주할 수 있다. 이러한 치료가 거듭되면서 환자는 점점 눈앞의 상황에 둔감˘해지고 스트레스 장애도 감소된다. 치료 결과 90% 정도의 장애가 개선되었다.

˘ 극심하다(極甚하다): 매우 심하다.

˘ 둔감(鈍感): 무딘 감정이나 감각.

① 가상 현실로 인해 환자들의 자유 의지가 제한되고 억압될 수 있다.

② 가상 현실 기술은 의료 분야에서 더욱 쉽고 단순하게 구현될 수 있다.

③ 가상 현실 치료 프로그램을 만든 사람은 환자를 감시하는 역할을 할 수 있다.

④ 상황에 따라서는 가상 현실을 통해 현실에서 도피하는 것이 삶에 도움이 되기도 한다.

⑤ 현실에서 상처받은 사람들이 가상 현실의 도움을 받는 것을 부정적으로만 볼 수는 없다.

3 문맥상 ㉠~㉤과 바꿔 쓰기에 적절하지 <u>않은</u> 것은?

① ㉠: 유사하나　　② ㉡: 용납하는　　③ ㉢: 발전하면서

④ ㉣: 용이해진다면　　⑤ ㉤: 주목할

어휘력 Upgrade　　※다음의 빈칸에 들어갈 알맞은 말을 〈보기〉에서 찾아 쓰시오.

┤ 보기 ├
결여
부가
둔감
진척

1 공사가 순조롭게 (　　　)되어 기한 내에 마무리될 전망이다.

2 음식이 뜨거울 때는 혀가 (　　　)해져서 맛을 잘 느끼지 못한다.

3 해설 위원은 자신감이 (　　　)된 선수들의 태도 때문에 경기에서 패배한 것이라고 보았다.

4 아버지는 전화 통화를 비롯한 기본적인 서비스만 사용하실 뿐 (　　　) 서비스는 전혀 이용하지 않는다.

11회 단원 어휘 테스트

정답과 해설 101쪽 ▶▶

[01~04] 다음 단어와 그 뜻풀이를 바르게 연결하시오.

01 종속 •

• ㉠ 대상을 두루 생각하는 일.

02 사유 •

• ㉡ 자주성이 없이 주가 되는 것에 딸려 붙음.

03 대등 •

• ㉢ 주기적으로 자꾸 되풀이하여 돎. 또는 그런 과정.

04 순환 •

• ㉣ 서로 견주어 높고 낮음이나 낫고 못함이 없이 비슷함.

[05~08] <보기>의 글자들을 조합하여 다음의 뜻풀이에 알맞은 단어를 쓰시오.

── 보기 ──
승 용 오 영 악 감 상 환

05 낮은 데서 위로 올라감. ( )

06 알맞지 않게 쓰거나 나쁜 일에 씀. ( )

07 시각, 청각, 후각, 미각, 촉각의 다섯 가지 감각. ( )

08 감각의 착오로 사실이 아닌 것이 사실로 보이는 환각 현상. ( )

[09~12] 다음의 빈칸에 들어갈 알맞은 단어를 <보기>에서 찾아 쓰시오.

── 보기 ──
구현 몰입 정착 조작

09 법은 사회의 정의를 ( )하는 데 그 목적을 두고 있다.

10 스포츠 경기에서 승부를 ( )하는 것은 범죄 행위이다.

11 그 배우는 자신의 역할에 깊이 ( )하여 완벽한 연기를 보여 주었다.

12 서구의 종교는 20세기가 되면서 우리나라에 완전히 ( )하였다.

[13~16] 제시된 초성과 뜻풀이를 참고하여 다음의 빈칸에 알맞은 단어를 쓰시오.

13 ㅎ ㄹ : 체계나 견해, 조직 따위가 굳게 섬.
예 삼국 통일 이후 신라는 정치적 안정을 바탕으로 강력한 왕권이 ( )되었다.

14 ㅈ ㅊ : 일이 목적한 방향대로 진행되어 감.
예 사건 담당 경찰은 수사가 ( )되는 대로 상황을 알려 주겠다고 했다.

15 ㄱ ㅇ : 있어야 할 것이 빠져서 없거나 모자람.
예 그 영화는 대중성이 ( )되어 있지만 작품성은 뛰어나다.

16 ㅇ ㅇ : 어떤 이론이나 이미 얻은 지식을 구체적인 개개의 사례나 다른 분야의 일에 적용하여 이용함.
예 한옥을 짓는 데 오늘날의 첨단 기술이 ( )되어 건설비가 싸지고 더욱 편리해졌다.

[17~20] 다음의 밑줄 친 부분과 바꿔 쓸 수 있는 말을 <보기>의 단어를 활용하여 쓰시오.

── 보기 ──
개선하다 거부하다 축소하다 현명하다

17 솔로몬은 지혜로운 판결을 내린 왕으로 널리 알려져 있다. ( )

18 그 환자는 안정을 취하기 위해 면회 요청들을 모두 물리쳤다. ( )

19 올해 꽃 축제는 예산 부족으로 작년보다 규모를 많이 줄였다. ( )

20 시에서는 시민들의 비판을 받아들여 교통 정책을 새롭게 고치기로 했다. ( )

어휘력은 독해력의 기초!

• 나의 어휘력은 몇 점? _____개 / 20개

• 18개 이상을 맞혔다면? 어휘의 기초가 튼튼합니다.

• 17개 이하로 맞혔다면? 본문에 제시된 지문과 어휘를 다시 공부한 다음 문제를 풀어 보세요.

국어에 날개를 달자!

꿈틀 완성 시리즈

머릿속에 있는 생각을 글로 표현하지 못하겠어요.

수능에서 문법이 중요하다는데, 문법은 너무 어려워요.

개념을 몰라서 그런지 선생님 말씀이 이해되지 않아요.

국어 고민 완전 해결!

국어 개념 완성

국어 공부에 꼭 필요한 개념을 알기 쉽게 풀이하여 국어를 잘할 수 있는 방법을 터득하게 합니다.

국어 문법 완성

내신은 물론 강화된 수능 문법에 대비할 수 있게 중학 문법을 체계적으로 총정리했습니다.

중등 논술 완성

재미있고 진지한 주제와 다양한 활동을 통해 사고력과 글쓰기 능력을 길러줍니다.

끝 발음이 같은 단어끼리 모아서
더 빨리 외우자! 더 오래 기억하자!

라임 Rhyme 으로 읽는 영단어

대상: 초등 고학년 ~ 중등

ash cash crash dash flash
ever clever forever however never
ill bill chill drill fill hill kill pill skill still will
press depress express impress

all, ball, call, tall ... 라임에 맞춰 노래 부르듯이 따라 읽다 보면
영단어가 더 쉽게 외워집니다. 더 오래 기억됩니다.

1. 하루에 23~29개씩 1300개의 단어를 50일 동안 공부합니다.
2. QR코드를 활용해 간편하게 듣기 학습을 할 수 있습니다.
3. 내가 오늘 외운 단어, 오늘까지 외운 단어는 몇 개지? 매일 마지막 페이지에서 확인할 수 있습니다.
4. 그날그날 확인 테스트로 외운 단어를 확실히 체크하고 넘어갑니다.
5. 5일에 한 번, 100개씩 복습하는 누적 테스트로 5일 동안 외운 단어들을 다시 한 번 확인할 수 있습니다.
6. 특별 부록 : 발음이 비슷해서 헷갈리는 어휘

꿈을담는틀 홈페이지에서 어휘 테스트지 3종과 무료 MP3 파일을 다운로드 받을 수 있습니다.
www.ggumtl.co.kr

중학 국어

일등급
독해력

정답과 해설

1

독해 원리

원리 1 사실적 독해 ① 중심 화제 찾기

본문 12 ~ 13쪽 ▶▶

1 ①	2 ⑤	3 ②	4 ②

1
답 ①

정답 풀이

이 글은 허리 기술, 다리 기술, 손 기술 등 씨름의 기술에 대해 설명하고 있다. 따라서 이 글의 중심 화제로 알맞은 것은 '씨름의 기술'이다.

2
답 ⑤

정답 풀이

이 글은 금성의 위치, 지구와의 거리, 크기 면에서 지구와의 유사성, 생물체의 존재 여부 등 금성의 특징을 설명한 다음, 금성의 여러 가지 이름을 소개하고 있다. 이러한 내용을 종합하여 내세울 수 있는 제목으로는 ⑤가 가장 적절하다. 나머지는 글에 부분적으로 나타나거나 전혀 나타나지 않아서 제목으로 삼기에는 적절하지 않다.

3
답 ②

정답 풀이

이 글은 1문단에서 의궤의 개념을 소개하고 있으며, 2문단에서 의궤의 종류, 3문단에서 의궤의 가치를 설명하고 있다. 이러한 내용을 종합한 중심 화제로 적절한 것은 ②이다.

오답 풀이

① 의궤의 뜻은 1문단에 제시되어 있지만, 의궤의 유래에 대한 내용은 이 글에 나타나지 않는다.

③ 왕실 행사로 왕의 출생, 세자 책봉, 결혼식, 즉위식 등이 언급되어 있기는 하지만 이에 대해 중요하게 다루고 있지 않으며, 왕실 행사의 특징에 대한 내용은 나타나지 않는다.

④ 왕실 행사의 절차와 재현 방법에 대한 내용은 이 글에 나타나지 않는다.

⑤ 3문단에 의궤가 조선 시대의 행사나 의례를 재현하고 건축물을 복원하는 데 중요한 자료로 쓰인다는 내용이 언급되어 있으나, 수원 화성의 복원 과정에 대한 내용은 나타나지 않는다.

4
답 ②

정답 풀이

이 글은 고인돌이 대부분 단독으로 자리한다는 점, 만드는 방식이 독특하다는 점, 덮개돌 윗면에 여러 개의 홈을 파 놓았다는 점, 남아 있는 수가 많지 않다는 점 등 제주도 고인돌의 특징에 대해 설명하고 있다.

오답 풀이

①, ③, ⑤ 이 글에 언급되지 않은 내용들이다.

④ 제주도 고인돌의 재료가 현무암이라는 점을 언급하였을 뿐, 우리나라 고인돌의 재료를 설명하지는 않았다.

원리 2 사실적 독해 ② 문단의 중심 내용 파악하기

본문 14 ~ 15쪽 ▶▶

1 ③	2 ①	3 ②	4 ⑤

1
답 ③

정답 풀이

웃음의 효과에 대해 설명하고 있는 글로, 이 글의 중심 내용은 "웃음은 우리를 건강하게 해 준다."이다. 웃음이 혈압을 낮춘다는 것, 혈액 순환에 도움을 준다는 것, 산소 공급을 두 배로 증가시킨다는 것, 육체적 피로와 통증을 잊게 해 준다는 것은 모두 이를 뒷받침하는 내용에 해당한다.

2
답 ①

정답 풀이

하나의 문단은 핵심 내용이 드러나는 중심 문장과 이를 뒷받침하는 문장으로 구성되어 있다. 이 글에서 둘째 문단의 중심 문장은 맨 앞에 제시되어 있다. 아파트를 제외한 주택은 문의 방향을 결정짓는 요인 세 가지 중 공간 활용의 측면이 강하다는 것이 둘째 문단의 핵심 내용이며, 나머지 문장은 모두 이를 뒷받침하는 내용에 해당한다.

3
답 ②

정답 풀이

이 글에서 둘째 문단의 중심 문장은 냉장고로 인해 인정을 잃어 가고 있음을 말한 ⓒ이다.

오답 풀이

㉠ 냉장고로 인해 전기와 전기를 만드는 연료를 잃게 된다는 것은 이 문단에서 핵심적으로 다루고 있는 내용이 아니다.

ⓒ, ②, ⓜ 중심 문장인 ⓒ을 뒷받침하는 문장들이다.

4
답 ⑤

정답 풀이

〈승정원일기〉의 가치에 대해 설명하고 있는 글로, 이 글의 중심 내용은 두 번째 문장에 잘 정리되어 있다. 즉 "〈승정원일기〉는 조선 시대에 국가의 정책이 어떻게 운영되었는지 이해하는 데 큰 도움을 준다."가 이 글의 중심 내용이다. 나머지 문장은 〈승정원일기〉가 조선 시대의 국가 정책 운영을 이해하는 데 도움을 준다는 것을 뒷받침하는 내용에 해당한다.

원리 3 추론적 독해 ① 생략된 내용 추론하기

본문 16 ~ 17쪽 ▶▶

| 1 ② | 2 ③ | 3 ③ | 4 ② |

1
답 ②

정답 풀이

이 글의 1문단에서는 서민들이 민화를 통해 부귀, 화목, 장수를 빌었으며, 그러한 소망을 나타내기 위해 맨드라미나 잉어, 어미 새와 여러 마리의 새끼 새가 함께 있는 모습, 바위나 거북 등을 그렸음을 설명하고 있다. 그리고 2문단에서는 서민들이 민화를 통해 나쁜 기운을 물리치고자 하였으며, 이를 위해 해태, 닭, 개 등을 그렸음을 설명하고 있다. 따라서 도둑과 같은 부정적인 존재를 물리치고자 하는 마음에서 개를 그렸을 것임을 추리할 수 있다.

2
답 ③

정답 풀이

이 글은 자외선의 특징에 대해 설명하고 있다. ㉠ 뒤의 두 문장에서 자외선 살균 소독기에 대해 설명하고 있으므로, 자외선은 살균 효과가 있음을 짐작할 수 있다. 따라서 ㉠에 들어갈 문장으로 알맞은 것은 "자외선은 살균 효과가 있다."이다.

3
답 ③

정답 풀이

이 글은 블루 오션과 레드 오션에 대해 설명하고 있다. 다른 경쟁자가 거의 없는 시장이 블루 오션이고, 경쟁 업체들이 소비자의 선택을 받기 위해 치열하게 경쟁하는 시장이 레드 오션이라고 하였다. 이로 미루어 볼 때 ㉮에 들어갈 레드 오션에 대한 설명으로 가장 적절한 것은 ③이다.

4
답 ②

정답 풀이

이 글은 광고가 우리의 사고와 감성에 영향을 주고 있다고 설명하면서 1950년대에 실시된 한 실험 결과를 예로 들고 있다. 무의식적으로 지각된 정보는 수용자가 그것을 통제할 수 없다고 한 것으로 볼 때, 이 실험 결과는 광고가 인간의 행위를 통제할 가능성이 있다는 사실을 알려 준다.

오답 풀이

① 이 글의 실험은 인간의 의식을 수량화하기 위해 실시된 것이 아니다.
③ 실험에서 팝콘과 콜라의 판매가 늘어난 것으로 볼 때, 영화는 상업 광고를 하기에 적합한 매체라고 볼 수 있다.
④ 무의식적으로 지각된 정보는 수용자가 통제할 수 없으므로, 현대 사회에서 광고의 폐해를 쉽게 극복할 수는 없을 것이다.
⑤ 이 글의 실험을 통해 1950년대 미국에서 영화와 광고가 밀접한 관계에 있었음을 알 수는 있지만, 글의 흐름상 이러한 내용이 ⓐ에 들어가기에는 적절하지 않다.

원리 4 추론적 독해 ② 새로운 내용 추론하기

본문 18 ~ 19쪽 ▶▶

| 1 ③ | 2 ④ | 3 ① | 4 ① |

1
답 ③

정답 풀이

이 글은 근시, 수면 방해 등 빛 공해로 인한 피해에 대해 설명하고 있다. 이 글의 내용으로 보아 '빛 공해'는 밤에도 낮처럼 환하게 불을 켜 놓는 것을 의미하므로, 빛 공해의 피해를 줄일 수 있는 실천 방안으로 적절한 것은 ③이다.

2
답 ④

정답 풀이

이 글의 "제한된 전체 생활 공간"이라는 표현은 생활 공간이 충분하지 않다는 의미를 담고 있다. 그리고 이를 극복하기 위해서는 사유 공간(㉠)을 최소한으로 줄이고 공유 공간(㉡)을 최대한으로 해야 한다고 하였으므로, 공유 공간이 생활 공간의 부족을 해결하는 대안이 될 수 있음을 알 수 있다.

오답 풀이

① 윤리적으로 바람직한 것은 사유 공간을 최소한으로 줄이고 공유 공간을 최대한으로 하는 것이라고 하였다.
② 인간은 누구나 사유 공간을 필요로 한다고 하였으므로, 사유 공간의 기능은 인구가 늘어나도 필요할 것이다.
③ 공간의 독점으로 인해 다른 사람이 겪게 될 불편을 고려하여 공유 공간을 최대한으로 하자고 하는 것이다.
⑤ 여러 사람들이 함께 사용하기에 유리한 것은 공유 공간이다.

3
답 ①

정답 풀이

이 글에서는 3을 신성하게 여긴 옛사람들의 생각이 현대에도 이어지는지에 대해서는 언급하지 않았다.

오답 풀이

② 옛사람들이 3을 신성하게 여긴 것은 해보다 달을 더 우러러보았던 관습에서 비롯되었다고 하였다.
③ 신화나 동화에 3이 자주 등장하는 것은 옛사람들이 3을 신성한 숫자로 여겼기 때문이라고 하였다.
④ 숫자 3이 등장하는 신화나 동화를 예로 들고 있다.
⑤ 단군 신화 등에 숫자 3이 흔하게 나온다고 하였다.

4
답 ①

정답 풀이

이 글은 집수리를 했던 평범한 체험을 예로 들어, 작은 잘못이라도 그것을 제때 알고 고치지 않으면 더 큰 문제가 생기게 된다는 내용을 담은 고전 수필이다. 글쓴이가 비가 샌 지 오래된 행랑채의 재목이 썩어 못 쓰게 된 경험을 통해 느낀 것은, 잘못이 있으면 즉시 고쳐야 한다는 것이다.

원리 5 비판적 독해
글의 내용 평가하기

본문 20 ~ 21쪽 ▶▶

| 1⑤ | 2④ | 3④ |

1
답 ⑤

정답 풀이

어떤 글에 대해 비판적으로 평가할 때는 그 평가를 뒷받침하는 근거가 타당하고 적절해야 한다. ⑤에서 "씨앗이 해외로 빠져나가는 것을 막기 위해 관리를 강화하자는 것은 좋은 생각이야."라는 평가의 내용은 적절하다. 하지만 "외국에서 들어오는 병충해로부터 우리 씨앗을 보호할 수 있을 거야."라는 근거는 적절하지 않다. 씨앗의 해외 유출을 막기 위해 관리를 강화하는 것과 외국에서 들어오는 병충해로부터 우리 씨앗을 보호하는 것은 아무 관계가 없기 때문이다.

2
답 ④

정답 풀이

둘째 문단은 학급 내의 괴롭힘 상황에서 방관자의 역할에 주목해야 한다는 내용을 담고 있으므로, 이를 뒷받침하는 자료를 제시해야 내용의 타당성을 높일 수 있다. 아무도 말리지 않고 방관만 했기 때문에 계속 괴롭혀도 된다고 생각했다는 가해자 면담 자료는 방관자의 역할과 밀접한 관련이 있으므로, 이를 활용하면 둘째 문단의 내용의 타당성을 높이는 데 도움이 된다. 다른 자료나 사례는 모두 방관자와 관계없는 내용이다.

3
답 ④

정답 풀이

내용의 타당성을 비판적으로 평가할 때는 그 내용에 대한 정확한 이해를 바탕으로 해야 하며, 적절한 근거를 제시해야 한다. 이 글에서는 이반 일리치라는 학자의 분석을 제시하면서, 빠른 이동을 위해 만들어진 현대 문명의 교통수단이 오히려 시간을 낭비하게 만든다고 말하고 있다. 그리고 이러한 현대 문명의 부분적 단점을 근거로 하여, 마치 현대 문명 전체가 문제가 있는 것처럼 비판하는 오류를 범하고 있다. 따라서 이 글의 내용의 타당성에 대한 비판적 의견으로 적절한 것은 ④이다.

오답 풀이

① 글쓴이는 통신 속도와 교통 속도의 발전을 과장하지 않았으며, 현대 문명이 모든 면에서 엄청나게 시간을 단축시켜 주는데도 현대인들이 더욱 시간에 쫓기고 있는 이유를 분석하고 있다.
② 이반 일리치라는 학자의 분석을 근거로 제시하고 있다.
③ 현대 문명과 미개 문명의 공통점이 아니라 차이점에 주목하고 있다.
⑤ 글쓴이는 종교적 신념에 기초하여 주장을 펴지 않았다.

원리 6 창의적 독해
구체적 사례에 적용하기

본문 22 ~ 23쪽 ▶▶

| 1③ | 2⑤ | 3① | 4③ |

1
답 ③

정답 풀이

이 글은 현대 사회의 많은 문제들이 과학의 책임이라고 여기는 것이 잘못된 생각임을 지적하고 있다. ㉠의 예로 적절하려면, 먼저 현대 사회의 문제를 제시한 다음 이것을 과학의 책임으로 돌려야 한다. 그런데 ③에서 '태풍 예측'은 현대 사회의 문제점이 아니라 오히려 과학의 발전이 가져온 긍정적인 결과로 볼 수 있으므로, ㉠의 예로 적절하지 않다.

2
답 ⑤

정답 풀이

이 글에서 설명하고 있는 '준거점'의 개념을 정확하게 이해한 다음, 이를 구체적 사례에 적용해야 한다. 용돈의 액수와 관계없이 오른 비율만 따진다면 ①은 10%, ②는 20%, ③은 40%, ④는 50%, ⑤는 100%가 올랐다. 따라서 이 글에서 설명하고 있는 '준거점'에 의존하여 이익의 가치를 판단한다면 ⑤의 영우가 가장 만족감이 클 것이다.

3
답 ①

정답 풀이

'작업'은 자의적인 활동으로 창조적이며, '고역'은 타의에 의해 강요된 활동으로 기계적이라고 하였다. 요리사가 되고 싶어 새로운 조리법을 개발하는 것은 자의적이고 창조적인 활동이므로 '작업'에 해당한다.

오답 풀이

② 자의에 의해 운동을 연습하는 것이므로 '작업'에 해당한다.
③ 타의에 의해 동생을 돌보는 것이므로 '고역'에 해당한다.
④ 자의에 의해 신발을 정리하는 것이므로 '작업'에 해당한다.
⑤ 타의에 의해 방 청소를 하는 것이므로 '고역'에 해당한다.

4
답 ③

정답 풀이

이 글에서 설명하고 있는 '생체 모방'의 개념을 정확하게 이해한 다음, 이를 구체적 사례에 적용해야 한다. '생체 모방'은 생물의 행동이나 구조를 모방하거나 생물이 만들어 내는 물질 등을 모방하는 것이다. 게나 가재 같은 갑각류의 딱딱한 외피를 모방하여 갑옷을 만드는 것이 이에 해당한다.

오답 풀이

①의 맷돌, ②의 의자, ④의 자동차, ⑤의 한옥은 생물이 아니므로 이들을 모방한 것은 '생체 모방'에 해당하지 않는다.

독해 실전

아자! 힘내~

오페라와 뮤지컬

● 지문 갈무리
이 글은 공연 예술에 속하는 오페라와 뮤지컬의 특징을 두 장르의 차이점을 중심으로 설명하고 있어. 구체적으로 성격과 표현 방식, 사용되는 음악, 공연자의 마이크 사용 여부, 공연 장소 등의 측면에서 오페라와 뮤지컬이 각각 어떻게 다른지를 알려 주고 있지.

● 주제
오페라와 뮤지컬의 차이점

1 오페라와 뮤지컬은 모두 무대에서 이루어지는 공연 예술로, 출연하는 사람들 대부분
이 노래를 하고 드라마처럼 연기를 한다는 점에서 비슷하다. 그러나 구체적으로 살펴보면
오페라와 ㉠뮤지컬은 창작에서부터 공연 기법, 사용되는 음악, 무대 특성과 공연 장소에
이르기까지 많은 부분에서 차이가 있다.　　　▶오페라와 뮤지컬의 공통점과 차이점

2 우선 오페라와 뮤지컬은 그 성격과 표현 방식이 다르다. 오페라는 극 전체가 음악 중
심이다. 그래서 오페라 공연을 하는 사람을 보통 '가수'라고 부르며, 이들은 대부분 음악
대학에서 성악을 전공한 사람들이다. 오페라에서 가수들은 극의 내용을 노래로 표현한
다. 또한 노래는 대부분 원어로 불린다. 이와 달리 뮤지컬은 음악성뿐만 아니라 연극성도
두드러지게 나타난다. 그래서 뮤지컬 공연을 하는 사람을 보통 '배우'라고 부른다. 뮤지컬
에서 배우들은 대사와 춤, 노래를 적절하게 활용하며 극을 전개한다. 이런 특징 때문에 뮤
지컬 배우 중에는 음악 대학에서 성악을 전공한 사람 외에 연기를 전공하거나 출중한 노
래 실력을 지닌 가수도 많다. 또한 뮤지컬은 번역곡을 활용하거나 노랫말을 새롭게 고쳐
편집하는 경우가 많기 때문에 관객들이 내용을 알아듣기가 쉽다.
　　　▶성격과 표현 방식 면에서 오페라와 뮤지컬의 차이점

3 오페라와 뮤지컬은 사용하는 음악도 다르다. 오페라의 경우 순수 클래식 음악을 사
용한다. 음악이 중심이 되는 공연인 만큼 독창인 아리아, 둘 이상이 함께하는 중창, 군중
의 역할이 필요할 때 활용되는 합창 등 다양한 형태의 음악으로 구성된다. 이에 비해 뮤지
컬은 관객들이 보다 친숙하게 느낄 만한 대중음악을 주로 사용한다. 배우들은 대중적인
창법을 사용하여 노래를 부르고, 음악의 형식이나
악기 또한 대중적인 흥미를 끄는 것을 주로 사용
한다.　　　▶음악의 사용 면에서 오페라와 뮤지컬의 차이점

4 오페라에서 「가수들은 기본적으로 마이크를
쓰지 않는다.」 몸이 곧 악기인 성악가들은 마이크
없이도 충분히 관객에게 목소리를 전달하기 때문
이다. 따라서 오페라는 성악가들의 자연스러운 발
성이 효과적으로 전달될 수 있도록 「음향 시설이
좋고 규모가 큰 전용 극장을 주로 사용한다.」 이와
달리 뮤지컬은 배우들이 무대에서 마이크를 사용
하여 스피커를 통해 관객에게 목소리를 전달한다.
이러한 뮤지컬은 일반 극장을 주로 사용하며, 소
규모 극장이나 야외에서도 공연이 가능하다.
　　　▶공연 방법 및 장소 면에서 오페라와 뮤지컬의 차이점

〈오페라 극장〉

〈뮤지컬 공연〉

♥ 전공(專攻): 어느 한 분야를 전문적으로 연구함. 또는 그 분야.

♥ 원어(原語): 번역하거나 고친 말의 본디 말.

♥ 출중하다(出衆하다): 여러 사람 가운데서 특별히 두드러지다.

♥ 클래식(classic): 서양의 전통적 작곡 기법이나 연주법에 의한 음악. 흔히 대중음악에 상대되는 말로 씀.

♥ 친숙(親熟): 친하여 익숙하고 허물이 없음.

♥ 발성(發聲): 입 밖으로 목소리를 냄. 또는 그 목소리.

독해력 Upgrade　　　※각 문단의 중심 내용을 다음과 같이 정리할 때, 빈칸에 들어갈 알맞은 말을 쓰시오.

| **1** 오페라와 뮤지컬의 공통점과 차이점 | ➡ | **2** 성격과 (표현 방식) 면에서 오페라와 뮤지컬의 차이점 | ➡ | **3** (음악)의 사용 면에서 오페라와 뮤지컬의 차이점 | ➡ | **4** 공연 방법 및 장소 면에서 오페라와 뮤지컬의 차이점 |

1 중심 내용 파악하기 　　　답 ④

이 글을 학교 신문에 실을 때, 제목으로 가장 적절한 것은?

① 오페라 음악과 뮤지컬 음악의 차이
② 오페라와 뮤지컬의 표현 방식은 왜 다를까
③ 오페라와 뮤지컬을 더욱 재미있게 즐기는 방법
☑ 오페라와 뮤지컬, 비슷해 보이지만 알고 보면 다르다
　　　○ - '오페라와 뮤지컬의 차이점'이라는 중심 내용을 드러냄
⑤ 오페라 가수나 뮤지컬 배우가 되려면 어떻게 해야 할까

정답 풀이

이 글은 오페라와 뮤지컬이 공연 예술로서 공통점이 있지만, 구체적으로 살펴보면 많은 부분에서 차이가 있다는 점을 설명하고 있다. 즉 이 글의 중심 내용은 '오페라와 뮤지컬의 차이점'이므로 이를 가장 잘 드러낸 ④가 제목으로 적절하다.

오답 풀이

① 오페라 음악과 뮤지컬 음악의 차이를 3문단에서 설명하였으나, 이는 여러 차이점 중 하나이므로 글 전체의 내용을 담지는 못한다.
② 오페라와 뮤지컬의 표현 방식의 차이를 2문단에서 설명하였을 뿐, 이들의 표현 방식이 다른 이유가 글의 중심 내용은 아니다.
③ 이 글에서 다루지 않은 내용이다.
⑤ 2문단에서 오페라 가수와 뮤지컬 배우가 어떤 능력을 갖춘 사람들인지를 언급하고 있을 뿐, 오페라 가수나 뮤지컬 배우가 되는 방법은 언급하지 않았다.

2 반응의 적절성 판단하기 　　　답 ④

이 글을 읽고 나눈 대화 내용 중 적절하지 않은 것은?

준호: 오페라는 가수들의 목소리를 스피커를 통해서가 아니라 직접 들을 수 있다는 점이 매력적이야. ·········· ①
　　　→ 4문단
서영: 하지만 오페라는 평소에 자주 접하지 않는 성악과 클래식을 기반으로 하고 있어서 좀 낯설게 느껴지기도 해. ·········· ②
　　　→ 2문단, 3문단
가현: 맞아. 게다가 노랫말이 한국어가 아니어서 내용을 알아듣기가 어려워. ·········· ③
　　　→ 2문단
주아: 그럴 때는 오페라 가수들의 대사나 춤에 집중하면 돼. 오페라의 내용은 노래보다 대사와 춤으로 나타나니까. ·········· ☑
　　　× - 오페라는 극의 내용을 노래로 표현함

태은: 오페라에 비해 뮤지컬이 좀 더 대중적인 것 같아. 뮤지컬은 대중음악을 주로 사용해서 관객들이 친숙하게 느낄 수 있어. ·········· ⑤
　　　→ 3문단

정답 풀이

2문단에 따르면 오페라는 "극 전체가 음악 중심"이며 "가수들은 극의 내용을 노래로 표현"한다. 따라서 ④는 적절하지 않다.

오답 풀이

① 4문단에서 "오페라에서 가수들은 기본적으로 마이크를 쓰지 않는다."라고 하였으므로 적절하다.
② 2문단에서 오페라 가수들은 "대부분 음악 대학에서 성악을 전공한 사람들"이라고 하였으며, 3문단에서 "오페라의 경우 순수 클래식 음악을 사용한다."라고 하였으므로 적절하다.
③ 2문단에서 오페라의 경우 "노래는 대부분 원어로 불린다."라고 하였으므로 적절하다.
⑤ 3문단에서 "뮤지컬은 관객들이 보다 친숙하게 느낄 만한 대중음악을 주로 사용한다."라고 하였으므로 적절하다.

3 세부 정보 파악하기 　　　답 ②

이 글을 통해 알 수 있는 ㉠의 특징이 아닌 것은?

① 무대에서 이루어지는 공연 예술이다. → 1문단
☑ 일반적으로 전용 극장에서 공연한다.
　　　× - 오페라의 특징임
③ 배우들은 무대에서 마이크를 사용한다. → 4문단
④ 음악성뿐만 아니라 연극성도 두드러지게 나타난다. → 2문단
⑤ 반드시 성악을 전공하지 않아도 뮤지컬 배우가 될 수 있다.
　　　→ 2문단

정답 풀이

4문단에서 "뮤지컬은 일반 극장을 주로 사용하며, 소규모 극장이나 야외에서도 공연이 가능하다."라고 하였다. 전용 극장을 주로 사용하는 것은 오페라이다.

오답 풀이

① 1문단에서 뮤지컬은 "무대에서 이루어지는 공연 예술"이라고 하였다.
③ 4문단에서 "뮤지컬은 배우들이 무대에서 마이크를 사용하여 스피커를 통해 관객에게 목소리를 전달한다."라고 하였다.
④ 2문단에서 "뮤지컬은 음악성뿐만 아니라 연극성도 두드러지게 나타난다."라고 하였다.
⑤ 2문단에서 뮤지컬 배우 중에는 "연기를 전공하거나 출중한 노래 실력을 지닌 가수도 많다."라고 하였다.

어휘력 Upgrade　　※다음의 빈칸에 들어갈 알맞은 말을 <보기>에서 찾아 쓰시오.

┌ 보기 ┐
발성
전공
친숙
출중

1 대학생인 가람이는 (전공)을 식물학에서 동물학으로 바꾸었다.
　　　→ 어느 한 분야를 전문적으로 연구함. 또는 그 분야
2 피자나 스파게티는 우리에게 매우 (친숙)한 이탈리아 음식이다.
　　　→ 친하여 익숙하고 허물이 없음
3 그 선수는 최연소의 나이로 국가 대표에 뽑힐 정도로 기량이 (출중)하다.
　　　→ 여러 사람 가운데서 특별히 두드러짐
4 음악실에 모인 아이들은 목에서 (발성)되는 자신의 소리에 귀 기울이며 노래 연습을 했다.
　　　→ 입 밖으로 목소리를 냄

예술 02

만화, 알고 보면 더 재미있다

1② 2④

◎ 지문 갈무리
이 글은 만화를 구성하는 요소들을 중심으로 만화의 특징을 설명하고 있어. 만화에서 글과 그림이 어떤 역할을 하는지, 또 만화만의 특징적인 기호가 무엇인지 설명하고, 만화를 좀 더 재미있게 즐기고 작가의 의도를 잘 파악하기 위해서는 만화의 칸에 주목해야 한다는 점을 알려 주고 있어.

◎ 주제
만화의 특징과 만화를 읽는 방법

1 사람들은 대부분 만화(중심 화제)를 읽을 때 큰 어려움을 느끼지 않는다. 그보다는 쉽게 읽으며 재미를 느끼는 경우가 많다. 만화에는 다채로운♥ 그림이 있기 때문이다. 만화에서 그림은 대상의 형태나 상황을 구체적으로 보여 주는 역할(만화에서 그림의 역할)을 한다. 그런데 그림은 글에 비해 훨씬 더 다양한 해석이 가능하기 때문에, 그림만으로는 작가가 전달하고자 하는 의도가 제대로 전달되지 않을 수 있다(그림의 한계). 이러한 그림의 한계를 보완해 주는 것이 글이다. 만화에서 글은 줄거리가 전개되는 상황을 분명하게 드러내어 작가의 의도를 명확하게 알 수 있게 해 준다(만화에서 글의 역할). 이처럼 만화는 글의 분명함과 그림의 구체성♥이 결합된 매체♥(만화의 특성 ①)이다.
▶글과 그림이 결합된 매체인 만화

2 만화에 표현된 모든 것들은 작가가 만들어 낸 기호 체계이다. 그중에서도 칸이나 효과선, 말풍선 등은 다른 장르에서 보기 힘든 만화만의 특징적인 기호(만화의 특성 ②)이다. 독자들은 이를 외우거나 애써 공부하지 않아도 자연스럽게 그 의미를 이해하고 받아들인다. 예를 들어 우리는 「말풍선 속의 글을 읽으며 그것이 등장인물의 말이나 생각이라는 것을 자연스럽게 알고 이해한다. 또 만화 속 인물이나 물체의 주변에 그어진 효과선을 보며 그것을 바탕으로 대상의 움직임을 이해한다.」
「 」: 만화의 기호를 자연스럽게 이해하는 예
▶여러 가지 기호로 이루어진 만화

3 만화를 좀 더 재미있게 즐기고 작가의 의도를 정확하게 파악하기 위해서는 만화의 칸이 갖는 특징과 역할에 주목할 필요가 있다. 우리는 만화를 보면서 좌에서 우로, 위에서 아래로 움직이는 시각적 흐름에만 익숙해져 칸에 대해서는 무심히 지나가는 경향이 있다. 그러나 칸은 만화를 이루는 아주 중요한 요소이다. 칸은 그 크기와 모양이 다양하며, 하나의 칸 안에는 그림이나 글을 자유롭게 담아낼 수 있다(칸의 특징). 독립된 하나의 칸을 통해, 또는 칸의 연속♥을 통해 등장인물의 움직임과 시간의 흐름이 나타나며 줄거리가 전개된다(칸의 역할 ①). 작가는 칸 자체에 변화를 주는 방법(작가가 자신의 의도를 드러내는 방법)으로 독자의 시선을 집중시키거나 흐트러트려 이야기의 흐름에 완급♥을 조절한다(칸의 역할 ②).
▶만화에서 칸의 특징과 역할

4 이렇듯 만화는 칸을 활용한 예술이라고 할 수 있다. 따라서 만화를 볼 때 칸과 칸을 독립시키거나 연결시킨 의도를 파악하여 작가가 독자에게 전달하려는 핵심 의미를 포착♥해야 한다(칸에 주목한 만화 읽기의 방법). 이때 주의할 점은, 하나의 칸만으로 작품 전체를 파악할 수는 없다는 사실이다. 만화는 나누어진 칸들의 연속을 통해 전체의 이야기가 완성되기 때문이다(하나의 칸만으로는 작품 전체를 파악할 수 없는 이유).
▶칸에 주목한 만화 읽기 방법

♥ 다채롭다(多彩롭다): 여러 가지 색채나 형태, 종류 따위가 한데 어울리어 호화스럽다.
♥ 구체성(具體性): 구체적인 성질.
♥ 매체(媒體): 어떤 작용을 한쪽에서 다른 쪽으로 전달하는 물체. 또는 그런 수단.
♥ 연속(連續): 끊이지 아니하고 죽 이어지거나 지속함.
♥ 완급(緩急): 느림과 빠름.
♥ 포착(捕捉): 요점이나 요령을 얻음.

독해력 Upgrade ※각 문단의 중심 내용을 다음과 같이 정리할 때, 빈칸에 들어갈 알맞은 말을 쓰시오.

1 글과 (그림)이 결합된 매체인 만화	2 여러 가지 기호로 이루어진 만화	3 만화에서 (칸)의 특징과 역할	4 칸에 주목한 만화 읽기 방법

1 세부 정보 파악하기 　답 ②

이 글을 통해 알 수 있는 내용이 아닌 것은?

① 만화에서 그림은 대상의 형태나 상황을 구체적으로 보여 준다. →1문단

☑ 만화에서 글은 그림에 비해 중요도가 낮은 부수적인 요 소이다.
　✕ –글은 그림의 한계를 보완하여 내용을 분명하게 드러내는 요소임

③ 만화의 말풍선이나 효과선은 다른 장르와 구별되는 만화 만의 특징적인 기호이다. →2문단

④ 만화를 볼 때 칸과 칸을 독립시키거나 연결시킨 작가의 의도를 생각하며 읽는 것이 좋다. →4문단

⑤ 대부분의 독자들은 만화의 기호를 애써 외우지 않아도 그 의미를 자연스럽게 이해할 수 있다. →2문단

정답 풀이

1문단에서 "그림만으로는 작가가 전달하고자 하는 의도가 제 대로 전달되지 않을 수 있다. 이러한 그림의 한계를 보완해 주는 것이 글이다. 만화에서 글은 줄거리가 전개되는 상황을 분명하게 드러내어 작가의 의도를 명확하게 알 수 있게 해 준 다."라고 하였다. 즉, 글은 그림과 결합되어 만화를 이루는 중 요 요소 중의 하나이다. 글이 그림에 비해 중요도가 낮은 부 수적인 요소라고 한 ②는 적절하지 않다.

오답 풀이

① 1문단에서 "만화에서 그림은 대상의 형태나 상황을 구체적으로 보여 주는 역할을 한다."라고 하였다.

③ 2문단에서 "칸이나 효과선, 말풍선 등은 다른 장르에서 보기 힘든 만 화만의 특징적인 기호이다."라고 하였다.

④ 4문단에서 "만화를 볼 때 칸과 칸을 독립시키거나 연결시킨 의도를 파악하여 작가가 독자에게 전달하려는 핵심 의미를 포착해야 한다." 라고 하였다.

⑤ 2문단에서, 독자들은 만화의 기호들을 "외우거나 애써 공부하지 않 아도 자연스럽게 그 의미를 이해하고 받아들인다."라고 하였다.

2 구체적 사례에 적용하기 　답 ④

이 글을 읽고 〈보기〉에 대해 반응한 내용으로 적절하지 않은 것은?

｜ 보기 ｜

① 크기와 모양이 제각각인 칸의 연속을 통해 줄거리가 전 개되는군.

② 칸에 담긴 그림과 글에 따라 시선이 머무르는 시간이나 집중도가 달라지는군.

③ 칸 ④는 인물의 주변에 효과선을 넣어 움직임에 속도감 이 느껴지도록 하였군.

☑ 칸 ⑤는 여러 기호가 종합적으로 쓰여서 이 칸만으로 전 체 내용을 파악할 수 있군.
　✕ –하나의 칸만으로 작품 전체를 파악할 수는 없음

⑤ 칸 ⑥은 그림의 한계를 글이 보완하여 전개되는 상황이 분명하게 드러나는군.

정답 풀이

칸 ⑤는 글과 그림, 말풍선과 효과선 등 여러 요소로 이루어 진 칸이다. 그런데 4문단에서 "하나의 칸만으로 작품 전체를 파악할 수는 없다"라고 한 것에서도 알 수 있듯이, 이 칸 하나 만으로 앞뒤 상황을 이해하고 작품 전체의 내용을 파악하기 는 어렵다.

오답 풀이

① 〈보기〉는 칸마다 크기와 모양이 다르고, 이러한 칸들이 연속되면서 내용이 전개되고 있다.

② 작가는 칸에 변화를 줌으로써 독자의 시선을 집중시키거나 흐트러 트려 이야기의 흐름에 완급을 조절한다.

③ 칸 ④는 인물의 뒤쪽으로 효과선을 그려 넣어 움직임을 나타냈다.

⑤ 칸 ⑥은 글을 통해 줄거리가 전개되는 상황이 더욱 분명하게 드러난다.

어휘력 Upgrade

※다음의 빈칸에 들어갈 알맞은 말을 〈보기〉에서 찾아 쓰시오.

｜ 보기 ｜
매체
완급
연속
포착

1 이 글은 너무 산만하여 요점이 잘 (포착)되지 않는다.
→요점이나 요령을 얻음

2 자전거를 처음 배울 때는 속도의 (완급)을 잘 조절해야 한다.
→느림과 빠름

3 그 배우는 남우 주연상을 2년 (연속)으로 수상하는 영광을 안았다.
→끊이지 아니하고 죽 이어지거나 지속함

4 인터넷과 통신 (매체)의 발달로 편지나 엽서를 써서 우편으로 보내는 일이 줄고 있다.
→어떤 작용을 한쪽에서 다른 쪽으로 전달하는 물체. 또는 그런 수단

가우디가 남긴 위대한 유산

1 ⑤   2 ③   3 ⑤

● 지문 갈무리
천재 건축가로 불리는 가우디는 여러 훌륭한 작품들을 남겼어. 이 글은 가우디의 건축 경향을 소개하고, 그의 후반기 건축 경향을 잘 보여 주는 건축물들인 카사밀라, 구엘 저택, 구엘 공원, 사그라다 파밀리아 성당에 대해 설명하고 있어.

● 주제
주요 건축물들의 특징에서 드러나는 가우디의 작품 세계

1 세계적인 건축가 가우디는 구리로 조각을 하는 아버지 밑에서 자라나면서 금속 장식에 관심을 가지기 시작했고, 이 관심이 건축으로 이어져 건축 학교에 입학한다. 이후 가우디는 곡선을 지배적으로 사용하는 독특한 양식을 선보이면서 명성을 얻게 된다. 가우디의 작품 세계는 기존 건물에 금속 장식을 치장˅하는 전반기와 자연주의를 표방하며 곡선을 공간의 이미지로 확장한 후반기로 나눌 수 있다.
가우디의 성장기
전반기 작품의 특징
후반기 작품의 특징
▶ 가우디의 성장기와 작품 세계

2 가우디의 주요 건축물은 후반기 작품들이다. 그중 하나인 ㉠'카사밀라'는 공동 주택의
중심 화제
카사밀라의 특징 ① – 공동 주택 형태
형태로 정면에서 바라보면 바위를 깎아 놓은 듯하고 옆에서 보면 파도같이 보이는 독특한
특징 ② – 독특한 생김새
건축물이다. 모퉁이에 위치해 빛과 바람이 잘 들어오지 않는 문제를 해결하고자 지붕을 햇빛 방향에 따라 설계하고 옥상 난간을 반투명 철망으로 만들었다. 바위를 깎은 것 같지
특징 ③ – 빛과 바람을 고려한 설계
만 스페인 최초의 철골 콘크리트 구조물로 안정성도 확보하였다.
특징 ④ – 안정성
▶ 카사밀라의 특징

3 가우디의 후원자였던 사업가 구엘과 관련한 건축물도 주목할 만하다. 구엘은 자신이
구엘 저택과 구엘 공원
살고 있는 저택의 별관을 지어 달라고 가우디에게 부탁했다. 가우디는 두 개의 아치˅로 중
구엘 저택의 구조와 형태
세의 성 같은 느낌을 풍기는 1층을 비롯해, 툭 튀어나온 느낌의 2층 응접실, 독특한 구조의 여러 굴뚝을 올린 꼭대기까지 총 4층 규모의 ㉡'구엘 저택'을 지었다. 또한 구엘은 자연 속의 전원주택을 만들기 위해 가우디에게 공사를 의뢰˅했는데, 공사를 진행하던 중 재정에 문제가 생겨 주택 건설은 없던 일이 되었다. 공사가 중단된 상태로 방치되던 그곳은 이후 ㉢'구엘 공원'이 되었다. 자연을 최대한 보존하면서 야자나무를 닮은 기둥, 세라믹
구엘 공원의 구조와 형태
곡선 의자, 도리아식˅ 기둥으로 이루어진 홀, 동화 속 성과 같은 성당 등이 어우러진 이 공원은 가우디의 건축 스타일을 잘 보여 준다.
▶ 구엘 저택과 구엘 공원의 특징

4 가우디는 자연을 토대로 한 예술적 감수성만 지닌 것이 아니었다. 그는 중력에 대한
가우디의 기술력
치밀한 계산을 통해 고딕 건축에서 필수적인 인공의 버팀벽˅ 없이 날렵한 건축물을 설계할 수 있었다. ㉣'사그라다 파밀리아 성당'은 바로 이러한 기술력을 바탕으로 12사도˅를
사그라다 파밀리아 성당의 구조와 성격
의미하는 종탑, 믿음과 희망을 상징하는 탄생의 문 등 종교적인 색채를 띤 건축물로 구상되었다. 가우디는 어떤 건축물보다 이 성당에 정성을 쏟았다. 죽을 때까지 현장에 머물며 공사를 지휘한 것에서 이 성당에 대한 그의 애정을 확인할 수 있다. 여전히 건축이 진행 중인 이 성당은 완성되기까지 앞으로
현재 미완성인 사그라다 파밀리아 성당
20년은 더 걸릴 것이라고 한다. 가우디의 꿈은 아직도 진행 중인 셈이다.
▶ 사그라다 파밀리아 성당의 특징

● 치장(治粧): 잘 매만져 곱게 꾸밈.
● 아치(arch): 입구 부분에 걸쳐 놓은 곡선형 구조물.
● 의뢰(依賴): 남에게 부탁함.
● 도리아식(Doria式): 고대 그리스의 건축 양식 가운데 하나. 기둥이 굵고 주춧돌이 없으며, 위쪽으로 갈수록 조금씩 가늘어지고 기둥 가운데가 불룩한 배흘림이 있다.
● 버팀벽: 벽을 지지하기 위해 세우는 구조물.
● 12사도: 예수를 따르던 열두 명의 제자.

독해력 Upgrade

※각 문단의 중심 내용을 다음과 같이 정리할 때, 빈칸에 들어갈 알맞은 말을 쓰시오.

| 1 가우디의 성장기와 작품 세계 | → | 2 (카사밀라)의 특징 | → | 3 구엘 저택과 구엘 (공원)의 특징 | → | 4 사그라다 파밀리아 성당의 특징 |

1 내용 전개 방식 파악하기 답 ⑤

이 글의 내용 전개 방식으로 적절한 것은?

① 가우디의 건축 기법이 발전한 과정을 밝히고 있다.

② 가우디 건축에 대해 비판적인 측면에서 고찰하고 있다.

③ 가우디 건축에 대한 여러 전문가의 이론을 종합하고 있다.

④ 가우디 건축이 지닌 미학적 특성과 한계를 평가하고 있다.

☑ 가우디 건축의 특징을 여러 건축물을 예로 들어 설명하고 있다.
　ㅇ－카사밀라, 구엘 저택, 구엘 공원, 사그라다 파밀리아 성당을 예로 제시함

정답 풀이

이 글은 건축가 가우디의 작품 세계를 소개하고, 가우디의 건축 특성이 잘 나타난 건축물의 구체적인 예로 카사밀라, 구엘 저택, 구엘 공원, 사그라다 파밀리아 성당을 제시하고 있다.

2 세부 정보 파악하기 답 ③

이 글의 ㉠~㉣에 대한 설명으로 알맞지 않은 것은?

① ㉠은 빛과 바람이 잘 들어올 수 있도록 설계되었다. → 2문단

② ㉡과 달리 ㉢은 처음 의뢰한 대로 공사가 완성되지 못했다.
　　　　　　　　　　　　　　　　　　　　　　→ 3문단

☑ ㉡과 ㉣은 종교적인 색채를 띤 건축물이라는 점에서 공통적이다.
　×－㉣에만 해당하는 진술임

④ ㉢에는 도리아식 기둥으로 이루어진 홀과 동화 속 성 같은 성당이 있다. → 3문단

⑤ ㉣은 인공의 버팀벽 없이 날렵한 건축물을 제작하는 기술력을 바탕으로 한다. → 4문단

정답 풀이

4문단에 따르면 ㉣(사그라다 파밀리아 성당)은 "12사도를 의미하는 종탑, 믿음과 희망을 상징하는 탄생의 문 등 종교적인 색채를 띤 건축물"이다. 그런데 ㉡(구엘 저택)은 사업가 구엘의 저택 별관으로 특별히 종교적인 색채를 찾아볼 수 없다.

오답 풀이

① 2문단에 따르면 ㉠(카사밀라)은 빛과 바람이 잘 들어오지 않는 문제를 해결하고자 지붕을 햇빛 방향에 따라 설계하고 옥상 난간을 반투명 철망으로 만들었다.

② 3문단에 따르면 ㉢(구엘 공원)은 전원주택을 만들기 위해 구엘이 의뢰한 공사가 재정이 어려워 중단된 이후 공원으로 조성된 것이다.

④ 3문단에 따르면 ㉢(구엘 공원)은 도리아식 기둥으로 이루어진 홀, 동화 속 성과 같은 성당 등이 어우러진 공원이다.

⑤ 4문단에 따르면 가우디는 중력에 대한 치밀한 계산을 통해 고딕 건축에서 필수적인 인공의 버팀벽 없이 날렵한 건축물을 설계할 수 있었으며, 이를 바탕으로 ㉣(사그라다 파밀리아 성당)을 구상하였다.

3 비판의 적절성 판단하기 답 ⑤

이 글의 '가우디'가 〈보기〉의 '르코르뷔지에'를 비판할 말로 가장 적절한 것은?

┤ 보기 ├

프랑스의 건축가 르코르뷔지에는 외양보다는 공간에 중점을 두고, 콘크리트를 건축 재료로 활용하였다. 그의 건축 경향은 공간 활용, 백색 육면체, 간결, 추상, 인공성, 직선 등으로 요약할 수 있다. 인간은 자연에서 살지 않기 때문에 자연주의 대신 합리주의를 실천하는 건축을 한 것이다.

① 백색은 태양의 빛이며 직선은 태양 빛의 선임을 기억하셔야 합니다.

② 자연을 소재로 삼는 것은 여러 문제를 야기할 수 있음을 알아 두십시오.

③ 건축은 사람이 하는 일입니다. 사람이 만들었다는 것을 나타내야 합니다.

④ 공간 활용도는 중요합니다. 이를 극대화하기 위해 곡선을 적극적으로 사용해야 합니다.

☑ 현대 문명은 자연의 가치를 간과하고 있습니다. 자연스러움이야말로 건축이 지향할 바입니다.
　ㅇ－르코르뷔지에와 달리 자연주의를 표방한 가우디의 건축 경향을 드러냄

정답 풀이

이 글에 따르면 가우디는 자연주의를 표방한 건축가이다. 이와 달리 〈보기〉의 르코르뷔지에는 자연주의 대신 합리주의를 실천하는 건축을 지향하였으므로, 가우디가 르코르뷔지에를 비판할 말로 가장 적절한 것은 ⑤이다.

오답 풀이

① 이 글에서는 백색과 직선에 대한 가우디의 견해를 확인할 수 없다.

② 자연을 소재로 삼으면 여러 문제가 생길 수 있다는 것은 자연주의를 표방한 가우디가 할 말로 적절하지 않다.

③ '사람이 만들었다는 것(인공성)'을 중시한 것은 르코르뷔지에이다.

④ 공간 활용을 중시한 것은 르코르뷔지에이므로, 공간 활용도가 중요하며 이를 극대화해야 한다는 것은 그를 비판할 말로 적절하지 않다.

어휘력 Upgrade ※다음의 빈칸에 들어갈 알맞은 말을 〈보기〉에서 찾아 쓰시오.

┤ 보기 ├
간과
야기
의뢰
치장

1 산성비는 토양의 산성화를 (야기)한다.
　　　　　　　　　　　→ 일이나 사건 따위를 끌어 일으킴

2 성탄절이 다가오자 건물 앞에 크리스마스트리가 아름답게 (치장)되었다.
　　　　　　　　　　　　　　　　　　　→ 잘 매만져 곱게 꾸밈

3 사소한 일에 지나치게 신경을 쓰다가 정작 중요한 일을 (간과)하는 경우가 있다.
　　　　　　　　　　　　　　　　　→ 큰 관심 없이 대강 보아 넘김

4 그는 연구 보고서에 쓸 자료를 얻기 위해 전문 기관에 설문 조사를 (의뢰)하였다.
　　　　　　　　　　　　　　　　　　　→ 남에게 부탁함

원시인들은 왜 동굴에 벽화를 그렸을까

1 ④   2 ④   3 ④

1 라스코 동굴 벽화는 1940년 프랑스에서 발견된 구석기 시대의 그림이다. 원시인들이
중심 화제   벽화의 발견 시기와 위치   벽화가 그려진 시대
그린 것으로 추정되는 ㉠이 벽화는 200여 마리의 동물들이 매우 사실적으로 그려져 있
                                                    벽화의 내용
다. 그런데 이 그림들은 한결같이 어둡고 들어가기 힘든 동굴 안쪽에 그려져 있다. 그래서
                         벽화가 누군가에게 보이기 위해 그려진 것이 아니라고 추정하는 이유
학자들은 원시인들이 이 그림을 누군가에게 보여 주기 위한 목적으로 그린 것은 아닐 것
이라고 추정한다. ▶라스코 동굴 벽화에 대한 소개와 벽화를 그린 목적에 대한 추정

2 벽에 그려진 동물들은 말, 소, 사
라스코 동굴 벽화가 사냥을 위해 그려진 것이라고 추정하는 근거
슴 등의 식용 동물이고 어떤 동물 그
림에는 창이나 도끼로 가격한 흔적이
남아 있다. 그래서 학자들은 이 벽화
를 사냥을 위해 그려진 그림으로 생각
하고 있다. 학자들이 추정하는 라스코 동굴 벽화가 그려진 목적
시인들은 동물을 쫓는 예리한 사냥꾼
의 눈으로 자신들이 관찰한 동물의 신
체 구조, 가령 급소가 어디에 있는지

〈라스코 동굴 벽화〉

와 같은 지식들을 가능한 한 정확하게 동굴 벽화에 그려 냈을 것이다. 그리고 원시인들은
자신들이 그린 가상의 짐승을 향해 활을 쏘고 창을 던짐으로써 실제의 짐승을 사냥하는
벽화를 그린 구체적인 목적 – 사냥 연습
것처럼 연습했을 것이고, 이는 사냥의 성공률을 한층 @높이는 역할을 했을 것이다.
                벽화를 통한 사냥 연습의 효과   ▶라스코 동굴 벽화가 그려진 목적과 효과에 대한 학자들의 견해

3 그런데 만약 원시인들이 동물들을 실물과 다르게 그렸다면 어땠을까? 그 그림으로 사
냥 연습을 한 사람들은 동물에 대한 잘못된 지식을 얻은 꼴이 되고, 사냥에 나선 사람들은
벽화가 실물과 달랐다면 초래되었을 결과 – 벽화를 사실적으로 그린 이유
이로 인해 사냥을 망치거나 심지어 목숨이 위태로워지는 상황이 생기기도 했을 것이다.
이런 이유로 원시인들은 동물의 신체를 가능한 한 실제 모습과 똑같이 그리려고 노력했을
것이다. 특히 계절에 따른 제사를 앞두고는 사냥을 할 때 풍성한 결과를 거둘 수 있기를
                       라스코 동굴 벽화의 주술적 성격
간절히 기원하면서 더욱 세심하게 그림을 그렸을 것이다. ▶라스코 동굴 벽화의 동물들이 사실적으로 그려진 이유

4 원시인들은 오랜 경험을 통해 이렇게 사실적으로 그려진 벽화가 주는 효과를 체득했
                                      사냥의 성공률이 높아지는 효과
을 것이다. 하지만 그들은 그것이 학습에 의한 효과임을 과학적으로 설명할 능력이 없었
을 것이다. 그래서 원시인들은 그것을 하늘의 힘으로 이해하고, 또 그렇게 믿었을 것이다.
즉, 그들은 벽화를 그리는 예술 행위를 통해 하늘이 내려 주는 신비한 힘을 얻는다고 이해
          원시인들이 고달픈 삶 속에서도 예술 활동을 계속했던 이유
했을 것이다. 원시인들이 그토록 고달픈 삶을 살아가면서도 예술 활동을 계속했던 이유는
바로 여기에 있다고 볼 수 있다. ▶원시인들이 예술 활동을 계속했던 이유

독해력 Upgrade

※각 문단의 중심 내용을 다음과 같이 정리할 때, 빈칸에 들어갈 알맞은 말을 쓰시오.

| **1** 라스코 동굴 벽화에 대한 소개와 벽화를 그린 목적에 대한 추정 | → | **2** 라스코 동굴 벽화가 그려진 (목적)과 효과에 대한 학자들의 견해 | → | **3** 라스코 동굴 벽화의 동물들이 (실물)에 가깝게 그려진 이유 | → | **4** 원시인들이 예술 활동을 계속했던 이유 |

1 세부 정보 파악하기 답 ④

㉠에 대한 설명으로 알맞은 것은?

① 현대에 발견된 신석기 시대의 그림이다.
  × − 구석기 시대
② 아름다움을 추구하는 예술 활동의 수단이었다.
  × − 사냥 연습이 목적일 것이라고 추정됨
③ 200여 마리에 달하는 상상의 동물들을 그린 것이다.
  × − 실제 존재하는 동물을 그림
☑ 사냥 대상인 동물들을 최대한 실물에 가깝게 그려 냈다.
  ○ − 말, 소, 사슴 등 식용 동물 ○ − 사실적으로 그림
⑤ 원시인들이 하늘이 내려 주는 신비한 힘으로 그린 그림
  × − 신비한 힘으로 그림을 그린 것은 아님
이다.

정답 풀이

2문단에 따르면 라스코 동굴 벽화에 그려진 동물들은 말, 소, 사슴 등의 식용 동물로, 학자들의 추정을 바탕으로 할 때 이 동물들은 원시인들의 사냥 대상이다. 1문단에 따르면 이 동물들은 매우 사실적으로 그려져 있다.

오답 풀이

① 현대(1940년)에 발견된 구석기 시대의 그림이다.
② 원시인들이 사냥 연습을 하기 위해 벽화를 그린 것으로 추정된다.
③ 벽에 그려진 동물들은 상상의 동물들이 아니라 말, 소, 사슴 등 실제 존재하는 식용 동물들이다.
⑤ 원시인들이 하늘이 내려 주는 신비한 힘으로 벽화를 그렸다는 내용은 찾아볼 수 없다.

2 반응의 적절성 판단하기 답 ④

이 글을 읽고 라스코 동굴 벽화에 대해 보인 반응으로 적절하지 않은 것은?

① 원시인들은 사냥에서 풍성한 결과를 거두기를 바라는 간절한 마음을 담아 벽화를 그렸겠군. → 3문단
② 벽화에 그려진 동물들로 사냥 훈련을 하면 할수록 원시인들의 사냥 성공률이 높아졌을 거야. → 2문단
③ 원시인들이 고달픈 삶을 살아가면서도 예술 활동을 계속한 것은 벽화가 주는 효과를 경험했기 때문이겠군. → 4문단
☑ 사냥을 망치거나 사냥 도중 목숨이 위태로워지는 상황이 발생하면 원시인들은 벽화 속 동물에게 제사를 지냈군.
  × − 이 글에서 근거를 찾을 수 없음
⑤ 어둡고 들어가기 힘든 동굴 안쪽에 그려진 것으로 보아, 많은 사람에게 보여 주기 위해 벽화를 그린 것은 아닌 듯해. → 1문단

정답 풀이

3문단에서, 원시인들이 실물과 다르게 그린 동물 벽화로 사냥 연습을 했다면 "사냥을 망치거나 심지어 목숨이 위태로워지는 상황이 생기기도 했을 것"이라고 하였을 뿐, 이런 경우 벽화 속 동물에게 제사를 지냈다는 내용은 제시되지 않았다. 따라서 ④의 반응은 적절하지 않다.

오답 풀이

① 3문단의 "계절에 따른 제사를 ~ 그림을 그렸을 것이다."로 보아 적절한 반응이다.
② 2문단의 "원시인들은 자신들이 그린 ~ 높이는 역할을 했을 것이다."로 보아 적절한 반응이다.
③ 4문단의 "원시인들은 오랜 경험을 통해 ~ 효과를 체득했을 것이다."와 "그들은 벽화를 그리는 ~ 여기에 있다고 볼 수 있다."로 보아 적절한 반응이다.
⑤ 1문단의 "이 그림들은 한결같이 ~ 아닐 것이라고 추정한다."로 보아 적절한 반응이다.

3 어휘의 문맥적 의미 파악하기 답 ④

밑줄 친 부분이 ⓐ의 문맥적 의미와 가장 유사한 것은?

① 실내 공기가 너무 싸늘해서 방의 온도를 높였다.
② 그녀는 친하지 않은 사람에게는 언제나 말을 높인다.
③ 그 선수는 올림픽 2연패를 달성하며 세계적으로 이름을 높였다.
☑ 그는 새로운 사업의 성공 가능성을 높이기 위해 철저히
  '일어날 확률을 다른 것보다 크게 하다.'의 의미
조사하고 준비했다.
⑤ 환경 단체는 환경을 파괴하는 개발 정책에 대해 비판의 목소리를 높이고 있다.

정답 풀이

ⓐ의 '높이다'는 '일어날 확률을 다른 것보다 크게 하다.'의 의미이다. ④의 '높이다'는 일이 성공할 확률을 다른 것보다 크게 한다는 의미이므로 ⓐ의 문맥적 의미와 가장 유사하다.

오답 풀이

① '수치로 나타낼 수 있는 온도, 습도, 압력 따위를 더 높은 수준에 있게 하다.'의 의미로 쓰였다.
② '높게 대우하는 말을 쓰다.'의 의미로 쓰였다.
③ '이름이나 명성 따위를 널리 알려지게 하다.'의 의미로 쓰였다.
⑤ '어떤 의견을 다른 의견보다 더 강하게 내다.'의 의미로 쓰였다.

어휘력 Upgrade

※다음의 빈칸에 들어갈 알맞은 말을 〈보기〉에서 찾아 쓰시오.

보기 가격 식용 예리 체득

1 메뚜기는 (식용)이 가능한 곤충이다.
  → 먹을 것으로 씀
2 싸우는 것보다는 참는 것이 낫다는 것을 경험으로 (체득)했다.
  → 몸소 체험하여 알게 됨
3 그 골프 선수가 공을 정확히 (가격)하는 순간 관중들이 환호했다.
  → 손이나 주먹, 몽둥이 따위로 때리거나 침
4 수업 중 민호가 질문하자 선생님께서 (예리)한 질문을 했다며 칭찬하셨다.
  → 관찰이나 판단이 정확하고 날카로움

섬유, 예술로 거듭나다

● 지문 갈무리
이 글은 미술의 장르 중 하나인 섬유 예술에 대해 소개하고 있어. 섬유 예술의 개념, 섬유 예술이라는 장르가 자리 잡게 된 계기, 활용되는 기법들을 설명하고, 섬유 예술의 대표작으로 라우센버그의 작품 〈침대〉를 언급하고 있지.

● 주제
섬유 예술의 특징과 대표적인 작품

♥ 직물(織物): 실을 가로, 세로로 교차시켜 짠 물건.

♥ 섬유(纖維): 실을 잣는 재료가 되는 가는 털 모양의 물질.

♥ 조형성(造形性): 각종 재료를 사용하여 공간에 형태를 만드는 특성.

♥ 미의식(美意識): 아름다움을 느끼거나 이해하고, 아름다움을 가리어 판단하는 의식.

♥ 3차원적(三次元的): 직선이나 평면이 아니라 공간적이고 입체적인 방식을 취하는. 또는 그런 것.

♥ 퀼트(quilt): 천과 천 사이에 심이나 솜을 넣고 바느질하여 무늬를 두드러지게 한 것.

1 섬유 예술은 실, 직물♥, 가죽, 짐승의 털 등의 섬유♥를 오브제로 사용하여 미적 효과를
   중심 화제   섬유 예술의 개념
나타내는 예술을 일컫는다. 오브제란 일상생활 용품이나 자연물을 본래의 용도에서 분리
                      오브제의 개념
하여 예술 작품에 사용함으로써 새로운 의미를 불러일으키는 대상을 의미한다. 섬유 예술
은 섬유가 예술성을 지닌 오브제로서 기능할 수 있다는 생각에서 비롯되었다.
   섬유 예술의 등장 배경   ▶섬유 예술의 개념과 등장 배경

2 섬유 예술이 하나의 새로운 장르로 자리매김한 결정적 계기는 1969년 제5회 〈로잔느
섬유 예술 비엔날레전〉에서 올덴버그가 〈부드러운 타자기〉라는 작품을 전시하여 주목받
                섬유 예술이 하나의 장르로 자리매김한 결정적 계기
은 것이었다. 올덴버그는 이 작품을 통해 물건을 만드는 재료에 불과했던 가죽을 예술성
                                                    〈부드러운 타자기〉의 특징
을 구현하는 오브제로 활용하여, 섬유를 미적 대상으로 인식할 수 있게 하였다.
   〈부드러운 타자기〉의 의의   ▶섬유를 미적 대상으로 인식하게 한 올덴버그의 작품

3 이후 섬유 예술은 평면성에서 벗어나 조형성♥을 강조하는 여러 기법들을 활용하여 작
가의 개성과 미의식♥을 나타내는 흐름을 보였는데, 구체적인 기법으로 바스켓트리, 콜라
                                              조형성을 강조하는 섬유 예술의 기법들
주, 아상블라주 등이 있다. 바스켓트리는 바구니 공예를 일컫는 말로 섬유의 특성을 활용
                              바스켓트리의 개념
하여 꼬기, 엮기, 짜기 등의 방식으로 예술적 조형성
을 구현하는 기법이다. 콜라주는 성질이 다른 여러 소
재들을 혼합하여 일상성에서 벗어난 느낌을 주는 기법
              콜라주의 개념
이고, 아상블라주는 콜라주의 평면적인 조형성을 넘어
        아상블라주의 개념
우리 주변에서 흔히 볼 수 있는 물건들과 폐품 등을 혼
합해 3차원적♥으로 표현하는 기법이다. 이 가운데 콜
라주와 아상블라주는 현대 사회의 복합성과 인류 문명
의 한 단면을 상징적으로 드러내는 수단으로 활용되기
도 하였다. ▶조형성을 강조하는 섬유 예술의 구체적인 기법들

4 섬유를 오브제로 활용한 대표적인 작품으로는 라
우센버그의 〈침대〉가 있다. 이 작품에서 라우센버그는
섬유 자체뿐만 아니라 여러 오브제들을 혼합하여 예술
〈침대〉의 특징
성을 나타냈다. 〈침대〉는 캔버스에 평소 사용하던 커
                    〈침대〉의 작업 방법
다란 침대보를 붙이고 베개와 퀼트♥ 천으로 된 이불,
신문 조각, 잡지 등을 붙인 다음 그 위에 물감을 흩뿌
려 작업한 것이다. 이는 콜라주, 아상블라주 기법을 주
                    〈침대〉에 대한 평가
로 활용하여 섬유의 조형적 아름다움을 잘 구현한 작
품으로 평가받고 있다. ▶섬유 예술의 대표적인 작품인 라우센버그의 〈침대〉

라우센버그, 〈침대〉

독해력 Upgrade ※각 문단의 중심 내용을 다음과 같이 정리할 때, 빈칸에 들어갈 알맞은 말을 쓰시오.

1 섬유 예술의 개념과 등장 배경	→	2 (섬유)를 미적 대상으로 인식하게 한 올덴버그의 작품	→	3 (조형성)을 강조하는 섬유 예술의 구체적인 기법들	→	4 섬유 예술의 대표적 작품인 라우센버그의 (〈침대〉)

1 세부 정보 파악하기   답 ③

이 글의 내용과 일치하지 <u>않는</u> 것은?

① 섬유 예술은 섬유가 오브제로서 기능할 수 있다는 생각에서 비롯되었다. → 1문단

② 올덴버그의 작품을 통해 섬유 예술이 하나의 예술 장르로 자리 잡게 되었다. → 2문단

③ 섬유 예술은 실용성에 초점을 둔 여러 가지 기법들을 활용하여 주제를 나타낸다.
  ×─조형성을 강조한 여러 기법들을 활용함

④ 콜라주는 이질적인 여러 소재를 혼합하여 일상성에서 벗어난 느낌을 주는 기법이다. → 3문단

⑤ 라우센버그의 〈침대〉는 이불, 신문 조각, 잡지 등을 활용한 섬유 예술의 대표작이다. → 4문단

정답 풀이

3문단에서 섬유 예술은 "평면성에서 벗어나 조형성을 강조하는 여러 기법들을 활용"했다고 하였다. 실용성에 초점을 둔 여러 가지 기법들을 활용하였다는 ③의 설명은 이 글에서 찾아볼 수 없다.

오답 풀이

① 1문단의 "섬유 예술은 섬유가 예술성을 지닌 오브제로서 기능할 수 있다는 생각에서 비롯되었다."에서 알 수 있다.

② 2문단의 "섬유 예술이 하나의 새로운 장르로 자리매김한 결정적 계기는 ~ 전시하여 주목받은 것이었다."에서 알 수 있다.

④ 3문단에서 "콜라주는 성질이 다른 여러 소재들을 혼합하여 일상성에서 벗어난 느낌을 주는 기법"이라고 한 것에서 알 수 있다.

⑤ 4문단의 "섬유를 오브제로 활용한 대표적인 작품으로는 라우센버그의 〈침대〉가 있다."와 "〈침대〉는 캔버스에 평소 사용하던 커다란 침대보를 붙이고 베개와 퀼트 천으로 된 이불, 신문 조각, 잡지 등을 붙인 다음 그 위에 물감을 흩뿌려 작업한 것이다."에서 알 수 있다.

2 구체적 사례에 적용하기   답 ⑤

이 글을 바탕으로 〈보기〉를 이해한 내용으로 적절하지 <u>않은</u> 것은?

── 보기 ──

이 작품은 라우센버그가 창작한 〈모노그램〉이다. 라우센버그는 나무 판넬에 물감을 칠하고 나무 조각이나 신발

굽 등 버려진 물건들을 붙였다. 그리고 그 위에 털이 풍성한 박제 염소를 놓고, 염소의 허리에는 현대 문명을 상징하는 타이어를 끼워 놓았다. 이 작품을 통해 생명체가 산업화로 인해 위협받고 있는 모습을 떠올릴 수 있다.

라우센버그, 〈모노그램〉

① 박제 염소의 털을 활용한 것에서 섬유를 미적 대상으로 인식하는 섬유 예술의 특징이 드러나는군.
  ○─섬유를 활용한 예술 작품임

② 나무 판넬 위에 박제 염소를 세워 놓은 것에서 아상블라주 기법이 사용되었음을 확인할 수 있군.
  ○─3차원적 입체감을 드러내는 아상블라주 기법을 활용함

③ 염소의 허리에 끼워져 있는 타이어를 통해 현대 산업 사회의 한 단면을 상징적으로 드러내고 있군.
  ○─상징적 의미를 지닌 오브제로 현대 사회의 단면을 드러냄

④ 나무 조각, 신발 굽, 박제 염소, 타이어 등은 작가의 개성과 미의식을 나타내는 데 활용된 오브제로 볼 수 있군.
  ○─사물을 본래 용도에서 분리하여 예술 작품에 사용함

⑤ 바스켓트리 기법이 주는 평면성을 강조하기 위해 나무 판넬에 물감을 칠하고 그 위에 버려진 물건들을 붙였군.
  ×─바스켓트리는 꼬기, 엮기, 짜기 등의 방식으로 예술적 조형성을 구현하는 것임

정답 풀이

3문단에 따르면 바스켓트리는 섬유의 특성을 활용하여 꼬기, 엮기, 짜기 등의 방식으로 예술적 조형성을 구현하는 기법이다. 즉 바스켓트리는 평면성을 강조하기 위한 기법이 아니며, 나무 판넬에 물감을 칠하고 그 위에 버려진 물건들을 붙인 것은 바스켓트리 기법을 활용한 것으로 볼 수 없다.

오답 풀이

① 짐승의 털은 일종의 섬유이므로, 염소의 털이 활용된 점을 통해 섬유 예술의 특징을 확인할 수 있다.

② 판넬에 염소를 세워 놓음으로써 3차원적 입체감을 드러낸 것에서 아상블라주 기법이 사용된 것으로 볼 수 있다.

③ 〈보기〉에서 "염소의 허리에는 현대 문명을 상징하는 타이어를 끼워 놓았다. 이 작품을 통해 생명체가 산업화로 인해 위협받고 있는 모습을 떠올릴 수 있다."라고 하였으므로 적절하다.

④ 오브제란 "일상생활 용품이나 자연물을 본래의 용도에서 분리하여 예술 작품에 사용함으로써 새로운 의미를 불러일으키는 대상"이다. 〈보기〉에서 나무 조각이나 신발 굽, 박제 염소, 타이어 등은 작가의 개성과 미의식을 구현하기 위해 사용된 것이므로 오브제이다.

어휘력 Upgrade   ※다음의 빈칸에 들어갈 알맞은 말을 〈보기〉에서 찾아 쓰시오.

── 보기 ──
결정적
대표적
미적
이질적

1 진돗개는 한국의 (대표적)인 토종개이다.
  → 어떤 분야나 집단에서 무엇을 대표할 만큼 전형적이거나 특징적인 것

2 이 증거는 사건을 해결하는 (결정적)인 단서가 되었다.
  → 일이 되어 가는 형편이 바뀔 수 없을 만큼 확실한 것

3 여행을 하면 낯선 나라의 (이질적) 문화를 접할 수 있다.
  → 성질이 다른

4 사진작가는 카메라를 다루는 기술과 (미적) 감각 모두를 갖춰야 한다.
  → 사물의 아름다움에 관한

하나로 통하는 한옥, 나를 살피는 공간

1④   2③

● **지문 갈무리**
한옥은 공간이 밖으로 점차 증식하면서 분할되는 '외파 증식' 구성이야. 이러한 외파 증식으로 구성됨에 따라 한옥에는 여러 가지 공간적 특징이 나타나지. 이 글은 막힘없이 통하고, 동선의 종류가 다양하며, 집 안에서 내 집을 풍경으로 볼 수 있는 한옥의 공간적 특징을 설명하고 있어.

● **주제**
외파 증식으로 구성된 한옥의 공간적 특징

1 한옥의 평면을 보면 개별 채에서부터 한 번 꺾인 'ㄱ' 자형, 두 번 꺾인 'ㄷ' 자형, 세 번 꺾여 에워싸는 'ㅁ' 자형, 에워싼 다음 한 번 더 뻗어 나간 'ㅂ' 자형 등 그 구성 방식이 다양하다. 이처럼 씨앗이 발아'하듯 방 하나의 기본 공간 단위가 밖으로 증식'하면서 분할'하는 것을 '외파 증식'이라고 한다. 이러한 외파 증식으로 구성된 한옥은 독특한 공간적 특징을 보여 준다.
▶ 외파 증식 방식으로 구성된 한옥 공간

2 우선 한옥 공간은 막히지 않고 순환한다. 시작과 끝이 없고 하나로 '통(通)'한다는 뜻이다. '원(圓)'은 완전 도형이라 해서 동서양 모두에서 최고의 상태로 간주'했는데 한옥에서는 이를 공간에 적용하여 막힘없이 둥글둥글 도는 동선 구조로 만들어 냈다. '원'에 '통'을 결합해서 '원통'한 공간으로 만들어 낸 경우는 한옥밖에 없다. 원통은 원처럼 둥글어서 통한다는 뜻이다. 다시 말해 뒤돌아서는 일 없이 직각으로만 꺾다 보면 처음 출발했던 곳으로 되돌아올 수 있다는 의미이다. 예를 들어 대청마루에 오르면 방으로 들어간 뒤 옆방으로 이어 가거나 방 밖으로 빠져나오는 식으로 다시 대청마루 앞으로 돌아올 수 있는 것이다.
▶ 막힘없이 순환하는 '원통'한 공간인 한옥

3 이러한 한옥 공간에서는 여러 공간을 거쳐 가는 돌아가기와 최단 거리로 가는 질러가기가 모두 가능하다. 이것은 이동의 목적과 성격, 이동하는 사람의 상황과 마음 상태 등 여러 조건에 따라 동선을 선택할 수 있음을 의미한다. 이처럼 동선의 종류가 다양하다는 것은 이동 과정에서 느낄 수 있는 경험의 종류가 많다는 것이기도 하다.
▶ 다양한 동선에 따라 다른 경험을 할 수 있는 한옥 공간

4 또한 한옥 공간에서는 집 안에 앉아서 내 집을 볼 수 있는 특이한 현상이 가능해진다. 방 안에서 창이나 문을 통해 내 집을 풍경으로 감상할 수 있는 것이다. 이를 가리켜 '자경(自景)'이라 하는데, 말 그대로 '나 스스로, 즉 내 집의 일부가 풍경이 된다'는 뜻이다. 이러한 자경은 단순히 내 집의 풍경을 감상하는 것 이상의 의미를 지닌다. 여기에는 내가 내 몸을 스스로 살피고 돌아보는 자아 성찰의 의미가 담겨 있다. 증자의 《일성록》에 나오는 "하루 세 번 내 몸을 돌이켜 살핀다."라는 구절에서 드러나듯이 유교에서는 자기 몸을 살피는 일을 자기 수양의 한 과정으로서 중요하게 여겼다. 자경은 이러한 맥락에서 이해할 수 있다. 집 안에 앉아서 내 집의 모습을 살핀다는 것은 곧 자기 자신의 몸과 마음까지도 살피는 것이다. 이런 점에서 한옥은 유교 정신을 반영'한 주거 공간이라 할 수 있다.

▶ 자경 작용이 이루어지는 한옥 공간

▼ **발아(發芽):** ① 씨앗에서 싹이 틈. ② 어떤 사물이나 사태가 비롯함을 비유적으로 이르는 말.

▼ **증식(增殖):** 늘어서 많아짐. 또는 늘려서 많게 함.

▼ **분할(分割):** 나누어 쪼갬.

▼ **간주(看做):** 상태, 모양, 성질 따위가 그와 같다고 봄. 또는 그렇다고 여김.

▼ **반영(反映):** 다른 것에 영향을 받아 어떤 현상이 나타남. 또는 어떤 현상을 나타냄.

독해력 Upgrade ※ 각 문단의 중심 내용을 다음과 같이 정리할 때, 빈칸에 들어갈 알맞은 말을 쓰시오.

1 (외파 증식) 방식으로 구성된 한옥 공간	→ **2** 막힘없이 순환하는 '원통'한 공간인 한옥	→ **3** 다양한 (동선)에 따라 다른 경험을 할 수 있는 한옥 공간	→ **4** (자경) 작용이 이루어지는 한옥 공간

1 세부 정보 파악하기

답 ④

이 글을 통해 해결할 수 있는 질문이 <u>아닌</u> 것은?

① '원통(圓通)'의 의미는 무엇인가? → 2문단

② '자경(自景)'의 사상적 배경은 무엇인가? → 4문단

③ 한옥의 평면 구성 방식에는 어떤 것들이 있는가? → 1문단

☑ 한옥에서 외파 증식이 일어나는 이유는 무엇인가?
　　× – 이 글을 통해 알 수 없음

⑤ 외파 증식으로 인해 한옥에는 어떤 특징이 나타나는가?
　　　　　　　　　　　　　　→ 2~4문단

정답 풀이

이 글은 외파 증식으로 구성된 한옥 공간의 특징에 대해 설명하고 있을 뿐, 한옥에서 외파 증식이 일어나는 이유에 대해서는 언급하지 않았다. 따라서 ④의 질문은 이 글을 통해 해결할 수 없다.

오답 풀이

① 2문단의 "원통은 원처럼 둥글어서 통한다는 뜻이다."에서 알 수 있다.

② 4문단의 "유교에서는 자기 몸을 살피는 일을 자기 수양의 한 과정으로서 중요하게 여겼다. 자경은 이러한 맥락에서 이해할 수 있다."로 보아 '자경'의 사상적 배경은 유교임을 알 수 있다.

③ 1문단에서 "한옥의 평면을 보면 개별 채에서부터 한 번 꺾인 'ㄱ' 자형, 두 번 꺾인 'ㄷ' 자형, 세 번 꺾여 에워싸는 'ㅁ' 자형, 에워싼 다음 한 번 더 뻗어 나간 'ㅂ' 자형 등 그 구성 방식이 다양하다."라고 하였다.

⑤ 외파 증식으로 인해 한옥에서 나타나는 독특한 공간적 특징을 2~4문단에서 각각 설명하였다.

2 구체적 사례에 적용하기

답 ③

이 글을 읽고 <보기>의 한옥 공간을 이해한 내용으로 적절하지 <u>않은</u> 것은?

├─ 보기 ─┤

방　　　　　　마루

---

① 방 안에서 문을 열면 집의 일부를 풍경으로 감상할 수 있어.

② 방에서 밖으로 나갈 때 질러가기와 돌아가기가 모두 가능해.

☑ 자경을 통해 자신과 분리된 세계의 모습을 파악할 수 있
　　× – 자경은 곧 자기 자신의 몸과 마음을 살피는 것임
는 주거 공간이야.

④ 방에서 마루로 나와 둥글게 돌면 다시 방으로 되돌아오는, 순환하는 공간이야.

⑤ 방에서 밖으로 나갈 때, 어떤 동선을 선택하느냐에 따라 보고 느끼는 경험이 다를 거야.

정답 풀이

4문단에서 "자경은 단순히 내 집의 풍경을 감상하는 것 이상의 의미를 지닌다. 여기에는 내가 내 몸을 스스로 살피고 돌아보는 자아 성찰의 의미가 담겨 있다."라고 하였다. 즉 집 안에 앉아서 내 집의 모습을 살피는 것은 곧 자기 자신의 몸과 마음까지도 살피는 것이라고 이해할 수 있다. 따라서 자경을 통해 자신과 분리된 세계의 모습을 파악한다는 ③의 내용은 적절하지 않다.

오답 풀이

① <보기>에서 방의 문이 열리면 마당과 건너편 기둥, 마루 등 집의 일부가 보인다. 따라서 방 안에서 문 너머로 집의 일부가 풍경을 이룬 모습을 감상할 수 있다.

② <보기>에서 방은 바깥쪽과 마루로 통해 있고, 마루는 방과 바깥쪽으로 통해 있다. 따라서 방에서 밖으로 나갈 때 최단 거리로 질러가기를 하거나, 마루를 거쳐 가는 돌아가기가 모두 가능하다.

④ 2문단에서 한옥은 "둥글둥글 도는 동선 구조"이며, "뒤돌아서는 일 없이 직각으로만 꺾다 보면 처음 출발했던 곳으로 되돌아올 수 있다"라고 하였다. 마찬가지로 <보기>도 방에서 마루로 나와 왼쪽을 향해 둥글게 돌면 다시 방으로 되돌아오게 된다.

⑤ 3문단에서 "동선의 종류가 다양하다는 것은 이동 과정에서 느낄 수 있는 경험의 종류가 많다는 것이기도 하다."라고 하였다. 즉, 방에서 밖으로 나갈 때 마루를 거쳐 가는 동선이냐 아니냐에 따라 보고 느끼는 경험이 달라지게 된다.

어휘력 Upgrade

※ 다음의 빈칸에 들어갈 알맞은 말을 <보기>에서 찾아 쓰시오.

┌─ 보기 ─┐
간주
반영
발아
분할
└──────┘

1 유행어에는 당시의 사회 현실이 (반영)되어 있다.
　　→ 다른 것에 영향을 받아 어떤 현상이 나타남

2 대학교에는 학생들이 등록금을 (분할)하여 납부할 수 있는 제도가 있다.
　　→ 나누어 쪼갬

3 정원수를 옮겨 심는 시기는 일반적으로 (발아) 직전인 가을부터 다음 해 봄 사이가 좋다.
　　→ 씨앗에서 싹이 틈

4 프랑스인들이 인간의 가장 큰 덕목으로 (간주)하는 것은 첫 번째가 정직이고 그다음이 관용이다.
　　→ 상태, 모양, 성질 따위가 그와 같다고 봄

줌과 트랙의 촬영 기법

● **지문 갈무리**
이 글은 영화 촬영 기법인 '줌'과 '트랙'에 대해 소개하고 있어. 줌은 카메라를 고정한 채 촬영하는 방법이고, 트랙은 카메라를 이동하며 촬영하는 방법이야. 그런데 이 두 기법은 결합하여 동시에 사용할 수도 있어. 줌과 트랙을 적절히 결합하여 촬영하면 장면에서 나타내려는 의미를 관객에게 더욱 효과적으로 전달할 수 있지.

● **주제**
영화 촬영의 줌 · 트랙 기법과 이들을 결합하여 사용할 때의 특징

1 영화 촬영에 많이 사용되는 '줌(zoom)'은 카메라를 고정하고 초점˙을 조절할 수 있는 렌즈를 사용하여 카메라가 대상에 접근˙하는 듯한 효과나 멀어지는 듯한 효과를 만들어 내는 방법이다. 카메라가 대상에 접근하는 듯한 효과를 줌 인(zoom in), 멀어지는 듯한 효과를 줌 아웃(zoom out)이라고 한다. 그리고 '트랙(track)'은 카메라 자체를 움직여 대상에 접근하거나 멀어지며 촬영하는 방법으로, 대상에 접근하는 것은 트랙 인(track in), 멀어지는 것은 트랙 아웃(track out)이라고 한다. 언뜻 보면 줌이나 트랙은 차이가 없는 것처럼 보이지만, 카메라가 고정되어 있는지 움직이는지에 따라 촬영된 영상이 다르다. ▶영상 촬영 기법인 줌과 트랙의 개념

2 줌을 사용한 경우에는 카메라가 고정되어 있어서 카메라와 대상 간의 거리는 변화가 없다. 다만 줌 인 또는 줌 아웃에 따라 대상과의 초점 거리만 변한다. 따라서 가까이 있는 물체와 멀리 있는 물체 사이의 크기의 비율은 달라지지 않는다. 그러나 트랙을 이용한 경우에는 카메라가 직접 이동하기 때문에 가까이에 있는 물체와 멀리 있는 물체 사이의 크기의 비율이 달라진다. ▶줌과 트랙의 특징

3 그렇다면 줌과 트랙을 동시에 사용하면 어떻게 될까? 줌 인과 트랙 아웃을 결합˙하여 주인공을 촬영할 경우, 가까이 있는 주인공이나 물체의 크기는 그대로 유지되고 멀리 있는 물체나 배경은 점점 커지게 된다. 반대로 줌 아웃과 트랙 인을 결합하면 멀리 있는 물체나 배경들이 점점 작아져 주인공에게서 멀어지게 된다. 이러한 장면을 바라보는 관객들은 주인공과 주인공이 존재하는 공간 사이의 일상적˙인 관계가 파괴되는 인상을 받게 된다. 따라서 줌 아웃과 트랙 인이 결합된 장면은 자신이 처한 현실에서 벗어나고 싶거나 현실에 적응하지 못하는 주인공의 복잡한 마음을 관객들에게 효과적으로 보여 주는 역할을 한다. ▶줌과 트랙을 동시에 사용할 때의 특징과 효과

● 초점(焦點): 사진을 찍을 때 대상의 영상이 가장 똑똑하게 나타나게 되는 점.

● 접근(接近): 가까이 다가감.

● 결합(結合): 둘 이상의 사물이나 사람이 서로 관계를 맺어 하나가 됨.

● 일상적(日常的): 날마다 볼 수 있는 것.

● 저지(沮止): 막아서 못하게 함.

4 알프레드 히치콕 감독의 〈현기증〉이라는 영화를 보면 주인공 스카티가 종탑에 올라가는 매들린을 저지˙하기 위해 쫓아가는 장면이 나온다. 이때 「스카티가 종탑 아래를 내려다보는 장면이 등장하는데, 여기서 감독은 ㉠종탑의 바닥이 스카티의 시선으로부터 아주 멀어지는 화면을 연속해 보여 준다.」 이는 주인공과 주인공이 존재하는 공간 사이의 일상적인 관계를 파괴한 장면에 해당하는데, 이 장면을 통해 감독은 스카티가 느끼는 고소 공포증과 죽음에 대한 복잡한 심리를 잘 보여 주고 있다. ▶줌 아웃과 트랙 인이 결합된 장면과 그 효과의 구체적인 예

독해력 Upgrade   ※각 문단의 중심 내용을 다음과 같이 정리할 때, 빈칸에 들어갈 알맞은 말을 쓰시오.

| **1** 영상 촬영 기법인 줌과 (트랙)의 개념 | → | **2** 줌과 트랙의 특징 | → | **3** 줌과 트랙을 동시에 사용할 때의 특징과 효과 | → | **4** (줌 아웃)과 트랙 인이 결합된 장면과 그 효과의 구체적인 예 |

1 내용 전개 방식 파악하기 답 ③

이 글의 서술상 특징으로 적절하지 않은 것은?

① 대상의 개념을 분명하게 밝히고 있다. → 1문단

② 대상을 활용하였을 때의 효과를 제시하고 있다. → 3문단

☑ 전문가의 견해를 언급하며 대상의 중요성을 강조하고
　　　　×－이 글에서 찾아볼 수 없음
있다.

④ 대상 간의 차이점을 바탕으로 각각의 특징을 설명하고
있다. → 2문단

⑤ 대상과 관련한 구체적인 예를 제시하여 독자의 이해를
돕고 있다. → 4문단

정답 풀이

이 글은 영화 촬영 기법 가운데 '줌'과 '트랙'에 대해 소개한 글이다. 전문가의 견해를 언급하며 대상의 중요성을 강조한 부분은 이 글에서 찾아볼 수 없으므로 ③은 적절하지 않다.

오답 풀이

① 1문단에서 '줌'과 '트랙'의 개념을 밝히고 있다.

② 3문단의 "이러한 장면을 바라보는 관객들은 ～ 관객들에게 효과적으로 보여 주는 역할을 한다."에서 줌 아웃과 트랙 인이 결합된 장면이 관객에게 미치는 효과를 제시하였다.

④ 2문단에서 카메라가 고정되어 있는 '줌'과 카메라가 이동하는 '트랙'의 차이점을 바탕으로 각각의 특징을 설명하였다.

⑤ 4문단에서 줌 아웃과 트랙 인이 결합된 장면이 나타나는 알프레드 히치콕 감독의 작품을 예로 제시하였다.

2 세부 정보 파악하기 답 ④

이 글을 읽고 난 반응으로 적절하지 않은 것은?

① '줌'은 카메라를 고정하고 렌즈로 초점을 조절하여 촬영하는 방법이구나. → 1문단

② '트랙 인'은 카메라 자체를 움직여 대상에 접근하며 촬영하는 방법이구나. → 1문단

③ '줌'을 사용해 촬영할 경우 카메라와 대상 간의 거리는 변화가 생기지 않는구나. → 2문단

☑ '트랙'을 사용할 경우 가까운 물체와 멀리 있는 물체 사이의 크기 비율은 달라지지 않는구나.
　　　　　　　　　×－달라짐

⑤ '줌 인'과 '트랙 아웃'을 결합하면 가까이 있는 대상의 크기는 그대로 유지되고 멀리 있는 배경은 점점 커지는구나. → 3문단

정답 풀이

2문단에서 "트랙을 이용한 경우에는 카메라가 직접 이동하기 때문에 가까이에 있는 물체와 멀리 있는 물체 사이의 크기의 비율이 달라진다."라고 하였으므로 ④는 적절하지 않다.

오답 풀이

① 1문단에서 '줌(zoom)'은 카메라를 고정하고 초점을 조절할 수 있는 렌즈를 사용하여 카메라가 대상에 접근하는 듯한 효과인 줌 인이나 멀어지는 듯한 효과인 줌 아웃을 만들어 내는 방법이라고 하였다.

② 1문단에서 "카메라 자체를 움직여 대상에 접근"하는 촬영 방법이 트랙 인이라고 하였다.

③ 2문단에서 "줌을 사용한 경우에는 카메라가 고정되어 있어서 카메라와 대상 간의 거리는 변화가 없다."라고 하였다.

⑤ 3문단에서 "줌 인과 트랙 아웃을 결합하여 주인공을 촬영할 경우, 가까이 있는 주인공이나 물체의 크기는 그대로 유지되고 멀리 있는 물체나 배경은 점점 커지게 된다."라고 하였다.

3 구체적 사례에 적용하기 답 ④

이 글을 참고할 때 ㉠에 사용된 촬영 기법으로 알맞은 것은?

① 트랙 아웃　　　　② 줌 인, 트랙 인

③ 줌 인, 트랙 아웃　　☑ 줌 아웃, 트랙 인

⑤ 줌 아웃, 트랙 아웃

정답 풀이

3문단에서, 줌 아웃과 트랙 인을 결합하면 멀리 있는 물체나 배경들이 점점 작아져 주인공에게서 멀어지게 된다고 하였다. 이러한 장면은 관객들에게 주인공과 주인공이 존재하는 공간 사이의 일상적인 관계가 파괴되는 인상을 주기 때문에, 현실에 적응하지 못하는 주인공의 복잡한 마음을 효과적으로 보여 주는 역할을 한다. ㉠은 주인공과 멀리 떨어져 있는 종탑의 바닥이 주인공의 시선에서 계속 멀어지는 장면으로, 주인공과 주인공이 존재하는 공간 사이의 일상적인 관계를 파괴한 장면에 해당하며, 주인공의 복잡한 심리를 보여 주는 역할을 한다. 이를 통해 ㉠은 줌 아웃과 트랙 인이 결합된 장면임을 알 수 있다.

어휘력 Upgrade ※다음의 빈칸에 들어갈 알맞은 말을 〈보기〉에서 찾아 쓰시오.

보기
결합
일상적
저지
접근

1 뮤지컬은 노래, 연기, 춤이 (결합)된 종합 예술이다.
→ 둘 이상의 사물이나 사람이 서로 관계를 맺어 하나가 됨

2 그 섬은 주변이 암초로 둘러싸여 있어 (접근)이 매우 어렵다.
→ 가까이 다가감

3 그 배우는 에스엔에스를 통해 자신의 평범하고 (일상적)인 모습을 자주 보여 준다.
→ 날마다 볼 수 있는 것

4 박 선수는 이날 경기에서 위기 때마다 온몸을 내던져 상대 팀의 공격을 (저지)했다.
→ 막아서 못하게 함

예술 08 관점의 충돌로 이루어진 서양 미술사

1 ⑤　　2 ④　　3 ①

1 미술 사조란 시대적 상황에 영향을 받아 나타나는 미술의 사상적 변화의 흐름을 일
컫는 말이다.　미술 사조의 개념　서양 미술이 본격적으로 시작된 것은 고대 그리스·로마 시대라고 할 수 있
다. 특히 기원전 4~5세기의 미술은 일명 고전주의로 불리는 그리스 미술의 전성기인데,
　　　　　　　　　　　　　　　　　　○ : 시대의 흐름에 따른 주요 미술 사조
이 시기의 미술은 형식과 조화를 통해 이상적인 인간상을 보여 주고자 한 것이 특징이다.
고전주의 미술의 특징
이는 후에 근세♥ 르네상스 미술과 근대 신고전주의의 생성에까지 영향을 미친, 그야말로
서양 미술사의 뿌리가 되는 미술 사조라고 할 수 있다.　　　▶미술 사조의 개념과 고전주의 미술의 특징
중심 화제
2 중세는 종교적 가치가 절대적인 시대였기에 이 시기의 미술은 신 중심의 종교적인 내
　　　중세 시대의 특징　　　　　　　　　　　　　　　　　　　　중세 미술의 경향
용을 다루었다. 고딕 미술은 중세 시대에 발달한 대표적인 미술 양식으로, 12~14세기에
프랑스를 중심으로 유럽에 퍼져 나갔다. 고딕 미술은 특히 건축에서 수직을 강조한 뾰족
　　　　　　　　　　　　　　　　　　　　　　　　　　　　　고딕 미술의 특징
한 첨탑, 좁고 긴 창문의 스테인드글라스♥가 발달한 것이 특징이다.　▶중세 미술의 경향과 고딕 미술의 특징
3 15~16세기에는 종교 중심의 중세 미술에 반발♥하여 고대 그리스·로마 미술로 돌아
　　　　　　　　　　르네상스 미술의 특징
가고자 하는 르네상스 미술이 등장하였다. 신에서 인간으로 관심을 돌린 이 시기를 문
화·예술의 부흥기로 ㉠본다.　르네상스 미술이 등장한 시기　이후 17세기 절대 왕정♥을 배경으로 과장되고 역동적인 경
향의 바로크 미술이 나타났고, 18세기에는 절대 왕정이 약화되고 귀족 문화가 발달하면서
　　바로크 미술의 특징
장식성이 강하고 경쾌하며 화려한 로코코 미술이 나타났다.
　　　　　　　　　　　　　　로코코 미술의 특징　　　▶근세 르네상스 미술, 바로크 미술, 로코코 미술의 특징
4 향락적♥인 로코코 미술에 반발해 18~19세기에 걸쳐 나타난 경향이 바로 신고전주의
　　　　　　　　　　신고전주의 미술의 특징 ①
미술이다. 근대의 신고전주의는 감성보다 이성을 중시한 철학을 바탕으로 엄격한 윤리와
　　　　　　　　　　　　　특징 ②
도덕성을 추구하고, 고대 그리스·로마의 질서 정연한 통일감과 입체감으로 돌아가려는
　　　특징 ③
경향을 나타냈다. 역사와 신화에 한정되었던 고전주의와 다르게 당시 일어난 사건을 그리
는 등 자유롭게 주제를 선택했고, 장엄♥한 분위기와 붓 자국 없이 매끈하게 표현한 것이
　　　　　　　　　　　　　특징 ⑤　　　　　　특징 ⑥
특징이다. 그러나 신고전주의가 형식성과 엄격하게 균형 잡힌 구도를 지나치게 강조함으
　　　　　　　　　　　　　　　특징 ⑦
로써 이에 반발하여 낭만주의 미술이 나타나게 되었다. 낭만주의는 이성적인 그림을 추구
한 신고전주의와 달리 인간 개개인의 감수성에 주목하여 인간의 자유롭고 복잡한 감정이
　　　　　　　　　　　　낭만주의 미술의 특징 ①
느껴지는 동적인 그림을 그렸다. 엄격한 구도보다는 비대칭 구도나 사선 구도를 사용하
　　　　　　　　　　　　　　　　　　특징 ②
여, 자유분방한 붓질로 극적이고 강렬한 색채를 표현하였다.　▶근대 신고전주의와 낭만주의 미술의 특징
특징 ③　　　　　　　특징 ④
5 근대 이후에도 아름다움에 대한 인식은 사회, 역사적 상황에 따라 변화해 왔다. 서양
미술사는 하나의 관점이 일정 기간 유지되다가 그에 반발하는 새로운 관점과 충돌하고 새
　　서양 미술사의 특징
로운 미술 사조가 탄생하는 일을 반복하며 형성되어 왔으며, 앞으로도 그러한 움직임은
계속될 것이다.　　　　　　　　　　　　　　　　　　▶관점의 충돌을 거듭하며 이루어져 온 서양 미술사

● 지문 갈무리
미술 사조에는 아름다움에 대한 인식과 관점이 담겨 있어. 이 글은 시대별로 중심이 된 서양의 미술 사조를 제시하고 그 특징을 살펴봄으로써, 다양한 미술 사조들이 관점의 충돌 속에서 탄생하고 이어져 왔음을 밝히고 있어.

● 주제
관점의 충돌을 거듭해 온 서양 미술 사조의 변천

♥ 근세(近世): 시대 구분의 하나로, 중세와 근대 사이를 가리킴.

♥ 스테인드글라스: 색유리를 이어 붙이거나 유리에 색을 칠하여 무늬나 그림을 나타낸 장식용 판유리.

♥ 반발(反撥): 어떤 상태나 행동 따위에 대하여 거스르고 반항함.

♥ 절대 왕정(絕對王政): 근대로 넘어가는 과도기 유럽에서, 왕이 국가의 모든 권력을 장악하고 절대적 권한을 가진 정치 체제.

♥ 향락적(享樂的): 놀고 즐기는 것.

♥ 장엄(莊嚴): 씩씩하고 웅장하며 위엄 있고 엄숙함.

독해력 Upgrade ※각 문단의 중심 내용을 다음과 같이 정리할 때, 빈칸에 들어갈 알맞은 말을 쓰시오.

| **1** 미술 사조의 개념과 고전주의 미술의 특징 | → | **2** 중세 미술의 경향과 (고딕) 미술의 특징 | → | **3** 근세 르네상스 미술, 바로크 미술, (로코코) 미술의 특징 | → | **4** 근대 신고전주의와 낭만주의 미술의 특징 | → | **5** (관점)의 충돌을 거듭하며 이루어져 온 서양 미술사 |

1 세부 정보 파악하기 　　　　답 ⑤

이 글의 내용과 일치하지 않는 것은?

① 고딕 미술은 종교적인 가치를 중시한 미술 양식이다. →2문단

② 고전주의 미술은 이상적인 인간상을 표현하고자 했다.
　　　　　　　　　　　　　　　　　　　　→1문단

③ 그리스 · 로마 미술은 이후에 전개된 미술 사조에 큰 영향을 미쳤다. →1문단

④ 르네상스 미술은 신 중심의 중세 미술과 달리 인간 중심의 경향을 보였다. →3문단

☑ 로코코 미술은 절대 왕정을 배경으로 나타난 과장되고
　　×－절대 왕정의 약화와 귀족 문화의 발달을 배경으로 함　　×－바로크 미
화려한 미술 사조이다.　　　　　　　　　　　　술의 특징임

정답 풀이

3문단에서 "17세기 절대 왕정을 배경으로 과장되고 역동적인 경향의 바로크 미술이 나타났고, 18세기에는 절대 왕정이 약화되고 귀족 문화가 발달하면서 장식성이 강하고 경쾌하며 화려한 로코코 미술이 나타났다."라고 하였다. 로코코 미술이 화려한 특징을 지닌 것은 맞지만 절대 왕정을 배경으로 한 과장된 경향의 미술 사조는 바로크 미술이다.

오답 풀이

①은 2문단, ②와 ③은 1문단, ④는 3문단에서 확인할 수 있다.

2 구체적 사례에 적용하기 　　　　답 ④

이 글을 읽고 〈보기〉에 대해 반응한 것으로 적절하지 않은 것은?

┤ 보기 ├

 신고전주의 화가 다비드의 〈생 베르나르 골짜기를 넘는 보나파르트〉는 나폴레옹이 1800년 이탈리아 원정 때 오스트리아를 물리치려고 알프스를 넘는 장면을 그린 그림이다. 위험한 상황에서 침착하게 병사들을 이끄는 나폴레옹의 모습을 나타냈으며, 왼쪽 아래에 나폴레옹의 이름 '보나파르트'를 역사 속 영웅들의 이름과 함께 새겨 당시 갓 서른을 넘은 나폴레옹의 영웅적인 모습을 강조하고 있다.

① 화가는 당시에 일어난 사건을 주제로 선택하였군.

② 전체적으로 씩씩하고 위엄 있는 분위기가 느껴지는군.

③ 대상을 붓 자국 없이 매끈하게 표현한 것이 특징이겠군.

☑ 전쟁에 임하는 인물의 복잡하고 격렬한 감정에 주목하
　　　　　　×－신고전주의 미술은 감정보다 이성을 추구하였음
였군.

⑤ 대상을 균형 잡힌 구도로 표현한 것에서 형식성을 중시했음을 알 수 있군.

정답 풀이

〈보기〉에 제시된 것은 신고전주의 그림이다. 4문단에 따르면 신고전주의는 "감성보다 이성을 중시한 철학을 바탕으로 엄격한 윤리와 도덕성을 추구"하였다. ④에서 설명하는 "인물의 복잡하고 격렬한 감정에 주목"하는 것은 인간 개개인의 감수성에 주목한 낭만주의 미술의 특징이므로, 신고전주의 화가의 그림인 〈보기〉에 대한 반응으로 적절하지 않다.

오답 풀이

① 〈보기〉의 그림은 신고전주의 화가 다비드가 1800년 당시의 사건을 주제로 삼아 그린 것이다. 신고전주의는 "역사와 신화에 한정되었던 고전주의와 다르게 당시 일어난 사건을 그리는 등 자유롭게 주제를 선택"했다.

②, ③ 신고전주의 미술은 "장엄한 분위기와 붓 자국 없이 매끈하게 표현한 것"이 특징이다.

⑤ 신고전주의 미술은 "형식성과 엄격하게 균형 잡힌 구도를 지나치게 강조"했다고 하였다.

3 어휘의 문맥적 의미 파악하기 　　　　답 ①

이 글의 ㉠과 바꿔 쓰기에 가장 적절한 것은?

☑ 평가한다　　　　　　② 추측한다

③ 선별한다　　　　　　④ 부각한다

⑤ 강조한다

정답 풀이

㉠의 '보다'는 '대상을 평가하다.'의 의미이므로 이와 바꿔 쓰기에 가장 적절한 것은 ①의 '평가한다'이다.

오답 풀이

② 추측하다: 미루어 생각하여 헤아리다.

③ 선별하다: 가려서 따로 나누다.

④ 부각하다: 어떤 사물을 특징지어 두드러지게 하다.

⑤ 강조하다: 어떤 부분을 특별히 강하게 주장하거나 두드러지게 하다.

어휘력 Upgrade　※다음의 빈칸에 들어갈 알맞은 말을 〈보기〉에서 찾아 쓰시오.

┤ 보기 ├
반발
사조
장엄
침착

1 산 정상에서 바라본 일출은 (장엄)하고도 아름다웠다.
　　→씩씩하고 웅장하며 위엄 있고 엄숙함

2 응급 상황에서 당황하지 말고 (침착)하게 행동해야 한다.
　　→행동이 들뜨지 아니하고 차분함

3 그는 진보적인 지식인이지만 새로운 (사조)를 받아들이는 데에는 신중하고 비판적이다.
　　→한 시대의 일반적인 사상의 흐름

4 예술계에서는 예술 작품에 대해 지나치게 규제를 가하는 것은 결코 바람직하지 않다고 (반발)했다.
　　→어떤 상태나 행동 따위에 대하여 거스르고 반항함

흥겨운 우리 음악 산조

1 ④   2 ①   3 ③

1 산조는 우리 민속 음악의 대표적 양식으로, 한 사람이 악기로 연주하는 기악 독주곡
_{중심 화제} _{산조의 개념 – 정의}
형태의 하나이다. 산조는 연주 장소, 연주자, 연주 조건에 따라 즉흥적인 감정 표현을 중
_{산조 연주의 특징 ①}
시하는 음악이다. 한 사람이 하나의 악기를 가지고 연주하는 것을 기본으로 하면서 여기
_{산조 연주의 특징 ②}
에 장구 반주가 따른다. 장구 반주를 맡은 고수˙는 간간이 추임새˙를 넣어 연주자의 흥을
돋운다. 산조를 듣는 관객들도 악기의 연주 소리에 흥이 나면 추임새로 자신의 감동을 표
현할 수 있다. 이러한 추임새는 연주자와 고수와 관객을 하나로 맺어 주는 기능을 한다.
_{추임새의 기능}   ▶ 산조의 개념과 연주 방식의 특징

2 산조의 장단은 진양조장단, 중모리장단, 중중모리장단, 자진모리장단을 기본으로 하
_{느림 ◄}   _{► 빠름}
고, 연주자가 사용하는 악기에 따라 휘모리장단, 단모리장단˙ 등이 첨가된다. 일반적으로
_{매우 빠름}
산조는「가장 느린 진양조장단에서 시작하여 중간 빠르기인 중모리장단과 중중모리장단을
_{「」: 산조 장단의 진행 순서(느린 장단 → 빠른 장단)}
거쳐, 더 빨라진 자진모리장단 혹은 매우 빠른 휘모리장단으로 끝이 난다.」이렇게 점점 빨
라지는 산조의 장단은 듣는 사람들의 감정과 흥을 고조˙시키며, 산조 가락이 절정에 이르
_{산조 장단의 효과}
렀을 때 관객들은 신명˙과 희열˙에 빠져들게 된다.   ▶ 산조 장단의 특징과 효과

3 산조는 가야금, 거문고, 대금, 향피리, 해금, 태평소, 단소, 아쟁 등 민속악에 쓰이는
_{산조에 사용되는 악기 – 열거}
거의 모든 악기마다 존재한다. 그런데 특이한 것은 산조를 연주할 때 사용하는 가야금과
_{산조에 사용되는 악기의 특징}
대금, 아쟁 같은 악기는 정악이라고 불리는 국악 연주를 할 때보다 조금 작게 만든다는 점
이다. 그래서 악기 이름도 앞에 산조라는 말을 붙여 산조 가야금, 산조 대금 등으로 부른
다. 이는 정악이 느리고 우아한 장단을 기본으로 하는 것에 비해 산조는 장단이 빠르고 다
_{산조와 정악의 차이 – 쓰이는 악기의 차이와 관련됨}
양한 기교를 필요로 하는 것과 관련된다.   ▶ 산조에 사용되는 악기의 특징

4 산조에는 여러 유파˙가 있다. 그래서 똑같은 악기를 사용하더라도 유파에 따라 곡 전
_{유파에 따른 산조의 다양성}
개의 흐름이나 음색의 특징 등에서 큰 차이를 보이기도 한다. 그러나 같은 유파라 하더라

도 연주자에 따라 자신만의 독특한 산
_{연주자에 따라 재창조되는 산조의 다양성}
조가 만들어지기도 한다. 연주자 스스
로가 연주하는 장소와 때, 분위기 등을
고려하여 가락에 변화를 줄 수 있기 때
문이다. 이런 점에서 볼 때 산조는 연
주자의 음악적 감성에 따라 끊임없이
_{산조의 예술적 의의}
만들어지고 변화할 수 있는, 열려 있는
음악 형식이라고 할 수 있다.
    ▶ 산조의 다양성과 예술적 의의

● **지문 갈무리**
이 글은 우리나라의 민속 음악 중 하나인 산조에 대해 소개하고 있어. 산조는 한 사람이 하나의 악기를 장구 반주에 맞춰 연주하는 것으로, 연주자의 개성을 잘 드러낼 수 있는 음악이야. 그리고 점점 빨라지는 장단과 고수의 추임새로 연주자와 관객 모두 흥겨움을 느낄 수 있지.

● **주제**
우리나라 민속 음악인 산조의 특징과 의의

♥ **고수(鼓手):** 북이나 장구를 치는 사람.

♥ **추임새:** 흥을 돋우기 위해 고수가 장단을 치면서 삽입하는 '좋다', '얼씨구', '으이' 따위의 소리.

♥ **단모리장단:** 산조에 쓰이는 가장 빠른 장단.

♥ **고조(高調):** 사상이나 감정, 세력 따위가 한창 무르익거나 높아짐. 또는 그런 상태.

♥ **신명:** 흥겨운 멋이나 기분.

♥ **희열(喜悅):** 욕구가 충족되었을 때 느끼는 기쁨.

♥ **유파(流派):** 주로 학계나 예술계에서, 생각이나 방법 경향이 비슷한 사람이 모여서 이룬 무리.

독해력 Upgrade   ※각 문단의 중심 내용을 다음과 같이 정리할 때, 빈칸에 들어갈 알맞은 말을 쓰시오.

| **1** 산조의 개념과 연주 방식의 특징 | ➡ | **2** 산조 (장단)의 특징과 효과 | ➡ | **3** 산조에 사용되는 (악기)의 특징 | ➡ | **4** 산조의 다양성과 예술적 의의 |

1 세부 정보 파악하기 　답 ④

이 글에 언급되지 않은 것은?

① 산조의 개념 →1문단　② 산조의 장단 →2문단

③ 산조의 연주 방식 →1문단　☑ 산조의 악기별 사용법
　　　　　　　　　　　　　× - 글에 언급되지 않음

⑤ 산조의 예술적 의의 →4문단

정답 풀이

3문단에서 가야금, 대금, 아쟁 등 산조에 사용되는 악기들을 제시하고 산조 악기와 정악에 쓰이는 악기에 차이가 있음을 설명하였을 뿐, 산조의 악기별 사용법에 대해서는 언급하지 않았다.

오답 풀이

①과 ③은 1문단에, ②는 2문단에, ⑤는 4문단에 언급되었다.

2 내용 전개 방식 파악하기 　답 ①

이 글의 서술상 특징으로 알맞은 것을 골라 묶은 것은?

㉠ 구체적인 예를 열거하며 이해를 돕고 있다. →3문단

㉡ 대상의 진행 과정을 순차적으로 제시하였다. →2문단

㉢ 질문을 반복적으로 제시하며 관심을 유도하고 있다.

㉣ 설명 대상을 다른 대상과 견주어 차이점을 드러내고 있다.
　　　　　　　　　　　　　　　　　　　→3문단

㉤ 설명 대상을 여러 가지 사물에 빗대어 그 특성을 드러내고 있다.

☑ ㉠, ㉡, ㉣　　② ㉠, ㉡, ㉤

③ ㉡, ㉢, ㉣　　④ ㉡, ㉣, ㉤

⑤ ㉢, ㉣, ㉤

정답 풀이

3문단에서 "가야금, 거문고, 대금, 향피리, 해금, 태평소, 단소, 아쟁 등" 산조에 쓰이는 악기의 예를 열거하였다(㉠). 그리고 2문단의 "일반적으로 산조는 가장 느린 진양조장단에서 시작하여 ~ 매우 빠른 휘모리장단으로 끝이 난다."에서 산조 장단의 진행 과정을 순서대로 제시하였다(㉡). 또 3문단의 "산조를 연주할 때 사용하는 ~ 다양한 기교를 필요로 하는 것과 관련된다."에서 산조와 정악의 차이점 및 사용되는 악기의 차이점을 드러냈다(㉣).

3 반응의 적절성 판단하기 　답 ③

이 글을 읽고 난 반응으로 적절하지 않은 것은?

① 둘 이상의 연주자가 각자의 악기로 함께 연주하는 것은 산조가 아니겠군. →1문단의 산조의 개념을 근거로 함

② 산조 연주가 막바지에 이르러 장단이 가장 빨라지면 관객들은 신명과 희열을 느끼게 되겠군.
　　　　　　　　　　　　　　　→ 2문단의 내용을 근거로 함

☑ 고수의 추임새는 연주자에게 흥을 불어넣지만 연주자의 집중력을 떨어뜨리는 부정적인 면도 있군.
　　× - 글에 제시되지 않음

④ 정악에서 쓰이는 가야금에 비해 산조 가야금은 빠른 장단에 맞춰 가락에 변화를 주기에 효과적이겠군.
　　　　　　　　　　　　　　　→ 3문단의 내용을 근거로 함

⑤ 산조는 즉흥적인 감정 표현을 중시하므로 연주자가 연주할 때마다 곡의 흐름이나 음색이 다양하게 나타나겠군.
　　　　　　　　　　　　　　→ 1문단, 4문단의 내용을 근거로 함

정답 풀이

1문단에서 "장구 반주를 맡은 고수는 간간이 추임새를 넣어 연주자의 흥을 돋운다."라고 하였으므로, ③에서 고수의 추임새가 연주자에게 흥을 불어넣는다고 한 앞부분의 내용은 적절하다. 그러나 이 글에서는 연주자의 흥을 돋우고 연주자ㆍ고수ㆍ관객을 하나로 맺어 주는 추임새의 기능에 대해 이야기하였을 뿐, 고수의 추임새가 연주자의 집중력을 떨어뜨린다는 부정적인 면에 대해서는 언급하지 않았다. 따라서 ③은 적절한 반응으로 볼 수 없다.

단원 어휘 테스트

01회 01 ㉢ 02 ㉣ 03 ㉠ 04 ㉡ 05 치장 06 친숙 07 희열 08 증식 09 야기 10 지휘 11 고조 12 간주 13 추정 14 침착 15 결합 16 반영 17 접근하자 18 예리한 19 확장한 20 저지하기

02회 01 ㉠ 02 ㉣ 03 ㉢ 04 ㉡ 05 완급 06 식용 07 전공 08 가상 09 본격적 10 일상적 11 이상적 12 역동적 13 첨가 14 연속 15 반발 16 매체 17 중단되어 18 위태로운 19 민첩하다 20 세심한

어휘력 Upgrade ※다음의 빈칸에 들어갈 알맞은 말을 <보기>에서 찾아 쓰시오.

┌ 보기 ┐
고조
신명
즉흥적
희열

1 초대 가수들의 공연으로 축제의 분위기가 한껏 (고조)되었다.
→ 사상이나 감정, 세력 따위가 한창 무르익거나 높아짐

2 그는 구체적인 계획을 세우지 않고 (즉흥적)으로 여행을 떠났다.
→ 그 자리에서 일어나는 감흥이나 기분에 따라 하는 것

3 할머니는 구성진 노랫소리에 (신명)이 나서 어깨를 들썩이셨다.
→ 흥겨운 멋이나 기분

4 마라톤을 완주한 후 나는 내 힘으로 무언가를 이루었다는 (희열)을 맛보았다.
→ 욕구가 충족되었을 때 느끼는 기쁨

저작권, 얼마나 알고 있니?

1 ⑤　　2 ④　　3 ⑤

1 저작권(Copyright, 著作權)은 저작물을 창작한 저작자에게 부여♥한 권리를 말한다. 이때 저작물이란 '인간의 생각 또는 감정을 표현한 창작물'이며 저작자는 '저작물을 창작한 사람'을 의미한다. 저작권은 소유권과 구분해야 하는데, 예를 들어 누군가가 어떤 소설책을 구입한다면 그 소설책의 소유권은 구매자가 갖지만, 소설가가 창조해 낸 세계나 가치 등은 구매자가 생각해 낸 것이 아니므로 저작권은 소설가가 갖게 된다. ▶저작권의 개념 및 소유권과의 구분

2 그렇다면 저작권은 왜 보호되어야 할까? 보통 저작자는 많은 시간과 노력을 기울여 저작물을 만들어 낸다. 그런데 누군가가 마음대로 저작물을 이용한다면 저작자의 노력은 물거품이 되고 저작자는 더 이상 창작 활동을 하지 않게 될 것이다. 저작권을 보호하는 이유는 창작 노력에 대한 적절한 권리를 보장하여 저작자의 창작 행위를 존중하고, 나아가 수준 높은 저작물들을 통해 풍요로운 문화를 ⓐ누리는 데 있다. 이를 위해 저작권법에서는 「공개되지 않았던 다른 사람의 저작물을 발견한 사람, 저작물 작성을 의뢰♥한 사람, 저작에 관한 아이디어나 조언♥을 한 사람, 저작자의 옆에서 도와주거나 자료를 제공한 사람」 등은 저작권자에서 배제♥하여 저작물을 창작한 사람의 저작권이 원만히 보호될 수 있도록 하고 있다. ▶저작권을 보호하는 이유와 저작권자에서 배제되는 사례

3 저작권은 저작 재산권과 저작 인격권으로 구분할 수 있다. 먼저 저작 재산권은 저작자가 자신의 저작물에 대해 갖는 재산적인 권리를 뜻한다. 저작권법에 따르면 「저작물을 복제하거나 저작물로 공연을 하는 것은 저작권자의 허락이 있어야 가능하다. 또한 방송이나 인터넷을 통해 저작물을 유통시키거나 원저작물을 번역, 편곡, 각색♥, 편집을 할 경우에도 저작권자에게 동의를 구해야 한다.」 만약 저작권자의 허락 없이 저작물을 이용하면 법에 따라 제재를 받을 수 있다. ▶저작 재산권의 개념과 구체적인 내용

4 저작 인격권이란 저작자가 자신의 저작물에 대해 갖는 인격적·정신적 이익을 법률로써 보호받는 권리이다. 이에 따라 「저작권자의 허락 없이는 저작물을 공표♥해서는 안 되며, 저작물을 이용하는 자는 저작물에 있는 원저작자의 이름 표기를 지우거나 훼손해서는 안 된다. 또한 저작자의 뜻을 무시한 채 이용자 마음대로 저작물의 내용을 바꾸어서도 안 된다.」 이러한 저작 인격권은 저작 재산권과 달리 다른 사람에게 양도♥할 수 없다. 따라서 저작물의 저작 재산권을 양도받아도 저작 인격권은 여전히 저작자에게 있다는 사실을 기억할 필요가 있다. ▶저작 인격권의 개념과 구체적인 내용

독해력 Upgrade　※각 문단의 중심 내용을 다음과 같이 정리할 때, 빈칸에 들어갈 알맞은 말을 쓰시오.

| **1** 저작권의 개념 및 소유권과의 구분 | ➡ | **2** 저작권을 보호하는 이유와 저작권자에서 배제되는 사례 | ➡ | **3** (저작 재산권)의 개념과 구체적인 내용 | ➡ | **4** (저작 인격권)의 개념과 구체적인 내용 |

1 세부 정보 파악하기　답 ⑤

이 글의 내용과 일치하지 않는 것은?

① 저작자는 저작물을 창작한 사람을 의미한다. →1문단

② 저작권은 저작 재산권과 저작 인격권으로 구분할 수 있다. →3문단

③ 저작권이 있는 저작물로 공연을 하려면 저작자의 허락을 받아야 한다. →3문단

④ 저작권이 보호되지 않으면 수준 높은 저작물들이 창작되지 않을 수 있다. →2문단

✔ 저작물의 저작 재산권을 양도하면 저작물의 저작 인격권도 자동으로 양도된다.
× – 저작 인격권은 양도가 불가능함

정답 풀이
4문단에서 "저작 인격권은 저작 재산권과 달리 다른 사람에게 양도할 수 없다. 따라서 저작물의 저작 재산권을 양도받아도 저작 인격권은 여전히 저작자에게 있다"라고 하였으므로 ⑤는 잘못된 내용이다.

2 구체적 사례에 적용하기　답 ④

다음 중 질문에 대한 답이 적절하지 않은 것은?

질문	답
저는 대학생인데요, 친구들과 돈을 모아 교재를 한 권만 사서 이걸 여러 권으로 복사하려고 합니다. 괜찮을까요?	저작권자의 허락 없이 저작물을 복제하는 것은 저작 재산권을 위반하는 행위입니다. …… ①
저는 피아니스트인데요, 저작권이 있는 음악을 연주회에서 연주하려면 저작자의 동의를 구해야 하는지 궁금합니다.	저작권이 있는 저작물로 공연을 하기 위해서는 저작권자의 허락이 있어야 합니다. …… ②
최근 사망한 소설가의 미발표 소설을 찾아낸 경우, 이 소설의 저작권은 찾은 사람이 갖는 건가요?	공개되지 않았던 다른 사람의 저작물을 발견한 사람은 저작권자에서 배제됩니다. …… ③
소설 원작을 각색하여 시나리오를 만들려고 합니다. 줄거리는 똑같으니 저작권자의 허락을 받지 않아도 되겠죠?	원저작물을 각색하는 것은 저작자의 저작 인격권을 훼손하는 행위이므로 해서는 안 됩니다. …… ✔

저는 가수인데요, 선배 가수의 곡을 리메이크하려고 합니다. 약간만 편곡하는 정도인데 저작권자의 허락이 필요한가요? | 저작 재산권에 따라, 원저작물을 편곡할 경우 저작권자의 허락이 필요합니다. …… ⑤

정답 풀이
3문단에 따르면 저작자는 저작 재산권을 가지므로 원저작물을 번역, 편곡, 각색, 편집을 할 경우에는 저작권자에게 동의를 구해야 한다. 즉 저작권자의 허락을 받으면 원저작물을 각색할 수 있으므로, 원저작물을 각색하는 것이 저작자의 저작 인격권을 훼손하는 행위라는 ④의 설명은 적절하지 않다.

오답 풀이
① 3문단을 바탕으로 할 때, 한 권의 책을 여러 권으로 복사하는 것은 저작물 복제이다. 저작권자의 허락 없이 이러한 행위를 하는 것은 저작 재산권 위반에 해당하므로 법에 따라 제재를 받을 수 있다.
② 3문단을 바탕으로 할 때, 저작권이 있는 음악을 연주회에서 연주하는 것은 저작물로 공연을 하는 것이므로 저작권자의 허락이 필요하다.
③ 2문단에 따르면 공개되지 않았던 다른 사람의 저작물을 발견한 사람은 저작권자에서 배제되므로, 소설가의 미발표 소설을 찾아낸 사람은 그 작품의 저작권자가 될 수 없다.
⑤ 3문단에 따르면 원저작물을 편곡할 경우 저작권자에게 동의를 구해야 한다.

3 어휘의 문맥적 의미 파악하기　답 ⑤

문맥상 ⓐ와 바꿔 쓸 수 있는 말로 적절한 것은?

① 간추리는　② 장악하는
③ 파악하는　④ 포괄하는
✔ 향유하는
'누리어 가지다'의 뜻

정답 풀이
'누리다'는 '생활 속에서 마음껏 즐기거나 맛보다.'의 뜻으로, '누리어 가지다.'의 뜻을 지닌 '향유하다'와 바꾸어 쓸 수 있다.

오답 풀이
① 간추리다: 글 따위에서 중요한 점만을 골라 간략하게 정리하다.
② 장악하다: 무엇을 마음대로 할 수 있게 휘어잡다.
③ 파악하다: 어떤 대상의 내용이나 본질을 확실하게 이해하여 알다.
④ 포괄하다: 일정한 대상이나 현상 따위를 어떤 범위나 한계 안에 모두 끌어 넣는다.

어휘력 Upgrade　※다음의 빈칸에 들어갈 알맞은 말을 〈보기〉에서 찾아 쓰시오.

┌ 보기 ┐
배제
양도
의뢰
조언

1 약사는 이 화장품을 건성 피부에는 쓰지 말라고 (조언)했다.
→ 말로 거들거나 깨우쳐 주어서 도움
2 국제 사회에서 (배제)된 국가는 살아남기 어려운 시대가 되었다.
→ 받아들이지 않고 물리쳐 제외함
3 그 회사는 사회 환원 차원에서 회사 소유 건물을 인근 군청에 (양도)하였다.
→ 권리, 재산 등을 남에게 넘겨줌
4 천연기념물로 지정된 느티나무가 훼손되자 마을 사람들은 경찰에 수사를 (의뢰)했다.
→ 남에게 부탁함

초깃값 효과

● 지문 갈무리
사람들은 어떤 선택을 할 때에 처음 제공되는 설정 사항을 바꾸려 하기보다는 그대로 받아들이는 경향이 있어. 이를 '초깃값 효과'라고 하지. 이 글은 초깃값이 사람들의 의사 결정에 매우 큰 영향을 미친다는 점과, 이러한 초깃값 효과가 나타나는 원인에 대해 설명하고 있어.

● 주제
의사 결정을 좌우하는 초깃값의 효과와 초깃값 효과가 나타나는 원인

▾보장(保障): 어떤 일이 어려움 없이 이루어지도록 조건을 마련하여 보증하거나 보호함.

▾제한(制限): 일정한 한도를 정하거나 그 한도를 넘지 못하게 막음. 또는 그렇게 정한 한계.

▾변경(變更): 다르게 바꾸어 새롭게 고침.

▾초기(初期): 정해진 기간이나 일의 처음이 되는 때나 시기.

▾손실(損失): 잃어버리거나 축이 나서 손해를 봄. 또는 그 손해.

1 미국 뉴저지주에서는 자동차 구입자가 보험을 들 때 보장˅ 범위가 제한˅된 저렴한 보험을 자동적으로 들게 되어 있다. 만약 추가로 돈을 더 지불하면 보장 범위가 넓은 보험으로 변경˅하는 것이 가능하다. 이에 대한 1992년 통계에 따르면 보험 가입자의 80%가 초기˅ 설정 그대로 저렴한 보험에 가입했다고 한다. 반대로 펜실베이니아주에서는 보험료가 비싼 쪽을 초기 설정으로 두어 자동적으로 가입하게 하고 저렴한 보험은 변경 가능한 사항으로 두었는데, 75%가 비싼 보험을 선택했다고 한다.

2 이 통계의 결과만 놓고 본다면 뉴저지주에 사는 사람들은 보험 가격을 중시하고 펜실베이니아주에 사는 사람들은 사고의 보장 범위를 더 중시하는 것처럼 보인다. 그러나 이들의 선택에 가장 큰 영향을 준 것은 가격이나 보장 범위가 아닌 초깃값이었다. 대다수의 사람들이 초깃값을 그대로 선택하는 경향을 보인 것이다. 이처럼 어떤 선택을 할 때에 다른 선택이 가능함에도 미리 설정되어 있는 사항을 그대로 따르려는 경향을 '초깃값 효과'라고 한다. 이는 무엇을 초깃값으로 설정하느냐가 사람들의 의사 결정에 큰 영향을 미칠 수 있음을 보여 준다.

3 그렇다면 초기 설정은 왜 사람들의 의사 결정에 영향을 미치는 것일까? 그 원인은 크게 세 가지로 정리할 수 있다. 첫째, 공공 정책의 경우 사람들이 초깃값을 정책 결정자의 '권유'로 생각하여 좋을 것이라고 여기고 받아들인다. 둘째, 초깃값과 다른 선택을 할 경우 서류 작성 등의 노력이 필요하므로, 확신이 없는 상황에서 굳이 시간과 노력을 들여 초깃값을 바꾸는 수고를 하지 않는다. 셋째, 초깃값을 선택하지 않는 것은 이미 주어진 것을 포기하는 손실˅로 인식되어, 그 손실을 피하려는 심리로 초깃값을 받아들인다.

4 물이 반 정도 들어 있는 컵을 보고 어떤 사람들은 '물이 반이나 있다'고 생각할 수도 있고 어떤 사람들은 '물이 겨우 반만 남았다'고 생각할 수도 있다. 그런데 만약 컵에 물이 가득 차 있는 것이 처음 상태였고 이것을 사람들이 보았다면 어떻게 반응할까? 아마도 대부분은 처음보다 물이 줄어 '반만 남았다'고 여길 것이다. 「초기 설정은 이처럼 사람들의 의식에 큰 영향을 준다. 같은 물건이나 같은 정책이라도 초깃값을 어떻게 설정하느냐에 따라 사람들이 전혀 다르게 ⊙받아들일 수 있는 것이다.」 따라서 공공 기관이나 정부는 국민들에게 도움이 되는 대안을 초깃값으로 설정하기 위해 노력할 필요가 있다.

독해력 Upgrade

※각 문단의 중심 내용을 다음과 같이 정리할 때, 빈칸에 들어갈 알맞은 말을 쓰시오.

1 뉴저지주와 펜실베이니아주의 보험 가입 현황에 대한 통계 → **2** (초깃값)이 선택에 미치는 영향과 초깃값 효과의 개념 → **3** 초깃값 효과가 나타나는 (원인) → **4** 초깃값 설정의 중요성

1 세부 정보 파악하기   답 ④

이 글을 통해 알 수 있는 내용이 아닌 것은?

① 초기 설정은 사람들의 의사 결정에 큰 영향을 미친다.
　　　　　　　　　　　　　　　　　　　　→ 2문단, 4문단
② 사람들은 공공 정책의 초깃값을 정책 결정자의 권유로
　생각한다. → 3문단
③ 사람들은 초깃값을 선택하지 않는 것을 손실로 여기는
　경향이 있다. → 3문단
☑ 대부분의 사람들은 자신에게 더 유리해지도록 초기 설정
　을 수정한다.
　× – 초기 설정을 그대로 받아들임
⑤ 사람들은 다른 선택이 가능한데도 초기 설정을 그대로
　따르는 경우가 많다. → 2문단

정답 풀이

이 글은 대다수의 사람들이 초기 설정을 수정하지 않고 그대
로 선택하는 경향이 있다는 '초깃값 효과'에 대해 설명하고 있
다. ④는 이 글의 설명과 상반되는 내용이다.

2 구체적 사례에 적용하기   답 ③

**이 글을 읽고 〈보기〉에 대해 반응한 내용으로 적절하지 않은
것은?**

┤ 보기 ├

　　유럽 연합(EU)에서는 장기 기증에 동의한 사람이 적은
나라(덴마크 4%, 독일 12%, 영국 17%, 네덜란드 28%)와
많은 나라(스웨덴 86%, 오스트리아·벨기에·프랑스·헝
가리·폴란드 98% 이상)가 확실히 구분된다. 덴마크, 독일
등 동의자가 적은 나라에서는 장기를 기증하겠다는 의사
표시를 하지 않는 한 기증 의사가 없다고 간주한다. 이에
반해 오스트리아처럼 동의자가 많은 나라에서는 장기 기증
을 하지 않겠다는 의사 표시가 없는 한 기증 의사가 있다고
간주한다.

① 장기 기증에 동의한 사람이 적은 나라는 '장기 기증을 하
　지 않겠다.'가 초기 설정이군.
　○ – 대부분 초기 설정을 따르므로 장기 기증 동의자가 적음
② 오스트리아에서 현재의 초기 설정을 바꾼다면 장기 기증
　○ – '장기 기증을 하겠다.'는 초기 설정을 바꾸면 장기 기증 동의자가 줄어들 수 있음
　동의자가 줄어들 수 있겠군.
☑ 초기 설정을 아예 없애면 덴마크나 독일의 장기 기증 동
　× – 초기 설정을 '장기 기증을 하겠다.'로 바꿀 경우
　의자 수를 최대로 이끌어 낼 수 있겠군.

④ 장기 기증에 동의한 사람이 적은 나라와 많은 나라로 구
　분된 결과는 초깃값 효과와 관련이 있겠군.
　○ – 대부분 초기 설정을 따른 결과임
⑤ 오스트리아 사람들 중에는 별도의 의사 표시를 하는 것
　이 번거로워서 장기 기증에 동의한 사람도 있겠군.
　○ – 초깃값을 바꾸지 않는 원인 중 하나임

정답 풀이

이 글을 통해 사람들이 어떤 선택을 할 때에 초기 설정을 그
대로 따르려는 경향이 있음을 알 수 있다. 따라서 〈보기〉의
장기 기증 동의자가 적은 나라들의 경우, 초기 설정을 '장기
기증을 하겠다.'로 바꾸면 장기 기증 동의자 수가 늘어날 것
이다. 초기 설정을 아예 없애면 장기 기증 동의자 수를 최대
로 이끌어 낼 수 있을 것이라는 ③의 반응은 이 글에서 그 근
거를 찾을 수 없다.

오답 풀이

①, ④ 장기 기증 동의자가 적은 나라는 사람들 대부분이 '장기 기증을
　하지 않겠다.'는 초기 설정을, 장기 기증 동의자가 많은 나라는 '장기
　기증을 하겠다.'는 초기 설정을 따른 것으로 볼 수 있다.
② 오스트리아는 '장기 기증을 하겠다.'가 초기 설정이므로, 초기 설정
　이 바뀌면 초깃값 효과로 장기 기증 동의자가 줄어들 수 있다.
⑤ 오스트리아는 초기 설정을 바꾸려면 장기 기증을 하지 않겠다는 의
　사 표시를 해야 하는데, 이처럼 시간과 노력이 드는 일을 하지 않고
　자 하는 심리가 사람들이 초깃값을 그대로 따르는 원인 중 하나이다.

3 어휘의 문맥적 의미 파악하기   답 ②

이 글의 ㉠과 바꿔 쓰기에 가장 적절한 것은?

① 고민할   ☑ 수용할   ③ 반영할
　　　　　　　'어떠한 것을 받아들이다'의 뜻
④ 분류할   ⑤ 허용할

정답 풀이

㉠의 '받아들이다'는 '어떤 사실 따위를 인정하고 용납하거나
이해하고 수용하다.'의 의미이다. 이와 바꿔 쓰기에 가장 적
절한 것은 '어떠한 것을 받아들이다.'의 의미를 지닌 '수용하
다'이다.

오답 풀이

① 고민하다: 마음속으로 괴로워하고 애를 태우다.
③ 반영하다: 다른 것에 영향을 받아 어떤 현상을 나타내다.
④ 분류하다: 종류에 따라서 가르다.
⑤ 허용하다: 허락하여 너그럽게 받아들이다.

어휘력 Upgrade   ※다음의 빈칸에 들어갈 알맞은 말을 〈보기〉에서 찾아 쓰시오.

┤ 보기 ├
보장
손실
제한
초기

1 민주주의 국가에서는 국민의 자유와 권리가 (보장)된다.
　→ 어떤 일이 어려움 없이 이루어지도록 조건을 마련하여 보증하거나 보호함
2 쌀을 너무 박박 씻으면 쌀눈이 떨어져 영양분이 (손실)된다.
　→ 잃어버리거나 축이 나서 손해를 봄
3 꾸준한 건강 검진을 통해 병을 (초기)에 발견하는 것이 중요하다.
　→ 정해진 기간이나 일의 처음이 되는 때나 시기
4 U-20 축구 월드컵은 출전 선수의 나이를 20세 이하로 (제한)한다.
　→ 일정한 한도를 정하거나 그 한도를 넘지 못하게 막음. 또는 그렇게 정한 한계

선택을 위한 소비자의 갈등

● 지문 갈무리
상품을 구매할 때, 소비자들은 어떤 선택이 최선일지를 고민해. 이처럼 구매 과정에서 소비자들이 겪는 갈등은 세 가지 유형이 있어. 이 글은 이 세 가지 갈등 유형과 해소 방법을 설명하고, 상품을 구매한 후 소비자에게 나타날 수 있는 '인지 부조화'에 대해서도 알려 주고 있어.

● 주제
소비자의 구매 과정에서 일어나는 갈등의 유형과 구매 후의 인지 부조화

▼ 마케팅 전략: 생산자가 상품 또는 서비스를 소비자에게 전달하고 판매하는 과정에서 필요한 가장 적절한 방법을 찾아 실천하는 일.

▼ 충족(充足): 일정한 분량을 채워 모자람이 없게 함.

▼ 회피(回避): 꾀를 부려 마땅히 져야 할 책임을 지지 아니함. 또는 일하기를 꺼리어 선뜻 나서지 않음.

▼ 보상 판매: 구매자가 갖고 있는 구형 제품을 거두어들이고 신제품이나 다른 제품을 할인하여 판매하는 일.

▼ 부조화(不調和): 서로 잘 어울리지 아니함.

1 소비자들은 어떤 제품이나 서비스를 구매하는 과정에서 흔히 심리적인 갈등을 겪는다. 가령「기능은 만족스럽지만 디자인이 아쉽다거나, 디자인은 만족스러운데 가격이 비싸서 고민하는 경우」를 들 수 있다. 기업에서는 소비자들이 겪는 이러한 갈등을 고려하여 마케팅 전략▼을 세우게 된다.
▶ 구매 과정에서 소비자가 겪는 갈등과 이를 고려하는 기업의 마케팅 전략

2 심리학자 커트 레빈은 소비자들이 구매 과정에서 겪는 갈등을 세 가지 유형으로 나누었다. 첫째, '접근 – 접근 갈등'은 두 가지 긍정적인 대안 중에서 어느 하나를 선택해야 하는 경우에 발생한다. 이러한 상황에서 소비자는 일시적으로 불안감을 가질 수 있으나 어느 대안을 선택하더라도 긍정적 결과가 나오므로 갈등이 비교적 약하며, 두 가지 중 어느 한 가지의 장점을 증가시키는 방향으로 갈등을 해소할 수 있다. 그리고 기업은 두 개의 대안이 지니고 있는 장점을 동시에 충족▼시킬 수 있는 묶음 상품을 제공함으로써 소비자의 갈등을 해소시킬 수 있다.
▶ 갈등 유형 ① – '접근 – 접근 갈등'의 개념과 해소 방법

3 둘째, '회피▼ – 회피 갈등'은 불쾌감이 생기는 부정적인 두 가지 대안 중 하나를 반드시 선택해야 할 때 겪게 된다. 예를 들면,「고장 난 가전제품을 새로 살 것인지 아니면 수리해서 쓸 것인지를 두고, 두 가지 모두 비용이 많이 들어서 고민하는 경우」가 그것이다. 이때 기업은 보상 판매▼ 등을 통해 소비자가 적은 부담으로 신제품을 구매할 수 있도록 하여 선택의 부정적 측면을 줄이는 마케팅 전략을 사용할 수 있다.
▶ 갈등 유형 ② – '회피 – 회피 갈등'의 개념과 해소 방법

4 셋째, ㉠'접근 – 회피 갈등'은 긍정적인 특성과 부정적인 특성을 동시에 지닌 대안을 선택할 때 겪게 된다. 다른 두 갈등이 긍정적이거나 부정적인 특성 하나만을 가진 대안들을 놓고 갈등하는 것과 달리, 이는 두 가지 경향을 동시에 가진 하나의 대안을 놓고 갈등한다는 특징이 있다. 이 경우「소비자는 대안의 긍정적 측면과 부정적 측면 중 어느 한쪽을 더 고려할 것인지 고민하고, 목표를 추구할 것인지 아니면 포기할 것인지를 결정해야 한다.」그렇기 때문에 이 갈등은 가장 강한 스트레스가 생기는 유형이다.
▶ 갈등 유형 ③ – '접근 – 회피 갈등'의 개념과 해소 방법

5 한편, 소비자들은 갈등 상황에서 하나의 대안을 선택하고 나면 선택하지 않은 다른 대안에 대한 아쉬움으로 심리적 불편함을 느끼게 되는데, 이를 '인지 부조화▼ 이론'으로 설명할 수 있다. 이 이론에 따르면 자신의 생각과 행동 등이 서로 일치하지 않아 불균형 상태를 느끼는 것이 '인지 부조화'이며, 이 경우 사람들은 자신의 생각과 행동을 일치시켜 조화 상태를 유지하려 한다. 따라서 소비자가 제품을 구입한 행동과 자신의 선택이 최선이 아닐지도 모른다는 생각 사이의 부조화를 겪게 되면, 소비자는 이를 해소하기 위해 선택하지 않은 제품의 단점을 찾아 깎아내리거나 선택한 제품의 장점을 찾아냄으로써 자신이 최선의 선택을 하였음을 확신하려고 한다.
▶ 소비자가 겪는 인지 부조화와 해소 방법

독해력 Upgrade   ※각 문단의 중심 내용을 다음과 같이 정리할 때, 빈칸에 들어갈 알맞은 말을 쓰시오.

| **1** 구매 과정에서 소비자의 갈등과 이를 고려하는 기업의 마케팅 전략 | → | **2** '접근 – (접근) 갈등'의 개념과 해소 방법 | → | **3** '회피 – 회피 갈등'의 개념과 해소 방법 | → | **4** '접근 – (회피) 갈등'의 개념과 해소 방법 | → | **5** 소비자가 겪는 인지 (부조화)와 해소 방법 |

1 내용 전개 방식 파악하기 답 ④

이 글의 서술 방식으로 적절한 것은?

① 여러 학자의 이론을 소개하고 그 장단점을 비교하였다.

② 상반되는 두 이론을 제시하고 각각의 의의를 설명하였다.

③ 이론별로 장점을 설명하고 각각의 한계를 보완할 방안을 제시하였다.

☑ 특정 이론을 세부 유형으로 나누어 설명하고 연관된 다
  ─○─심리학자 레빈이 제시한 소비자 갈등의 세 가지 유형을 설명함
  른 이론을 소개하였다.
  ─○─5문단에서 인지 부조화 이론을 소개함

⑤ 특정 이론이 변화하는 과정을 통시적으로 설명한 후 구체적인 사례에 적용하였다.

정답 풀이

이 글은 소비자가 상품 구매 과정에서 겪는 갈등을 심리학자 커트 레빈의 이론에 따라 '접근 – 접근 갈등', '회피 – 회피 갈등', '접근 – 회피 갈등'으로 나누어 설명하고, 이러한 소비자의 갈등과 연관된 '인지 부조화 이론'을 함께 소개하고 있다.

오답 풀이

① 레빈의 갈등 이론과 인지 부조화 이론을 소개하였을 뿐, 그 이론들의 장단점을 비교하지 않았다.

② 레빈의 갈등 이론과 인지 부조화 이론은 서로 상반되는 이론이 아니며, 각각의 의의를 설명하지도 않았다.

③ 이론들의 장점이나 한계 및 보완 방안은 제시되지 않았다.

⑤ 이론을 소개하면서 구체적인 사례를 들고 있긴 하지만, 이론의 통시적 변화 과정에 대해서는 설명하지 않았다.

2 구체적 사례에 적용하기 답 ②

㉠에 해당하는 사례로 적절한 것은?

① 달달한 짜장면도 먹고 싶고 얼큰한 짬뽕도 먹고 싶다.
  → 접근 – 접근 갈등

☑ 치킨은 맛있지만 기름에 튀겨서 건강에 해로울 것 같다.
  제품의 긍정적인 면 제품의 부정적인 면 → 접근 – 회피 갈등

③ 휴일에 온천욕을 하면서 피로를 풀고 싶은데, 놀이공원에서 신나게 놀고 싶기도 하다. → 접근 – 접근 갈등

④ 자동차를 비싼 유료 주차장에 주차하지 않고 그냥 길가에 세우면 주차 위반 벌금을 내야 한다. → 회피 – 회피 갈등

⑤ 고장 난 휴대 전화를 새로 사고 싶지만 가격이 비싸고, 수리를 한다고 해도 어차피 수리 비용이 들어 고민이다.
  → 회피 – 회피 갈등

정답 풀이

㉠ '접근 – 회피 갈등'은 긍정적인 특성과 부정적인 특성을 동시에 지닌 특정 대안을 선택할 때 겪는 갈등이다. ②에서 소비자는 '치킨'이라는 하나의 대안을 두고 갈등을 겪고 있는데, 이때 치킨은 맛이 있다는 긍정적인 면과 기름에 튀겨서 건강에 해로울 것 같다는 부정적인 면을 동시에 갖고 있다. 따라서 이는 '접근 – 회피 갈등'의 사례이다.

오답 풀이

①, ③ 두 가지 긍정적인 대안을 놓고 갈등하고 있으므로 '접근 – 접근 갈등'에 해당한다.

④, ⑤ 두 가지 부정적인 대안을 놓고 갈등하고 있으므로 '회피 – 회피 갈등'에 해당한다.

3 반응의 적절성 판단하기 답 ③

⑤를 읽고 난 반응으로 적절하지 않은 것은?

① 사람들은 인지 부조화 상태보다는 조화 상태를 추구하는구나.

② 자신의 행동과 생각이 일치하지 않을 때 사람들은 심리적으로 불편함을 느끼는구나.

☑ 인지 부조화에서 벗어나기 위해 소비자는 자신이 선택한 제품의 단점을 찾아 깎아내리기도 하겠어.
  ✕ – 자신이 선택한 제품의 장점을 찾아내려 함

④ 제품 구매 후 인지 부조화가 생긴 소비자는 선택하지 않은 제품의 장점을 일부러 무시할 수도 있겠구나.

⑤ 제품 구매 후 소비자가 그 제품의 광고를 찾아보는 이유는 자신의 선택이 옳았다는 확신을 얻기 위해서일 거야.

정답 풀이

5문단에 따르면 제품을 구입한 행동과 자신의 선택이 최선이 아닐지도 모른다는 생각 사이의 부조화가 생길 때, 소비자는 이를 해소하기 위해 자신이 최선의 선택을 하였다는 확신을 얻으려고 한다. 이때 소비자는 선택한 제품의 장점을 적극적으로 찾아내려 할 것이므로, ③은 적절하지 않다.

오답 풀이

①, ② 5문단에 따르면 인지 부조화가 생길 때 사람들은 심리적 불편함을 느끼게 되며, 생각과 행동을 일치시켜 조화 상태를 유지하려 한다.

④, ⑤ 선택하지 않은 제품의 장점을 무시하거나 선택한 제품의 광고를 찾아보며 장점을 찾는 것은 자신이 최선의 선택을 하였다는 확신을 얻기 위한 행동으로, 인지 부조화를 해소하는 방법이 될 수 있다.

어휘력 Upgrade ※다음의 빈칸에 들어갈 알맞은 말을 〈보기〉에서 찾아 쓰시오.

┤ 보기 ├
부조화
충족
통시적
회피

1 이 영화는 예술성과 대중성을 모두 (충족)했다고 평가받았다.
  → 일정한 분량을 채워 모자람이 없게 함
2 스마트 티브이 기술의 변화와 발전 과정을 (통시적)으로 살펴보았다.
  → 시간의 경과에 따라 나타나는 사물의 변화와 관련되는 것
3 책임을 (회피)하려는 담당자의 태도에 팀원들이 실망을 감추지 못했다.
  → 꾀를 부려 마땅히 져야 할 책임을 지지 아니함
4 한옥 사이에 세워진 콘크리트 건물은 주위 환경과 (부조화)를 이루고 있었다.
  → 서로 잘 어울리지 아니함

다문화 사회, 지혜가 필요하다

1 ③   2 ④   3 ④

● 지문 갈무리
우리 사회는 점차 다문화 사회로 변화하고 있어. 이 글은 다문화 사회의 긍정적인 측면을 살펴보고, 동시에 다문화 사회에서 발생하는 문제점들 또한 짚어 보고 있어. 그리고 그 해결 방안으로서 구성원들의 인식 변화, 다문화적 감수성의 확보, 제도적 뒷받침 등이 필요함을 제시하고 있지.

● 주제
다문화 사회로 변화하고 있는 우리 사회의 특징과 문제 해결 방안

▼ 체류(滯留): 객지에 가서 머물러 있음.

▼ 증대(增大): 양이 많아지거나 규모가 커짐. 또는 양을 늘리거나 규모를 크게 함.

▼ 대외적(對外的): 나라나 사회의 외부에 관련되는 것.

▼ 대내적(對內的): 나라나 사회의 내부에 관련되는 것.

▼ 반다문화적: 다문화 현상을 반대하는 것.

▼ 관대하다(寬大하다): 마음이 너그럽고 크다.

▼ 감수성(感受性): 외부 세계의 자극을 받아들이고 느끼는 성질.

1 2018년 10월 기준으로, 우리나라에 체류♥하고 있는 외국인 수는 전체 인구의 4.6%에 이르는 237만 명이다. 이는 우리나라가 다인종 사회로 변화되고 있다는 것을 보여 주며, 이러한 변화는 단순히 인구 구성 측면에서만이 아니라 문화적인 측면에서도 변화가 일어나고 있음을 의미한다.
여러 인종이 구성원으로 활동하는 사회
다양한 인종이 공존하면서 제각각의 다양한 문화 또한 공존하게 됨
▶ 다인종 사회로 변화되면서 문화적 변화가 일어나고 있는 우리 사회

2 이렇게 인종, 언어, 문화 등이 서로 다른 사람들이 하나의 공동체를 이루어 더불어 살아가는 사회를 '다문화 사회'라고 한다. 다문화 사회로 변화되면 문화의 다양성이 증대♥되고 문화 발전이 촉진된다. 다양하고 풍요로워진 문화가 상호 작용을 일으켜 다문화 사회에 알맞은 새로운 문화가 나타나게 되고, 구성원들은 다른 문화에 대한 이해와 적응력이 높아지게 되어 대외적♥으로 국제 경쟁력이 강화될 수 있다. 또한 대내적♥으로는 국제결혼 이주자들이 들어와 지역에 새로운 활기를 불어넣고, 외국인 노동자들이 부족한 노동력을 보완해 줌으로써 우리나라의 경제 발전에 도움을 준다.
다문화 사회의 개념 / 중심 화제 / 다문화 사회의 장점 ① / 장점 ② / 장점 ③ / 장점 ④
▶ 다문화 사회의 개념과 다문화 사회의 긍정적 측면

3 하지만 다문화 사회에서는 언어적 차이로 구성원 간의 의사소통이 원활하지 못하거나 다른 문화에 대한 이해 부족으로 오해가 발생하여 갈등이 일어날 수 있다. 외국인에 의한 강력 범죄가 증가하면서 외국인들을 사회 불안 요인으로 바라보기도 하고, 외국인 취업자의 증가로 내국인의 일자리가 줄어든다고 걱정하기도 하는 등 반다문화적♥인 정서가 증가하고 있는 것도 현실이다. 또한 서구 선진국에서 온 외국인에게는 대체로 관대하지만♥ 개발 도상국에서 온 외국인은 부정적인 시선으로 바라보는 사회 구성원들의 이중적인 태도도 갈등의 요인으로 작용하고 있다.
다문화 사회에서 발생하는 문제점 ① / 문제점 ② / 문제점 ③
▶ 다문화 사회에서 발생하는 여러 갈등과 문제점

4 이와 같은 다문화 사회의 문제점을 해결하려면, 먼저 국제화·세계화라는 전 지구적인 흐름 속에서 다문화 사회로의 변화가 자연스러운 현상임을 개개인이 이해하고 받아들이는 자세가 필요하다. 또한 사회적으로 「다문화 교육과 체험 기회를 확대하여, 구성원들이 편견 없이 타 문화를 존중하고 열린 자세로 외국인들을 대하며 그들의 삶에 공감하는 다문화적 감수성♥을 지니도록 하는 것이 필요하다.」 아울러 외국인들이 부당하게 차별받지 않고 기존 구성원들과 어울려 살아갈 수 있도록 정책적·제도적인 뒷받침이 필요하다.
다문화 사회의 문제를 해결하기 위한 방안 ① / 「」: 방안 ② / 다문화적 감수성의 의미 / 방안 ③
▶ 다문화 사회의 문제를 해결하기 위한 방안

독해력 Upgrade

※각 문단의 중심 내용을 다음과 같이 정리할 때, 빈칸에 들어갈 알맞은 말을 쓰시오.

| **1** 다인종 사회로 변화되면서 문화적 변화가 일어나고 있는 우리 사회 | → | **2** 다문화 사회의 개념과 다문화 사회의 (긍정적) 측면 | → | **3** 다문화 사회에서 발생하는 여러 (갈등)과 문제점 | → | **4** 다문화 사회의 문제를 해결하기 위한 방안 |

1 세부 정보 파악하기
정답 ③

이 글의 내용과 일치하지 <u>않는</u> 것은?

① 다문화 사회에서는 언어나 인종이 다른 사람들이 함께 살아간다. → 2문단

② 다문화 사회로 변화되면 문화적으로 다양성이 증대되고 풍요로워진다. → 2문단

☑ 외국인들은 약자이므로 내국인보다 우선시하고 배려하는 정책이 필요하다.
✕ - 이 글에 제시된 내용이 아님

④ 타 문화에 대한 이해와 적응력을 높임으로써 국제 경쟁력을 강화할 수 있다. → 2문단

⑤ 외국인을 국적이나 인종에 따라 차별하는 태도는 다문화 사회에서 갈등 요인이 될 수 있다. → 3문단

정답 풀이

4문단에서 "외국인들이 부당하게 차별받지 않고 기존 구성원들과 어울려 살아갈 수 있도록 정책적 · 제도적인 뒷받침이 필요하다."라고 했을 뿐, ③과 같은 내용은 제시되지 않았다.

2 관점 파악하기
정답 ④

이 글을 읽고 난 반응 중 글쓴이의 관점과 일치하는 것은?

① 세상이 아무리 변해도 우리의 고유한 문화는 지켜야 해.

② 다른 나라로 이주해서 살려면 어느 정도의 불이익은 감수해야 한다고 봐.

③ 외국인 취업자가 증가하는 것이 우리나라 경제 발전에 도움이 되는지 의문이야.

☑ 개발 도상국의 경제력이 낮다고 해서 그 나라의 문화 수준도 낮게 보는 것은 옳지 않아.
○ - 편견 없이 타 문화를 존중하는 태도 → 다문화 사회에서 필요함

⑤ 다문화 사회로의 변화가 세계적인 흐름이라 하더라도 우리가 그 변화를 반드시 받아들일 필요는 없지.

정답 풀이

이 글은 다문화 사회에서 필요한 구성원들의 자세와 사회적 방향을 제시하고 있다. ④는 편견 없이 타 문화를 존중해야 한다는 것으로, 글쓴이가 제시한 다문화 사회에서 필요한 태도이다.

오답 풀이

① 이 글은 고유한 문화를 지키는 것의 중요성이 아니라 다문화 사회의 문화적 다양성에 주목하고 있으므로 적절하지 않다.

② 이 글은 외국인에 대한 부당한 차별과 이로 인한 갈등을 부정적으로 여기고 있으므로, 이주 외국인이 불이익을 감수해야 한다는 것은 적절하지 않다.

③ 이 글은 외국인 취업자의 증가로 내국인의 일자리가 줄어든다고 걱정하는 것과 같은 반다문화적 정서를 부정적으로 여기고 있으므로 적절하지 않다.

⑤ 이 글은 국제화 · 세계화라는 전 지구적인 흐름 속에서 다문화 사회로의 변화가 자연스러운 현상임을 받아들이는 자세가 필요하다고 보고 있으므로 적절하지 않다.

3 구체적 사례에 적용하기
정답 ④

4를 참고할 때, 다문화 사회의 구성원으로서 바람직한 모습이 아닌 것은?

① 초등학생인 민석이는 다문화 체험 교실을 다니며 여러 나라의 친구들을 사귄다.

② 중학생인 가영이는 전철이나 버스에서 보는 외국인을 신기하게 쳐다보지 않는다.

③ 대학생인 선경이는 한국에 유학 온 외국인들과 함께 듣는 수업에서 그들과 자유롭게 의견을 나눈다.

☑ 직장인 최 씨는 소를 신성시하여 소고기를 먹지 않는다는 외국인 동료가 안타까워 계속 소고기를 권했다.
✕ - 타 문화를 존중하지 않고 외국인의 삶에 공감하지 못하는 모습

⑤ 주부인 김 씨는 국제결혼으로 한국에 이주하여 사는 이웃 사람을 집에 초대하여 함께 음식을 만들어 먹었다.

정답 풀이

4문단에서 "구성원들이 편견 없이 타 문화를 존중하고 열린 자세로 외국인들을 대하며 그들의 삶에 공감하는 다문화적 감수성을 지니도록 하는 것이 필요하다."라고 하였다. 그런데 ④의 최 씨가 외국인 동료에게 계속 소고기를 권하는 행동은 타 문화를 존중하지 않고 그의 삶의 방식에 공감하지 못하는, 다문화적 감수성이 부족한 태도이다. 따라서 ④는 다문화 사회의 구성원으로서 바람직한 모습으로 보기 어렵다.

오답 풀이

①, ②, ③, ⑤ 편견 없이 열린 자세로 외국인들을 대하고 있으므로 모두 다문화 사회 구성원으로서 바람직한 모습이다.

어휘력 Upgrade ※다음의 빈칸에 들어갈 알맞은 말을 〈보기〉에서 찾아 쓰시오.

보기
고유
관대
증대
체류

1 민족 (고유)의 명절인 추석이 하루 앞으로 다가왔다.
→ 본래부터 가지고 있는 특유한 것

2 누군가를 사랑하게 되면 그 사람의 단점에 (관대)해진다.
→ 마음이 너그럽고 큼

3 그 기자는 캐나다에서 4일간 (체류)한 뒤 미국으로 향할 예정이다.
→ 객지에 가서 머물러 있음

4 한국 음식이 세계에 알려지면서 한국식 조리법에 대한 관심이 (증대)되었다.
→ 양이 많아지거나 규모가 커짐

상품의 가격은 어떻게 결정될까

● 지문 갈무리
어떤 물건을 사고 싶은데 품절이어서 사지 못하는 경우가 있어. 반대로 사려는 사람이 없어서 물건이 팔리지 않는 경우도 있지. 시장에서는 각각의 상황에 따라 가격 변동이 일어나면서 거래가 이루어져. 이 글은 '수요'와 '공급'이라는 개념을 중심으로 시장에서 가격이 결정되는 현상을 설명하고 있어.

● 주제
수요와 공급의 법칙과 이들의 상호 작용에 따른 시장의 가격 결정

① 시장은 상품을 사고파는 곳이다. 사람들은 시장에서 시장 가격을 바탕으로 거래에 참
여하는데, 이 시장 가격은 시장 전체의 수요와 공급에 따라 결정된다.
시장의 의미   중심 화제   ▶시장의 의미와 시장 가격을 결정하는 요소인 수요와 공급

② 수요는 수요자가 특정 재화˅나 서비스를 구매하려는 욕구이며, 상품에 대해 특정 가
수요의 개념   수요량의 개념
격에서 나타나는 수요를 수량으로 표시한 것이 수요량이다. 수요자는 상품의 가격이 상승
                                                상품 가격과 수요량의 관계
하면 수요량을 줄이고 상품의 가격이 하락하면 수요량을 늘린다. 따라서 상품의 가격과
수요량은 반비례의 관계를 갖는데, 이를 수요 법칙이
                        수요 법칙의 의미
라고 한다. 수요 곡선은 가격과 수요량의 관계를 그래
프로 나타낸 것이다. 수요가 변동˅하면 수요량이 영향
을 받아 수요 곡선이 이동한다. 예를 들어「소득이 증
가하면 수요량이 증가하여 수요 곡선이 오른쪽으로
이동하고, 소득이 감소하면 수요량이 감소하여 수요
곡선이 왼쪽으로 이동한다.」
「」: 수요 변동에 따라 수요 곡선이 이동하는 예

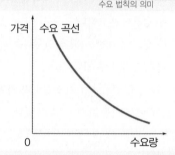
▶수요 법칙의 의미와 수요의 변동에 따른 수요 곡선의 이동

③ 공급은 공급자가 어떤 재화나 서비스를 판매하려는 욕구이며, 공급을 수량으로 표시
공급의 개념   공급량의 개념
한 것이 공급량이다. 수요와 마찬가지로 공급에 가장 큰 영향을 미치는 요인은 상품의 가
격이다. 공급자는「상품의 가격이 상승하면 공급량을 ㉠늘리고, 상품의 가격이 하락하면
        「」: 상품 가격과 공급량의 관계
공급량을 줄인다.」따라서 상품의 가격과 공급량은 비례의 관계를 갖는데, 이를 공급 법칙
            공급 법칙의 의미
이라고 한다. 공급 곡선은 가격과 공급량의 관계를 그
래프로 나타낸 것이다. 가격 이외의 요인에 의해 공급
이 변동하면 모든 가격대의 공급량이 영향을 받아 공
급 곡선이 이동한다. 예를 들어「임금˅이 상승하여 생
                    공급 변동을 일으킨 가격 이외의 요인
산비가 증가하면 모든 가격대의 공급량이 감소하여
                「」: 가격 이외의 요인에 의해 공급 곡선이 이동하는 예
공급 곡선이 왼쪽으로 이동한다.」
▶공급 법칙의 의미와 공급의 변동에 따른 공급 곡선의 이동

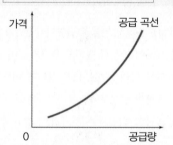

④ 시장에서 상품의 가격은 수요와 공급의 상호 작용에 의해 결정된다. 특정 가격에서 수
                시장에서 상품의 가격을 결정하는 요인   초과 수요가 발생하는 경우
요량이 공급량보다 많으면 초과 수요가 발생하고, 공급량이 수요량보다 많으면 초과 공급
이 발생한다. 이렇게 수요량과 공급량이 균형을 이루지 못한 상태에서는 가격 변동이 일
초과 공급이 발생하는 경우   가격 변동이 일어나는 요인
어난다. 수요량과 공급량이 일치하게 되면 상품을 구매하려는 사람과 판매하려는 사람 모
두 원하는 수량을 사고팔 수 있다. 이처럼「시장 가격이 수요량과 공급량이 일치하는 지점
                                        균형점의 의미
즉 균형점에 도달˅할 때를 시장 균형이라 하고, 이때의 가격과 거래량을 균형 가격과 균형
「」: 시장 균형의 의미   균형 가격과 균형 거래량의 의미
거래량이라고 한다. 그런데 시장에서의 수요와 공급은 고정˅적이지 않기 때문에 균형 가
                                균형 가격이 끊임없이 변하는 이유
격은 시장의 상황에 따라 끊임없이 변화한다.   ▶수요와 공급의 상호 작용에 따라 결정되는 시장 가격
균형 가격의 특징

˅재화(財貨): 사람이 바라는 바를 충족시켜 주는 모든 물건.
˅변동(變動): 바뀌어 달라짐.
˅임금(賃金): 근로자가 노동의 대가로 받는 돈이나 물품.
˅도달(到達): 목적한 곳이나 수준에 다다름.
˅고정(固定): 한번 정한 대로 변경하지 아니함.

독해력 Upgrade

※각 문단의 중심 내용을 다음과 같이 정리할 때, 빈칸에 들어갈 알맞은 말을 쓰시오.

| ① 시장의 의미와 시장 가격을 결정하는 요소인 수요와 공급 | → | ② 수요 법칙의 의미와 (수요)의 변동에 따른 수요 곡선의 이동 | → | ③ 공급 법칙의 의미와 공급의 변동에 따른 공급 곡선의 이동 | → | ④ 수요와 (공급)의 상호 작용에 따라 결정되는 시장 가격 |

1 세부 정보 파악하기 　답 ①

이 글의 내용과 일치하지 않는 것은?

☑ 시장 가격은 판매자에 의해 결정된다.
　　× – 시장 전체의 수요와 공급에 따라 결정됨
② 상품의 가격과 공급량은 비례 관계이다. → 3문단
③ 수요는 어떤 재화나 서비스를 구매하려는 욕구이다.
　　　　　　　　　　　　　　　　　　　 → 2문단
④ 수요자는 상품의 가격이 상승하면 수요량을 줄인다.
　　　　　　　　　　　　　　　　　　　 → 2문단
⑤ 공급량은 어떤 재화나 서비스를 판매하려는 욕구를 수량
　 으로 표시한 것이다. → 3문단

정답 풀이

1문단에서 "시장 가격은 시장 전체의 수요와 공급에 따라 결
정된다."라고 하였다. 따라서 ①은 이 글의 내용과 일치하지
않는다.

오답 풀이

② 3문단에서 "공급자는 상품의 가격이 상승하면 공급량을 늘리고, 상
　 품의 가격이 하락하면 공급량을 줄인다. 따라서 상품의 가격과 공급
　 량은 비례의 관계"라고 하였다.
③ 2문단에서 "수요는 수요자가 특정 재화나 서비스를 구매하려는 욕
　 구"라고 하였다.
④ 2문단에서 "수요자는 상품의 가격이 상승하면 수요량을 줄이고 상
　 품의 가격이 하락하면 수요량을 늘린다."라고 하였다.
⑤ 3문단에서 "공급은 공급자가 어떤 재화나 서비스를 판매하려는 욕
　 구이며, 공급을 수량으로 표시한 것이 공급량이다."라고 하였다.

2 자료 해석의 적절성 판단하기 　답 ③

**이 글을 읽고 〈보기〉의 그래프를 해석한 내용으로 적절하지 않
은 것은?**

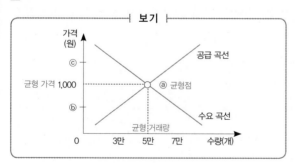

① 상품의 균형 거래량은 5만 개이다.
② ⓐ는 수요량과 공급량이 일치하는 지점이다.

☑ 가격이 ⓑ일 때 초과 공급이 발생한다.
　　　× – 초과 수요가 발생함
④ 가격이 1,000원일 때 시장 균형이 이루어진다.
⑤ 시장의 상황에 따라 균형 가격이 ⓒ로 바뀔 수 있다.

정답 풀이

가격이 ⓑ일 때는 공급 곡선보다 수요 곡선이 오른쪽에 위치
해 있다. 즉, ⓑ의 가격에서 공급자가 공급하려는 수량은 3만
개 정도이고, 수요자가 구매하려는 수량은 7만 개 정도로 공
급량보다 수요량이 많다. 그러므로 가격이 ⓑ일 때는 초과 수
요가 발생한다.

오답 풀이

① 수요량과 공급량이 일치하는 지점(ⓐ)에서의 거래량이 균형 거래량
　 이므로, 〈보기〉에서 상품의 균형 거래량은 5만 개이다.
② ⓐ는 수요량과 공급량이 일치하는 지점인 균형점이다.
④ 시장 가격이 균형점에 도달할 때를 시장 균형이라 한다. 균형점에서
　 의 가격이 1,000원이므로 이 가격에서 시장 균형이 이루어진다.
⑤ 4문단에 따르면 시장에서의 수요와 공급은 고정적이지 않기 때문에
　 균형 가격은 시장의 상황에 따라 끊임없이 변화한다. 따라서 시장의
　 상황에 따라 균형 가격이 ⓒ로 바뀔 수도 있다.

3 어휘의 문맥적 의미 파악하기 　답 ⑤

밑줄 친 부분이 ㉠의 문맥적 의미와 가장 유사한 것은?

① 동학 농민군은 조금씩 세력을 늘렸다.
　　× – '힘이나 기운, 세력 따위를 이전보다 큰 상태로 만들다.'의 의미
② 그는 매우 알뜰하여 금세 재산을 늘렸다.
　　× – '살림을 넉넉하게 하다.'의 의미
③ 회사 주차장의 규모를 늘리기로 결정했다.
　　× – '물체의 넓이, 부피 따위를 본디보다 커지게 하다.'의 의미
④ 지원이는 밤낮없이 노력하여 수학 실력을 늘렸다.
　　× – '재주나 능력 따위를 나아지게 하다.'의 의미
☑ 우리 동아리는 새로 가입을 받아 회원 수를 늘렸다.
　　○ – '수나 분량, 시간 따위를 본디보다 많아지게 하다.'의 의미

정답 풀이

㉠의 '늘리다'는 '수나 분량, 시간 따위를 본디보다 많아지게
하다.'의 의미로 쓰였다. ⑤의 '회원 수를 늘렸다'에 쓰인 '늘리
다'는 수를 많아지게 한다는 의미이므로 ㉠의 문맥적 의미와
가장 유사하다.

오답 풀이

① '힘이나 기운, 세력 따위를 이전보다 큰 상태로 만들다.'의 의미이다.
② '살림을 넉넉하게 하다.'의 의미이다.
③ '물체의 넓이, 부피 따위를 본디보다 커지게 하다.'의 의미이다.
④ '재주나 능력 따위를 나아지게 하다.'의 의미이다.

어휘력 Upgrade ※다음의 빈칸에 들어갈 알맞은 말을 〈보기〉에서 찾아 쓰시오.

보기
고정
도달
변동
재화

1 출발하기 하루 전에 계획이 (변동)되었다.
　　　　　　　　　　　　　 → 바뀌어 달라짐
2 그는 바위투성이 산을 가까스로 기어올라 정상에 (도달)했다.
　　　　　　　　　　　　　　　　　 → 목적한 곳이나 수준에 다다름
3 현대 사회는 신분이 (고정)되었던 과거와 달리 능력에 따라 기회가 열려 있다.
　　　　　　　　　 → 한번 정한 대로 변경하지 아니함
4 인간의 욕망은 끝이 없는데 세상의 (재화)는 한정되어 있어서 갈등이 발생한다.
　　　　　　　　　　　　　　　　 → 사람이 바라는 바를 충족시켜 주는 모든 물건

양날의 검, 전자 패놉티콘

1 ④　　**2** ⑤　　**3** ⑤

1 「밤에 불이 환하게 켜진 아파트 거실에서 어두운 창문 밖을 바라보면 창밖의 모습은 보이지 않고 거울처럼 창에 비친 자신의 모습이 더 잘 보인다. 반대로 어두운 밤거리에서 불이 켜진 창을 보면 방 안의 모습이 잘 보인다.」 이러한 원리를 이용해 죄수를 감시하고자 만든 감옥이 있다. 1791년 영국의 철학자 벤담이 제안한 원형 감옥인 '패놉티콘'이다. 전체적으로 동심원 구조로 되어 있는 이 감옥은 중앙의 감시 공간 내부가 죄수들이 있는 곳에 비해 상대적으로 어둡게 설계되어 있다. 그렇기 때문에 어두운 감시 공간에서 밝은 곳의 죄수는 잘 보이지만 밝은 죄수 방에서는 어두운 간수 쪽이 잘 보이지 않는다. 따라서 죄수는 간수가 자신을 항상 감시하고 있다고 생각해서 자신의 행동에 스스로 제약을 두게 되는 것이다.

2 전자 기기가 발달한 현대 사회에서는 벤담이 제안한 ㉠'패놉티콘' 이상의 감시와 통제가 이루어지고 있다. 현대 사회에서는 「수많은 시시 티브이(CCTV)가 거리나 건물에 자리 잡고 우리의 일상을 지켜보고 있다. 신용 카드와 같은 전자 결제를 통해 개인의 소비 정보가 고스란히 드러나고, 인터넷 이용 기록이나 온라인 채팅, 전화 통화 기록도 저장되어 필요할 때 다시 복원할 수 있다.」 이처럼 전자 기기를 통해 수집되는 막대한 양의 정보를 바탕으로 한 새로운 감시 체계를 ㉡'전자 패놉티콘'이라고 부른다.

3 사람들은 자신의 정보를 전자 기기를 통해 국가나 다른 사람들에게 제공한다. 때로는 자신의 의사와는 상관없이 자신의 정보가 국가나 다른 사람들에게 넘어가는 경우도 있다. 이러한 정보들은 벤담이 제안한 패놉티콘에서 간수의 시선이 통제의 수단이 되었던 것처럼 현대인들을 통제하는 수단이 될 수 있다. 현대인들은 자신의 정보가 국가나 다른 사람들로부터 언제, 어떻게 열람될지 모르기 때문에 자신의 행동에 주의를 기울이게 된다. 결과적으로 현대인들은 감시와 통제 속에서 자유를 잃어버린 존재가 될 수 있는 것이다.

4 하지만 이러한 전자 정보가 항상 통제의 수단으로만 작용하는 것은 아니다. 역으로 시민들이 전자 정보를 활용하여 정치권의 부패, 권력의 남용, 대기업이나 언론에 대한 감시를 할 수도 있다. 정보 공개법을 통해서 역감시가 가능해진 것이다. 이러한 정보 공개법은 권력의 투명성을 감시하는 역할을 한다. 이는 투명한 사회를 위해 꼭 필요한 제도이다. 이렇게 볼 때 '전자 패놉티콘'은 사람들의 자유를 빼앗아 가는 부정적 속성만 지닌 것은 아니다. 역감시를 통해 투명 사회로 가는 순기능도 함께 가지고 있다. 따라서 '전자 패놉티콘'은 ㉢양날의 검으로 비유될 수 있다.

● **지문 갈무리**
'전자 패놉티콘'은 다수의 죄수들을 효과적으로 감시할 수 있는 원형 감옥 '패놉티콘'에서 따온 개념이야. 이 글은 전자 패놉티콘이 어떻게 현대인들을 감시하고 통제하는지를 설명하고, 전자 패놉티콘이 부정적인 속성만 지닌 것이 아니라 순기능도 지니고 있음을 밝히고 있어.

● **주제**
전자 패놉티콘의 원리와 기능

▼ **통제(統制)**: 일정한 방침이나 목적에 따라 행위를 제한하거나 제약함.
▼ **복원(復元)**: 원래대로 회복함.
▼ **막대하다(莫大하다)**: 더할 수 없을 만큼 많거나 크다.
▼ **남용(濫用)**: 권리나 권한 따위를 본래의 목적이나 범위를 벗어나 함부로 행사함.
▼ **역감시(逆監視)**: 감시 대상자(시민)가 오히려 감시자(권력자)를 감시하는 것.

 독해력 Upgrade　※각 문단의 중심 내용을 다음과 같이 정리할 때, 빈칸에 들어갈 알맞은 말을 쓰시오.

1 패놉티콘의 개념과 원리 및 효과 → **2** (정보) 수집을 통해 감시·통제하는 전자 패놉티콘 → **3** 현대인의 (자유)를 제한하는 전자 패놉티콘 → **4** 양면성을 지닌 전자 패놉티콘

1 내용 전개 방식 파악하기 답 ④

이 글의 내용 전개 방식으로 적절한 것은?

① 특정 개념에 대한 상반된 주장을 소개한 후 절충안을 제시하고 있다.

② 특정 개념에 대한 다양한 비판을 제시한 후 새로운 이론을 제시하고 있다.

③ 특정 개념에 대한 비판들을 시대순으로 제시하며 대상의 단점을 드러내고 있다.

☑ 특정 개념을 소개하고 그와 유사한 개념으로 설명을 확
<small>패놉티콘의 개념 소개 → 전자 패놉티콘의 개념과 특징 설명</small>
장한 후 현대적 의미를 제시하고 있다.
<small>전자 패놉티콘의 양면적 기능 제시</small>

⑤ 특정 개념에 대한 여러 비판들을 검토한 후 대상에 대한 주관적인 해석과 평가를 덧붙이고 있다.

정답 풀이

이 글은 먼저 패놉티콘의 개념을 소개한 뒤 이와 유사한 개념인 전자 패놉티콘으로 설명을 확장하고 있다. 그리고 현대 사회에서 전자 패놉티콘이 지닌 양면성을 밝히고 있다.

2 핵심 정보 파악하기 답 ⑤

㉠과 ㉡에 대한 설명으로 적절한 것은?

① ㉠에서는 ㉡과 달리 감시와 통제가 이루어진다.
<small>× – ㉠, ㉡ 모두 감시와 통제가 이루어짐</small>

② ㉠은 18세기 영국의 철학자가 노동자들을 감시하기 위해 제안한 공간이다. <small>× – 죄수들을 감시하기 위해 제안한 감옥</small>

③ ㉡에서 사람들은 정보 공개법으로 인해 자유를 잃어버린 존재가 될 수 있다. <small>× – 정보 공개법으로 역감시가 가능함</small>

④ ㉠과 ㉡은 모두 감시하는 사람이 감시 대상을 볼 수 없어 행동에 제약이 생긴다. <small>× – 감시하는 사람에게 감시 대상이 잘 보임</small>

☑ ㉡에서 사람들은 자신의 정보를 누군가가 보고 있다는 불안감으로 행동에 제약이 생긴다. <small>→ 3문단</small>

정답 풀이

㉠은 '패놉티콘'이고 ㉡은 '전자 패놉티콘'이다. 3문단에서 "현대인들은 자신의 정보가 국가나 다른 사람들로부터 언제, 어떻게 열람될지 모르기 때문에 자신의 행동에 주의를 기울이게 된다."라고 하였으므로 ⑤는 적절하다.

오답 풀이

① 패놉티콘(㉠)은 죄수에 대해, 전자 패놉티콘(㉡)은 시민에 대해 감시와 통제가 이루어진다.

② 1문단에서 패놉티콘(㉠)은 18세기에 영국의 철학자 벤담이 죄수들을 감시하기 위해 제안한 원형 감옥이라고 하였다.

③ 4문단에서 전자 패놉티콘(㉡)은 정보 공개법을 통한 역감시가 가능해졌으며 이러한 정보 공개법은 권력의 투명성을 감시하는 역할을 한다고 하였다.

④ 패놉티콘(㉠)은 어두운 감시 공간에 있는 간수에게 밝은 곳에 있는 죄수가 잘 보이고, 전자 패놉티콘(㉡)은 전자 기기를 통해 수집되는 막대한 정보가 통제의 수단으로 작용한다. 즉 패놉티콘과 전자 패놉티콘 모두 감시자가 감시 대상을 잘 볼 수 있다.

3 내용 추론하기 답 ⑤

㉢의 의미를 바르게 이해한 것은?

① 희주: 현대 사회가 개인의 자유를 빼앗고 통제하는 억압적인 사회라는 의미야.

② 소영: 전자 기기를 통한 감시는 사회의 안정을 위해서 수용해야 한다는 의미야.

③ 경수: 투명한 사회를 위해서 시민들이 권력자나 권력 기관을 역감시해야 한다는 의미야.

④ 태은: 전자 패놉티콘이 시민들의 불안을 키워서 사회적으로 부정적인 영향을 줄 수 있다는 의미야.

☑ 지민: 전자 패놉티콘이 시민을 통제하는 동시에 권력의
<small>역기능 + 순기능</small>
투명성을 감시하는 양면적 기능을 지니고 있다는 의미야.

정답 풀이

'양날의 검'(㉢)은 전자 패놉티콘이 역기능과 순기능을 모두 지니고 있다는 점을 나타낸 비유적 표현이다. 따라서 '양날의 검'의 의미를 바르게 이해한 것은 시민을 감시하고 통제하는 부정적 속성과 역감시를 통해 권력의 투명성을 감시하는 긍정적 속성을 함께 언급한 ⑤이다.

오답 풀이

①, ④ 전자 패놉티콘의 부정적 측면만 언급하였다.

② 전자 기기를 통한 감시를 수용해야 한다는 내용은 이 글에서 확인할 수 없다.

③ 전자 패놉티콘의 긍정적 측면만 언급하였다.

어휘력 Upgrade ※다음의 빈칸에 들어갈 알맞은 말을 <보기>에서 찾아 쓰시오.

┌ 보기 ┐
복원
상반
절충
통제

1 파괴된 환경을 (복원)시키는 일은 매우 어렵다.
<small>→ 원래대로 회복함</small>

2 자신의 감정을 잘 (통제)해야 실수를 하지 않는다.
<small>→ 일정한 방침이나 목적에 따라 행위를 제한하거나 제약함</small>

3 그 소설에서는 성격이 서로 (상반)되는 인물들 간의 갈등이 두드러진다.
<small>→ 서로 반대되거나 어긋남</small>

4 협회에서는 팀 관계자의 의견과 선수들의 의견을 (절충)해서 새로운 제도를 만들었다.
<small>→ 서로 다른 사물이나 의견, 관점 따위를 알맞게 조절하여 서로 잘 어울리게 함</small>

묶어 팔기와 끼워 팔기

● 지문 갈무리
기업이 상품을 판매하는 방식에는 여러 가지가 있는데, 이 글에서는 '묶어 팔기'와 '끼워 팔기'에 대해 소개하고 있어. 묶어 팔기와 끼워 팔기가 각각 어떤 판매 방식인지, 시장에서 주로 사용되는 방식은 무엇인지, 그리고 어떤 경우 법의 제재를 받는지 등을 알려 주고 있지.

● 주제
묶어 팔기와 끼워 팔기의 개념과 특징

1 기업은 물건을 생산하거나 판매하여 이윤♥을 추구한다. 기업은 손해를 보지 않고 이윤을 극대화하기 위해 다양한 전략을 활용하는데, 묶어 팔기와 끼워 팔기도 그 전략의 하나로 볼 수 있다. 묶어 팔기는 두 개 이상의 상품을 함께 판매하는 것을 의미한다. 묶어 팔기는 두 가지 유형으로 나눌 수 있는데 하나는 상품을 묶음으로만 판매하고 따로따로는 판매하지 않는 '순수 묶어 팔기'이고, 다른 하나는 상품을 별개로 팔기도 하고 묶음으로 판매하기도 하는 '혼합 묶어 팔기'이다.
▶이윤을 극대화하기 위한 기업의 전략과 묶어 팔기의 유형

2 시장에서는 주로 '혼합 묶어 팔기'가 사용된다. 〈표〉를 보면 개별 가격을 기준으로 커피는 4,000원이고 도넛은 3,000원이다. ㉠만약 이 판매자가 커피와 도넛을 묶음 상품으로 판매한다면 어떤 방법을 선택할 수 있을까? 우선 '순수 묶어 팔기'를 하는 경우, 커피나 도넛 중 하나만 사려는 소비자들은 굳이 다른 상품까지 함께 구매할 필요가 없기 때문에 묶음 상품을 선택할 가능성은 많지 않다. 따라서 판매자의 입장에서는 수익이 줄어들 염려 때문에 '순수 묶어 팔기' 대신 '혼합 묶어 팔기'를 시도할 것이다. 판매자가 묶음 상품의 가격을 개별 상품의 합계보다 저렴하게 한다면, 한 상품만 사려는 사람이 약간의 돈을 더 지불하고 묶음 상품을 구입하는 경우가 생길 수 있어 추가 이익이 발생할 수 있다.
▶시장에서 주로 혼합 묶어 팔기가 사용되는 이유

	커피	도넛
개별 가격	4,000원	3,000원
묶음 상품 가격	?	

〈표〉

3 한편 끼워 팔기는 정상적인 거래 관행♥에 비추어 볼 때 개별적으로 판매되어야 할 상품들을 소비자들에게 강제로 구입하도록 하는 행위를 말한다. 예를 들면 A 상품의 판매자가, 구매자가 구매를 희망하지 않는 B 상품도 사야 A 상품을 구매할 수 있다고 강요하며 판매하는 경우가 해당한다. 이처럼 끼워 팔기는 강제성에 따른 위법♥적 요소가 있다는 지적을 많이 받아 왔다.
▶끼워 팔기의 개념과 문제점

4 공정 거래법에서는 묶어 팔기와 끼워 팔기에 대해 제재♥를 가하고 있다. 묶어 팔기는 강제성이 있다고 인정되면 위법 행위로 보고 있으며 끼워 팔기는 강제성이 심해 이미 법으로 금지되었다. 다만 끼워 팔기의 경우 자동차의 본체와 타이어, 시계와 시곗줄처럼 상품 간에 기능상 밀접한 보완♥ 관계가 형성되는 경우에는 위법 행위가 아니라는 해석을 하고 있다.
▶공정 거래법에서 규정하는 묶어 팔기와 끼워 팔기

♥ 이윤(利潤): 기업의 총 수입에서 생산하는 데 들어간 모든 비용을 빼고 남는 순이익.

♥ 관행(慣行): 오래전부터 해 오는 대로 함.

♥ 위법(違法): 법률이나 명령 따위를 어김.

♥ 제재(制裁): 법이나 규정을 어겼을 때 처벌이나 금지 따위를 행함. 또는 그런 일.

♥ 보완(補完): 모자라거나 부족한 것을 보충하여 완전하게 함.

독해력 Upgrade

※각 문단의 중심 내용을 다음과 같이 정리할 때, 빈칸에 들어갈 알맞은 말을 쓰시오.

1 (이윤)을 극대화하기 위한 기업의 전략과 묶어 팔기의 유형	➡	**2** 시장에서 (혼합) 묶어 팔기가 주로 사용되는 이유	➡	**3** (끼워 팔기)의 개념과 문제점	➡	**4** 공정 거래법에서 규정하는 묶어 팔기와 끼워 팔기

1 세부 정보 파악하기 답 ④

이 글의 내용과 일치하는 것은?

① 시장에서는 주로 순수 묶어 팔기가 사용된다.
　　　　　× – 혼합 묶어 팔기가 사용됨
② 한 상품만 사려는 사람은 묶음 상품을 구매할 것이다.
　　　　　　　　　× – 묶음 상품을 선택할 가능성이 낮음
③ 기업의 이윤을 극대화하려면 위법 행위가 불가피하다.
　　　　　　　　　　　× – 글에 언급되지 않은 내용임
☑ 강제성이 있다고 인정되는 묶어 팔기는 위법 행위에 해
당한다. → 4문단
⑤ 공정 거래법에서는 끼워 팔기의 모든 형태를 위법으로
판단한다.　× – 위법 행위로 보지 않는 예외 상황이 있음

정답 풀이

4문단에서 "묶어 팔기는 강제성이 있다고 인정되면 위법 행위"로 본다고 하였다.

오답 풀이

① 2문단에서 시장에서는 주로 혼합 묶어 팔기가 사용된다고 하였다.
② 한 상품만 사려는 사람은 묶음 상품을 선택할 가능성이 많지 않다.
③ 이 글에서 확인할 수 없는 내용이다.
⑤ 4문단에 따르면 상품 간에 기능상 밀접한 보완 관계가 형성되는 경우의 끼워 팔기는 위법 행위가 아닌 것으로 본다.

2 내용 추론하기 답 ⑤

2를 참고할 때 ㉠에 대한 답변으로 가장 적절한 것은?

① 순수 묶어 팔기로 하고 가격을 7,000원으로 정한다.
② 순수 묶어 팔기로 하고 가격을 7,000원보다 낮게 정한다.
③ 혼합 묶어 팔기로 하고 가격을 7,000원으로 정한다.
④ 혼합 묶어 팔기로 하고 가격을 7,000원보다 높게 정한다.
☑ 혼합 묶어 팔기로 하고 가격을 7,000원보다 낮게 정한다.
○ – 순수 묶어 팔기는 수익 감소 우려가 있음　○ – 추가 이익이 발생할 수 있음

정답 풀이

2문단에 따르면 '순수 묶어 팔기'를 할 경우 한 가지 상품만 구매하려는 소비자가 묶음 상품을 구매하지 않아 수익이 줄어들 염려가 있다. 그래서 시장에서는 상품을 별개로도 팔고 묶음으로도 판매하는 '혼합 묶어 팔기'를 주로 사용한다. 이 때 묶음 상품의 가격을 개별 상품의 합계보다 저렴하게 한다면 추가 이익이 발생할 수 있다. 따라서 4,000원짜리 커피와 3,000원짜리 도넛을 묶어 판매할 경우, 두 상품의 합계인 7,000원보다 낮게 가격을 책정하여 이익을 추구할 수 있다.

3 구체적 사례에 적용하기 답 ②

이 글의 내용을 바탕으로 〈보기〉를 해석한 것으로 적절하지 않은 것은?

┤ 보기 ├
• A 식당에서는 라면과 김밥을 개별로 팔기도 하고 묶음으로 팔기도 한다. 묶음 상품의 경우 개별 상품의 합계보다 저렴하게 판매한다.
• B 전자의 경우 전자시계 본체만 단독으로 팔지 않고 시곗줄을 결합한 시계만을 판매한다.
• C 예식장에서 결혼하려면 C 예식장이 대여하는 의상과 C 예식장이 지정하는 사진 촬영 업체를 이용해야만 한다.

① A 식당의 주인은 추가 이익을 고려하여 라면과 김밥 묶음 상품을 만들었을 것이다.
☑ A 식당의 라면과 김밥은 순수 묶어 팔기와 혼합 묶어 팔기의 두 측면을 모두 가지고 있다.
　　× – 혼합 묶어 팔기에만 해당함
③ B 전자의 시계는 줄이 결합된 경우에만 본체를 판매하므로 끼워 팔기에 속한다.
④ B 전자의 시계 판매는 보완적 측면이 강해서 공정 거래법의 제재를 받지 않는다.
⑤ C 예식장은 강제성이 있는 끼워 팔기를 하므로 공정 거래법의 제재를 받을 수 있다.

정답 풀이

'순수 묶어 팔기'는 상품을 묶음으로만 판매하고 따로따로는 판매하지 않는 것이다. 그런데 A 식당의 라면과 김밥은 개별로도 판매하고 묶음으로도 판매하므로 '혼합 묶어 팔기'에만 해당한다.

오답 풀이

① A 식당의 라면과 김밥 묶음 상품은 개별 상품의 합계보다 저렴하게 판매한다. 이는 라면과 김밥 중 한 가지만 사려던 사람이 약간의 돈을 더 지불하고 묶음 상품을 구입하는 경우가 생길 수 있으므로 이에 따른 추가 이익을 고려한 것이다.
③, ④ B 전자가 시곗줄을 결합한 시계만을 판매하는 것은 끼워 팔기에 해당한다. 4문단에 따르면 공정 거래법에서는 시계와 시곗줄처럼 상품 간에 기능상 밀접한 보완 관계가 형성되는 경우의 끼워 팔기를 위법 행위로 보지 않는다.
⑤ 결혼식 의상과 사진 촬영은 개별적으로 구매할 수 있는 상품이다. 그런데 C 예식장은 이를 강제로 구입하도록 하고 있으므로 이러한 끼워 팔기는 공정 거래법의 제재를 받을 수 있다.

어휘력 Upgrade ※다음의 빈칸에 들어갈 알맞은 말을 〈보기〉에서 찾아 쓰시오.

┤ 보기 ├
대여
보완
위법
제재

1 구립 도서관에서는 주민들에게 책을 무료로 (대여)하고 있다.
　→ 물건이나 돈을 나중에 도로 돌려받기로 하고 얼마 동안 내어 줌
2 관청에 신고하지 않고 건물의 층수를 바꾸는 것은 (위법)이다.
　→ 법률이나 명령 따위를 어김
3 정부는 환경 보호를 위해 일회용품의 무분별한 사용을 (제재)하기로 했다.
　→ 법이나 규정을 어겼을 때 처벌이나 금지 따위를 행함. 또는 그런 일
4 김 감독은 선수들의 수비에 약점이 많아서 (보완)이 필요하다고 인터뷰했다.
　→ 모자라거나 부족한 것을 보충하여 완전하게 함

헌법, 어디까지 고칠 수 있을까

● 지문 갈무리
헌법의 개정을 어느 정도까지 허용하느냐에 관한 학자들의 견해는 크게 '개정 무한계설'과 '개정 한계설'로 나뉘어. 이 글은 법적 절차를 중시하는 개정 무한계설의 주장과 자연법의 원리를 중시하는 개정 한계설의 주장을 설명하고, 개정 한계설의 입장과 맥락을 같이하는 판결 사례를 제시하고 있어.

● 주제
헌법의 개정에 관한 개정 무한계설과 개정 한계설의 입장

1 헌법이란 국가의 통치˘ 조직과 통치 작용의 기본 원칙을 규정한 근본적 규범˘을 말한다. 헌법은 국가 구성원들의 가장 기본적인 합의이자 국가를 구성하는 최상위 법규이기 때문에 쉽게 바꿀 수 없는 성질을 지니지만, 사회의 변화에 따라 헌법을 개정˘해야 하는 경우가 생기기도 한다.
▶헌법의 개념과 헌법의 성격

2 그런데 헌법의 개정이 어느 정도까지 가능한가에 대해서는 학자들마다 입장이 다른데, 크게 '개정 무한계설'과 '개정 한계설'이라는 두 가지 견해로 대립된다. ㉠개정 무한계설은 개정 절차만 잘 따른다면 어떠한 조항이라도 개정할 수 있다는 입장이다. 이 입장에 선 학자들은 현재의 규범이나 가치를 다음 세대까지 강요하는 것은 ⓐ부당하다고 생각한다. 또한 헌법이 보장하는 최고의 권력을 가진 주체는 과거의 사람들이 아니라 현재를 살아가는 사람들이라고 주장한다. 그렇기 때문에 이들은 현재를 살아가는 사람들에게 헌법을 개정할 자격이 있다고 보는 것이다. 그러나 개정 무한계설은 헌법을 개정하고자 하는 현재의 주체들의 입장만을 중요하게 생각하고, 헌법의 개정에서 법적 절차만을 강조한다는 비판을 받는다.
▶개정 무한계설의 주장과 그에 대한 비판

3 ㉡개정 한계설은 헌법에서 자연법에 바탕을 둔 특정한 조항이나 사항은 개정할 수 없다는 입장이다. 자연법이란 인간과 사물의 본성에 근거하여 시대와 민족, 국가와 사회를 ⓑ초월하여 보편타당˘하게 적용될 수 있는 객관적인 질서에 해당하는 법이다. 국민 주권 원리, 인간의 존엄성과 자유 등에 관련된 조항이나 사항들은 자연법에 바탕을 둔 것으로, 개정 한계설을 주장하는 학자들은 이러한 헌법 조항이나 사항까지 개정하는 것은 자연법의 원리에 어긋나므로 ⓒ허용되지 않는다고 본다.
▶자연법의 원리에 바탕을 둔 개정 한계설의 주장

4 자연법의 원리에 바탕을 둔 개정 한계설은 오늘날 헌법 개정에서 일반적인 학설로 받아들여지고 있다. 「이스라엘 대법원은 1999년 이스라엘 국가 안보원(GSS)이 테러리스트들을 고문한 사건에 대해 다음과 같이 판결하였다. "헌법에 규정된 바와 같이 국민의 안전을 위협하는 테러는 반드시 막아야 한다. 그러나 이를 위해 어떤 수단이든 다 ⓓ동원할 수는 없다. 이는 민주 사회의 숙명˘이다. …… 헌법에 ⓔ보장된 개인의 인권과 권리 인정은 안보를 다룬다 하더라도 반드시 지켜져야 할 요소이다. 그것이 마침내는 우리 사회의 정신과 힘을 강화시킬 것이기 때문이다."」이 판결은 국가 안보에 관한 일반적인 헌법 조항보다 자연법의 원리가 반영된 헌법 조항을 더 중시한 판결로 의미하는 바가 크다.
▶자연법의 원리가 반영된 헌법 조항을 우선시한 판결 사례

● 통치(統治): 나라나 지역을 도맡아 다스림.

● 규범(規範): 인간이 행동하거나 판단할 때에 마땅히 따르고 지켜야 할 가치 판단의 기준.

● 개정(改定): 이미 정하였던 것을 고쳐 다시 정함.

● 보편타당(普遍妥當): 특별하지 않고 사리에 맞아 타당함.

● 숙명(宿命): 날 때부터 타고난 정해진 운명. 또는 피할 수 없는 운명.

※각 문단의 중심 내용을 다음과 같이 정리할 때, 빈칸에 들어갈 알맞은 말을 쓰시오.

| **1** 헌법의 개념과 헌법의 성격 | → | **2** (개정 무한계설)의 주장과 그에 대한 비판 | → | **3** (자연법)의 원리에 바탕을 둔 개정 한계설의 주장 | → | **4** 자연법의 원리가 반영된 헌법 조항을 우선시한 판결 사례 |

1 핵심 정보 파악하기　　　　　🖫 ⑤

㉠과 ㉡에 대한 설명으로 적절하지 않은 것은?

① ㉠과 ㉡은 모두 헌법을 개정할 수 있다는 점에 동의한다.
　　　　　　　　　　　　　　　　　　→ 2문단
② ㉠은 과거의 사람들보다 현재를 사는 사람들에게 더 초점을 맞춘다. → 2문단

③ 오늘날 헌법 개정과 관련하여 일반적인 학설로 받아들여지고 있는 것은 ㉡이다. → 4문단

④ ㉡은 시대와 국가를 초월하는 보편타당한 질서가 헌법 위에 존재한다고 생각한다. → 3문단

☑ ㉡은 자연법에 바탕을 둔 헌법 조항을 개정하려면 법적 절차를 밟아야 한다고 주장한다.
　× – 자연법에 바탕을 둔 조항은 법적 절차에 따른다 해도 개정할 수 없다고 주장

🖉 정답 풀이
개정 한계설(㉡)은 "헌법에서 자연법에 바탕을 둔 특정한 조항이나 사항은 개정할 수 없다는 입장"이다.

🖉 오답 풀이
① 개정 무한계설(㉠)과 개정 한계설(㉡)은 "헌법의 개정이 어느 정도까지 가능한가"를 두고 대립하는 견해들이므로, 둘 다 기본적으로 헌법을 개정 가능한 것으로 보고 있다.
② 개정 무한계설(㉠)은 "헌법이 보장하는 최고의 권력을 가진 주체는 과거의 사람들이 아니라 현재를 살아가는 사람들"이라고 본다.
③ 4문단에서 "자연법의 원리에 바탕을 둔 개정 한계설은 오늘날 헌법 개정에서 일반적인 학설로 받아들여지고 있다."라고 하였다.
④ 시대와 국가를 초월하는 보편타당한 질서는 자연법이다. 개정 한계설(㉡)은 자연법에 바탕을 둔 헌법 조항은 개정할 수 없다는 입장이므로, 이는 헌법을 초월하는 자연법의 존재를 인정하고 있음을 알 수 있다.

2 관점 파악하기　　　　　🖫 ④

〈보기〉의 '법률 실증주의'의 관점에서 이 판결을 평가한 내용으로 가장 적절한 것은?

┤ 보기 ├

19세기에 대두된 법률 실증주의는 국가 기관에 의해 실제로 제정된 실정법만을 법으로 인정하는 사상이다. 법률 실증주의자들은 법의 이론이나 해석·적용에서 오직 법 자체의 형식 논리만을 중시하며, 실제로 제정되지 않은 자연적 질서인 자연법의 존재를 부정한다.

① 테러리스트를 고문한 것은 자연법을 위반한 행위이므로 용납될 수 없어.
　× – 법률 실증주의는 자연법을 부정함
② 이스라엘 대법원의 판결은 법의 형식 논리를 중시했다는 점에서 납득이 가.
　× – 판결 내용은 자연법의 원리를 중시했음
③ 국가 안보를 위해 어떤 수단이든 다 동원할 수는 없다는 판결 내용에 동의해.
　× – 자연법의 원리를 우선시한 판결이므로 법률 실증주의의 관점과 다름

☑ 개인의 인권과 권리 인정에 관한 조항을 국가 안보에 관한 조항보다 중시한 근거가 부족해 보여.
　○ – 판결의 근거는 자연법에 있는데, 법률 실증주의는 자연법을 부정함
⑤ 이스라엘 대법원의 판결은 헌법에 규정된 조항이 실제 현실과 얼마나 괴리가 큰지를 보여 주고 있어.
　× – 〈보기〉에 제시된 법률 실증주의의 관점과 관계없음

🖉 정답 풀이
4문단에 제시된 이스라엘 대법원의 판결은 헌법 위에 있는 자연법의 존재를 인정하고 있으며, 이에 따라 자연법의 원리가 반영된 헌법 조항을 국가 안보에 관한 일반적인 헌법 조항보다 우선시하였다. 그런데 〈보기〉의 법률 실증주의는 자연법의 존재를 부정하므로, 자연법에 근거한 판결 내용에 수긍하지 않을 것이다.

🖉 오답 풀이
①, ③ 자연법의 존재를 인정하는 관점이 드러난 반응이다.
② 이스라엘 대법원의 판결은 자연법의 원리를 중시했다.
⑤ 〈보기〉에 제시된 법률 실증주의의 관점과 관계없는 반응이다.

3 어휘의 사전적 의미 파악하기　　　　　🖫 ②

ⓐ~ⓔ의 사전적 의미로 알맞지 않은 것은?

① ⓐ: 이치에 맞지 아니함. → 부당
☑ ⓑ: 여러 가지를 한데 모아서 합함.
　× – '종합'의 사전적 의미임
③ ⓒ: 허락하여 너그럽게 받아들임. → 허용
④ ⓓ: 어떤 목적을 달성하고자 물건이나 수단, 방법 따위를 집중함. → 동원
⑤ ⓔ: 어떤 일이 어려움 없이 이루어지도록 조건을 마련하여 보증하거나 보호함. → 보장

🖉 정답 풀이
ⓑ '초월(超越)'의 사전적 의미는 '어떠한 한계나 표준을 뛰어넘음.'이다. '여러 가지를 한데 모아서 합함.'은 '종합(綜合)'의 사전적 의미이다.

어휘력 Upgrade　※다음의 빈칸에 들어갈 알맞은 말을 〈보기〉에서 찾아 쓰시오.

┤ 보기 ├
규범
괴리
숙명
통치

1 현실과 (괴리)된 문학은 감동이 적을 수밖에 없다.
　→ 서로 어긋나 동떨어짐
2 우리 조상들은 충효를 삶의 가장 중요한 (규범)으로 여겼다.
　→ 인간이 행동하거나 판단할 때에 마땅히 따르고 지켜야 할 가치 판단의 기준
3 고대 바빌로니아 왕국은 함무라비 왕이 (통치)할 때가 전성기였다.
　→ 나라나 지역을 도맡아 다스림
4 그는 자신에게 주어진 시련을 (숙명)으로 여기며 묵묵히 헤쳐 나갔다.
　→ 날 때부터 타고난 정해진 운명. 또는 피할 수 없는 운명

돈으로 돈을 산다, 환율

● 지문 갈무리
나라마다 사용하는 화폐가 다르기 때문에 무역을 하거나 여행을 할 때에는 화폐 교환이 필요해. 두 나라의 화폐가 교환되는 일정한 비율이 바로 '환율'이야. 이 글은 환율이 고정되지 않고 왜 자꾸 변화하는지를 설명하고 있어. 그리고 환율이 우리 경제와 어떤 관련이 있는지를 자세히 알려 주고 있지.

● 주제
환율이 변하는 이유와 환율이 경제에 미치는 영향

1 해외여행을 가는 사람들은 여행지에서 사용하기 위해 우리나라 돈을 외국 돈으로 바꾸곤 한다. 두 나라의 화폐가 교환되는 일정한 비율을 환율이라고 하는데, 환율은 특정
　　　　　　　　　　　　　　　　　환율의 개념　　　　　　　　　　중심 화제
국가의 돈에 대한 우리 돈의 가치를 나타내는 것이다. 대부분의 나라에서는 미국 달러화
환율이 나타내는 의미　　　　　　　　　　　　　　　　환율 표시의 기준
를 기준으로 환율을 표시하는데, '1달러＝1,000원'과 같이 표시한다. ▶환율의 개념과 표시 방식
　　　　　　　　　　　　환율의 표시 방식

2 배추의 가격이 시기마다 달라지듯이 환율도 시시각각 변한다. 「1달러에 1,000원이던
　　　　　　　　　　　　　　　　　　　　　　　　　　　　「」: 환율과 원화 가치의 관계
환율이 1,100원으로 올라가면 상대적으로 우리나라 돈인 원화의 가치는 떨어진다. 반면에
환율 상승 = 원화 가치 하락
1달러에 1,000원이던 환율이 900원으로 내려가면 원화의 가치는 상대적으로 높아진다.」
환율 하락 = 원화 가치 상승
동일한 1달러를 얻는 데 필요한 우리 돈이 줄어든다는 것은 우리 돈의 가치가 이전보다 더 높게 평가되었다는 것을 뜻한다. 배추 한 포기를 사과 두 개와 교환할 때보다 배추 한 포기를 사과 한 개와 교환할 때 사과의 가치가 더 높게 평가되는 것과 같은 이치♥이다.
　　　　　　　　　　　　　　　　　　　　　　　　　　　　　　　▶환율과 원화 가치의 관계

3 그런데 환율은 왜 변하는 것일까? 달러화를 사려는 사람들보다 팔려는 사람들이 많아지면 시장에서 달러화의 공급이 늘어나게 되므로 달러화의 값은 떨어진다. 반면에 달러화
　　　　　공급 증가 → 가격 하락
를 팔려는 사람들보다 사려는 사람들이 많아지면 시장에서 달러화의 수요가 늘어나게 되
므로 달러화의 값은 오른다. 마치 시장에 공급되는 배추의 양은 동일한데 이를 사려는 사
　　　　　　　　　　　　수요 증가 → 가격 상승
람이 많아지면 배추 가격이 올라가고, 배추를 사려는 사람은 동일한데 이를 팔려는 사람들이 많아지면 배추 가격이 떨어지는 것과 같다. 배추와 같은 상품처럼 환율도 시장에서 수요와 공급의 변화에 따라 결정된다. ▶시장의 수요와 공급에 의해 결정되는 환율
환율이 변하는 이유

4 환율의 변화는 국내 경제에 영향을 준다. 일반적으로 환율이 내려가면 국내 수출업
　　　　　　　　　　　　　　　　　　　　　　　　　원화 가치가 상승하여 판매 이익이 감소하기 때문에
체들이 불리♥해진다. 상품을 수출하고 1달러를 받은 경우, 환율이 1,000원일 때는 수익이 1,000원이지만 환율이 900원으로 내려가면 수익이 900원으로 줄게 된다. 반면에 국내 수입업체들의 이익은 증가하게 된다. 상품을 수입하고 1달러를 지불♥하는 경우, 환율이
원화 가치가 상승하여 구매 비용이 감소하기 때문에
1,000원에서 900원으로 하락하면 동일한 상품을 구입하는 데에 그만큼 더 적은 원화가 들기 때문이다. 환율이 올라가는 경우에는 일반적으로 이와 반대되는 현상이 발생한다.
수출업체들은 유리해지고 수입업체들은 불리해짐　　　　　　　▶환율의 변화가 국내 경제에 미치는 영향

5 따라서 외국과의 무역 의존도♥가 높은 우리나라는 환율의 변화에 민감♥할 수밖에 없
환율이 급격히 변동하면 수출입업체가 적절히 대처하기 어렵고 국내 물가에 영향을 미치기 때문에
다. 환율의 변화는 자연스러운 시장 경제 현상이지만 급격한 환율 변동은 국내 기업에 심각한 문제를 일으키기도 하므로, 정부는 가지고 있는 달러를 시장에 팔거나 시장에서
환율이 상승할 때
달러를 사들임으로써 환율을 적절히 조절♥하
환율이 하락할 때
기도 한다. ▶국내 경제를 위한 정부의 환율 관리

♥이치(理致): 사물의 정당한 조리. 또는 도리에 맞는 취지.
♥불리(不利): 이롭지 아니함.
♥지불(支拂): 돈을 내어 줌. 또는 값을 치름.
♥의존도(依存度): 다른 것에 의지하여 생활하거나 존재하는 정도.
♥민감(敏感): 자극에 빠르게 반응을 보이거나 쉽게 영향을 받음. 또는 그런 상태.
♥조절(調節): 균형이 맞게 바로잡음. 또는 적당하게 맞추어 나감.

독해력 Upgrade   ※각 문단의 중심 내용을 다음과 같이 정리할 때, 빈칸에 들어갈 알맞은 말을 쓰시오.

| **1** 환율의 개념과 표시 방식 | → | **2** 환율과 (원화) 가치의 관계 | → | **3** 시장의 (수요)와 공급에 의해 결정되는 환율 | → | **4** (환율)의 변화가 국내 경제에 미치는 영향 | → | **5** 국내 경제를 위한 정부의 환율 관리 |

1 세부 정보 파악하기   답 ③

이 글을 이해한 내용으로 적절하지 <u>않은</u> 것은?

① 환율은 시장에서 수요와 공급에 의해 결정된다. → 3문단

② 환율이 내려가면 우리나라 화폐 가치가 올라간다. → 2문단

☑ 우리나라 화폐 가치가 떨어지면 수출에는 불리하다.
　× – 원화 가치가 떨어지면, 즉 환율이 올라가면 수출에 유리함

④ 환율이 급격히 변동하면 인위적으로 환율을 조정할 수도 있다. → 5문단

⑤ 대부분의 나라에서는 미국 달러화를 기준으로 환율을 표시한다. → 1문단

정답 풀이

2문단에 따르면 환율이 오를 때, 우리나라 돈인 원화의 가치는 떨어진다. 그리고 4문단에서 환율이 내려가면 수출업체들이 불리해지고 환율이 올라가면 그 반대라고 하였다. 즉 원화 가치가 떨어지면, 다시 말해 환율이 오르면 수출에 유리하다.

2 반응의 적절성 판단하기   답 ⑤

이 글을 읽고 다음 뉴스를 접했을 때의 반응으로 적절하지 <u>않은</u> 것은?

> 앵커: 이어서 경제 뉴스입니다. 미국과 중국의 무역 전쟁 여파로 환율이 급격히 오르고 있습니다.
> 환율 상승 = 원화 가치 하락 = 수출업체 유리 → 정부가 달러를 팔아 환율 조절

① 원화의 가치가 상대적으로 떨어졌군.
　○ – 환율 상승 = 원화 가치 하락

② 환율이 오른 것을 좋아하는 사람도 있을 거야.
　○ – 환율이 오르면 국내 수출업자의 이익이 증가함

③ 해외여행을 가는 사람은 여행 비용이 더 들겠네.
　○ – 원화를 달러로 바꿀 때 환율이 오르기 전보다 더 많은 원화가 필요함

④ 수출업체의 수익은 늘고 수입업체의 수익은 줄어들겠군.
　○ – 환율이 오르면 수출업체는 유리해지고 수입업체는 불리해짐

☑ 정부가 환율을 조정하기 위해 달러를 시장에서 사들이겠군.
　× – 달러를 시장에 팔 것임

정답 풀이

환율이 오른다는 것은 달러화의 값이 오른다는 뜻이다. 이는 시장에 달러를 사고자 하는 사람들이 많아졌음을 의미한다. 이때 정부는 시장에 달러를 팔아 공급을 늘림으로써 달러화의 값을 떨어뜨리고 환율을 안정시키고자 할 것이므로 ⑤는 적절하지 않다.

3 구체적 사례에 적용하기   답 ④

이 글을 읽고 〈보기〉에 대해 판단한 내용으로 적절하지 <u>않은</u> 것은?

┤ 보기 ├

〈미국 기준〉

= 5달러 = 5천 원

① 현재 환율은 1달러 : 1,000원이다.
　○ – '5달러 = 5천 원'이므로 '1달러 = 1천 원'임

② 환율이 상승하면 미국에서 5천 원으로는 햄버거를 살 수 없다.
　○ – 환율이 오르면 5달러와 교환하는 데 5천 원보다 많은 돈이 듦

③ 현재 미국에서 햄버거 1개와 5천 원, 5달러는 동일한 가치를 갖는다.
　○ – 시장에서 '햄버거 1개 = 5달러 = 5천 원'으로 결정됨

☑ 환율이 내려가면 미국에서 햄버거 1개를 사기 위해서는 5천 원 이상이 든다.
　× – 5천 원 미만의 돈이 듦

⑤ 달러의 가치가 하락하면 미국에서 5천 원으로는 햄버거 1개를 사고도 돈이 남는다.
　○ – 달러 가치가 하락하면 5달러와 교환하는 데 5천 원보다 적은 돈이 듦

정답 풀이

〈보기〉에서 현재 환율은 1달러 = 1,000원이므로, 5천 원으로 5달러와 교환하여 햄버거 1개를 살 수 있다. 그런데 만약 환율이 1달러에 900원으로 내려가면 5달러와 교환하는 데 4,500원밖에 들지 않는다. 즉, 환율이 내려가면 미국에서 햄버거 1개를 사는 데 5천 원 미만의 돈이 든다.

단원 어휘 테스트

03회 01 ⓒ 02 ㉠ 03 ㉣ 04 ㉡ 05 양도 06 충족 07 숙명 08 이윤 09 제재 10 증대 11 상반 12 공표 13 변경 14 고유 15 회피 16 제한 17 증가했다고 18 도달했다 19 하락하고 20 유발할

04회 01 ㉡ 02 ㉠ 03 ㉣ 04 ⓒ 05 의뢰 06 개정 07 통제 08 남용 09 체류 10 괴리 11 경향 12 절충 13 복원 14 추구 15 해소 16 대여 17 막대한 18 감소했다 19 관대한 20 염려하여

어휘력 Upgrade   ※ 다음의 빈칸에 들어갈 알맞은 말을 〈보기〉에서 찾아 쓰시오.

┤ 보기 ├
민감
조절
지불
인위적

1 학부모들은 정부의 교육 정책에 (민감)하기 마련이다.
　→ 자극에 빠르게 반응을 보이거나 쉽게 영향을 받음

2 이 책상은 아이들의 키에 맞추어 높낮이를 (조절)할 수 있다.
　→ 균형이 맞게 바로잡음. 또는 적당하게 맞추어 나감

3 영화 관람료를 현금, 신용 카드, 상품권 중에서 선택하여 (지불)할 수 있다.
　→ 돈을 내어 줌. 또는 값을 치름

4 외모는 (인위적)으로 꾸밀 수 있지만 인상은 마음에서 자연스럽게 우러나는 것이다.
　→ 자연의 힘이 아닌 사람의 힘으로 이루어지는 것

기울어진 생각의 투, 편견

● 지문 갈무리
'편견'은 공정하지 못하고 한쪽으로 치우친 생각이나 태도를 말해. 이 글은 편견의 일반적인 특징과 편견이 일어나는 여러 가지 원인을 설명하고 있어. 그리고 편견이 심각한 사회 문제를 일으킬 수 있다는 점을 지적하면서, 편견을 극복하기 위한 방법을 제시하고 있어.

● 주제
편견의 특징과 발생 원인 및 해소 방안

1 낯선 언어, 나와 다른 생김새, 흔히 볼 수 없는 옷차림, 처음 보는 음식 등 익숙하지 않은 대상을 마주쳤을 때 사람들은 자기도 모르게 한 번쯤 쳐다보게 된다. 익숙하지 않은 대상에 대한 '다름'을 인식하는 것은 편견의 출발점이 될 수 있다. 편견은 객관적이고 정확 _{중심 화제} 한 정보도 없이 특정 집단이나 그 집단의 구성원들에 대해 지닌 치우친 생각이나 태도를 _{편견의 개념} 말하는데, 일반적으로 부정적 ⓐ인식이 밑바탕이 된다.　　　　　　▶편견의 개념

2 편견은 선천적˚인 것이 아니라 부모, 교사, 친구와 같은 주변 사람들의 태도나 미디어 _{편견의 특징 ①} 등으로부터 학습되는 것이다. 편견의 대상은 어떤 집단도 될 수 있지만 특히 인원이 적거 나 인종, 성별, 연령, 장애 등과 같은 눈에 띄는 특징을 지닌 집단이 대상이 되기 쉽다. 편 _{편견의 특징 ②} 견이 일단 생기면 그 대상에 대한 부정적인 인식은 쉽게 바뀌지 않고 지속되는 경향을 보 _{편견의 특징 ③} 인다.　　　　　　　　　　　　　　　　　　　　　　　　　　　▶편견의 일반적 특징

3 편견이 일어나는 원인은 크게 다섯 가지를 들 수 있다. 첫째, 집단을 내 편과 다른 편 으로 나누어 자신이 속한 집단은 호의적˚으로 평가하고 다른 편은 부정적으로 평가하는 '편 가르기'에 의해 편견이 생길 수 있다. 둘째, ⓑ한정된 자원을 놓고 지역이나 국가 사이 _{편견의 원인 ①} 에 정치·경제적으로 갈등할 때 상대 집단에 대한 편견이 생길 수 있다. 셋째, 사회생활이 _{편견의 원인 ②}　　　　　　　　　　　　　　　　　　　　　　　　_{편견의 원인 ③} 자기 뜻대로 이루어지지 않아 욕구 불만이 생길 때, 이를 해소하기 위해 자신보다 약한 애 꿎은˚ 희생양을 찾는 과정에서 편견이 생길 수 있다. 넷째, 자신의 신념˚이 지나치게 강하 _{편견의 원인 ④} 고 권위주의적인 성격을 지닌 경우 타인에 대해 편견을 갖는 경향이 강하다. 다섯째, 자신 이 속한 사회나 문화에 자신을 일치시키는 동조화 과정에서 자신이 속한 집단의 가치 체 _{편견의 원인 ⑤} 계를 ⓒ습득함으로써 편견이 생기기도 한다.　　　　　　　▶편견이 일어나는 여러 가지 원인

4 편견은「대상 집단에 대해 부정적 인식을 갖는 것에서 그치지 않고 적대적인 태도나 행 _{「 」: 편견의 문제점} 위를 표출하는 것으로 이어져 심각한 사회 문제를 ⓓ유발할 수 있다.」그렇기 때문에 편견 을 극복하는 방법은 상당히 중요한 과제로 주목받고 있다. 편견을 극복하기 위해서는 우 선 '다름'을 받아들이는 너그럽고 열린 마 _{편견을 극복하는 방법 ①} 음을 지녀야 한다. 그리고 편견을 갖고 있 _{편견을 극복하는 방법 ②} 는 집단의 구성원들과 함께 동등˚한 자격 으로 공동 목표를 달성하기 위해 접촉하 는 기회를 늘리는 것이 좋다. 이는 상대 집단에 대한 새로운 정보를 얻는 기회를 _{접촉 기회를 확대하는 것이 가져오는 효과} 제공하고 친밀감을 형성하게 하여, 점진 적˚으로 편견을 ⓔ해소할 수 있게 한다.

　　　　　　　　　▶편견의 문제점과 편견을 극복하는 방법

❤ 선천적(先天的): 태어 날 때부터 지니고 있 는 것.

❤ 호의적(好意的): 좋게 생각해 주는 것.

❤ 애꿎다: 아무런 잘못 없이 억울하다.

❤ 신념(信念): 굳게 믿는 마음.

❤ 동등(同等): 등급이나 정도가 같음. 또는 그 런 등급이나 정도.

❤ 점진적(漸進的): 조금 씩 앞으로 나아가는 것.

　독해력 Upgrade

※각 문단의 중심 내용을 다음과 같이 정리할 때, 빈칸에 들어갈 알맞은 말을 쓰시오.

1 (편견)의 개념　➡　**2** 편견의 일반적 특 징　➡　**3** 편견이 일어나는 여러 가지 (원인)　➡　**4** 편견의 문제점과 편견을 극복하는 방법

1 세부 정보 파악하기　　　　답 ③

이 글의 내용과 일치하지 <u>않는</u> 것은?

① 편견은 한번 생기면 쉽게 사라지지 않는다. → 2문단

② 편견은 주변 사람들의 태도를 통해 학습될 수 있다. → 2문단

☑ 인원수가 많은 집단일수록 편견의 대상이 되기 쉽다.
　　×–인원이 적거나 눈에 띄는 특징을 지닌 집단일수록

④ 편견은 대상에 대한 위협적인 행동으로 이어져 사회 문제가 될 수 있다. → 4문단

⑤ 대상에 대한 편견은 그 대상과의 접촉 기회가 많아지면 해소될 수도 있다. → 4문단

정답 풀이

2문단에서 "편견의 대상은 어떤 집단도 될 수 있지만 특히 인원이 적거나 인종, 성별, 연령, 장애 등과 같은 눈에 띄는 특징을 지닌 집단이 대상이 되기 쉽다."라고 하였다. 따라서 인원수가 많은 집단일수록 편견의 대상이 되기 쉽다고 한 ③은 이 글의 내용과 일치하지 않는다.

오답 풀이

① 2문단에서 "편견이 일단 생기면 그 대상에 대한 부정적인 인식은 쉽게 바뀌지 않고 지속되는 경향을 보인다."라고 하였다.

② 2문단에서 편견은 "부모, 교사, 친구와 같은 주변 사람들의 태도나 미디어 등으로부터 학습되는 것이다."라고 하였다.

④ 4문단에서 편견은 대상에 대한 "적대적인 태도나 행위를 표출하는 것으로 이어져 심각한 사회 문제를 유발할 수 있다."라고 하였다.

⑤ 4문단에서 "편견을 갖고 있는 집단의 구성원들과 함께 동등한 자격으로 공동 목표를 달성하기 위해 접촉하는 기회를 늘리는 것이 좋다."라고 하였으며, 이는 "점진적으로 편견을 해소할 수 있게 한다."라고 하였다.

2 구체적 사례에 적용하기　　　　답 ②

❸을 참고할 때, 편견이 작용한 행동으로 보기 <u>어려운</u> 것은?

① 다른 학교에서 전학 온 학생을 같은 반 학생들이 소외시킨다. → 편 가르기에 의해 편견이 생긴 예

☑ 업무에 대한 불만을 해소하기 위해 윗사람에게 찾아가 따진다. → 편견이 작용한 행동이 아님

③ 내가 올바르다고 생각하는 방식과 다르게 생활하는 사람을 싫어한다. → 자신의 신념이 강해 타인에 대해 편견을 갖는 예

④ 우리나라를 침략했던 국가에 대한 수업을 듣고 그 나라 사람들을 혐오한다. → 자신이 속한 집단의 가치를 습득하며 편견이 생긴 예

⑤ 지역 축제를 유치하는 데 실패한 지역의 사람들이 성공한 지역 사람들을 미워한다.
　　→ 한정된 자원을 놓고 지역 간에 경쟁·갈등이 일어나 상대 집단에 편견이 생긴 예

정답 풀이

3문단에 따르면 사회생활이 자기 뜻대로 이루어지지 않아 욕구 불만이 생길 때, 이를 해소하기 위해 자신보다 약한 애꿎은 희생양을 찾는 과정에서 편견이 생길 수 있다. 그러나 ②의 경우 자신보다 약한 애꿎은 희생양을 찾은 것이 아니라 윗사람을 찾아가 따져 분명한 답을 요구한 것이므로 편견이 발생한 예라고 볼 수 없다.

오답 풀이

① 반 학생들이 다른 학교에서 전학 온 학생을 내 편이 아닌 다른 편으로 '편 가르기'를 하여 편견이 발생한 예이다.

③ 자신의 신념이 지나치게 강하여 자신의 신념과 다르게 행동하는 타인에게 편견을 갖게 된 예이다.

④ 자신이 속한 사회나 문화에 자신을 일치시키는 동조화 과정에서 자신이 속한 집단(국가)의 가치 체계를 습득하며 편견이 발생한 예이다.

⑤ 한정된 자원을 놓고 지역 간에 정치·경제적으로 갈등하는 과정에서 다른 지역에 대한 편견을 갖게 된 예이다.

3 어휘의 문맥적 의미 파악하기　　　　답 ③

이 글의 ⓐ~ⓔ와 의미가 다르게 사용된 것은?

① ⓐ: 많은 사람들이 선거의 중요성을 인식하고 있다.
　　'사물을 분별하고 판단하여 앎'의 의미

② ⓑ: 저희 가게에서는 수제 가죽 구두를 한정 판매하고 있습니다.
　　'수량이나 범위 따위를 제한하여 정함'의 의미

☑ ⓒ: 길에서 습득한 지갑을 곧바로 경찰서에 가져다주었다.
　　'주워서 얻음'의 의미

④ ⓓ: 새 아파트가 들어서면서 교통 체증이 유발되어 불편하다.
　　'어떤 것이 다른 일을 일어나게 함'의 의미

⑤ ⓔ: 실업 문제를 해소하기 위해 새로운 정책이 마련되었다.
　　'어려운 일이나 문제가 되는 상태를 해결하여 없애 버림'의 의미

정답 풀이

ⓒ의 '습득(習得)'은 '학문이나 기술 따위를 배워서 자기 것으로 함.'의 의미이고, ③의 '습득(拾得)'은 '주워서 얻음.'의 의미이다. 즉 ⓒ의 '습득'과 ③의 '습득'은 서로 의미가 다르게 사용되었다.

어휘력 Upgrade

※다음의 빈칸에 들어갈 알맞은 말을 <보기>에서 찾아 쓰시오.

┌─ 보기 ─┐
동등
선천적
신념
유치
└─────┘

1 우리 팀 선수들은 이길 수 있다는 (신념)을 갖고 경기에 임했다.
　　→굳게 믿는 마음

2 뛰어난 운동선수 중에는 (선천적)인 신체 조건이 좋은 경우가 많다.
　　→태어날 때부터 지니고 있는 것

3 이 책에서 저자는 발해의 역사를 신라의 역사와 (동등)하게 다루었다.
　　→등급이나 정도가 같음

4 그 지역은 관광 시설을 (유치)하기 위해 여러 가지 노력을 기울이고 있다.
　　→행사나 사업 따위를 이끌어 들임

역사를 왜 배워야 할까

1 ①   2 ④   3 ④

● 지문 갈무리
아득한 옛날부터 현재에 이르기까지 인류에게는 아주 많은 일들이 있었어. 이 글은 그러한 역사적 사건들을 현재의 시각에서 해석하는 일이 중요하다는 점을 설명하고 있어. 그리고 우리가 더 나은 현재와 미래를 살아가기 위해 역사를 배워야 한다고 이야기하고 있지.

● 주제
역사를 배워야 하는 이유

▼ 필연적(必然的): 사물의 관련이나 일의 결과가 반드시 그렇게 될 수밖에 없는 것.

▼ 외환 보유고: 한 나라가 언제든지 대외 지급에 사용할 수 있도록 보유하고 있는 외화 자산.

▼ 국가 부도: 국가가 자신의 채무를 상환하지 못하게 되는 사태. 즉 국가가 다른 나라나 국제단체에 빌린 돈을 갚지 못하게 되는 사태.

▼ 안목(眼目): 사물을 보고 분별하는 견문과 학식.

▼ 이정표(里程標): 어떤 일이나 목적의 기준.

1 역사의 사전적인 의미는 인류 사회의 발전과 관련된 의미 있는 과거 사실들에 대한 역사가의 인식이나 기록이다. 따라서 역사는 과거에 실제로 일어났던 모든 사실 중에서 역사가가 선택하고 기록한 것으로 역사가의 관점이 반영된 주관적인 것으로 볼 수 있다. 그러므로 역사가는 과거의 사실들 중에서 우리들의 삶에 많은 영향을 끼친 중요한 사건들을 찾아, 이를 새롭게 해석하여 의미와 가치를 부여하는 사람이라고 할 수 있다.
　▶ 역사의 의미와 역사가에 대한 정의

2 「프랑스 역사가 마르크 블로크는 《역사를 위한 변명》에서 "신을 둘러싸고 있는 인간이나 사물 및 사건을 관찰하는 데 흥미를 느끼지 못하는 학자는 역사가라는 이름을 포기하는 편이 나을 것이다. 과거를 이해하는 데는 현재에 관한 지식이 더욱 직접적으로 중요한 경우가 많다. 현재에 관한 이해가 부족하면 필연적*으로 과거를 알지 못한다."라고 하였다.」 이 말에는 역사가가 과거에 있었던 일을 오늘날의 시각으로 해석하는 사람이라는 뜻이 담겨 있다.
　▶ 과거의 일을 현재의 시각으로 해석하는 학자로서의 역사가

3 그런데 역사적 사건들을 현재적 관점에서 재해석하는 것이 왜 중요할까? 1997년 우리나라는 외환 보유고*가 바닥이 나서 국가 부도*의 위기에 처하게 된다. 이 사건을 IMF 사태라고 한다. 이로 인해 많은 사람들이 직장을 잃었고 경제적 빈곤으로 어려움을 겪었으며 위기를 극복하기 위해 많은 노력을 해야 했다. 현재를 살아가는 사람들은 IMF 사태를 통해 그러한 문제가 일어난 이유를 찾고 스스로를 반성한다. 그러면서 앞으로는 이와 같은 잘못을 범하지 않아야 한다는 교훈을 얻고 미래를 살아가는 방법을 찾을 수 있게 된다. 이것이 바로 역사적 사건들을 현재적 관점에서 재해석해야 하는 이유이자, 우리가 역사를 배워야 하는 이유이다.
　▶ 역사적 사건들을 현재적 관점에서 재해석하는 것의 중요성

4 ㉠역사는 단순한 과거의 기록이 아니다. 역사는 현재의 시각에서 의미 있는 과거 사실들에 대한 인식이다. 따라서 역사를 배우면 우리가 살아가는 삶의 과정에서 무엇이 올바른 길인지를 판단하는 안목*을 기를 수 있다. IMF 사태를 직접 경험하지 않았더라도 IMF 사태라는 역사적 사건과 그 의미를 배운다면, 현재 겪고 있는 문제를 해결할 실마리를 찾고 미래의 삶에 대한 지침이나 이정표*를 마련할 수 있는 것이다.
　▶ 역사를 배워야 하는 이유

독해력 Upgrade

※각 문단의 중심 내용을 다음과 같이 정리할 때, 빈칸에 들어갈 알맞은 말을 쓰시오.

| **1** (역사)의 의미와 역사가에 대한 정의 | → | **2** 과거의 일을 현재의 시각으로 해석하는 학자로서의 역사가 | → | **3** 역사적 사건들을 (현재적) 관점에서 재해석하는 것의 중요성 | → | **4** 역사를 배워야 하는 이유 |

1 내용 전개 방식 파악하기 　　답 ①

이 글의 글쓰기 전략으로 적절하지 않은 것은?

☑ 대상을 다양한 사물에 빗대어 표현하고 있다.
　× – 이 글에 나타나지 않음
② 구체적 사례를 제시하여 독자의 이해를 돕고 있다.
　　　　　　　　　　　　　　　　　　　→ 3문단
③ 대상의 사전적 의미를 밝히며 화제를 제시하고 있다.
　　　　　　　　　　　　　　　　　　→ 1문단
④ 스스로 묻고 답하는 방식으로 중심 생각을 나타내고 있다.
　　　　　　　　　　　　　　　　　　　→ 3문단
⑤ 전문가의 견해를 인용하여 말하고자 하는 내용을 뒷받침
　하고 있다. → 2문단

정답 풀이

이 글에는 대상을 다양한 사물에 빗대어 표현한 부분이 나타나지 않는다.

오답 풀이

② 3문단에서 역사적 사건들을 현재적 관점에서 재해석하는 것이 왜 중요한지를 설명하기 위해 1997년에 우리나라에서 발생한 IMF 사태를 예로 들었다.
③ 1문단에서 "인류 사회의 발전과 관련된 의미 있는 과거 사실들에 대한 역사가의 인식이나 기록"이라는 역사의 사전적 의미를 제시하였다.
④ 3문단에서 "그런데 역사적 사건들을 현재적 관점에서 재해석하는 것이 왜 중요할까?"라는 질문을 한 뒤 그에 대한 답을 제시하였다.
⑤ 2문단에서 과거를 이해하는 데 현재에 관한 지식이 중요하다는 프랑스 역사가 마르크 블로크의 견해를 인용하여 역사가에 대한 정의를 뒷받침하고 있다.

2 내용 추론하기 　　답 ④

이 글의 글쓴이가 궁극적으로 말하고자 하는 것은?

① 앞으로 IMF 사태와 같은 일이 반복되어서는 안 된다.
② 역사는 역사가의 관점이 반영된 주관적인 것임을 깨달아야 한다.
③ 역사가는 과거의 역사적 사건을 오늘날의 관점에서 재해석해야 한다.
☑ 우리는 역사를 배움으로써 현재와 미래를 살아가는 삶의
　　　　　　　　　　이 글에서 제시한 역사를 배워야 하는 이유
　이정표를 마련해야 한다.
⑤ 우리가 역사를 배우는 이유는 과거의 잘못과 그 원인을 분명하게 밝히기 위해서이다.

정답 풀이

이 글에서 글쓴이가 궁극적으로 말하고자 하는 것은 우리가 역사를 배워야 하는 이유이다. 글쓴이는 역사를 배우면 우리가 살아가는 삶의 과정에서 무엇이 올바른 길인지를 판단하는 안목을 기를 수 있으며, "현재 겪고 있는 문제를 해결할 실마리를 찾고 미래의 삶에 대한 지침이나 이정표를 마련"할 수 있다고 하였다.

3 관점 파악하기 　　답 ④

㉠의 관점을 드러내는 말로 가장 적절한 것은?

① 상식이나 상상이란 면에서, 어떤 즐거움도 역사와 비교될 수 없다. 　　　　　　　　　– 데이비드 흄
② 역사가는 가능한 한 자신을 숨기고 사실을 있는 그대로 말해야 한다. 　　　　　　　　　– 랑케
③ 우리가 역사에서 배우는 유일한 교훈은 배울 것이 아무 것도 없다는 것이다. 　　　　　　– 헤겔
☑ 역사란 역사가와 사실의 부단한 상호 작용의 과정, 즉
　× – 역사가 현재의 시각에서 과거 사실을 인식하는 것이라는 ㉠의 관점과 유사함
　'현재와 과거의 끊임없는 대화'이다. 　　　– 카
⑤ 역사가의 주 임무는 당시의 행위 속으로 파고들어 가서 생각하고, 그 행위자의 사상을 알아내는 것이다.
　　　　　　　　　　　　　　　　　　– 콜링우드

정답 풀이

④는 현재에 속해 있는 '역사가'와 과거에 속해 있는 '사실'의 끊임없는 상호 작용의 과정이 역사라고 하였다. 이는 역사가 단순한 과거의 기록이 아니라, 현재를 살고 있는 역사가의 시각에서 과거의 사실을 인식하고 해석하는 것이라는 관점이 반영된 것이다. 따라서 ㉠의 관점을 드러낸 말로 가장 적절하다.

오답 풀이

① 역사를 배움으로써 얻을 수 있는 즐거움이 크다는 의미가 담긴 말로, ㉠의 관점과 관련이 없다.
② 역사가의 주관적인 관점을 배제하고 사실을 있는 그대로 말해야 한다는 것은 ㉠의 관점과 상반된다.
③ 인간이 역사를 통해 배울 점이 없다는 것은 ㉠의 관점과 관련 없다.
⑤ 역사가가 현재의 시각에서 과거의 사실을 인식해야 한다는 점을 언급하지 않았으므로 ㉠의 관점을 드러내지 못한다.

어휘력 Upgrade　　※다음의 빈칸에 들어갈 알맞은 말을 〈보기〉에서 찾아 쓰시오.

┌ 보기 ┐
보유
안목
이정표
필연적

1 그는 수만 권의 책을 (보유)하고 있다.
　→ 가지고 있거나 간직하고 있음
2 그 영화배우는 좋은 시나리오를 고르는 (안목)이 뛰어나다.
　　　　　　　　　　　　　→ 사물을 보고 분별하는 견문과 학식
3 그녀의 소설은 한국 소설사에서 하나의 (이정표)가 되었다는 평가를 받는다.
　　　　　　　　　　　　　　　　　　　→ 어떤 일이나 목적의 기준
4 저출산 고령화 사회는 (필연적)으로 경제 활동에 참여하는 인구의 비율을 감소시킬 것이다.
　→ 사물의 관련이나 일의 결과가 반드시 그렇게 될 수밖에 없는 것

인간의 지식을 넓히는 유추의 사고법

1 유추란 어떤 사물이나 현상의 성질을, 자신이 이미 알고 있는 다른 대상과의 유사점을
중심 화제   유추의 개념
바탕으로 추리ˇ하는 방법이다. 유추는 「ⓐ알고자 하는 대상의 특성 확정 → ⓑ알고 있는
대상과의 비교 → ⓒ결론 내리기」의 과정으로 이루어진다.
「」: 유추의 과정   ▶ 유추의 개념과 과정

2 방 안에 나무 상자를 놓고 여기에 강아지를 재우는 아이가 있다고 생각해 보자. 어느
날 친구 집에 놀러 간 아이가 친구의 방에 비슷한 상자가 있는 것을 발견하고, 친구에게
"너도 강아지를 키우는구나."라고 말했다. 아이는 친구가 갖고 있는 상자를 보고 이미 알
알고자 하는 대상
고 있는 대상, 즉 자신이 갖고 있는 나무 상자를 떠올렸을 것이다. 그리고 '둘 다 상자이
이미 알고 있는 비교 대상   알고 있는 대상과의 비교
다.', '둘 다 방 안에 있다.' 등 공통점을 찾아내어, 자신이 나무 상자에 강아지를 재운다는
비교 대상이 지닌 특성
점으로 미루어 친구도 그럴 것이라고 짐작한 것이다. 이것이 바로 유추에 해당한다.
결론 내리기 - 친구도 상자에 강아지를 재울 것이다   ▶ 유추에 따른 사고 과정의 예

3 그러나 이러한 유추를 통해 내린 결론이 반드시 옳다는 보장은 없다. 친구가 방 안에
상자를 두고 강아지를 키울 수도 있지만, 강아지가 아닌 다른 동물을 키우거나 물건을 넣
어 두는 용도ˇ로 활용할 수도 있는 것이다. 즉, 유추를 통해 알아낸 것을 틀림없는 사실이
라고 하기는 어렵다. 하지만 그럼에도 유추가 필요한 이유는, 인간이 태어나면서부터 모
유추의 문제점
든 것을 알지는 못하며 또 어느 한순간에 모든 것을 알아내지는 못하기 때문이다. 유추는
인간의 사고를 확장시켜 지식의 범주ˇ를 늘려 주고, 이를 통해 알고자 하는 대상의 특성이
유추의 필요성
나 의미를 쉽게 파악할 수 있게 해 주는 중요한 추론 방법인 것이다.   ▶ 유추의 문제점과 유추의 필요성

4 결국 유추를 통해 옳은 결론을 내릴 가능성을 높이는 것이 중요한데, 그러려면 내가
알고자 하는 대상과 이미 알고 있는 대상 사이에 유사한 특성이 많아야 한다. 앞의 사례에
유추를 통해 옳은 결론을 내릴 가능성을 높이는 방법
서 아이는 '방 안에 놓인 상자'라는 유사성만을 가지고 친구의 상자가 강아지를 키우기 위
한 용도일 것이라고 섣부르게 결론을 내렸다. 따라서 이 결론은 오류가 발생할 여지ˇ가 크
다. 만약 아이가 상자의 재질, 크기, 모양, 색깔, 내용물 등 여러 가지 측면에서 친구의 상
자와 더 많은 공통점을 갖고 있는 것을 비교 대상으로 선정ˇ했다면, 친구에게 "너도 강아
지를 키우는구나."라는 말을 성급하게 꺼내지는 않았을 것이다.
▶ 유추를 통해 옳은 결론을 내릴 가능성을 높이는 방법

● 지문 갈무리

인간이 무언가를 알아내는 사고 방법에는 여러 가지가 있는데, 그중 하나가 '유추'야. 이는 알고자 하는 대상의 특성을 그와 비슷한 다른 대상에 기초하여 추리하는 방법이지. 이 글은 이러한 유추의 과정과 사례, 필요성 등을 제시하고 있어. 그리고 유추는 옳지 않은 결론을 내릴 가능성을 안고 있으므로, 옳은 결론을 내릴 가능성을 높이는 것이 중요함을 강조하고 있지.

● 주제

유추의 개념과 특성

♥ 추리(推理): 알고 있는 것을 바탕으로 알지 못하는 것을 미루어서 생각함.

♥ 용도(用途): 쓰이는 곳.

♥ 범주(範疇): 같은 성질을 가진 부류나 범위.

♥ 여지(餘地): 어떤 일을 하거나 어떤 일이 일어날 가능성이나 희망.

♥ 선정(選定): 여럿 가운데서 어떤 것을 뽑아 정함.

독해력 Upgrade

※각 문단의 중심 내용을 다음과 같이 정리할 때, 빈칸에 들어갈 알맞은 말을 쓰시오.

| **1** 유추의 개념과 과정 | → | **2** 유추에 따른 사고 과정의 예 | → | **3** 유추의 문제점과 유추의 (필요성) | → | **4** 유추를 통해 옳은 (결론)을 내릴 가능성을 높이는 방법 |

1 핵심 정보 파악하기
답 ②

이 글에 언급된 내용이 아닌 것은?

① 유추의 개념 →1문단   ☑ 유추의 역사 → ×

③ 유추의 과정 →1문단   ④ 유추의 문제점 →3문단

⑤ 유추의 필요성 →3문단

정답 풀이

이 글에서는 유추의 개념과 과정, 유추의 사례, 유추의 문제점과 필요성, 유추에서 옳은 결론을 내릴 가능성을 높이는 방법에 대해 설명하고 있다. 유추의 역사에 대해서는 언급하지 않았다.

2 세부 정보 파악하기
답 ④

이 글을 읽고 유추에 대해 이해한 내용으로 적절하지 않은 것은?

① 유추를 통해 내린 결론이 반드시 옳은 것은 아니구나. →3문단

② 유추는 대상들 간의 유사성을 바탕으로 하는 추리 방법이야. →1문단

③ 유추는 인간의 사고를 확장시켜 지식의 범주를 늘려 주는구나. →3문단

☑ 유추는 오류가 발생할 여지가 크기 때문에 사용하지 않는 것이 바람직해.
× →유추의 결과에 오류가 생길 수는 있지만, 그럼에도 유추는 인간에게 필요함

⑤ 알고자 하는 대상과 알고 있는 대상 사이에 유사점이 많을수록 옳은 결론을 내릴 가능성이 높아지겠어. →4문단

정답 풀이

3문단에서, 유추를 통해 알아낸 것을 틀림없는 사실이라고 하기는 어렵지만 그럼에도 유추는 인간에게 필요한 중요한 추론 방법이라고 하였다. 인간은 태어나면서부터 모든 것을 알지는 못하고 또 어느 한순간에 모든 것을 알아내지는 못하는데, 유추는 인간의 사고를 확장시켜 지식의 범주를 늘려 주고 이를 통해 알고자 하는 대상의 특성이나 의미를 쉽게 파악할 수 있게 해 주기 때문이다. 따라서 유추를 사용하지 않는 것이 바람직하다고 한 ④는 적절하지 않다.

오답 풀이

① 3문단에서 "유추를 통해 내린 결론이 반드시 옳다는 보장은 없다."라고 하였으므로 적절하다.

② 1문단에서 "유추란 어떤 사물이나 현상의 성질을, 자신이 이미 알고 있는 다른 대상과의 유사점을 바탕으로 추리하는 방법이다."라고 하였으므로 적절하다.

③ 3문단에서 유추는 "인간의 사고를 확장시켜 지식의 범주를 늘려" 준다고 하였으므로 적절하다.

⑤ 4문단에서 유추를 통해 옳은 결론을 내릴 가능성을 높이려면 "알고자 하는 대상과 이미 알고 있는 대상 사이에 유사한 특성이 많아야 한다."라고 하였으므로 적절하다.

3 구체적 사례에 적용하기
답 ④

㉠~㉢에 따라 〈보기〉의 내용을 정리한 것으로 적절한 것은?

| 보기 |

화성에도 생명체가 존재할까? 태양계의 다른 행성들에
알고자 하는 대상의 특성 확정(㉠)
비해 「화성은 태양과의 거리가 지구와 가장 비슷하다. 화
「 」: 알고 있는 대상과의 비교(㉡)
성은 대기 온도가 영하 76℃까지 떨어지기도 하지만 지구의 최저 기온과 크게 차이가 없는 편이다. 또한 화성에서는 지구에서와 같이 암석과 물의 존재가 확인되었다.」 그런데 지구에는 생명체가 존재한다. 그러므로 화성에도 생명
비교 대상의 특성 확인   결론 내리기(㉢)
체가 존재할 가능성이 높다.

① ㉠ – 지구에는 생명체가 존재한다.

② ㉠ – 화성에도 생명체가 존재할 가능성이 높다.

③ ㉡ – 화성에도 생명체가 존재할까?

☑ ㉡ – 화성은 태양과의 거리가 지구와 가장 비슷하다.

⑤ ㉢ – 화성에서는 지구에서와 같이 암석과 물의 존재가 확인되었다.

정답 풀이

〈보기〉에서 알고자 하는 대상은 '화성'이고, 알고자 하는 대상의 특성은 '생명체의 존재'에 관한 것이다. 즉 "화성에도 생명체가 존재할까?"가 '알고자 하는 대상의 특성 확정(㉠)'에 해당한다. 화성과 비교할 대상으로 삼은 것은 지구인데, "화성은 태양과의 거리가 ~ 물의 존재가 확인되었다."에서 화성과 지구의 공통점이 제시되었으므로 이 부분이 '알고 있는 대상과의 비교(㉡)'에 해당한다. 그리고 "화성에도 생명체가 존재할 가능성이 높다."는 지구와 화성의 유사성을 바탕으로 내린 결론이므로 이것이 '결론 내리기(㉢)'에 해당한다. 따라서 〈보기〉를 ㉠~㉢에 따라 정리한 내용 중 적절한 것은 ④이다.

어휘력 Upgrade

※다음의 빈칸에 들어갈 알맞은 말을 〈보기〉에서 찾아 쓰시오.

| 보기 |
여지
용도
선정
추리

1 주원이는 옷을 계절과 (용도)에 따라 구분하여 정리했다.
→쓰이는 곳

2 김 형사는 단서들을 바탕으로 사건의 원인과 과정을 (추리)했다.
→ 알고 있는 것을 바탕으로 알지 못하는 것을 미루어서 생각함

3 늦게 도착한 사람들은 뒷자리에 앉는 것 말고는 선택의 (여지)가 없었다.
→ 어떤 일을 하거나 어떤 일이 일어날 가능성이나 희망

4 도서관에서는 청소년이 꼭 읽어야 할 우수 도서를 (선정)하여 홈페이지에 게시하였다.
→ 여럿 가운데서 어떤 것을 뽑아 정함

선함은 타고나는 건인가 선택되는 건인가

1 ⑤   **2** ④   **3** ③

● 지문 갈무리
인간의 본성이 선한가 악한가에 대한 논의는 옛날부터 이루어져 왔어. 그런데 정약용은 인간의 본성이 '선'이나 '악'이 아니라 '기호'라는 새로운 주장을 펼쳤어. 이 글은 인간의 본성에 대한 성리학의 주장과 비교하여 정약용의 '성기호설'에 대해 구체적으로 설명하고 있어.

● 주제
성리학과 달리 인간의 본성을 기호로 파악한 정약용의 견해

1 사람은 착한 존재일까 나쁜 존재일까? 중국 유학˙에서 맹자는 사람의 본성˙이 착하다는 성선설(性善說)을 주장하였고, 순자는 인간의 본성이 이기적이고 악하다는 성악설(性惡說)을 주장하였다. 유학의 한 학파인 성리학에서는 인간을 선한 존재로 본다. 인간의 본성은 절대적인 선을 추구하며, 역사의 변화에 의해 사라지지 않는 불변성˙과 영원성이 있다고 본 것이다. 다만 인간이 가지고 있는 기질, 즉 성격과 성품에 따라 선한 행동이 나타날 수도 있고, 그렇지 않을 수도 있다고 여겼다.
▶중국 유학에서 논의된 인간의 본성

2 정약용은 인간의 본성에 대한 성리학의 생각에 동의하지 않았다. 정약용은 인간의 본성을 선이나 악으로 이해하는 대신 '기호'로 보았다. 기호란 즐기고 좋아한다는 의미이다. 어떤 사람은 피자를 좋아하고 어떤 사람은 힙합을 좋아하는데, 이처럼 좋아하는 대상은 사람마다 다를 수 있으며 이 때문에 기호는 주관적인 경향이 있다고 말할 수 있다. 정약용은 기호를 육체적, 감각적인 즐거움을 좋아하는 육체적 기호와 선을 좋아하고 악을 싫어하는 정신적 기호로 구별했다. 그리고 육체적 기호는 동물과 인간이 모두 가지고 있지만 정신적 기호는 인간만이 가지고 있다고 보았다. 이러한 정약용의 본성론을 성기호설이라고 한다.
▶인간의 본성을 기호로 파악한 정약용의 견해

3 물에 빠진 아이를 구하기 위해 뛰어들면 내가 죽을 수도 있는 상황을 가정해 보자. 이런 상황에서도 아이를 구하고자 하는 것은 도덕적인 마음, 즉 정신적 기호에 따르는 것이다. 반대로 자신의 육체적 안위를 우선시하여 아이 구하기를 포기하는 것은 육체적 기호에 따르는 것이다. 이처럼 사람은 육체적 기호와 정신적 기호를 모두 가지고 있어서 그에 따라 선을 행할 수도 있고 악을 행할 수도 있다. 정신적 기호에 따른다면 자신이 악을 저질렀을 때 수치심을 느끼게 되고, 자신의 행동을 반성하면서 도덕적 성품을 기를 수 있다.
▶육체적 기호와 정신적 기호의 작용

4 그렇다면 인간이 선과 악을 스스로 선택할 수 있는 이유는 무엇 때문일까? 정약용은 그것을 인간이 하늘로부터 '자주지권(自主之權)'을 받았기 때문이라고 보았다. 자주지권이란 선을 바라면 선을 행할 수도 있고 악을 바라면 악을 행할 수도 있는 인간의 자유 의지이다. 즉 정약용은 인간이 내재적˙으로 선하다고 본 성리학과 달리, 선악은 그것의 결단˙을 촉구하는 인간의 자유 의지에 의해 결정된다고 보았다. 선을 택할 것인가 그렇지 않을 것인가는 전적으로 인간의 결단에 달린 것으로, 정약용이 본 인간은 이처럼 주체성˙을 가진 존재였던 것이다.

▶인간을 주체적인 존재로 본 정약용

✔ 유학(儒學): 중국의 공자를 시조로 하는 전통적인 학문. 인(仁)과 예(禮)를 근본 개념으로 함.

✔ 본성(本性): 사람이 본디부터 가진 성질.

✔ 불변성(不變性): 변하지 않는 성질.

✔ 내재적(內在的): 어떤 현상이 안에 존재하는 것.

✔ 결단(決斷): 결정적인 판단을 하거나 단정을 내림.

✔ 주체성(主體性): 인간이 어떤 일을 실천할 때 나타내는 자유롭고 자주적인 성질.

 독해력 Upgrade

※각 문단의 중심 내용을 다음과 같이 정리할 때, 빈칸에 들어갈 알맞은 말을 쓰시오.

| **1** 중국 유학에서 논의된 인간의 본성 | → | **2** 인간의 본성을 (기호)로 파악한 정약용의 견해 | → | **3** 육체적 기호와 (정신적) 기호의 작용 | → | **4** 인간을 주체적인 존재로 본 정약용 |

1 내용 전개 방식 파악하기 답 ⑤

이 글의 내용 전개 방식으로 적절한 것은?

① 정약용의 본성론이 지닌 시대적 한계를 분석하고 있다.

② 성리학의 사상을 중심으로 정약용의 본성론을 비판하고 있다.

③ 성리학이 정약용의 사상에 미친 영향을 다양한 관점에서 조명하고 있다.

④ 성리학과 정약용의 본성론에 내재된 공통적 원리를 도출하여 현실에 적용하고 있다.

✔ 성리학과 대비되는 정약용의 본성론을 설명하고 그의 이
 _{1~3문단}
론에서 드러나는 인간관을 밝히고 있다.
 _{4문단}

정답 풀이

이 글은 1문단에서 인간의 본성에 대한 성리학의 논의를 제시하고, 2~3문단에서 성리학과 달리 인간의 본성을 기호로 파악한 정약용의 사상을 설명하였다. 그리고 4문단에서 인간을 자유 의지를 지닌 주체적인 존재로 파악한 정약용의 인간관을 제시하였다.

2 세부 정보 파악하기 답 ④

이 글을 이해한 내용으로 적절하지 않은 것은?

① 맹자와 달리 순자는 인간을 윤리적 존재로 보지 않았다.
 _{성선설   성악설   →1문단}

② 정약용은 인간이 선과 악을 스스로 결단할 수 있는 자유
 _{자주지권}
의지를 지녔다고 보았다. → 4문단

③ 성리학과 정약용 모두 인간에게는 선한 것을 추구하려는 경향이 있다고 생각하였다. → 1문단, 2문단

✔ 성리학에서는 인간과 동물 모두가, 정약용은 인간만이
 _{×-동물에 대한 관점은 제시되지 않음   ×-육체적 기호는 동물도}
본성을 가지고 있다고 보았다.
 _{지녔다고 보았음}

⑤ 정약용은 육체적 기호가 아닌 정신적 기호를 통해 도덕적 성품을 기를 수 있다고 보았다. → 3문단

정답 풀이

동물이 본성을 지녔는지에 대한 성리학의 견해는 이 글에서 확인할 수 없다. 정약용은 인간의 본성을 육체적 기호와 정신적 기호로 파악하였는데, 이 중 육체적 기호는 동물도 가지고 있다고 보았다.

오답 풀이

① 1문단의 "맹자는 사람의 본성이 ~ 성악설을 주장하였다."에서 알 수 있다.

② 4문단의 "선악은 그것의 ~ 결정된다고 보았다."에서 알 수 있다.

③ 1문단의 "유학의 한 학파인 성리학에서는 ~ 인간의 본성은 절대적인 선을 추구하며"와 2문단의 "정약용은 기호를 ~ 선을 좋아하고 악을 싫어하는 정신적 기호로 구별했다."에서 알 수 있다.

⑤ 3문단의 "정신적 기호에 따른다면 ~ 기를 수 있다."에서 알 수 있다.

3 관점 비교하기 답 ③

이 글의 '정약용'이 <보기>의 '흄'에게 할 말로 가장 적절한 것은?

┤ 보기 ├

흄은 도덕이 이성의 문제가 아니라 감정의 문제라고 생각했다. 그는 이성이 어떤 행위를 이끄는 동기가 될 수 없으며 행위는 근본적으로 감정이 작용한 산물이라고 보았다. 따라서 이성은 양심적이고 도덕적인 행동의 근원이 될 수 없으며, 감정이 인간을 도덕적 행위로 이끌 수 있다고 보았다.

① 이성이 도덕적 행위의 근거나 기준이 될 수는 없습니다.

② 인간을 도덕적 행위로 이끄는 감각은 고통과 쾌락입니다.

✔ 도덕적 행위를 이끄는 것은 감정이 아니라 개인의 의지
 _{○-정약용은 인간의 자유 의지에 의해 선악이 결정된다고 보았음}
입니다.

④ 인간이 본래부터 지닌 동정심이야말로 도덕적인 행동의 근원입니다.

⑤ 사람의 성격에 따라 선한 행동이 나타날 수도 있고 그렇지 않을 수도 있습니다.

정답 풀이

4문단에 따르면 정약용은 인간이 "선을 바라면 선을 행할 수도 있고 악을 바라면 악을 행할 수도 있는" 자유 의지를 지녔다고 보았다. 즉 정약용은 인간의 의지가 도덕적 행위를 이끈다고 보고 있으므로, 감정이 인간을 도덕적 행위로 이끈다고 본 흄에게 할 말로 가장 적절한 것은 ③이다.

오답 풀이

① 흄의 입장과 일치한다.

②, ④ 정약용의 입장과 거리가 멀다.

⑤ 1문단에 제시된 성리학의 견해이다.

어휘력 Upgrade ※다음의 빈칸에 들어갈 알맞은 말을 <보기>에서 찾아 쓰시오.

┤ 보기 ├
결단
도출
조명
주체성

1 일주일간 협상을 진행했지만 결론을 (도출)하지 못했다.
 _{→ 판단이나 결론 따위를 이끌어 냄}

2 재영이는 이번 학생회장 선거에 출마하기로 (결단)을 내렸다.
 _{→ 결정적인 판단을 하거나 단정을 내림}

3 알려지지 않은 독립운동가들의 삶을 (조명)한 프로그램이 제작되었다.
 _{→ 어떤 대상을 일정한 관점으로 바라봄}

4 우리 민족은 외부로부터 많은 침략을 받아 왔으나 끈기 있게 항쟁하면서 민족 (주체성)을 지켜 왔다.
 _{→ 인간이 어떤 일을 실천할 때 나타내는 자유롭고 자주적인 성질}

역사 연구가 알고 보니 둔갑술이었다고?

1 ①   **2** ①   **3** ⑤

● 지문 갈무리
발해는 신라와 함께 남북국 시대를 이룬 우리의 역사야. 그런데 중국은 동북 공정을 통해 이러한 우리 역사를 자기네 역사로 둔갑시키려하지. 이 글은 중국의 동북 공정이 무엇인지 설명하고, 발해가 중국의 역사라는 동북 공정의 주장에 대해 근거를 들어 반박하고 있어.

● 주제
영토론을 적용한 중국의 동북 공정과, 발해가 중국의 역사라는 주장에 대한 반박

♥ 영토(嶺土): 한 나라의 통치권이 미치는 지역.

♥ 중국의 동북 3성: 중국 동북부에 위치한 헤이룽장성, 지린성, 랴오닝성을 가리킴.

♥ 귀속(歸屬): 재산이나 영토, 권리 따위가 특정 주체에 붙거나 딸림.

♥ 귀부(歸附): 스스로 와서 복종함.

♥ 조공(朝貢): 예전에, 속국이 종주국에 때를 맞추어 예물을 바치던 일. 또는 그 예물.

♥ 책봉(册封): 예전에, 왕세자, 세손, 비, 빈 등의 지위에 봉하여 세우던 일.

1 중국 하면 「넓은 국토와 14억에 달하는 엄청난 인구수를 쉽게 떠올릴 수 있다. 중국은 인구수가 많은 만큼 다양한 민족이 나라를 구성하는 다민족 국가로, 한족 외에 약 55개의 소수 민족으로 이루어져 있다.」 중국은 이들을 융합하여 안정적으로 나라를 운영하고 주변국의 정세 변화에 대응하고자 2002년부터 5년간 중국 동북 지역의 역사와 현황에 관해 연구하였는데 이를 '동북 공정'이라고 한다.
▶중국의 동북 공정이 시작된 배경과 동북 공정의 개념

2 우리가 중국의 동북 공정에 관심을 기울여야 하는 이유는 그들의 연구가 우리 역사에 직접적인 영향을 주기 때문이다. 중국은 영토론을 적용한 역사를 주장한다. 영토론이란 자국의 현재 영토♥ 안에서 일어난 과거의 역사는 모두 자신의 역사라고 주장하는 것이다. 이에 따르면 고조선, 부여, 고구려, 그리고 발해의 역사도 중국의 역사가 되고 만다.
▶영토론을 바탕으로 한 중국의 동북 공정

3 발해 왕조는 고구려가 멸망하고 약 30년 후에 건국되었으며, 약 220여 년간 지금의 북한 지역과 중국의 동북 3성♥ 대부분 그리고 러시아 연해주의 대부분을 영토로 하여 유지됐다. 이들 지역에서는 발해의 유적이 다수 발굴되었고 현재에도 계속해서 많은 유물이 출토되고 있어 고고학적 관심의 대상이 되고 있다. 이처럼 옛 발해의 영토를 근거로 볼 때, 발해의 역사를 어느 한 나라에 귀속♥시키기는 어렵다.
▶중국이 주장하는 영토론에 근거할 때 어느 한 나라에 귀속시킬 수 없는 발해의 역사

4 그러나 중국 동북 공정의 대표 이론가들은 ㉠발해가 당나라의 지방 정권에 불과하다고 주장한다. 발해가 당나라에 귀부♥하여 조공♥을 했고 그 대가로 책봉♥을 받았는데, 이 책봉과 조공 관계가 지방 정권의 증거라는 것이다. 그러나 역사적 자료를 검토하면 발해가 당나라의 지방 정권이 아니라는 사실을 찾을 수 있다. 발해 유학생들이 당나라에 가서 응시한 과거 시험이 빈공과였다는 사실이 바로 그것이다. 빈공과는 당나라에서 외국인에게 보게 하던 과거 시험이므로, 이는 발해인을 외국인으로 생각했다는 증거이다. 또한 일본과의 외교 문서에서 발해의 2대 왕인 무왕이 자신을 고려국 왕이라고 일컬었는데, 여기에서 발해의 고구려 계승 의식을 발견할 수 있다. 그뿐만 아니라 중국의 역사서인 《구당서》에는 발해의 풍속이 고구려의 풍속과 같다는 기록이 전해지고 있는데, 이처럼 발해의 역사적 ⓐ뿌리는 고구려에서 찾을 수 있다. 그럼에도 발해를 당나라의 지방 정권이라고 깎아내리는 중국의 주장은 재검토되어야 마땅하다.
▶발해가 우리 역사인 근거와 중국의 주장에 대한 재검토 촉구

독해력 Upgrade

※각 문단의 중심 내용을 다음과 같이 정리할 때, 빈칸에 들어갈 알맞은 말을 쓰시오.

1 중국의 동북 공정이 시작된 배경과 동북 공정의 개념 → **2** (영토론)을 바탕으로 한 중국의 동북 공정 → **3** 영토론에 근거할 때 어느 한 나라에 귀속시킬 수 없는 (발해)의 역사 → **4** 발해가 우리 역사인 근거와 중국의 주장에 대한 재검토 촉구

1 반응의 적절성 판단하기 　　　　答 ①

이 글을 읽고 난 반응으로 적절하지 않은 것을 <보기>에서 골라 묶으면?

┌─────────── 보기 ───────────┐
⑦ 역사 해석의 자유와 다양성을 존중해야겠군.
　× ─ 중국의 동북 공정을 비판적으로 바라보고 있음
⑭ 중국의 동북 공정은 영토론을 바탕으로 하는군.
⑮ 중국의 동북 공정은 주변국의 역사에 대한 연구로군.
　　　　× ─ 중국 동북 지방의 역사와 현황에 관한 연구
⑯ 동북 공정은 우리나라 역사를 왜곡한다는 문제가 있군.
⑰ 중국의 동북 공정에 관심을 갖고 계속 대응할 필요가
　 있겠군.
└──────────────────────────┘

✔① ⑦, ⑮　　② ⑦, ⑯　　③ ⑭, ⑮

④ ⑮, ⑰　　⑤ ⑯, ⑰

정답 풀이
이 글은 영토론을 바탕으로 자국에게 유리하게 역사를 해석하는 중국의 동북 공정을 비판하고 있으므로 역사 해석의 자유와 다양성을 존중해야 한다는 반응(⑦)은 적절하지 않다. 또한 1문단에서 중국 동북 지역의 역사와 현황에 관한 연구가 '동북 공정'이라고 하였으므로, 동북 공정이 중국의 주변국의 역사를 연구하는 것이라는 반응(⑮)은 적절하지 않다.

2 내용 추론하기 　　　　答 ①

㉠에 반박할 근거로 적절하지 않은 것은?

✔① 발해는 때에 맞춰 당나라에 예물을 바치고 그 대가로 책
　× ─ ㉠을 뒷받침하는 근거임
　봉을 받았다.
② 발해 유학생들이 당나라에서 응시한 시험은 외국인을 대
　상으로 한 과거 시험이다.
③ 발해의 2대 왕인 무왕은 일본과의 외교 문서에서 스스로
　를 고려국 왕이라고 일컬었다.
④ 중국의 역사서인 《구당서》에 발해의 풍속이 고구려의 풍
　속과 같다는 기록이 전해지고 있다.
⑤ 발해의 영토는 중국뿐만 아니라 러시아의 연해주와 북한
　땅까지 포함하므로, 영토론에 따르면 어느 한 나라에 귀
　속시키기 어렵다.

정답 풀이
4문단에 따르면 중국 동북 공정의 대표 이론가들은 발해가 당나라의 지방 정권에 불과하다고 주장하면서, 그 근거로 발해가 당나라에 귀부하여 조공을 했고 대가로 책봉을 받았다는 점을 들고 있다. 즉 ①은 ㉠에 반박할 근거가 아니라 ㉠을 뒷받침하는 근거이다.

오답 풀이
② 발해 유학생들이 당나라의 빈공과에 응시했다는 사실은 발해인을 외국인으로 생각했다는 증거이므로, 이는 발해가 당나라의 지방 정권이 아니라 독립된 국가였음을 보여 주는 근거가 된다.
③ 발해의 왕이 공적인 외교 문서에서 자신을 고려국 왕이라고 일컬은 것은 발해가 고구려 계승 의식을 지니고 있었음을 보여 주는 근거가 된다.
④ 발해의 풍속이 고구려의 풍속과 같다는 것은 발해의 역사적 뿌리를 고구려에서 찾을 수 있음을 보여 주는 근거가 된다.
⑤ 동북 공정의 바탕이 되는 '영토론'은 자국의 현재 영토 안에서 일어난 과거의 모든 역사가 자신의 역사라고 주장하는 것이다. 그런데 발해의 영토 범위는 현재 중국의 영토뿐만 아니라 북한과 러시아까지 포함하므로, 이를 근거로 한다면 영토론에 따라 발해의 역사를 중국 역사로 귀속시키는 것이 타당하지 않다고 반박할 수 있다.

3 어휘의 문맥적 의미 파악하기 　　　　答 ⑤

밑줄 친 부분이 이 글의 ⓐ와 같은 의미로 쓰인 것은?

① 이 식물의 뿌리는 먹을 수 있다.
　'식물을 떠받치고 땅속으로부터 물과 양분을 빨아들이는 기관'의 의미
② 치아가 뿌리까지 드러나 아프고 시리다.
　'박혀 있는 사물의 밑부분'의 의미
③ 할머니께서 도라지 열 뿌리로 차를 끓이셨다.
　　　　'식물의 뿌리를 세는 단위'의 의미
④ 뿌리가 깊은 나무는 바람에 흔들리지 않는다.
　'식물을 떠받치고 땅속으로부터 물과 양분을 빨아들이는 기관'의 의미
✔⑤ 효(孝)는 우리 전통 사회의 뿌리가 되는 정신이다.
　　　　　'사물이나 현상을 이루는 근본'의 의미

정답 풀이
ⓐ의 '뿌리'는 '사물이나 현상을 이루는 근본'의 의미로 쓰였다. 이와 같은 의미로 쓰인 것은 ⑤의 '뿌리'이다.

오답 풀이
①, ④ '식물을 떠받치고 땅속으로부터 물과 양분을 빨아들이는 기관'의 의미로 쓰였다.
② '박혀 있는 사물의 밑부분'의 의미로 쓰였다.
③ 수량을 나타내는 말 뒤에 쓰여 '식물을 떠받치고 땅속으로부터 물과 양분을 빨아들이는 기관'을 세는 단위이다.

어휘력 Upgrade 　※다음의 빈칸에 들어갈 알맞은 말을 <보기>에서 찾아 쓰시오.

┌─ 보기 ─┐
귀속
영토
왜곡
책봉
└────────┘

1 주인 없는 재산은 국가에 (귀속)된다.
　→ 재산이나 영토, 권리 따위가 특정 주체에 붙거나 딸림
2 궁궐에서는 세자의 (책봉)을 축하하는 잔치가 열렸다.
　→ 예전에, 왕세자, 세손, 비, 빈 등의 지위에 봉하여 세우던 일
3 신문 기사는 사실을 과장하거나 (왜곡)해서는 안 된다.
　→ 사실과 다르게 해석하거나 그릇되게 함
4 헌법 제3조에 "대한민국의 (영토)는 한반도와 그 부속 도서로 한다."라고 명시되어 있다.
　→ 한 나라의 통치권이 미치는 지역

인문 **06**

우리 다 같이 체면 지킵시다

● **지문 갈무리**
우리는 사회적 존재로서 다른 사람들과 어울리며 살아가지. 이때 다른 사람과의 상호 작용에서 중요한 것 가운데 하나가 체면을 지키는 것이야. 나 자신의 체면을 지키는 것뿐만 아니라 다른 사람의 체면을 지켜 주는 것도 매우 중요해. 이 글은 체면을 지키는 것의 필요성을 언급하고, 어빙 고프먼의 이론을 바탕으로 체면을 지키는 방법에 대해 알려 주고 있어.

● **주제**
나와 타인의 체면을 지키는 것의 필요성과 방법

1 우리 사회에서는 뻔뻔하게 다른 사람의 체면▼을 손상시키는 사람을 '염치없다▼'고 하고, 남이 굴욕감을 느끼는 것을 보고도 무심하게 냉정한 태도만을 보이는 사람을 '냉혹하다'고 말한다. 사람은 다른 사람들과 같이 생활하는 사회적 존재이므로, 서로 원만하게 어울리려면 염치없거나 냉혹하기만 한 태도는 바람직하지 않다. 다른 사람의 잘못을 보았을 때는 무조건 나무라기만 할 것이 아니라, 그 사람의 체면이나 감정을 배려하고 이를 지켜 주기 위한 노력도 필요한 것이다.
＿타인의 체면이나 감정을 배려하고 지켜 주는 것이 필요한 이유＿
＿사회적 존재로서 바람직하지 않은 태도＿
＿사회적 존재로서 바람직한 태도＿
▶ 타인의 체면과 감정을 배려하는 태도의 필요성

2 이와 관련하여 사회 심리학자 어빙 고프먼은 사람들이 타인과 마주하며 특정한 눈짓이나 몸짓, 상대방을 의식한 말들을 하는 '대면▼적 상호 작용'에 관해 연구하였는데, 그가 제시한 흥미로운 연구 결과 중 하나가 「체면 지키기」 방법에 대한 것이다.
＿중심 화제＿
▶ 어빙 고프먼의 대면적 상호 작용 연구

3 고프먼은 자신의 체면이 서 있다고 느끼는 사람은 다른 사람들을 대할 때 자신감을 갖고 침착하게 반응하지만, 체면이 없거나 망가진 사람은 상황에 어울리지 않는 표현을 하여 만남의 분위기를 해친다고 주장한다. 만남에서 체면을 잃어 도덕적 지지를 받지 못한
＿체면이 서 있다고 느끼는 사람들의 태도＿
＿체면을 잃은 사람이 보이는 태도＿
사람들은「마음에 동요▼가 생겨 혼란에 빠지며, 순간적으로 상호 작용을 할 수 없게 되어 허둥댄다는 것이다. 여기에 상황을 어떻게 해 볼 도리▼가 없다는 생각까지 겹치면 감정의
＿「 」: 타인과의 상호 작용에서, 체면을 잃은 사람의 구체적인 심리와 반응＿
상처까지 더해져 만남의 분위기를 한층 더 해치게 된다.
▶ 타인과의 상호 작용에서, 체면을 잃은 사람이 보이는 태도

4 고프먼은 체면을 지키는 방법을 크게 두 가지로 나누어 설명하였는데, 하나는 자신의 체면을 자기 스스로 지키는 것이다. 이는 체면을 잃을 만한 위험 상황을 피함으로써 가능
＿고프먼이 제시한 체면을 지키는 방법 ①＿   ＿자신의 체면을 스스로 지키는 방법＿
하다. 예를 들면,「자신이 지키고자 하는 가치와 모순되는 정보가 드러날 말이나 행동은 하지 않고, 다른 사람들에게 먼저 자신의 감정을 표현하는 것을 삼가며, 침착한 모습을 보이
＿「 」: 체면을 잃을 만한 위험 상황을 피하여 자신의 체면을 지키는 구체적인 예＿
는 것」등이 해당한다.
▶ 자신의 체면을 자기 스스로 지키는 방법

5 체면을 지키는 방법의 다른 하나는, 내가 타인의 체면을 지켜 주는 것이다. 만약 집단
＿고프먼이 제시한 체면을 지키는 방법 ②＿
내에서 한 사람의 체면이 망가졌다면 상황을 다 함께 수습▼하여 그 사람의 체면을 회복시키는 것이다. 이를 위해서는 '도전'과 '제안'이라는 과정이 필요하다. '도전'은 집단에 소속된 사람들이 특정한 잘못을 범한 사람에게 그 행동이 잘못
＿체면의 회복을 위한 '도전'의 의미＿
되었음을 지적하고 일깨워 주는 것을 의미한다. 이러한 '도전'이 끝나면 '제안'이 이루어지는데, 이는 잘못한 당사자의
＿체면의 회복을 위한 '제안'의 의미＿
행동에 대해 '이해할 만한 것'이라는 신호를 보내 용서하는 것을 의미한다. '제안'을 통해 용서받은 사람은 자신을 용서해 준 이들에게 감사의 마음을 표시하는 신호를 보내게 되고 이로써 체면이 회복된다.
▶ '도전'과 '제안'을 통해 타인의 체면을 지켜 주는 방법

▼ **체면(體面)**: 남을 대하기에 떳떳한 도리나 얼굴.

▼ **염치없다(廉恥없다)**: 체면을 차릴 줄 알거나 부끄러움을 아는 마음이 없다.

▼ **대면(對面)**: 서로 얼굴을 마주 보고 대함.

▼ **동요(動搖)**: 생각이나 처지가 확고하지 못하고 흔들림.

▼ **도리(道理)**: 어떤 일을 해 나갈 방법.

▼ **수습(收拾)**: 어수선한 사태를 거두어 바로잡음.

독해력 Upgrade   ※각 문단의 중심 내용을 다음과 같이 정리할 때, 빈칸에 들어갈 알맞은 말을 쓰시오.

1 타인의 (체면)과 감정을 배려하는 태도의 필요성	→	2 어빙 고프먼의 (대면적) 상호 작용 연구	→	3 타인과의 상호 작용에서, 체면을 잃은 사람이 보이는 태도	→	4 자신의 체면을 자기 스스로 지키는 방법	→	5 (도전)과 '제안'을 통해 타인의 체면을 지켜 주는 방법

1 세부 정보 파악하기 　　　답 ③

다음은 이 글을 읽은 후에 '체면 지키기'에 대해 정리한 내용이다. ㉠~㉤ 중 적절하지 않은 것을 골라 묶으면?

질문 1. '체면 지키기'란 무엇일까?
• 사회적 존재인 인간이 타인과 원만하게 어울려 생활하기 위해 필요한 태도이다. …………… ㉠
→ 1문단
• 타인의 잘못을 나무라는 대신 무심하고 냉정한 태도를 보이는 것이다. …………… ㉡
×－무심하고 냉정한 태도는 '체면 지키기'와 거리가 멂

질문 2. '체면 지키기'에 실패한 사람은 어떤 반응을 나타낼까?
• 마음이 혼란스러워져서 상황에 어울리지 않는 표현을 하게 된다. …………… ㉢
→ 3문단
• 감정의 상처가 생겨 만남의 분위기를 해치게 된다.

질문 3. '체면 지키기'의 방법에는 어떤 것이 있을까?
• 자신의 체면을 스스로 지키려면, 체면을 잃을 만한 위험 상황을 두려워하지 말고 먼저 자신의 감정을 적극적으로 표현한다. …………… ㉣
×－체면을 잃을 만한 위험 상황을 피하기 위해 말과 행동을 삼가야 함
• 집단 내에서 한 사람의 체면이 망가졌다면, 구성원들이 다 함께 상황을 수습하여 그 사람의 체면을 회복시키기 위해 노력한다. …………… ㉤
→ 5문단

① ㉠, ㉢　　② ㉠, ㉣　　☑③ ㉡, ㉣
④ ㉡, ㉤　　⑤ ㉢, ㉤

정답 풀이
1문단에서 "염치없거나 냉혹하기만 한 태도는 바람직하지 않다. 다른 사람의 잘못을 보았을 때는 무조건 나무라기만 할 것이 아니라, 그 사람의 체면이나 감정을 배려하고 이를 지켜 주기 위한 노력도 필요한 것이다."라고 하였다. 즉, 무심하고 냉정한 태도는 '체면 지키기'와는 거리가 멀다는 것을 알 수 있으므로 ㉡은 적절하지 않다. 또한 4문단에서 자신의 체면을 스스로 지키는 것은 "체면을 잃을 만한 위험 상황을 피함으로써 가능하다."라고 하였으며, 그 예로 "다른 사람들에게 먼저 자신의 감정을 표현하는 것을 삼가"는 것을 들었으므로 ㉣은 적절하지 않다.

2 구체적 사례에 적용하기 　　　답 ⑤

⑤를 바탕으로 할 때, 〈보기〉에서 '상우'의 체면을 지켜 주기 위한 친구들의 태도로 가장 적절한 것은?

┤ 보기 ├
상우는 방학을 맞아 친구들과 놀이공원에 가기로 했다. 상우는 약속 며칠 전부터 친구들에게 약속 시간에 절대로 늦지 말라고 여러 차례 당부하고, 늦으면 벌금을 내야 한다고 으름장을 놓기까지 했다. 약속 당일에 친구들은 모두 제시간에 모임 장소에 도착했다. 그러나 정작 상우는 늦잠을 자서 한 시간 이상 늦게 도착했다.

① 다 함께 침묵한 채로 상우가 하는 말과 행동을 지켜보기만 한다.
② 한 시간 늦은 것쯤은 별일 아니라고 말하여 상우가 민망해하지 않도록 배려한다.
③ 늦지 말라고 해 놓고 정작 자신은 늦게 도착한 상우의 행동을 침착하게 나무란다.
④ 늦으면 벌금을 내야 한다고 했던 상우의 말을 읊어 주며, 벌금을 내면 잘못을 용서하겠다고 말한다.
☑⑤ 늦게 도착한 상우의 잘못을 지적한 뒤, 늦잠을 자서 약속 시간에 늦는 것은 누구나 할 수 있는 실수라고 말한다.
잘못을 지적하고 일깨워 주는 '도전'
잘못한 행동이 이해할 만한 것이라는 신호를 보내 용서하는 '제안'

정답 풀이
〈보기〉는 집단 내에서 상우가 체면을 잃게 된 상황이다. 5문단에 따르면 이런 경우 잘못을 지적하고 일깨워 주는 '도전'과, 잘못한 당사자의 행동에 대해 '이해할 만한 것'이라는 신호를 보내 용서하는 '제안'의 과정을 통해 잘못을 범한 사람의 체면을 회복시킬 수 있다. ⑤에서 친구들이 늦게 도착한 상우의 잘못을 지적하는 것은 '도전'에 해당하고, 늦잠을 자서 약속 시간에 늦은 것에 대해 누구나 할 수 있는 실수라고 말하는 것은 '제안'에 해당한다.

오답 풀이
①, ④ 타인의 체면을 지켜 주는 방법으로 적절하지 않다.
② 잘못이 이해할 만한 행동이라는 신호를 보내 용서하는 '제안'의 과정만 있고, 잘못을 지적하고 일깨워 주는 '도전'의 과정이 나타나지 않았다.
③ 상우의 잘못을 지적하고 일깨워 주는 '도전'의 과정만 있고, 이해할 만한 행동이라는 신호를 보내 용서하는 '제안'의 과정이 나타나지 않았다.

어휘력 Upgrade
※다음의 빈칸에 들어갈 알맞은 말을 〈보기〉에서 찾아 쓰시오.

┤보기├
대면 / 도리 / 동요 / 수습

1 그는 신입생들과의 첫 (대면)을 앞두고 살짝 긴장했다.
→ 서로 얼굴을 마주 보고 대함
2 기술이 아무리 발달한다 해도 자연의 힘을 완전히 이겨 낼 (도리)는 없을 것이다.
→ 어떤 일을 해 나갈 방법
3 그녀는 주위 사람들의 걱정과 만류에도 (동요)하지 않고 계획대로 일을 진행해 나갔다.
→ 생각이나 처지가 확고하지 못하고 흔들림
4 사고 현장이 (수습)되자 도로 위에 정체되어 있던 차들이 다시 서서히 움직이기 시작했다.
→ 어수선한 사태를 거두어 바로잡음

천한 신분이라고 해서 인재를 버려서는 안 된다

1 ⑤   2 ④   3 ②

● 지문 갈무리
이 글은 조선 시대의 학자 허균이 쓴 글로, 출신에 따라 차별하는 당시의 인재 등용 방식에 문제가 있음을 강하게 비판하고 있어. 글쓴이는 신분이나 지위에 따라 재능이 달라지는 것이 아니라는 평등 의식을 바탕으로, 차별 없이 인재를 등용해야 한다는 개혁적인 주장을 펼치고 있어.

● 주제
조선의 인재 등용 현실에 대한 비판과 차별 없는 인재 등용 촉구

▼ 직분(職分): 직무상의 본분. 또는 마땅히 해야 할 본분.

▼ 융성(隆盛): 기운차게 일어나거나 대단히 번성함.

▼ 구실아치: 조선 시대에, 각 관아의 벼슬아치 밑에서 일을 보던 사람.

▼ 포부(抱負): 마음속에 지닌 앞날에 대한 계획이나 희망.

▼ 동서고금(東西古今): 동양과 서양, 옛날과 지금을 통틀어 이르는 말.

▼ 등용(登庸): 인재를 뽑아서 씀.

▼ 순리(順理): 도리나 이치에 순종함. 또는 마땅한 이치나 도리.

1 　나라를 다스리는 사람은 임금과 함께 하늘이 내려 준 직분▼을 행하는 것이니 재능이 없어서는 안 된다. 하늘이 인재를 만드는 것은 본디 세상에 쓰기 위해서이다. 하늘은 사람을 만들 때 귀한 집 자식이라고 해서 더 많은 재능을 주고 천한 집 자식이라고 해서 더 적게 주지는 않는다. _{글쓴이의 평등 의식이 드러남} 옛날의 어진 임금은 이를 알았기 때문에 더러는 신분이 낮은 집안에서 인재를 구했고, _{신분과 지위에 얽매이지 않은 인재 등용} 더러는 항복한 오랑캐 장수 중에서도 인재를 뽑았으며 더러는 도둑이나 창고지기를 인재로 뽑기도 하였다. 그렇게 뽑힌 자들은 알맞은 자리에서 자신의 재능을 한껏 펼쳤다. 나라가 복을 받고 융성▼하게 된 것은 이렇게 인재를 뽑았기 때문이다. 　▶올바른 인재 등용의 방법

2 　중국같이 큰 나라도 혹시라도 인재를 놓칠까 늘 고민하였다. _{중국과 대조하여 조선의 현실을 비판하고자 함}「어찌하여 변방에 살면서 큰 보배를 품고도 팔지 못하는 사람이 수두룩하며, 뛰어난 인재가 하급 구실아치▼ 속에 파묻혀 끝내 그 포부▼를 펼치지 못하는가?」참으로 인재를 모두 얻기도 어렵거니와 모두 거두어 쓰기도 또한 어렵다. _{「」: 뛰어난 인재들이 등용되지 못하는 현실에 대한 안타까움} 　▶인재 등용의 어려움

3 　우리나라는 땅덩이가 좁고 인재가 드문 것이 늘 걱정이었다. 더구나「조선에 와서는 대대로 명망 있는 집의 자식이 아니면 좋은 벼슬을 얻지 못하고, 가난한 선비는 비록 재주가 _{「」: 조선의 인재 등용 현실} 뛰어나더라도 관리로 뽑히지 못한다.」하늘은 인간에게 재주를 고르게 주었는데 이를 명문의 집안과 과거 시험으로써 제한하니 인재가 늘 모자라서 걱정하는 것은 당연하다. _{인재 등용의 조건 / 인재 등용을 제한한 결과} 동서고금▼에 첩의 자식이라고 해서 재주를 인정해 주지 않는다는 말은 듣지 못했다. _{첩의 자식을 차별하는 제도에 대한 비판} 오직 우리나라만이 첩의 자손들에게 벼슬할 기회를 주지 않는다. 　▶조선의 인재 등용 현실과 문제점

4 　두 오랑캐 사이에 끼어 있는 이 작은 나라에서는, 인재를 제대로 구하여 쓰지 못하는 것을 걱정해도 나랏일이 어찌 될지 장담할 수 없다. 그런데도 도리어 인재 등용▼의 길을 막고서 "우리나라에는 인재가 없다."라고 탄식만 한다. _{인재 등용 현실의 모순 비판} 이는 남쪽 나라를 치러 가면서 북쪽을 향해 수레를 모는 것과 무엇이 다르겠는가? 평범한 여인네가 한을 품으면 오뉴월에도 서리가 내린다는데, 원망을 품은 사내와 원한에 찬 홀어미가 나라의 반을 차지하니 화평한 기운을 불러오기는 어려우리라. _{첩의 자식이라는 이유로 등용되지 못한 사람} 　▶조선의 인재 등용의 모순 비판

5 　옛날에 어진 인재는 보잘것없는 집안에서 많이 ㉠나왔다. 만약 그때에도 지금 우리와 _{인재 등용에 차별을 두었다면} 같은 법을 썼다면「범중엄과 같은 유명한 재상이나 충직한 신하였던 진관, 반양귀와 같은 _{중국 북송 때의 정치가이자 학자 / 중국 송나라의 충신들} 사람은 나타나지 않았을 것이다. 또한 사마양저, 위청과 같은 뛰어난 장수나 왕부와 같은 _{중국 춘추 시대 제나라의 병법가 / 중국 한나라의 장수 / 중국 후한 말기의 학자} 사람의 뛰어난 글도 세상에 나오지 못했을 것이다.」　▶훌륭한 인재 등용의 사례 _{「」: 출신과 상관없이 등용되었던 중국의 인재들}

6 　하늘이 낸 인재를 사람이 버리는 것은 하늘의 뜻을 거스르는 것이다. _{차별 없이 인재를 등용해야 하는 근거} 하늘을 거스르면서 하늘에 나라가 잘 유지되기를 비는 것은 있을 수 없는 일이다. 나라를 다스리는 자가 하늘의 순리▼를 받아들이고 행한다면 나라를 훌륭히 이어 갈 수 있을 것이다. _{차별 없는 인재 등용} 　▶차별 없는 올바른 인재 등용 촉구

독해력 Upgrade　※각 문단의 중심 내용을 다음과 같이 정리할 때, 빈칸에 들어갈 알맞은 말을 쓰시오.

| 1 올바른 인재 등용의 방법 | → | 2 (인재) 등용의 어려움 | → | 3 조선의 인재 등용 현실과 (문제점) | → | 4 조선의 인재 등용의 모순 (비판) | → | 5 훌륭한 인재 등용의 사례 | → | 6 차별 없는 올바른 인재 등용 촉구 |

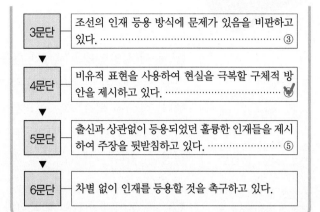

1 내용 추론하기   답 ⑤

이 글을 통해 짐작할 수 있는 내용이 <u>아닌</u> 것은?

① 조선은 중국에 비해 인재를 잘 거두어 쓰지 못했다. → 2~4문단

② 재능은 사회적 지위나 신분과 관련 없이 주어지는 것이다. → 1문단

③ 범중엄, 진관, 반양귀와 같은 사람들은 출신이 보잘것없 는 사람들이다. → 5문단

④ 오랑캐 중에서도 재능 있는 자를 뽑아 쓴다면 어진 임금 이라고 할 만하다. → 1문단

☑ 조선에서는 신분이 낮은 집안의 자식과 달리 첩의 자식 은 인재로 등용될 수 없었다.
    ×-신분이 낮은 사람은 인재로 등용되지 못했음

정답 풀이

1문단에 따르면 옛날의 어진 임금은 "더러는 신분이 낮은 집 안에서 인재를 구했"으나, 3문단에 따르면 "조선에 와서는 대 대로 명망 있는 집의 자식이 아니면 좋은 벼슬을 얻지 못하 고" 인재 등용을 "명문의 집안과 과거 시험으로써 제한"했다 고 하였다. 따라서 조선에서는 신분이 낮은 집안의 자식들은 인재로 등용되지 못했음을 알 수 있다.

오답 풀이

① 중국같이 큰 나라도 인재를 놓칠까 늘 고민하는데, 이와 달리 조선 은 인재 등용을 제한하여 뛰어난 인재들을 쓰기가 어렵다고 하였다.

② 하늘은 사람을 만들 때 귀한 집 자식이라고 해서 더 많은 재능을 주 고 천한 집 자식이라고 해서 더 적게 주지는 않는다고 하였다.

③ 옛날에 어진 인재는 보잘것없는 집안에서 많이 나왔으며, "지금 우 리와 같은 법을 썼다면", 즉 인재 등용에 차별을 두었다면 범중엄, 진관, 반양귀와 같은 사람은 나타나지 않았을 것이라고 하였다.

④ 옛날의 어진 임금은 신분이 낮은 집안에서도 인재를 구했고, 항복한 오랑캐 장수 중에서도 인재를 뽑아 썼다고 하였다.

2 내용 전개 방식 파악하기   답 ④

각 문단의 특징을 정리한 내용으로 적절하지 <u>않은</u> 것은?

| 1문단 | 현재와는 다른 과거의 바람직한 사례를 제시하고 있다. ··· ① |

▼

| 2문단 | 의문문을 사용하여 현실에 대한 안타까움을 드러내 고 있다. ··· ② |

| 3문단 | 조선의 인재 등용 방식에 문제가 있음을 비판하고 있다. ··· ③ |

▼

| 4문단 | 비유적 표현을 사용하여 현실을 극복할 구체적 방 안을 제시하고 있다. ····························· ☑ |

▼

| 5문단 | 출신과 상관없이 등용되었던 훌륭한 인재들을 제시 하여 주장을 뒷받침하고 있다. ················· ⑤ |

| 6문단 | 차별 없이 인재를 등용할 것을 촉구하고 있다. |

정답 풀이

4문단에서는 인재 등용의 길을 막고서 인재가 없다고 탄식하 는 모순된 조선의 현실을 '남쪽 나라를 치러 가면서 북쪽을 향 해 수레를 모는 것'에 빗대어 비판하고 있다. 이러한 현실을 극복할 구체적인 방안을 제시하지는 않았다.

오답 풀이

① "옛날의 어진 임금은 ~ 인재로 뽑기도 하였다."에서 알 수 있다.

② "어찌하여 변방에 ~ 포부를 펼치지 못하는가?"에서 알 수 있다.

③ 명문의 집안과 과거 시험으로써 인재 등용을 제한하고, 첩의 자손들 에게 벼슬할 기회를 주지 않는 점을 비판하고 있다.

⑤ "범중엄과 같은 유명한 ~ 나오지 못했을 것이다."에서 알 수 있다.

3 어휘의 문맥적 의미 파악하기   답 ②

㉠과 바꿔 쓰기에 가장 적절한 것은?

① 결정(決定)되다   ☑ 배출(輩出)되다
                                   '인재가 계속하여 나오다'의 의미

③ 실행(實行)되다   ④ 기대(期待)되다

⑤ 장려(獎勵)되다

정답 풀이

㉠의 '나오다'는 '상품이나 인물 따위가 산출되다.'의 의미이 다. ②의 '배출되다'는 '인재가 계속하여 나오다.'의 의미이므 로 ㉠과 바꿔 쓰기에 가장 적절하다.

오답 풀이

① 결정되다: 행동이나 태도가 분명하게 정해지다.

③ 실행되다: 실제로 행해지다.

④ 기대되다: 일이 원하는 대로 이루어지기를 바라면서 기다리게 되다.

⑤ 장려되다: 좋은 일에 힘이 쓰이도록 북돋아지다.

 **어휘력 Upgrade**   ※다음의 빈칸에 들어갈 알맞은 말을 <보기>에서 찾아 쓰시오.

┌ 보기 ┐
융성
포부
등용
순리

1 고려는 흔히 불교의 왕국으로 인식될 정도로 불교가 (융성)했다.
                                           → 기운차게 일어나거나 대단히 번성함

2 일을 (순리)대로 하지 않고 제 이익만 챙기려 하다 보면 문제가 생긴다.
                  → 도리나 이치에 순종함, 또는 마땅한 이치나 도리

3 세계적인 음악가가 되겠다는 (포부)를 실현하기 위해서는 열심히 연습을 해야 한다.
                  → 마음속에 지닌 앞날에 대한 계획이나 희망

4 대통령은 청렴성과 국민적 신망을 갖춘 사람을 국무총리로 (등용)하겠다고 발표했다.
                  → 인재를 뽑아서 씀

경험의 가치에 주목한 근대 경험론

● 지문 갈무리
이 글은 서양 철학의 한 경향인 경험론에 대해 소개하고 있어. 경험론은 지식의 근원이 경험이라고 보는 입장으로, 지식의 근원을 이성에서 찾는 합리론과 대립되지. 이 글은 합리론과 경험론의 차이를 설명하고, 경험론의 한계와 의의를 짚어 주고 있어.

● 주제
근대 경험론의 특징과 한계 및 의의

▼ 천체(天體): 행성, 위성, 혜성 등 우주에 존재하는 모든 물체.

▼ 의존(依存): 다른 것에 의지하여 존재함.

▼ 근원(根源): 사물이 비롯되는 근본이나 원인.

▼ 부인(否認): 어떤 내용을 옳거나 그러하다고 인정하지 아니함.

▼ 합리론(合理論): 진정한 인식은 경험이 아닌 타고난 이성에 의하여 얻어진다고 하는 태도.

▼ 동력(動力): 어떤 일을 일으키며 밀고 나가는 힘.

▼ 연역적 추론: 이미 알고 있는 일반적인 원리로부터 개별적 사실이나 특수한 다른 원리에 도달하는 방법.

1 중세 서양인들은 「세계가 완전한 하늘의 세계와 불완전한 지상의 세계로 이루어져 있다고 생각했다. 우주의 중심은 지구이며, 천체˚들을 움직이는 힘은 신의 의지라고 생각했다.」 상상에 의존˚하는 이러한 세계관은 천체들을 직접 관측하고 망원경으로 확인하면서 서서히 흔들렸다. 사람들은 머리로만 생각해 왔던 이상적 질서들이 '경험'을 통해 부정될 수 있다는 사실을 새삼 깨달았다. 근대 경험론은 이런 과정을 통해 탄생했다고 볼 수 있다. ▶근대 경험론의 탄생 배경

「」: 중세 서양인들의 세계관 – 경험이 아닌 상상에 의존한 세계관
'경험'에 따른 인식의 변화 / 근대 경험론의 탄생 배경 / 중심 화제

2 경험론이란 인간의 인식이나 지식의 근원˚을 인간의 지각, 즉 경험에서 찾는 철학적 입장을 가리킨다. 굳이 "지혜는 경험의 딸이다."라는 레오나르도 다빈치의 말이 아니더라도 경험이 어떤 가르침을 준다는 사실을 부인˚할 사람은 드물 것이다. 경험을 통해 무엇을 알게 되는 것은 모든 사람이 일상적으로 겪는 과정이기 때문에 이 입장을 거부하는 것은 쉽지 않다. ▶지식의 근원을 경험에서 찾는 경험론

경험론의 개념 / 경험의 중요성을 강조한 말

3 경험론의 전통은 멀리 고대 그리스까지 거슬러 올라가지만, 합리론˚에 대립되는 본격적인 경험론은 프랜시스 베이컨이 체계를 세웠다. 이 두 사상은 자연 과학이 발전하게 된 핵심 동력˚을 각각 다르게 파악하며 철학적 기초를 닦아 나갔다. 경험론자들은 관찰과 실험에 근거한 귀납적 방법이, 합리론자들은 이성적 사고에 기반을 둔 연역적 추론˚이 각각 자연 과학의 발전을 이끌었다고 여겼다. ▶합리론에 대립되는 경험론의 확립과 두 사상의 관점 차이

근대 경험론의 체계를 세운 학자 / 경험론과 합리론의 차이점 / 경험론에서 보는 자연 과학 발전의 핵심 동력 / 합리론에서 보는 자연 과학 발전의 핵심 동력

4 ㉠경험론자들은 귀납법을 통해 구체적이고 개별적인 사례들에서 인간과 자연에 대한 보편적인 법칙을 알아 갈 수 있다고 생각했다. 하지만 조금 더 생각해 보면 경험론은 한계가 있다는 것을 알 수 있다. 예를 들어, 「똑같은 장소를 걸어서 지나친 여행자와 기차를 타고 지나친 여행자를 생각해 보자. 장소는 같지만 두 여행자가 그 장소를 바라보았던 경험은 분명 다를 것이다.」 그런 점에서 경험의 세계는 절대적으로 확신하기가 어려운 것이다.   Ⓐ ▶절대적 확신이 어려운 경험론의 한계

「」: 경험론의 한계를 뒷받침하는 예 / 경험론의 한계

5 이러한 한계가 있음에도, 인간이 얻게 되는 의미 있고 근거 있는 인식은 경험에서 출발한다는 경험론의 입장은 여전히 설득력이 있다. 근대 이후 철학들은 경험론에서 바라본 경험의 의미를 존중하면서 그 의미를 나름대로 확장했다. 칸트의 관념론은 '정신의 경험'까지, 라캉의 구조론은 '무의식의 경험'까지 의미를 넓힌 것이다. 이처럼 근대 이후 철학의 상당 부분은 경험론의 영향 아래 진행되었다고 해도 과언이 아니다. ▶경험론의 의의

한계에도 불구하고 설득력을 지닌 경험론의 입장 / 경험론의 입장이 설득력 있다고 볼 수 있는 이유 / 경험론의 영향 아래 전개된 근대 이후 철학들 / 경험론의 의의

독해력 Upgrade ※각 문단의 중심 내용을 다음과 같이 정리할 때, 빈칸에 들어갈 알맞은 말을 쓰시오.

| **1** 근대 (경험론)의 탄생 배경 | → | **2** 지식의 근원을 경험에서 찾는 경험론 | → | **3** (합리론)에 대립되는 경험론의 확립과 두 사상의 관점 차이 | → | **4** 절대적 확신이 어려운 경험론의 한계 | → | **5** 경험론의 의의 |

1 세부 정보 파악하기 답 ②

이 글에서 확인할 수 있는 내용이 아닌 것은?

① 경험론의 개념과 의의 → 2문단, 5문단
☑ 경험론을 비판한 학자 → ×
③ 중세 서양인들의 세계관 → 1문단
④ 경험론과 합리론의 차이점 → 3문단
⑤ 경험론의 영향을 받은 근대 이후 철학의 예 → 5문단

정답 풀이

이 글에서 경험론을 비판한 학자에 대한 내용은 찾을 수 없다.

오답 풀이

① 2문단의 "경험론이란 인간의 인식이나 ~ 입장을 가리킨다."에서 경험론의 개념을, 5문단의 "근대 이후 철학의 ~ 과언이 아니다."에서 경험론의 의의를 확인할 수 있다.
③ 1문단의 "중세 서양인들은 ~ 의지라고 생각했다."에서 알 수 있다.
④ 3문단의 "이 두 사상은 ~ 이끌었다고 여겼다."에서 알 수 있다.
⑤ 5문단의 "칸트의 관념론은 ~ 의미를 넓힌 것이다."에서 알 수 있다.

2 내용 추론하기 답 ⑤

Ⓐ에 들어갈 내용으로 가장 적절한 것은?

① 그러므로 경험이야말로 진리를 얻는 가장 쉽고 빠른 길이다.
② 그러므로 경험을 통해 알아낸 법칙이야말로 확실히 믿을 수 있다.
③ 그러므로 '어떤' 경험을 하느냐보다는 '누가' 경험을 하느냐가 중요하다.
④ 그러므로 개인의 성격이나 취향에 따라 경험의 내용도 각각 달라지게 된다.
☑ 그러므로 자신의 경험에 오류가 있을 수도 있음을 받아들이는 태도가 필요하다.
　○ - 경험의 세계는 절대적으로 확신하기 어렵다는 한계가 있으므로

정답 풀이

Ⓐ의 바로 앞 문장에서 "경험의 세계는 절대적으로 확신하기가 어려운 것이다."라고 하였다. 즉 경험을 통해 얻은 결론이나 지식은 확실성이 완벽하게 보장되지 않으며, 이런 점 때문에 경험론은 한계가 있다는 것이다. 따라서 Ⓐ에 들어갈 내용

으로 가장 적절한 것은 경험론의 한계와 관련된 ⑤이다.

오답 풀이

①, ③, ④ Ⓐ의 앞부분에서 경험론의 한계로 제시한 내용과 맥락상 연결되지 않는다.
② Ⓐ의 앞 문장과 반대되는 내용이므로 적절하지 않다.

3 구체적 사례에 적용하기 답 ②

추론의 방식이 ㉠의 관점과 다른 것은?

① 지금까지 관찰한 바에 의하면 해는 항상 동쪽에서 떴다. 따라서 오늘도 동쪽에서 해가 뜰 것이다. → 귀납적 방법
☑ 동물을 사랑하는 사람들은 마음이 곱다. 그런데 희원이
　　　　일반적 원리
는 동물을 사랑한다. 따라서 희원이는 마음이 곱다. → 연역적
　　　　　　　　　일반적 원리에서 도출한 개별적 사실　　　　방법
③ 호랑이는 새끼를 낳는다. 원숭이도 새끼를 낳는다. 호랑이와 원숭이는 포유류이다. 그러므로 포유류는 새끼를 낳는다. → 귀납적 방법
④ 사과는 위에서 아래로 떨어진다. 돌멩이도 위에서 아래로 떨어지고, 책도 위에서 아래로 떨어진다. 즉, 모든 물체는 위에서 아래로 떨어진다. → 귀납적 방법
⑤ 스파르타는 독립된 문화를 남기지 못한 채 사라졌다. 역사적으로 볼 때 독립된 문화를 갖지 못한 많은 나라들이 스파르타처럼 역사 속으로 사라졌다. 이를 통해, 독립된 문화가 없는 나라나 민족은 살아남지 못한다는 것을 알 수 있다. → 귀납적 방법

정답 풀이

㉠에서 경험론자들이 추구한 귀납적 방법을 확인할 수 있다. 귀납적 방법은 관찰과 실험에 근거하여, 구체적이고 개별적인 사례들에서 인간과 자연에 대한 보편적인 법칙을 이끌어 내는 것이다. 그런데 ②는 '동물을 사랑하는 사람들은 마음이 곱다.'라는 일반적 원리에서 '희원이는 마음이 곱다.'라는 특수한 개별적 사실을 이끌어 내고 있다. 이는 합리론에서 주장한 연역적 추론에 해당하는 것으로 ㉠의 관점과 다른 추론 방식이다.

오답 풀이

①, ③, ④, ⑤ 모두 관찰하여 알아낸 개별적인 사실이나 구체적인 사례들로부터 인간과 자연에 대한 일반적인 원리나 법칙을 이끌어 내고 있으므로 귀납적 추론에 해당한다.

어휘력 Upgrade　※다음의 빈칸에 들어갈 알맞은 말을 〈보기〉에서 찾아 쓰시오.

보기
근원
동력
부인
의존

1 제주도 조랑말의 (근원)은 바로 몽골의 말들이다.
　→ 사물이 비롯되는 근본이나 원인
2 그는 소문의 내용이 사실과 다르다고 강하게 (부인)했다.
　→ 어떤 내용을 옳거나 그러하다고 인정하지 아니함
3 노인은 희미한 기억에 (의존)하여 고향의 옛집을 찾아갔다.
　→ 다른 것에 의지하여 존재함
4 그는 약간의 스트레스는 적당한 긴장을 주어 집중력을 높이는 (동력)이 된다고 보았다.
　→ 어떤 일을 일으키며 밀고 나가는 힘

아이들은 어떻게 언어를 배울까

1② 2④

● 지문 갈무리
이 글은 아이들의 언어
습득 과정에 관한 세 가
지 이론을 소개하고 있
어. 행동주의 이론은 모
방과 학습을, 생득주의
이론은 태어날 때부터
가지고 있는 언어 습득
장치를, 사회적 상호 작
용 이론은 다른 사람과
의 의사소통을 통한 상
호 작용을 강조하는 이
론이야.

● 주제
아이들의 언어 습득에
대한 행동주의, 생득주
의, 사회적 상호 작용 이
론의 견해

♥습득(習得): 배워서 자
기 것으로 함.

♥모방(模倣): 다른 것을
본뜨거나 본받음.

♥후천적(後天的): 성질,
체질, 질환 따위가 태
어난 후에 얻어진 것.

♥요인(要因): 사물이나
사건이 성립되는 까
닭. 또는 조건이 되는
요소.

♥추상적(抽象的): 직접
경험하거나 지각할 수
있는 일정한 형태와
성질을 갖추고 있지
않은 것.

♥검증(檢證): 가설이나
사실, 이론 등을 검사
하여 참인지 거짓인지
증명함.

1 아이들은 어떻게 언어를 습득하는 걸까? 이 물음에 대해 스키너로 대표되는 ㉠행동
중심 화제 – 의문문으로 제시하여 독자의 호기심 유발   아이들의 언어 습득에 대한 관점 ①
주의 학자들은 아이들이 지속적인 모방과 학습을 통해 언어를 습득한다고 주장한다. 이
아이들의 언어 습득 방법에 대한 행동주의 이론의 주장
들의 주장에 따르면 아이들의 언어 습득은 '자극 – 반응 – 강화'의 과정을 통해 일어난다.
예를 들어 「아침에 출근하는 엄마를 보고 아빠가 '빠이빠이'라고 말하면(자극), 아이는 아
「」: '자극 – 반응 – 강화'의 과정에 따라 언어를 습득하는 예
빠의 말을 모방하여 '빠이빠이'라고 말하고(반응), 이에 대해 부모는 칭찬이나 물적 보상
(강화) 등으로 아이가 그 행동을 다시 하도록 격려하게 된다. 이런 경험을 통해 아이는 말
을 배워 간다.」즉 행동주의 학자들은 후천적인 경험이나 학습을 언어 습득의 요인으로
본다.   ▶후천적 경험이나 학습을 언어 습득 요인으로 본 행동주의 이론의 주장

2 그러나 촘스키는 아이들이 부모나 어른들로부터 한 번도 들어 본 적 없는 새로운 문
행동주의 학자들을 비판한 근거 – 아이들이 학습하지 않은 언어를 구사함
장을 끊임없이 생성해 낸다는 점을 근거로 들어 행동주의 학자들을 비판했다. 촘스키의
㉡생득주의 이론에 따르면 인간은 두뇌 속에 언어를 스스로 배울 수 있는 '언어 습득 장
아이들의 언어 습득에 대한 관점 ②
치(LAD)'를 가지고 태어나기 때문에 추상적이고 복잡한 언어 규칙을 습득할 수 있다. 즉
아이들의 언어 습득 방법에 대한 생득주의 이론의 주장
아이들이 주변 사람들의 언어를 접하게 되면, 그 언어 속에 들어 있는 여러 가지 문법 규
칙들을 LAD라는 장치를 통해 찾아내고, 그 문법 규칙들을 이용해 말을 하거나 다른 사람
의 말을 이해한다는 것이다. 하지만 이 관점은 아이들이 LAD라는 장치를 통해 어떻게 문
법 규칙을 체계화하는지는 구체적으로 설명하지 못하는 한계가 있다.   생득주의 이론의 한계
                                                            ▶언어 습득 장치를 이용해 언어를 습득한다고 본 생득주의 이론의 주장

3 ㉢사회적 상호 작용 이론에서는 아이들이 다른 사람과의 의사소통을 통해 상호 작용
아이들의 언어 습득에 대한 관점 ③   아이들의 언어 습득 방법에 대한 사회적 상호 작용 이론의 주장
함으로써 언어 습득이 이루어진다고 본다. 이 이론에서는 생득주의 학자들과 마찬가지로
아이들의 언어 습득 과정을 문법 규칙을 찾아내서 적용하는 과정으로 설명한다. 그러나
생득주의 이론과의 공통점
생득주의에서 주장하는 것처럼 태어날 때부터 가지고 있는 LAD라는 장치를 통해 문법 규
생득주의 이론과의 차이점
칙들을 찾아 적용하는 것이 아니라, 사람들과의 의사소통을 통해 문법 규칙을 찾는다고
주장한다.   ▶사회적 상호 작용 이론의 관점 및 생득주의 이론과의 비교

4 이러한 이유로 사회적 상호 작용 이론에서는 행동주의의 입장을 받아들여 아이들의
언어 습득에서 모방의 역할을 강조한다. 그런데 「여기서 모방이란 아동이 기계적으로 성인
행동주의 이론과의 공통점   「」: 행동주의 이론과의 차이점
의 말을 따라 한다는 의미가 아니라, 자기가 들은 말들을 모방함으로써 지금껏 의사소통
사회적 상호 작용 이론에서 '모방'의 의미
경험을 통해 획득한 문법 규칙을 검증하는 것이다.」나이가 어린 아동일수록 성인이 이야
기하는 문장 중 일부만 모방하는 경우를 종종 볼 수 있는데, 사회적 상호 작용 이론에서는
이것을 자신이 가지고 있는 문법 규칙을 검증하기 위해 자기가 이해한 부분만을 모방하는
것으로 해석한다.   ▶사회적 상호 작용 이론과 행동주의 이론의 공통점과 차이점

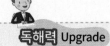
독해력 Upgrade ※각 문단의 중심 내용을 다음과 같이 정리할 때, 빈칸에 들어갈 알맞은 말을 쓰시오.

| **1** 후천적 경험이나 학습을 언어 습득 요인으로 본 행동주의 이론의 주장 | → | **2** 언어 습득 장치를 이용해 언어를 습득한다고 본 (생득주의) 이론의 주장 | → | **3** 사회적 상호 작용 이론의 관점 및 생득주의 이론과의 비교 | → | **4** 사회적 상호 작용 이론과 (행동주의) 이론의 공통점과 차이점 |

1 내용 전개 방식 파악하기 　답 ②

이 글의 서술 방식으로 적절한 것은?

① 여러 현상들의 원인을 분석하여 결론을 제시하고 있다.

✓ 화제에 대한 서로 다른 관점의 이론들을 소개하고 있다.
　ㅇ-아이들의 언어 습득에 대한 세 가지 이론을 소개함

③ 화제에 대한 특정 이론의 변화 과정을 단계별로 밝히고
　있다.

④ 문제를 제기하고 그것을 해결할 구체적인 방안을 제시하
　고 있다.

⑤ 가설을 설정하고 다양한 이론에서 근거를 찾아 그것을
　증명하고 있다.

[정답] 풀이

이 글은 아이들이 어떻게 언어를 습득하는지에 대해 서로 다
른 관점으로 설명하는 세 가지 이론을 소개하였다. 1문단에서
는 행동주의 이론을, 2문단에서는 생득주의 이론을, 3~4문
단에서는 사회적 상호 작용 이론을 다른 두 이론과 비교하여
설명하였다.

[오답] 풀이

① '아이들의 언어 습득'이라는 현상을 다루었을 뿐 여러 현상들을 다루
　지 않았으며, 원인을 분석하여 결론을 제시하지도 않았다.

③ '아이들의 언어 습득'이라는 중심 화제에 대한 세 가지 이론을 소개
　하였지, 특정 이론의 변화 과정을 단계별로 밝히지 않았다.

④ 어떤 문제를 제기하거나 해결 방안을 제시하지 않았다.

⑤ 가설을 설정하여 그것을 증명하지 않았다.

2 구체적 사례에 적용하기 　답 ④

이 글을 읽고 〈보기〉에 대해 보인 반응으로 적절하지 않은 것은?

┤ 보기 ├

　1920년 인도의 늑대 굴에서 발견된 8세 소녀 카말라나
19세기 프랑스에서 야생 상태로 발견된 11세 소년 빅토르
는 인간 사회에서 몇 년에 걸친 긴 적응 기간을 보내며 야
생의 행동 방식을 바꾸게 된다. 그러나 아무리 긴 시간이
지나도 이들이 완벽해지지 못한 부분이 있었으니 바로 언
어이다. 인간 사회로 돌아온 뒤 30여 년을 보낸 빅토르는
말귀를 알아듣고 또 일부 읽기도 했으나 끝내 말하는 법은
배우지 못했으며, 카말라 역시 몇 단어를 제외하고는 말이
아니라 소리를 내는 것으로 의사소통을 했다고 한다.

① ㉠에 따르면, 빅토르와 카말라는 어린 시절에 언어에 대
　한 모방이나 학습 경험을 갖지 못했군.
　ㅇ-㉠(행동주의)에서 보는 언어 습득 요인임

② ㉡에 따르면, 빅토르와 카말라는 어린 시절에 언어 습득
　장치(LAD)가 작동할 수 있는 기회를 갖지 못했군.
　ㅇ-㉡(생득주의)에서 보는 언어 습득 요인임

③ ㉢에 따르면, 빅토르와 카말라가 끝내 언어를 제대로 습
　득하지 못한 것은 타인과의 의사소통을 통해 문법 규칙
　　　　　　　　　　　ㅇ-㉢(사회적 상호 작용 이론)에서 보는 언어 습득 요인임
　을 찾아내고 적용하는 데 실패했기 때문이군.

✓ ㉡과 ㉢에 따르면, 빅토르와 카말라가 단어를 말할 때마
　다 물적 보상과 칭찬이 주어졌더라면 이들은 언어를 완
　×-㉠(행동주의)에서 언급한 언어 습득 요인으로, ㉡, ㉢과 관련 없음
　벽하게 습득할 수 있었겠군.

⑤ ㉠~㉢에 따르면, 빅토르와 카말라의 사례는 언어를 접
　할 수 있는 환경이 언어 습득에 중요하다는 것을 보여 주
　ㅇ-㉠~㉢ 모두에서 확인할 수 있음
　는군.

[정답] 풀이

아이가 단어를 말할 때 칭찬을 하거나 물적 보상을 주는 것은
행동주의 이론의 '강화'에 해당한다. 즉, 단어를 말할 때마다
물적 보상과 칭찬이 주어지면 언어를 습득할 수 있다는 것은
행동주의(㉠)의 관점이므로 ④의 반응은 적절하지 않다.

[오답] 풀이

①, ②, ③ 각각 행동주의(㉠), 생득주의(㉡), 사회적 상호 작용 이론(㉢)
　의 관점에 따른 적절한 반응이다.

⑤ 행동주의(㉠)에서는 아이들이 모방할 수 있는 자극이 필요하다고 보
　았고, 생득주의(㉡)에서는 아이들이 언어를 접하게 되면 LAD가 작동
　한다고 하였으며, 사회적 상호 작용 이론(㉢)에서는 타인과의 의사소
　통을 통한 상호 작용을 강조하였다. 즉, 세 이론 모두 언어를 접할 수
　있는 환경에 놓여야 언어 습득이 가능하다고 보았음을 알 수 있다.

단원 어휘 테스트

05회 01 ㉣ 02 ㉠ 03 ㉢ 04 ㉡ 05 도출 06 체면 07
책봉 08 한계 09 호의적 10 필연적 11 전적 12 선천적
13 결단 14 포부 15 소외 16 유지 17 동등한 18 계승하
여 19 형성하는 20 대면하는

06회 01 ㉢ 02 ㉣ 03 ㉠ 04 ㉡ 05 도리 06 염치 07
요인 08 주체성 09 기호 10 편협 11 수습 12 유치 13
등용 14 근원 15 한정 16 검증 17 생성된 18 손상되지
19 회복하기 20 의식한

어휘력 Upgrade ※다음의 빈칸에 들어갈 알맞은 말을 〈보기〉에서 찾아 쓰시오.

┤ 보기 ├

검증
모방
습득
요인

1 이 약은 관련 기관의 (검증)을 받은 안전한 제품입니다.
　→ 가설이나 사실, 이론 등을 검사하여 참인지 거짓인지 증명함

2 배우들의 연기력과 화려한 연출이 그 드라마의 인기 (요인)으로 꼽히고 있다.
　→ 사물이나 사건이 성립되는 까닭. 또는 조건이 되는 요소

3 그는 남의 것을 (모방)하는 데는 뛰어났지만 독창적인 작품을 내놓지는 못했다.
　→ 다른 것을 본뜨거나 본받음

4 현우는 축구 교실에서 패스, 드리블, 슈팅과 같은 여러 가지 기술을 (습득)했다.
　→ 배워서 자기 것으로 함

인간의 얼굴, 그 특징을 찾아라

1 ①   2 ⑤

● 지문 갈무리
같은 '포유류'로 구분되는 동물들과 비교할 때, 인간의 얼굴은 다른 포유류와 구별되는 특징을 가지고 있어. 이 글은 여우와 침팬지의 얼굴과 비교하여, 인간의 얼굴이 '생김새'와 '표현력'의 측면에서 다른 포유류와 구별되는 특징을 지니고 있음을 설명하고 있어.

● 주제
생김새와 표현력 면에서 일반적인 포유류와 구별되는 인간의 얼굴

1 머리와 얼굴 구조 연구 분야에서 권위 있는 학자로 알려진 도널드 엔로는 <u>인간의 얼굴</u>
을 두고 ㉠"일반적인 포유류의 기준에서 인간의 이목구비는 이례적˅이고, 전문화되었으
며, 어떻게 보면 기이하기˅까지 하다."라고 설명하였다. 일반적으로 ㉡'얼굴'이란 '입, 코,
눈이 있는, 동물의 머리 앞쪽 면'을 의미한다. 폐나 팔다리, 꼬리 등은 척추동물에 따라 사
라지기도 하였으나 얼굴만큼은 모든 척추동물이 가지고 있다. 그렇다면 인간의 얼굴은 과
연 어떤 특징을 가지고 있을까?
▶일반적인 포유류와 구별되는 인간의 얼굴 특징에 대한 궁금증

2 인간의 얼굴 생김새가 갖는 특징은 다
른 포유류와의 비교를 통해 확인할 수 있
다. 〈그림〉에서 여우는 긴 주둥이와 머리
덮개뼈 쪽으로 부드러운 경사를 이루는
안면 윤곽을 가지고 있다. 이는 대부분의

〈그림〉

포유류에서 보이는 얼굴의 특징이다. 반면에 인간의 얼굴은 주둥이가 줄어들어 돌출˅된
흔적만 남아 있고 두개골 앞면에 둥글납작하며 수직으로 솟은 이마가 있다. 또한 ㉢여우
의 얼굴은 털로 덮여 있고 대다수의 포유류처럼 촉촉한 코를 가지고 있지만, 인간의 얼굴
은 피부가 그대로 노출되어 있고 마른 코를 가지고 있다. 한편 침팬지의 얼굴은 여우와 인
간, 두 종의 특징이 혼합되어 있으면서도 여우보다는 인간의 얼굴에 더 가깝다.
▶여우, 침팬지와 비교한 인간의 얼굴 생김새

3 인간의 얼굴은 생김새뿐만 아니라 표현력 면에서도 다른 포유류와 구별된다. 인간,
침팬지, 여우가 동료들과 소통하는 모습을 관찰해 보면 세 동물 모두에서 얼굴의 표정 변
화가 나타나지만 인간의 얼굴 표정이 훨씬 다양하고 섬세함을 알 수 있다. 여우나 침팬지
와는 달리, 대화를 나눌 때 인간은 표정을 순식간에 만들어 말의 의미를 보강˅한다. 「㉣예
를 들면 실눈을 뜨면서 이마를 살짝 찌푸리는 표정은 이해하지 못해 혼란한 상태임을 의
미하기도 하고, 여기에 더해 입꼬리를 살짝 내린다면 회의적˅임을 나타내기도 한다. 입술
이 벌어진 상태에서 입꼬리가 살짝 위로 올라간 모습은 행복함이나 즐거움의 신호인 반
면, 꽉 다문 입술은 불신˅을 의미하기도 한다.」이렇게 ㉤다양한 얼굴 표정은 말을 주고받
는 행위의 뒤에서 그림자처럼 따라다니며 대화 내용의 이면˅에 담긴 중요한 감정 상태를
전달한다. 인간의 얼굴 표정은 매우 정교하고 민감한 의사소통 도구인 것이다.
▶의사소통 도구로 사용되는 인간의 다양한 얼굴 표정

4 지금까지 살펴본 것처럼 인간의 얼굴은 생김새 면에서 여타˅의 포유류가 갖고 있는
얼굴과 뚜렷이 구별되는 특징들을 갖고 있다. 또한 다양하고 섬세한 표정을 지을 수 있어
의사소통 과정에서 중요한 역할을 하기도 한다. 이러한 점들을 생각하면서 우리 주변의
다양한 '얼굴'을 관찰하는 것은 꽤나 흥미로운 일이 될 것이다.
▶생김새와 표정 면에서 여타의 포유류와 구별되는 인간의 얼굴

˅ 이례적(異例的): 보통
있는 일에서 벗어나
특이한 것.

˅ 기이하다(奇異하다):
기묘하고 이상하다.

˅ 돌출(突出): 쑥 내밀거
나 불거져 있음.

˅ 보강(補強): 보태거나
채워서 본디보다 더
튼튼하게 함.

˅ 회의적(懷疑的): 어떤
일에 의심을 품는 것.

˅ 불신(不信): 믿지 않음.

˅ 이면(裏面): 겉으로 나
타나거나 눈에 보이지
않는 부분.

˅ 여타(餘他): 그 밖의
다른 것.

 ※각 문단의 중심 내용을 다음과 같이 정리할 때, 빈칸에 들어갈 알맞은 말을 쓰시오.

| **1** 일반적인 포유류와 구별되는 (인간)의 얼굴 특징에 대한 궁금증 | ➡ | **2** 여우, 침팬지와 비교한 인간의 얼굴 생김새 | ➡ | **3** 의사소통 도구로 사용되는 인간의 다양한 얼굴 (표정) | ➡ | **4** (생김새)와 표정 면에서 여타의 포유류와 구별되는 인간의 얼굴 |

1 세부 정보 파악하기 <답> ①

이 글의 내용을 다음과 같이 정리할 때, 적절하지 <u>않은</u> 것을 골라 묶은 것은?

1문단
인간의 얼굴은 어떤 특징을 가지고 있을까?

2문단	3문단
• 인간은 여우와 달리 머리덮개뼈 쪽으로 부드러운 경사를 이루는 안면 윤곽을 가지고 있다. …… ⓐ • 인간의 얼굴은 주둥이가 줄어들어 돌출된 흔적만 남아 있다. ………… ⓑ • 침팬지의 얼굴은 여우와 인간 두 종의 특징이 혼합되어 있으나 여우보다는 인간의 얼굴과 더 비슷하다. ………… ⓒ	• 여우, 침팬지, 인간 모두 동료와 소통할 때 얼굴에 표정 변화가 있다. …… ⓓ • 여우나 침팬지보다 인간의 얼굴 표정이 훨씬 다양하고 섬세하다. ……… ⓔ • 인간의 얼굴 표정은 말의 의미를 보강하여 정교하고 민감한 의사소통 도구가 된다. ………… ⓕ

4문단
인간은 얼굴의 생김새와 신체 능력 면에서 일반적인 포유류와 구별되는 특징을 갖고 있다. …………… ⓖ

① ⓐ, ⓖ   ② ⓑ, ⓔ

③ ⓐ, ⓓ, ⓖ   ④ ⓒ, ⓓ, ⓕ

⑤ ⓒ, ⓔ, ⓕ

정답 풀이

2문단에서 여우는 "머리덮개뼈 쪽으로 부드러운 경사를 이루는 안면 윤곽"을 가지고 있으며, 반면에 인간은 "두개골 앞면에 둥글납작하며 수직으로 솟은 이마"가 있다고 하였으므로 ⓐ는 적절하지 않다. 또한 이 글에서는 여타의 포유류와 구별되는 인간의 얼굴 특징을 생김새와 표현력의 두 측면에서 설명하였을 뿐 신체 능력의 측면에서는 설명하지 않았으므로, ⓖ 역시 적절하지 않다.

오답 풀이

ⓑ 2문단에서 인간의 얼굴은 "주둥이가 줄어들어 돌출된 흔적만 남아" 있다고 하였다.

ⓒ 2문단에서 "침팬지의 얼굴은 여우와 인간, 두 종의 특징이 혼합되어 있으면서도 여우보다는 인간의 얼굴에 더 가깝다."라고 하였다.

ⓓ, ⓔ 3문단에서 "인간, 침팬지, 여우가 동료들과 소통하는 모습을 관찰해 보면 세 동물 모두에서 얼굴의 표정 변화가 나타나지만 인간의 얼굴 표정이 훨씬 다양하고 섬세함을 알 수 있다."라고 하였다.

ⓕ 3문단에서 "대화를 나눌 때 인간은 표정을 순식간에 만들어 말의 의미를 보강"하며 그렇기 때문에 "인간의 얼굴 표정은 매우 정교하고 민감한 의사소통 도구"라고 하였다.

2 내용 전개 방식 파악하기 <답> ⑤

㉠~㉤에서 활용된 설명 방식의 특징으로 적절하지 않은 것은?

① ㉠: 전문가의 말을 인용하여 인간의 얼굴에 대해 설명하고 있다.

② ㉡: 얼굴의 뜻을 설명하여 얼굴이 어느 부위를 가리키는 것인지 알려 주고 있다.

③ ㉢: 인간의 얼굴과 여우의 얼굴의 특징을 견주어 차이점을 제시하고 있다.

④ ㉣: 구체적인 예를 들어 인간의 표정이 어떻게 말의 의미를 보강하는지 설명하고 있다.

⑤ ㉤: 사례를 나열하여 인간의 얼굴 표정이 의사소통 도구인 이유를 설명하고 있다.
   ×─앞에 제시된 예를 바탕으로 인간의 얼굴 표정이 의사소통 도구임을 밝힘

정답 풀이

㉤의 앞부분에는 인간의 얼굴 표정이 말의 의미를 보강하여 의사소통 도구로서 사용되는 구체적인 예가 제시되어 있다. ㉤은 이러한 예를 바탕으로, 인간의 다양한 얼굴 표정이 정교하고 민감한 의사소통 도구라는 점을 밝히고 있다.

오답 풀이

① ㉠은 머리와 얼굴 구조 연구 분야에서 권위 있는 학자로 알려진 도널드 엔로가 인간의 얼굴에 대해 설명한 말을 인용한 부분이다.

② ㉡은 '얼굴'의 뜻을 분명하게 밝힌 부분이다.

③ ㉢은 얼굴이 털로 덮여 있는지, 코가 촉촉한지에 대해 여우의 얼굴과 인간의 얼굴의 차이점을 나타낸 부분이다.

④ ㉣은 인간이 의사소통 과정에서 표정을 통해 말의 의미를 보강하는 구체적인 예를 제시한 부분이다.

어휘력 Upgrade

※다음의 빈칸에 들어갈 알맞은 말을 <보기>에서 찾아 쓰시오.

┌─ 보기 ─┐
돌출
보강
이례적
회의

1 태안반도는 충청남도 북서단에서 서해를 향해 (돌출)된 땅이다.
    → 쑥 내밀거나 불거져 있음

2 국가 대표 팀은 부족한 수비력을 (보강)하기 위해 특별 훈련을 하였다.
    → 보태거나 채워서 본디보다 더 튼튼하게 함

3 성공을 위해 앞만 보고 달려왔던 그는 어느 날 문득 인생에 (회의)를 느꼈다.
    → 의심을 품음. 또는 마음속에 품고 있는 의심

4 재방송은 보통 시청률이 높지 않은데, 그 예능 프로그램은 (이례적)으로 재방송도 시청률이 높다.
    → 보통 있는 일에서 벗어나 특이한 것

염증이 우리 몸을 지키는 방패라고?

1 우리 몸을 둘러싸고 있는 피부의 세포층은 병균의 침투를 막는 방어벽 역할을 한다. 하지만 상처가 생겨 병균이 우리 몸속으로 들어오게 되면 빨갛게 붓고 열이 나며 통증이 나 고름이 생기기도 하는 염증 반응 이 일어난다.
염증 반응의 개념
중심 화제
▶ 염증 반응의 개념

2 염증 반응은「몸속으로 ㉠침투한 병균이 분열ˇ하면서 몸 전체로 퍼져 나가는 것을 막 고 손상된 세포들을 제거하여 상처 난 부분을 낫게 하기 위해 일어난다.」염증 반응이 진행 「 」: 염증 반응이 일어나는 이유 되면 손상된 세포나 병균을 포식ˇ할 수 있는 백혈구의 일종인 '대식 세포'에 의해 병균들 대식 세포의 기능   염증 반응의 진행 과정 ① 이 잡아먹히면서 파괴된다. 염증 반응이 진행되는 동안 이 반응과 관련된 물질들이 활성 진행 과정 ② 화되면서 모세 혈관ˇ들이 확장된다. 이로 인해 피가 흐르는 속도는 증가되고 상처 주변은 진행 과정 ③ 붉게 변한다. 병균을 공격할 백혈구는 혈장ˇ과 함께 확장된 혈관 세포들 사이로 빠져나와 진행 과정 ④ 염증 조직으로 들어가게 된다. 이에 따라 주변이 부어올라 신경 말단에 압력을 가하게 되 염증 반응으로 인한 신체의 변화와 통증의 발생 어 통증이 일어나기도 한다.
▶ 염증 반응이 일어나는 이유와 염증 반응의 진행 과정

3 염증 반응이 지속되어 손상된 조직이 완전하게 ㉡재생되는 '완화'에 이르게 되면 백혈 염증 반응의 결과 ① 구의 ㉢공급은 중단되고 염증 반응도 끝이 난다. 하지만 조직의 손상이 심한 경우에는 상 처 부위의 완전한 회복이 어려워 흉터가 남는 '섬유화'에 이르게 된다. 또 병균과 싸우는 염증 반응의 결과 ②   고름을 구성하는 원인 물질 중에 죽은 백혈구와 파괴된 병균들의 찌꺼기들로 이루어진 불투명한 액체 물질인 '고름' 염증 반응의 결과 ③ 이 생기기도 한다. 그리고 염증 반응을 일으킨 원인이 완전히 제거되지 않아 '만성' 염증' 염증 반응의 결과 ④ 으로 진행되면 염증 부위에 백혈구의 대식 세포가 계속 남아 있게 되어, 병균에 대한 방어 만성 염증의 부정적 영향과 위험성 작용으로 내뿜는 독소로 인해 우리 몸에도 나쁜 영향을 주게 된다.
▶ 염증 반응의 여러 가지 결과

4 우리 몸을 외부에서 들어오는 병균으로 염증 반응의 의의 부터 안전하게 지켜 주는 염증 반응은「특정 병균만을 ㉣방어하는 일반적인 면역 반응들 병원균, 독소, 외래 물질 같은 항원에 대한 생명체의 복잡한 방어 반응 과는 달리 병균의 종류를 가리지 않고 일어 나는 특징」이 있다. 이러한 염증 반응이 일어 「 」: 염증 반응과 일반적인 면역 반응의 차이 나지 않는다면 우리 몸속으로 들어온 병균들 이 몸 전체로 쉽게 퍼지게 되어 병균에 의한 심각한 전신 ㉤감염 증상인 패혈증이 발생 하여 치명적ˇ인 상황이 초래될 수 있다.
▶ 병균으로부터 우리 몸을 지켜 주는 염증 반응

지문 갈무리
상처가 났을 때 그 부위 가 붓고 열이 나는 이유 는 병균으로부터 우리 몸 을 안전하게 지켜 내려 는 염증 반응 때문이야. 이 글은 염증 반응의 진 행 과정과 결과를 구체적 으로 설명하고, 생명 유 지에 중요한 역할을 하는 염증 반응의 의의를 정리 하고 있어.

주제
염증 반응이 일어나는 이 유와 진행 과정 및 의의

✔ **분열(分裂):** 하나의 세 포로 이루어진 개체가 둘 이상으로 나뉘어 불어나는 것.

✔ **포식(捕食):** 다른 동물 을 잡아먹음.

✔ **대식 세포(大食細胞):** 백혈구의 하나로, 침 입한 병원균이나 손 상된 세포를 포식하여 면역 기능 유지에 중 요한 역할을 함.

✔ **모세 혈관(毛細血管):** 온몸의 조직에 그물 모양으로 퍼져 있는 매우 가는 혈관.

✔ **혈장(血漿):** 혈액에서 혈구를 제외한 액상 성분.

✔ **만성(慢性):** 병이 급하 거나 심하지도 아니하 면서 쉽게 낫지도 않 는 상태나 성질.

✔ **치명적(致命的):** 생명 을 위협하는 것.

독해력 Upgrade ※각 문단의 중심 내용을 다음과 같이 정리할 때, 빈칸에 들어갈 알맞은 말을 쓰시오.

1 (염증 반응)의 개념 → **2** 염증 반응이 일어 나는 이유와 염증 반응 의 진행 과정 → **3** 염증 반응의 여러 가지 결과 → **4** (병균)으로부터 우 리 몸을 지켜 주는 염 증 반응

1 핵심 정보 파악하기 답 ①

'염증 반응'에 대한 설명으로 알맞지 <u>않은</u> 것은?

☑ 염증 반응은 특정한 병균에 대해서만 일어난다.
　× - 병균의 종류를 가리지 않고 일어남
② 염증 반응은 병균의 확산을 막고 상처를 치유하기 위해
　일어난다. → 2문단
③ 염증 반응이 진행되면 대식 세포가 우리 몸에 침입한 병
　균을 파괴한다. → 2문단
④ 염증 반응이 일어나지 않아 몸 전체로 병균이 퍼지면 패
　혈증으로 목숨을 잃을 수도 있다. → 4문단
⑤ 병균을 방어하기 위해 백혈구가 내뿜는 독소에 너무 오
　래 노출되면 인체에 악영향이 생길 수 있다. → 3문단

정답 풀이

4문단에서 "염증 반응은 특정 병균만을 방어하는 일반적인
면역 반응들과는 달리 병균의 종류를 가리지 않고 일어나는
특징이 있다."라고 하였으므로 ①은 적절하지 않다.

오답 풀이

② 2문단에서 "염증 반응은 몸속으로 침투한 병균이 분열하면서 몸 전
　체로 퍼져 나가는 것을 막고 손상된 세포들을 제거하여 상처 난 부
　분을 낫게 하기 위해 일어난다."라고 하였다.
③ 2문단에서 "염증 반응이 진행되면 손상된 세포나 병균을 포식할 수
　있는 백혈구의 일종인 '대식 세포'에 의해 병균들이 잡아먹히면서 파
　괴된다."라고 하였다.
④ 4문단에서 "염증 반응이 일어나지 않는다면 우리 몸속으로 들어온
　병균들이 몸 전체로 쉽게 퍼지게 되어 병균에 의한 심각한 전신 감
　염 증상인 패혈증이 발생하여 치명적인 상황이 초래될 수 있다."라
　고 하였다.
⑤ 3문단에서 "'만성 염증'으로 진행되면 염증 부위에 백혈구의 대식 세
　포가 계속 남아 있게 되어, 병균에 대한 방어 작용으로 내뿜는 독소
　로 인해 우리 몸에도 나쁜 영향을 주게 된다."라고 하였다.

2 세부 정보 파악하기 답 ⑤

**〈보기〉의 질문 중 이 글을 읽고 해결할 수 <u>없는</u> 것을 골라 묶
은 것은?**

― 보기 ―
㉮ 상처 부위에 고름이 생기는 이유는 무엇인가? → 3문단
㉯ 상처 부위에 통증이 생기는 이유는 무엇인가? → 2문단

㉰ 병을 유발하는 병균의 종류에는 어떤 것들이 있는가?
　× - 글에서 답을 찾을 수 없음
㉱ 염증 반응에 관여하는 백혈구에는 어떤 것이 있는가?
　　　　　　　　　　　　　　　　　　　→ 2문단
㉲ 상처 부위의 손상이 아주 심한 경우에는 어떤 과정을
　거쳐 완화에 이를까?
　× - 조직의 손상이 심한 경우에는 '완화'가 아닌 '섬유화'에 이른다고 하였음

① ㉮, ㉰　　　② ㉮, ㉱　　　③ ㉯, ㉱
④ ㉯, ㉲　　　☑ ㉰, ㉲

정답 풀이

이 글은 병을 유발하는 병균의 종류에 어떤 것들이 있는지에
대해 언급하지 않았으므로 ㉰는 이 글에서 답을 찾을 수 없는
질문이다. 또한 3문단에서 "조직의 손상이 심한 경우에는 상
처 부위의 완전한 회복이 어려워 흉터가 남는 '섬유화'에 이르
게 된다."라고 하였으므로, 상처 부위의 손상이 아주 심한 경
우에는 조직이 완전하게 재생되는 '완화'에 이르지 못한다는
것을 알 수 있다. 따라서 ㉲ 역시 이 글에서 답을 찾을 수 없
는 질문이다.

오답 풀이

㉮ 3문단의 "병균과 싸우는 중에 죽은 ~ '고름'이 생기기도 한다."에서
　의문을 해결할 수 있다.
㉯ 2문단의 "병균을 공격할 백혈구는 ~ 통증이 일어나기도 한다."에서
　의문을 해결할 수 있다.
㉱ 2문단의 "염증 반응이 진행되면 ~ '대식 세포'에 의해 병균들이 잡
　아먹히면서 파괴된다."에서 의문을 해결할 수 있다.

3 어휘의 사전적 의미 파악하기 답 ②

㉠~㉤의 사전적 의미로 알맞지 <u>않은</u> 것은?

① ㉠: 세균이나 병균 따위가 몸속에 들어옴. → 침투
☑ ㉡: 이미 경험하거나 학습한 정보를 다시 기억해 내는 일.
　㉡과는 다른 의미의 '재생'
③ ㉢: 요구나 필요에 따라 물품 따위를 제공함. → 공급
④ ㉣: 상대편의 공격을 막음. → 방어
⑤ ㉤: 병원체인 미생물이 동물이나 식물의 몸 안에 들어가
　증식하는 일. → 감염

정답 풀이

㉡의 '재생(再生)'은 '상실되거나 손상된 생물체의 한 부분에
새로운 조직이 생겨 다시 자라남. 또는 그런 현상.'의 의미로
사용되었다.

어휘력 Upgrade　※다음의 빈칸에 들어갈 알맞은 말을 〈보기〉에서 찾아 쓰시오.

― 보기 ―
손상
치명적
치유
포식

1 육식 동물은 다른 동물을 (포식)하며 살아간다.
　→ 다른 동물을 잡아먹음
2 약을 너무 자주 먹으면 위가 (손상)될 우려가 있다.
　→ 병이 들거나 다침
3 의사들은 지나친 다이어트가 건강에 (치명적)인 악영향을 줄 수 있다고 경고한다.
　→ 생명을 위협하는 것
4 개인주의가 발달하면서 외로움을 (치유)해 줄 공동체 문화는 날이 갈수록 축소되고 있다.
　→ 치료하여 병을 낫게 함

지진은 왜 일어날까

● 지문 갈무리
'판 구조론'에서는 판들의 이동과 충돌 때문에 지진이 일어난다고 설명하고 있어. 이 글은 '판'이란 무엇이며 판이 이동하고 충돌하는 원인은 무엇인지 설명한 다음, 판들이 충돌하는 세 가지 양상을 자세히 알려 주고 있어.

● 주제
판의 이동과 충돌로 인해 지진이 발생한다는 판 구조론의 설명

❤ 맨틀(mantle): 지구 내부의 핵과 지각 사이에 있는 부분.

❤ 지각(地殼): 지구의 바깥쪽을 차지하는 부분. 대륙에서는 평균 35km, 해양에서는 5~10km의 두께이다.

❤ 대류(對流): 기체나 액체에서, 물질이 이동함으로써 열이 전달되는 현상.

❤ 양상(樣相): 사물이나 현상의 모양이나 상태.

❤ 침강(沈降): ① 밑으로 가라앉음. ② 지각의 일부가 아래쪽으로 움직이거나 꺼지는 현상.

1 그동안 지진 안전지대로 여겨졌던 한반도에 최근 몇 차례의 강한 지진이 일어나면서 걱정의 목소리가 높아졌다. 지진은 왜 일어날까? 지진의 원인에는 여러 가지가 있지만 흔히 생각하는 자연재해로서의 지진은 '판 구조론'을 통해 설명할 수 있다. 이는 판들끼리 서로 충돌하기 때문에 지진이 일어난다는 것이다. ▶판 구조론으로 설명할 수 있는 지진의 원인
중심 화제 / 판 구조론에서 제시하는 지진의 원인

2 지구 내부는 중심 부분에 핵이 있고 그 위에 맨틀이 있으며, 그 위에 지각이 있는 구조이다. 지각은 해양 지각과 대륙 지각으로, 맨틀은 상부 맨틀과 하부 맨틀로 나뉘는데, 상부 맨틀은 다시 단단한 고체인 암석권과 그 밑에 액체 상태인 연약권으로 나뉜다. 보통 판(plate)이라고 칭하는 곳은 지각과 암석권을 포함한 개념이다. ▶지구의 내부 구조와 판의 개념
지구의 내부 구조 / 지각의 종류 / 맨틀의 종류 / 상부 맨틀의 구조 / 판의 개념

3 한편 연약권은 액체 상태여서 대류 현상이 일어나는데 이 맨틀의 대류 현상 때문에 판들이 이동을 하게 된다. 〈그림〉은 현재까지 알려진 주요 판들의 이름과 판들의 이동 양상이다. 연약권의 대류 속도가 위치에 따라 일정하지 않기 때문에
연약권의 특징 / 판들이 이동하는 원인

유라시아판
북아메리카판
아라비아판
필리핀판
태평양판 코코스판
카리브판
아프리카판
인도-오스트레일리아판
나즈카판 남아메리카판
남극판
남극판

〈그림〉

각 판들이 움직이는 속도도 각기 다르며, 이로 인해 판들끼리 충돌하는 경우가 있다. ▶판들의 이동 원인과 충돌 원인
판들이 충돌하는 원인

4 판은 바다에 위치한 해양판과 육지에 위치한 대륙판으로 나눌 수 있으며 이에 따라 판의 충돌은 해양판끼리의 충돌, 대륙판끼리의 충돌, 그리고 해양판과 대륙판의 충돌로 구분할 수 있다. 해양판은 두께가 대륙판에 비해서 얇은 대신 밀도가 높은 특징이 있다. 따라서 「밀도가 큰 해양판이 밀도가 작은 해양판 밑으로 들어가며, 이 과정에서 지진이 발생하거나 마그마가 해양 지각을 뚫고 나와 화산 활동이 일어나면서 섬들이 만들어진다.」 대륙판끼리 충돌할 때에는 「판끼리 서로를 밀기 때문에 거대한 산맥이 형성되며 이 과정에서 판들이 부서지면 지진이 발생하기도 한다.」 해양판과 대륙판이 충돌하면 「얇고 무거운 해양판이 가벼운 대륙판 밑으로 가라앉는 침강 현상이 일어나면서 지진이 발생하기도 하고, 해양판이 아래로 내려가면서 마그마를 건드려 화산을 발생시키기도 한다.」 ▶판들이 충돌하는 세 가지 양상
위치에 따른 판의 구분 / 판의 충돌 양상 / 양상② / 양상③ / 두께: 해양판<대륙판 / 밀도: 해양판>대륙판 / 「」: 해양판끼리 충돌할 때 나타나는 현상 / 「」: 대륙판끼리 충돌할 때 나타나는 현상 / 「」: 해양판과 대륙판이 충돌할 때 나타나는 현상

5 판 구조론을 통해 맨틀의 대류 현상이 확인되면서 지구 내부가 단단한 고체로 되어 있다는 학설을 수정할 수 있게 되었으며, 더불어 지진과 화산, 해저 산맥이 생기는 이유에 대해서도 설명할 수 있게 되었다. ▶판 구조론의 의의
판 구조론의 의의① / 판 구조론의 의의②

독해력 Upgrade
※각 문단의 중심 내용을 다음과 같이 정리할 때, 빈칸에 들어갈 알맞은 말을 쓰시오.

1 판 구조론으로 설명할 수 있는 (지진)의 원인 → **2** 지구의 내부 구조와 (판)의 개념 → **3** 판들의 이동 원인과 (충돌) 원인 → **4** 판들이 충돌하는 세 가지 양상 → **5** 판 구조론의 의의

1 핵심 정보 파악하기   답 ④

이 글에서 확인할 수 있는 내용이 <u>아닌</u> 것은?

① 판의 개념과 종류 → 2문단, 4문단
② 지구 내부의 구조 → 2문단
③ 판 구조론의 의의 → 5문단
✔ 지진 발생 시 행동 요령 → 글에서 확인할 수 없음
⑤ 판의 충돌로 생기는 결과 → 4문단

정답 풀이

이 글에서는 지진이 발생했을 때 어떻게 행동해야 하는지에 대해서는 언급하지 않았다.

오답 풀이

①은 2문단(판의 개념)과 4문단(판의 종류), ②는 2문단, ③은 5문단, ⑤는 4문단에서 확인할 수 있다.

2 자료 해석의 적절성 판단하기   답 ④

이 글을 읽고 〈보기〉를 이해한 내용으로 적절하지 <u>않은</u> 것은?

┤ 보기 ├

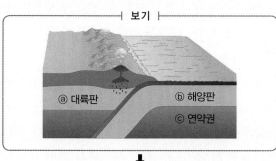

ⓐ 대륙판   ⓑ 해양판
ⓒ 연약권

↓

• ⓐ는 ⓑ보다 두께가 두껍고 밀도가 낮다. ············· ①
    → 4문단
• ⓑ는 해양 지각과 암석권을 포함한 개념이다. ········· ②
    → 2문단
• ⓒ는 액체 상태여서 대류 현상이 일어난다. ··········· ③
    → 3문단
• ⓐ와 ⓑ가 충돌하면 서로를 밀어서 산맥을 만든다. ··· ✔
    ✕ – 대륙판끼리 충돌할 때 생기는 현상
• ⓐ와 ⓑ가 충돌하면서 지진이나 화산이 발생할 수 있다.
    → 4문단 ············· ⑤

정답 풀이

4문단에서 "대륙판끼리 충돌할 때에는 판끼리 서로를 밀기 때문에 거대한 산맥이 형성되며 이 과정에서 판들이 부서지

면 지진이 발생하기도 한다."라고 하였다. ⓐ와 ⓑ의 충돌은 대륙판끼리의 충돌이 아니라 대륙판과 해양판의 충돌이므로 서로를 밀어서 산맥을 만들지 않는다.

오답 풀이

① 4문단에서 해양판(ⓑ)은 두께가 대륙판(ⓐ)에 비해서 얇은 대신 밀도가 높은 특징이 있다고 하였다.
② 2문단에서 '판'이라고 칭하는 곳은 지각과 암석권을 포함한 개념이라고 하였으므로, 해양판(ⓑ)은 해양 지각과 암석권을 포함한다.
③ 3문단에 따르면 연약권(ⓒ)은 액체 상태여서 대류 현상이 일어난다.
⑤ 4문단에서 대륙판(ⓐ)과 해양판(ⓑ)이 충돌하면 얇고 무거운 해양판이 가벼운 대륙판 밑으로 가라앉는 침강 현상이 일어나면서 지진이 발생하기도 하고, 해양판이 아래로 내려가면서 마그마를 건드려 화산을 발생시키기도 한다고 하였다.

3 자료 활용의 적절성 판단하기   답 ②

〈보기〉를 참고하여 이 글을 보완하기 위한 방안으로 가장 적절한 것은?

┤ 보기 ├

판이 꼭 맨틀의 대류에 의해서만 움직이는 것은 아니다.
    글에 언급된 판의 이동 원인
달의 인력과 이로 인한 조수 간만의 차도 판의 이동에 영
    글에 언급되지 않은 판의 이동 원인 ①
향을 미치며, 지구의 자전과 중력도 판의 이동 속도에 적
    글에 언급되지 않은 판의 이동 원인 ②
지 않은 영향을 끼치는 것으로 드러났다.

① 지구의 내부 구조에 대해 더욱 자세히 서술한다.
✔ 판이 이동하는 원인에 여러 가지가 있음을 서술한다.
    ○ – 글에 언급되지 않은 판의 이동 원인이 〈보기〉에 제시되어 있음
③ 판의 충돌 양상을 보여 주는 구체적인 사례를 추가한다.
④ 지구 자체가 가지고 있는 힘이 판을 움직이게 함을 설명한다.
⑤ 판 구조론으로 지진 외에 다른 자연 현상도 함께 설명할 수 있음을 서술한다.

정답 풀이

이 글에서는 맨틀의 대류 현상 때문에 판들이 이동을 하게 된다고 하였다. 그런데 〈보기〉에서는 판이 꼭 맨틀의 대류에 의해서만 움직이는 것은 아니며, 달의 인력과 조수 간만의 차, 지구의 자전과 중력 등도 판의 이동에 영향을 미침을 설명하고 있다. 따라서 〈보기〉를 참고하여 이 글을 보완한다면, 판이 이동하는 원인에 맨틀의 대류 외에도 여러 가지가 있다는 내용을 서술할 수 있다.

어휘력 Upgrade ※다음의 빈칸에 들어갈 알맞은 말을 〈보기〉에서 찾아 쓰시오.

┤ 보기 ├
대류
양상
중력
침강

1 돌은 무거울수록 물속으로 빨리 (침강)한다.
    → 밑으로 가라앉음
2 새로운 증거가 발견되어 재판의 (양상)이 달라졌다.
    → 사물이나 현상의 모양이나 상태
3 난로를 피우면 공기의 (대류) 현상으로 방 안이 따뜻해진다.
    → 기체나 액체에서, 물질이 이동함으로써 열이 전달되는 현상
4 물건이 위에서 아래로 떨어지는 것은 (중력)이 작용하기 때문이다.
    → 지구 위의 물체가 지구로부터 받는 힘

과학 04

뭉치면 강해진다, 물고기의 무리 짓기

1② 　 2②

● 지문 갈무리
물고기들이 무리 지어 다니면 포식자의 눈에 잘 띄는 단점이 있지만, 생존에 도움이 되는 장점이 더 많아. 그래서 작은 물고기들은 대부분 무리를 지어 생활하지. 이 글은 물고기들이 무리 지어 다니는 이유를 설명하고, 수많은 물고기들이 서로 충돌하지 않고 대열을 이루는 것이 어떻게 가능한지 그 방법을 알려 주고 있어.

● 주제
물고기들이 무리를 짓는 이유와 무리의 대열을 유지하는 방법

▼ 유영(游泳): 물속에서 헤엄치며 놂.

▼ 일사불란(一絲不亂): 한 오리 실도 엉키지 아니함이란 뜻으로, 질서가 정연하여 조금도 흐트러지지 아니함을 이르는 말.

▼ 포식자(捕食者): 다른 동물을 먹이로 하는 동물.

▼ 미연(未然): 어떤 일이 아직 그렇게 되지 않은 때.

▼ 감지(感知): 느끼어 앎.

▼ 페로몬(pheromone): 동물, 특히 곤충이 몸 밖으로 분비하여 같은 종류의 개체에게 어떤 행동을 일으키게 하는 물질.

1 다른 동물들처럼 물고기들도 집단생활을 하는 종류가 많다. 해저의 돌 틈이나 모래 위에서 홀로 생활하는 물고기들도 있지만, 「정어리나 고등어 같은 어종은 어마어마한 무리를 이루어 드넓은 바다를 유영▼하며 살아간다. 바다에서뿐만 아니라 민물에서도 송사리나 피라미들이 빠른 물살을 헤치며 유연한 동작으로 무리 지어 다니는 것을 볼 수 있다.」 이 수많은 물고기들은 「대열을 흐트리지 않고 어떻게 일사불란▼하게 움직일 수 있는 걸까? 또한 포식자▼의 눈에 쉽게 뜨일 수 있는데도 왜 굳이 무리를 지어 살아가는 걸까?」
　▶물고기가 무리 지어 다니는 방법과 이유에 대한 궁금증

2 물고기들이 무리를 짓는 이유는 홀로 살아가는 것보다 생존에 훨씬 유리하기 때문이다. 육지 동물의 먹이 사슬 꼭대기에 있는 호랑이가 독자적인 생활을 하는 것은 호랑이를 위협할 만한 존재가 없기 때문이다. 반면에 말이나 소와 같은 초식 동물은 비교적 규모가 큰 무리를 만들어 생활한다. 맹수로부터 개체를 지키기 위해서이다. 이와 마찬가지로 물고기들도 무리를 지어 생활함으로써 포식자로부터 개체를 보호한다.
　▶생존을 위한 물고기들의 무리 짓기

3 ㉠일반적으로 물고기들은 자신보다 큰 대상은 공격하지 않는다. 작은 종류의 물고기들이 무리를 지으면 거대한 생명체처럼 보이는 착시 현상을 일으켜 포식자의 공격을 미연▼에 방지할 수 있다. 또한 포식자를 먼저 발견한 물고기가 방향을 바꾸어 도망을 치면, 그때의 물의 파장이 옆으로 순식간에 전해져 무리 전체가 위험을 피할 수 있다는 장점도 있다. 물고기들의 무리 짓기는 종의 번식에도 도움을 준다. 개체가 멀리 떨어져 생활하는 경우와 비교할 때, 무리 생활은 짝짓기를 하는 데에 훨씬 더 유리하기 때문이다.
　▶생존에 도움이 되는 무리 짓기의 구체적 장점

4 그렇다면 다른 생물들에 비해 시력이 약한 물고기들이 무리 지어 다니면서도 서로 충돌하지 않는 이유는 무엇일까? 대부분의 물고기들은 물의 흐름이나 온도, 깊이 등을 감지▼하는 옆줄이라는 감각 기관이 있다. 이 옆줄의 감각 체계를 동원하여 주변의 미세한 변화를 감지하고 대열을 유지하는 일사불란한 모습을 보이는 것이다. 또한 무리 지어 다니는 물고기들은 대개 몸체가 반짝이는데, 이는 시력이 좋지 않은 물고기들의 시각을 자극하기에 충분하여 무리의 움직임을 유도하기도 한다. 일부 종들은 페로몬▼의 방출과 그 자극을 통해 신호를 주고받으면서 방향을 전환하기도 한다. 이처럼 물고기들은 복잡한 감각 기관들을 이용하여 수많은 개체가 놀라울 정도의 일체감을 보이면서 무리 지어 살아간다.
　▶무리 지은 물고기들이 대열을 유지하는 방법

독해력 Upgrade　※각 문단의 중심 내용을 다음과 같이 정리할 때, 빈칸에 들어갈 알맞은 말을 쓰시오.

1 물고기가 무리 지어 다니는 방법과 이유에 대한 궁금증 ➡ **2** (생존)을 위한 물고기들의 무리 짓기 ➡ **3** 생존에 도움이 되는 무리 짓기의 구체적 (장점) ➡ **4** 무리 지은 물고기들이 대열을 유지하는 방법

1 세부 정보 파악하기 답 ②

<보기>는 이 글의 내용을 발표하기 위해 작성한 PPT이다. ㉠~㉥ 중 잘못된 것을 모두 고른 것은?

보기

(1) 물고기들이 무리 지어 다니는 이유는 무엇일까?
㉠ 포식자가 작은 물고기 떼를 큰 물고기로 착각하게 할 수 있다. → 3문단 ㉡ 자신보다 큰 대상을 위협하여 쫓아내기에 효과적이다. (× – 이 글에서 확인할 수 없음) ㉢ 무리에서 쉽게 짝을 찾을 수 있어서 종의 번식에 유리하다. → 3문단

(2) 물고기는 시력이 약한데 어떻게 무리의 대열을 유지할까?
㉣ 옆줄이라는 감각 기관으로 주변의 미세한 변화를 감지한다. → 4문단 ㉤ 상황에 따라 몸체의 색을 바꾸어 무리의 움직임을 유도한다. (× – 몸체의 반짝임으로 물고기들의 시각을 자극함) ㉥ 일부 종은 페로몬을 통해 신호를 주고받으며 대열을 유지한다. → 4문단

① ㉠, ㉥ ✔② ㉡, ㉤
③ ㉢, ㉣ ④ ㉠, ㉣, ㉤
⑤ ㉡, ㉢, ㉥

정답 풀이
이 글에서 물고기들이 자신보다 큰 대상을 위협하여 쫓아내기 위해 무리를 지어 다닌다는 내용은 확인할 수 없으므로 ㉡은 적절하지 않다. 또한 4문단에서 "무리 지어 다니는 물고기들은 대개 몸체가 반짝이는데, 이는 시력이 좋지 않은 물고기들의 시각을 자극하기에 충분하여 무리의 움직임을 유도하기도 한다."라고 하였으므로, 물고기들이 몸체의 색을 바꾸어 무리의 움직임을 유도한다는 ㉤은 적절하지 않다.

오답 풀이
㉠ 3문단에서 작은 종류의 물고기들이 무리를 지으면 거대한 생명체처럼 보이는 착시 현상을 일으켜 포식자의 공격을 미연에 방지할 수 있다고 하였다.
㉢ 3문단에서 무리 생활은 물고기들이 짝짓기를 하는 데 유리하여 종의 번식에 도움을 준다고 하였다.
㉣ 4문단에서 물고기들은 옆줄의 감각 체계를 동원하여 주변의 미세한 변화를 감지하고 대열을 유지한다고 하였다.
㉥ 4문단에서 일부 종들은 페로몬의 방출과 그 자극을 통해 신호를 주고받으면서 방향을 전환하기도 한다고 하였다.

2 구체적 사례에 적용하기 답 ②

㉮와 같은 성질을 이용하여 포식자의 위협에서 벗어나는 예로 적절한 것은?

① 스컹크는 적과 마주쳐 위협에 처하면 악취가 강한 황금색 액체를 적의 얼굴을 향해 발사한다.
✔② 목도리도마뱀은 적을 만나면 순간적으로 목도리를 펼쳐 몸집을 최대한 크게 하여 적을 놀라게 한다. (○ – 몸집 크기를 키워 적의 공격을 방지하려는 행동)
③ 우유뱀은 독이 없지만 강한 독을 가진 산호뱀과 비슷한 몸 색깔을 갖추어서, 적을 만나면 산호뱀 행세를 한다.
④ 호랑나비 애벌레는 자신을 노리는 새를 쫓기 위해 머리 뒤쪽의 커다란 무늬를 이용하여 새가 무서워하는 뱀처럼 연기한다.
⑤ 뼈오징어는 상어가 나타나면 검푸른 먹물을 확 내뿜어서, 시력이 나쁜 상어가 먹물을 뼈오징어로 착각하여 공격하는 틈에 얼른 도망친다.

정답 풀이
목도리도마뱀이 적을 만났을 때 목도리를 크게 펼치는 이유는 자신의 몸집을 최대한 크게 하여 적의 공격을 방지하려는 행동이다. 이는 포식자가 자신보다 큰 대상은 섣불리 공격하지 않는 성질을 이용한 것이므로, ㉮와 같은 성질을 이용하여 포식자의 위협에서 벗어나는 예에 해당한다.

오답 풀이
① 악취가 강한 액체를 이용하여 적을 공격하는 것이므로, 몸집의 크기를 이용하여 포식자의 위협에서 벗어나는 예에 해당하지 않는다.
③ 몸 색깔을 이용하여 다른 개체의 행세를 하는 것이므로, 몸집의 크기를 이용하는 것과는 관련이 없다.
④ 몸의 무늬를 이용하여 적의 포식자 행세를 하는 것이므로, 몸집의 크기를 이용하는 것과는 관련이 없다.
⑤ 먹물을 이용해 시력이 나쁜 포식자를 속이는 것이므로, 몸집의 크기를 이용하는 것과는 관련이 없다.

어휘력 Upgrade

※다음의 빈칸에 들어갈 알맞은 말을 <보기>에서 찾아 쓰시오.

보기
감지
미연
일사불란
행세

1 동물의 눈은 인간의 눈보다 빛을 (감지)하는 능력이 더 뛰어나다. → 느끼어 앎
2 예전에는 벼슬과 족보를 사서 양반 (행세)를 하는 사람들이 있었다. → 해당되지 아니하는 사람이 어떤 당사자인 것처럼 처신하여 행동하는 짓
3 사고를 (미연)에 방지하려면 평소에 안전 점검을 철저히 해야 한다. → 어떤 일이 아직 그렇게 되지 않은 때
4 카메라 앞에 선 배우들은 감독의 큐 사인을 받고 (일사불란)하게 움직이기 시작했다. → 질서가 정연하여 조금도 흐트러지지 아니함을 이르는 말

물 분자에서 찾는 생명의 비밀

● 지문 갈무리
이 글은 물 분자가 (+) 성질과 (−) 성질을 모두 끌어당길 수 있는 극성을 지녔으며, 이러한 극성으로 인해 물 분자끼리 강한 결합을 형성한다는 점을 설명하고 있어. 그리고 이러한 특성으로 인해 물이 우리의 생명 유지에 중요한 역할을 한다는 점을 알려 주고 있지.

● 주제
생명체의 생명 유지를 가능하게 하는 물 분자의 특징

❶ 물은 우리 몸의 약 70퍼센트를 차지하는 물질이다. 물은 혈액, 소변, 땀을 구성하는
　　　　　　　　　우리 몸의 주요 구성 성분인 물
요소로, 우리 몸에 영양분을 공급하고 노폐물을 몸 밖으로 배출함으로써 생명 유지에 중
　　　　　　　　生명 유지를 가능하게 하는 물의 역할
요한 역할을 한다.　　　　　　　　　　　　　　　　　　　　▶우리 몸의 생명 유지에 중요한 역할을 하는 물

❷ 물이 이렇게 중요한 역할을 할 수 있는 것은 물 분자의 특징에서 비롯된다. 물의 화학
　　　　　　　　　　　　　　　　　　　　　　중심 화제
식 표기는 H_2O이다. 즉, 물 분자는 수소 원자(H) 두 개와 산소 원자(O) 한 개가 결합된 형
　　　　　　　　　　　　　　　　　물 분자의 구조
태이다. 이때 산소 원자와 수소 원자는 각자 가지고 있는 전자♥를 1개씩 내어서 전자쌍을
만들고 이를 공유하며 결합한다.　　　　　　　　　　　　　　　　▶물 분자의 구조와 원자들의 결합 방식
　　물 분자를 이루는 원자들의 결합 방식

❸ 그런데 산소는 수소보다 크기도 크고 전자쌍을 당기는 힘도 더 크다. 따라서 산소와
　　　　　　　　　　　　　　　　　산소와 수소가 전자를 공유할 때 전자들이 산소 쪽에 가깝게 모이는 이유
수소가 전자를 공유할 때, 전자들이 수소보다는 산소 쪽에 가깝게 모이게 된다. 전자들은
전기적으로 (−)의 전하를 띠므로, 전자가 몰린 산소는 (−)의 성질을 가지게 되고 반대로
　　　　　　　　　　　　　　산소와 수소가 결합할 때 나타나는 성질
수소는 (+)의 성질을 가지게 된다. 이로 인해 물은 (−)의 성질을 가진 분자와 (+)의 성질
을 가진 분자들을 모두 끌어당길 수 있는 극성♥을 지니게 된다.
　　　　　　　　　　　　　　　　　　　　▶(−) 성질의 분자와 (+) 성질의 분자를 모두 끌어당길 수 있는 극성을 지니는 물 분자

❹ 물이 생명체의 생명 유지에 중요한 역할을 하는 것은 물 분자가 가진 이러한 극성과
　　　　　　　　　　　　　　　　　　　　　　　(−) 성질과 (+) 성질의 분자를 모두 끌어당기는 극성
관련된다. 산소의 강한 (−) 성질은 다른 물 분자의 수소까지도 끌어당긴다. 따라서 하나
의 물 분자에 결합된 수소 원자가 다른 가까운 물 분자의 산소 원자 쪽에 끌려가 물 분자
물 분자의 수소 결합
끼리 결합하게 되는데, 이를 물 분자의 수소 결합

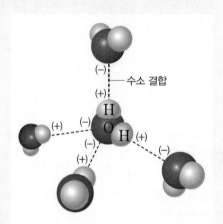

〈물 분자의 수소 결합〉

이라고 한다. 이러한 ㉠물 분자의 수소 결합으로
　　　　　　　　　물 분자의 결합이 다른 분자들에 비해 더 강력한 이유
인해 물 분자들은 다른 분자들에 비해 더 강력한
결합을 형성하게 되며, 이 강력한 결합 때문에 물
의 온도는 쉽게 변하지 않게 된다. 물은 상온♥에서
　　생명 유지와 관련된 물의 특성 ①
액체 상태이고 100℃에서 끓어 기체인 수증기로
변하며 0℃ 이하에서는 고체인 얼음으로 변한다.
㉡만일 물의 온도가 쉽게 변해서 상온에서 기체나
고체 상태가 된다면, 물이 구성 성분의 대부분을
차지하는 생명체는 존재할 수 없었을 것이다.
　　　　　　　　　▶물 분자의 수소 결합과 물의 온도 및 생명 유지의 관계

❺ 또한 물 분자의 극성 때문에 물은 여러 가지 물질을 잘 녹이는 특성을 지닌다. 그래서
　　　　　　　　　　　　　생명 유지와 관련된 물의 특성 ②
물은 우리 몸에서 용매♥ 역할을 하며, 각종 물질을 운반하는 기능을 담당한다. 즉, 물은
우리 몸에서 혈액을 구성하며 영양소, 호르몬, 노폐물 등을 운반함으로써 생명 유지를 가
물의 용매 역할　　　　　　　　　물의 운반 기능
능하게 하는 것이다.　　　　　　　　　　　　　　▶우리 몸에서 용매 역할을 하고 운반 기능을 담당하는 물

♥ 전자(電子): 음의 전기를 띠고 원자핵 주위를 회전하는 물질.

♥ 극성(極性): 전극의 양극과 음극이 가지고 있는 서로 다른 성질.

♥ 상온(常溫): 자연 그대로의 기온.

♥ 용매(溶媒): 어떤 액체에 물질을 녹여서 용액을 만들 때 그 액체를 가리키는 말.

독해력 Upgrade

※각 문단의 중심 내용을 다음과 같이 정리할 때, 빈칸에 들어갈 알맞은 말을 쓰시오.

❶ 우리 몸의 생명 유지에 중요한 역할을 하는 물	→	❷ (물 분자)의 구조와 원자들의 결합 방식	→	❸ (극성)을 지니는 물 분자	→	❹ 물 분자의 수소 결합과 물의 (온도) 및 생명 유지의 관계	→	❺ 우리 몸에서 용매 역할을 하고 운반 기능을 담당하는 물

1 세부 정보 파악하기
답 ③

이 글의 내용과 일치하지 않는 것은?

① 물은 우리 몸에서 영양소, 호르몬, 노폐물 등을 운반한다.
→ 1문단, 5문단

② 물 분자는 수소 원자 두 개와 산소 원자 한 개가 결합하여 이루어진다. → 2문단

✓ 물 분자의 산소 원자는 (+) 성질을 갖고 반대로 수소 원자는 (−) 성질을 갖는다.
× −산소 원자는 (−) 성질을, 수소 원자는 (+) 성질을 가짐

④ 물 분자의 산소 원자와 수소 원자는 각자 전자 하나씩을 내어 이를 서로 공유한다. → 2문단

⑤ 물은 (−)의 성질을 가진 분자와 (+)의 성질을 가진 분자들을 모두 끌어당길 수 있는 성질을 갖는다. → 3문단

정답 풀이
3문단에 따르면 물 분자의 산소는 전자쌍을 당기는 힘이 수소보다 크기 때문에, 산소와 수소가 전자를 공유할 때 전자들은 수소보다는 산소 쪽에 가깝게 모이게 된다. 그 결과로 전자가 몰린 산소는 (−)의 성질을 가지게 되고 반대로 수소는 (+)의 성질을 가지게 된다.

오답 풀이
① 1문단에서 물이 "우리 몸에 영양분을 공급하고 노폐물을 몸 밖으로 배출"한다고 하였으며, 5문단에서 "영양소, 호르몬, 노폐물 등을 운반"한다고 하였다.

② 2문단에서 "물 분자는 수소 원자(H) 두 개와 산소 원자(O) 한 개가 결합된 형태이다."라고 하였다.

④ 2문단에서 "산소 원자와 수소 원자는 각자 가지고 있는 전자를 1개씩 내어서 전자쌍을 만들고 이를 공유하며 결합한다."라고 하였다.

⑤ 3문단에서 "물은 (−)의 성질을 가진 분자와 (+)의 성질을 가진 분자들을 모두 끌어당길 수 있는 극성을 지니게 된다."라고 하였다.

2 핵심 정보 파악하기
답 ③

이 글을 읽고 ㉠에 대해 이해한 내용으로 적절하지 않은 것은?

① ㉠은 물 분자가 지닌 극성 때문에 일어나는 현상이구나.

② 물의 온도가 쉽게 변하지 않는 것은 ㉠과 밀접한 관련이 있어.

✓ 하나의 물 분자를 이루는 수소와 산소 간에도 ㉠이 활발하게 일어나는구나.
× −서로 다른 물 분자를 구성하는 수소와 산소 간에 일어남

④ 물 분자들이 다른 분자들에 비해 더 강력한 결합을 형성하는 이유는 ㉠에 있어.

⑤ ㉠은 산소의 강한 (−) 성질이 다른 물 분자의 수소를 끌어당겨 일어나는 현상이야.

정답 풀이
4문단에 따르면 물 분자의 수소 결합(㉠)은 "하나의 물 분자에 결합된 수소 원자가 다른 가까운 물 분자의 산소 원자 쪽에 끌려가 물 분자끼리 결합"하는 것이다. 따라서 ③은 물 분자의 수소 결합에 대한 설명으로 적절하지 않다.

오답 풀이
①, ⑤ 물 분자의 수소 결합은, 물 분자의 극성으로 인해 산소 원자(−)가 다른 물 분자의 수소 원자(+)를 끌어당겨 결합하는 것이다.

②, ④ 물 분자의 수소 결합으로 물 분자들은 다른 분자들에 비해 더 강력한 결합을 형성하게 되며, 이 강력한 결합 때문에 물의 온도는 쉽게 변하지 않게 된다고 하였다.

3 내용 추론하기
답 ⑤

㉡의 이유를 추론한 내용으로 가장 적절한 것은?

① 물의 전기적 성질이 사라지기 때문이다.

② 물 분자의 수소 결합이 약해지기 때문이다.

③ 물은 생명체가 생명을 유지하는 데 반드시 필요하기 때문이다.

④ 생명체의 몸에서 물이 하는 역할을 다른 물질이 대신하기 때문이다.

✓ 생명체의 체온 조절이 불가능하고 혈액도 흐르지 못할
○ −물의 온도가 쉽게 변하면 발생할 수 있는 일 → 생명체의 존재가 불가능해짐
것이기 때문이다.

정답 풀이
물은 우리 몸의 약 70퍼센트를 차지하는 물질이다. 이러한 물의 온도가 쉽게 변한다면 우리 몸의 온도도 물에 의해 급격히 올라가거나 내려가게 되어 체온 조절이 불가능할 것이다. 또한 물이 상온에서 기체나 고체 상태가 된다면 혈액이 흐를 수 없고, 그러면 영양소나 노폐물을 운반할 수 없어 생명을 유지할 수 없을 것이다. 따라서 ㉡의 이유를 추론한 내용으로 가장 적절한 것은, 물의 온도가 쉽게 변할 경우 생명체에게 생기는 이러한 문제점을 언급한 ⑤이다.

어휘력 Upgrade
※다음의 빈칸에 들어갈 알맞은 말을 〈보기〉에서 찾아 쓰시오.

보기
강력
상온
용매
운반

1 설탕을 물에 녹일 때, 물은 (용매)에 해당한다.
→ 어떤 액체에 물질을 녹여서 용액을 만들 때 그 액체를 가리키는 말

2 멸균 우유는 유통 기한까지는 (상온)에 보관해도 된다.
→ 자연 그대로의 기온

3 꽃가루는 벌이나 나비에 의해서 다른 곳으로 (운반)된다.
→ 물건 따위를 옮겨 나름

4 그 작가는 저작권 침해에 대해 (강력)하게 대응하겠다고 밝혔다.
→ 힘이나 영향이 강함

약을 배달하는 우체부, 바이러스

1 ③　　2 ④　　3 ②

● 지문 갈무리
유전자 치료에서 바이러스는 치료 물질을 인체 세포 안까지 무사히 전달하는 운반체로 활용되고 있어. 이 글은 운반체인 바이러스성 벡터를 통한 유전자 치료 과정을 설명하고, 그 한계와 이를 극복하기 위한 노력도 함께 언급하고 있지.

● 주제
바이러스성 벡터를 이용한 유전자 치료의 과정과 한계

˅ 벡터(vector): 매개체, 운반체.

˅ 핵산(核酸): 모든 생물의 세포 속에 들어 있는 고분자 유기물의 일종. 유전을 지배하는 중요한 물질로, 생물의 증식을 비롯한 생명 활동 유지에 중요한 작용을 함.

˅ DNA: 유전자의 본체.

˅ 유발(誘發): 어떤 것이 다른 일을 일어나게 함.

˅ 억제(抑制): 정도나 한도를 넘어서 나아가려는 것을 억눌러 그치게 함.

˅ 고분자(高分子): 화합물 가운데 분자량이 대략 1만 이상인 분자. 또는 화학 결합으로 거의 무한 개수의 원자가 결합하여 있는 분자.

1 환절기나 겨울철에 자주 앓는 감기는 주로 감기 바이러스로 말미암아 걸리는 질병이다. 전염성이 높아 매년 유행하고 세계적으로 많은 사망자를 발생시키기도 했던 독감 역시 바이러스로 인한 것이다. 그래서 바이러스 하면 공포의 대상으로 생각하기 쉽다. 바이러스에 대한 일반적 인식 그러나 바이러스의 특징을 잘 이용하면 인간에게 유익하게 활용할 수도 있다. 대표적 바이러스의 긍정적 측면 인 것이 바로 유전자 치료에 쓰이는 바이러스성 벡터˅이다. 바이러스성 벡터란 치료 물 중심 화제 질을 실어서 세포에 전달하는 운반체이다. 이러한 바이러스성 벡터를 이용한 유전자 치 바이러스성 벡터의 개념 료 과정에 대해 알기 위해서는 먼저 바이러스가 인간 세포에 어떻게 침투하는지 알아야 한다. ▶바이러스의 특징을 이용한 바이러스성 벡터의 개념

2 바이러스는 일반적인 세균의 크기에 비해 매우 작아서 세균을 걸러 내는 여과기를 그 바이러스의 특징 대로 통과할 정도이다. 이 바이러스는 생명체 밖에서는 단순히 단백질과 핵산˅으로만 이 특징 ② 루어진 비생명체이지만, 인간의 세포 안에 들어가면 생명체로서 기능하게 된다. 어떻게 특징 ③ 바이러스가 인간의 세포 안에서 생명체로서 기능을 할 수 있을까? 먼저 바이러스가 인체 바이러스가 인체에 침투하여 생명체로 기능하는 과정 ① 에 침투하여 인간의 세포에 부착하면 바이러스는 그 세포에 자신의 DNA˅를 넣는다. 그리 과정 ② 과정 ③ 고 인간의 세포 안에 존재하는 핵산과 자신의 DNA를 결합시킨다. 이후 바이러스는 침투 과정 ④ 한 인간의 세포 안에서 바이러스 자신을 구성하는 핵산과 단백질을 새로 만들고 점점 개 과정 ⑤ 체 수를 늘려 생명체로서 증식하게 된다. ▶바이러스의 특징과 바이러스가 인체에 침투하여 생명체로 기능하는 과정

3 유전자 치료에서는 바이러스의 이러한 특징을 활용하여 유전자 치료 물질을 환자의 인간의 세포에 침투하여 생명체로 기능할 수 있는 특성 세포 안에 넣는다. 바이러스성 벡터에 치료용 유전자를 집어넣어서 치료가 필요한 인체 바이러스성 벡터를 통한 유전자 치료 과정 ① 세포에 침투시키면, 바이러스성 벡터가 치료 유전자를 인체 세포에 넣는다. 이렇게 되면 과정 ② 인체 세포 안의 핵산과 치료 유전자가 결합하여 손상된 세포를 ⓐ치료하게 되는 것이다. 과정 ③ ▶바이러스성 벡터를 통한 유전자 치료 과정

4 이처럼 두려움의 대상으로만 알고 있는 바이러스도 그 특징을 잘 이용하면 인간에게 바이러스의 장점 유익할 수 있다. 그러나 바이러스는 원래 질병을 유발˅하는 물질이다. 따라서 이를 벡터로 사용하기 위해서는 질병을 일으키는 기능을 최 바이러스성 벡터 사용의 한계 ① 대한 억제˅시켜야 한다. 또한 바이러스성 벡터 는 크기가 매우 작아 삽입할 수 있는 치료용 유 바이러스성 벡터 사용의 한계 ② 전자의 크기에 제한이 있다. 바이러스성 벡터의 이러한 문제점을 극복하기 위해 최근에는 「고분 자˅ 화합물을 벡터로 활용하는 ㉠비바이러스성 「」: 바이러스성 벡터의 한계를 극복하기 위한 대안 벡터」가 개발되고 있다. ▶바이러스성 벡터의 한계와 이를 극복하기 위한 대안 연구

독해력 Upgrade

※각 문단의 중심 내용을 다음과 같이 정리할 때, 빈칸에 들어갈 알맞은 말을 쓰시오.

1 (바이러스)의 특징을 이용한 바이러스성 벡터의 개념 → 2 바이러스의 특징과 바이러스가 인체에 침투하여 생명체로 기능하는 과정 → 3 (바이러스성 벡터)를 통한 유전자 치료 과정 → 4 바이러스성 벡터의 한계와 이를 극복하기 위한 대안 연구

1 세부 정보 파악하기 답 ③

이 글에 대한 설명으로 알맞은 것은?

① 바이러스가 치료용 유전자임을 밝히고 있다.
　×－바이러스는 치료용 유전자를 운반하는 벡터로 활용됨
② 바이러스성 벡터가 생명체로 기능하는 과정을 밝히고
　×－바이러스가 생명체로 기능하는 과정을 밝힘
　있다.
☑ 바이러스성 벡터가 인체에 치료 물질을 전달하는 과정을
　밝히고 있다. → 3문단
④ 비바이러스성 벡터가 바이러스성 벡터보다 문제점이 많
　×－비바이러스성 벡터의 문제점은 제시되지 않음
　음을 밝히고 있다.
⑤ 비바이러스성 벡터는 크기가 매우 작아 활용하는 데 한
　×－바이러스성 벡터의 크기가 매우 작아 활용하는 데 한계가 있음
　계가 있음을 밝히고 있다.

정답 풀이

바이러스성 벡터는 바이러스의 특징을 이용하여 치료 물질을
인체 세포에 전달하는 운반체이다. 이 글의 3문단에서 인체
세포에 침투한 바이러스성 벡터가 치료 물질을 전달하여 유
전자를 치료하는 과정을 설명하고 있다.

오답 풀이

① 바이러스는 질병을 유발하는 물질이다. 이 글에서는 바이러스가 치
료용 유전자를 세포에 전달하는 운반체로 활용됨을 설명하였다.
② 2문단에 바이러스가 인체 세포에 침투하여 생명체로 기능하는 과정
은 제시되어 있으나, 바이러스성 벡터가 생명체로 기능한다는 설명
은 제시되지 않았다.
④ 4문단에서 바이러스성 벡터의 문제점을 극복하기 위해 비바이러스
성 벡터가 개발되고 있다고 하였다. 비바이러스성 벡터의 문제점에
대해서는 제시되지 않았다.
⑤ 4문단에서 바이러스성 벡터는 크기가 매우 작아 삽입할 수 있는 치
료용 유전자의 크기에 제한이 있다고 하였다. 비바이러스성 벡터의
크기가 매우 작다는 설명은 제시되지 않았다.

2 반응의 적절성 판단하기 답 ④

**〈보기〉를 참고하여 ㉠에 대해 반응한 내용으로 적절하지 않
은 것은?**

┤ 보기 ├

비바이러스성 벡터는 『핵까지 도달하는 것이 바이러스
　　　　　　　　　『 』: 비바이러스성 벡터의 단점
성 벡터보다 쉽지 않다. 따라서 비바이러스성 벡터는 바이
러스성 벡터에 비해 유전자 치료가 성공할 확률이 낮을 수

밖에 없다.』 하지만 비바이러스성 벡터는 비교적 제조 방
　　　　　　　　　　　비바이러스성 벡터의 장점 ①
법이 간단하고 벡터에 실리는 유전자 크기에 제한이 없다
　　　　　　　장점 ②
는 장점이 있다. 특히 독성으로 인해 부작용이 생기거나
　　　　　　　　장점 ③
질병이 유발될 우려가 거의 없다는 점에서 비바이러스성
벡터에 대한 연구가 더욱 주목받고 있다.

① ㉠은 바이러스성 벡터의 문제점을 보완할 수 있군.
　○－㉠의 장점으로 바이러스성 벡터의 문제점이 극복됨
② ㉠은 인체 세포의 핵까지 도달하는 것이 가장 큰 과제로군.
　○－㉠은 핵까지 도달하는 것이 쉽지 않아 치료 성공 확률이 낮음
③ ㉠은 바이러스성 벡터에 비해 치료 가능한 질병이 더 많
　○－㉠은 벡터에 실리는 치료 유전자 크기에 제한이 없음
　겠군.
☑ ㉠은 바이러스성 벡터에 비해 질병을 유발할 가능성이
　×－바이러스성 벡터와 달리 질병이 유발될 우려가 거의 없음
　높겠군.
⑤ ㉠은 바이러스성 벡터에 비해 비교적 간단히 제조할 수
　　　　　　　　　　　　　　　○－㉠은 비교적 제조 방법이 간단함
　있어 비용이 적게 들겠군.

정답 풀이

이 글의 4문단에서 바이러스는 원래 질병을 유발하는 물질이
므로 이를 벡터로 사용하기 위해서는 질병을 일으키는 기능
을 최대한 억제시켜야 한다고 하였다. 따라서 질병을 유발할
가능성이 상대적으로 높은 것은 바이러스성 벡터이지, 비바
이러스성 벡터(㉠)가 아니다. 그리고 〈보기〉에서도 비바이러
스성 벡터는 "독성으로 인해 부작용이 생기거나 질병이 유발
될 우려가 거의 없다"라고 하였으므로 ④는 적절하지 않다.

3 어휘의 문맥적 의미 파악하기 답 ②

다음 중 밑줄 친 부분의 의미가 @와 가장 유사한 것은?

① 정비소에서 자동차 엔진을 고쳤다.
　　　'고장이 나거나 못 쓰게 된 물건을 손질하여 제대로 되게 하다.'의 의미
☑ 그 병을 고치려면 수술을 해야 한다.
　　'병 따위를 낫게 하다.'의 의미
③ 글의 내용을 조금 고쳤더니 훨씬 재미있다.
　　　'모양이나 내용 따위를 바꾸다.'의 의미
④ 그는 나무 상자를 고쳐서 개집으로 만들었다.
　　　'본디의 것을 손질하여 다른 것이 되게 하다.'의 의미
⑤ 국회에서는 국민 생활에 불편을 주는 낡은 법을 고치기
　　　　　　　　　　　　　　　　'이름, 제도 따위를 바꾸다.'의 의미
　로 했다.

정답 풀이

@의 '치료하다'는 '병이나 상처 따위를 잘 다스려 낫게 하다.'
의 의미이다. ②의 '고치다'는 '병 따위를 낫게 하다.'의 의미로
@와 그 의미가 가장 유사하다.

어휘력 Upgrade ※다음의 빈칸에 들어갈 알맞은 말을 〈보기〉에서 찾아 쓰시오.

┤ 보기 ├

억제
우려
유발
제조

1 폭력적인 장면은 아이들의 정서를 해칠 (우려)가 있다.
　　→ 근심과 걱정
2 이 고장에서는 수백 년 전부터 포도주를 (제조)해 왔다.
　　→ 원료에 인공을 가하여 정교한 제품을 만듦
3 음식물을 상온에 오래 두면 식중독을 (유발)하는 균이 만들어진다.
　　→ 어떤 것이 다른 일을 일어나게 함
4 환경 오염을 줄이기 위해서는 오염 물질의 방출량을 (억제)시켜야 한다.
　　→ 정도나 한도를 넘어서 나아가려는 것을 억눌러 그치게 함

외계 행성, 눈에 보이지 않아도 찾을 수 있다

1 ⑤   2 ②   3 ③

1 오래전부터 사람들은 지구 밖에 외계 생명체가 존재하는지에 대해 많은 관심을 가졌
다. 그래서 천문학자들은 지구와 유사한 환경을 갖춘 외계 행성을 찾으려 노력해 왔다.
_{인류의 오랜 관심}
1995년 외계 행성이 처음 발견된 이래 최근까지 800개에 가까운 외계 행성들이 발견되었
_{외계 행성의 발견 시기와 발견된 수}
다고 한다. 하지만 이들은 인간의 눈으로 직접 보고 확인한 것이 아니라 대부분 간접적인
_{인간이 외계 행성을 발견한 방법}
방법으로 그 존재를 확인한 것들이다.   ▶ 외계 행성에 대한 인류의 관심과 발견

2 제자리에서 스스로 빛을 내는 별인 항성은 밤하늘에서 육안˘으로도 쉽게 확인할 수
_{항성의 특징}
있다. 반면에 행성은 스스로 빛을 내지 못하고 항성의 주위를 돌면서 항성의 빛을 받아 반
_{행성의 특징}
사하므로, 항성보다 수천만 배 어둡고 망원경으로도 직접 관측˘하기 매우 어렵다. 그렇다
면 천문학자들은 외계 행성을 어떤 방법으로 찾아내는 것일까?
_{행성 발견 방법에 대한 의문}   ▶ 항성과 행성의 차이점 및 행성 발견 방법에 대한 의문

3 외계 행성을 발견하는 데 가장 많이 사용되는 방법은 '시선 속도 측정법'이다. 이 방법
_{중심 화제}
은 행성이 항성을 중심으로 공전˘할 때, 고정된 것처럼 보이는 항성도 사실은 미세하게 움
직이고 있다는 원리를 이용한 것이다. 이것은 무거운 어른과 가벼운 아이가 서로 줄을 팽
_{시선 속도 측정법에서 이용하는 원리}
팽하게 잡은 상태에서, 아이가 어른의 주위를 빙빙 도는 상황으로 설명할 수 있다. 아이가
〈그림〉의 화살표 방향으로 빙빙 돈다면 어른도 〈그림〉의 화살표 방향으로 조금씩 돌게
되는데, 이때 어른은 아이와의 공통 질량˘을 중심축으
로 하여 공전하게 된다. 아이보다 어른의 힘이 월등히
세면 셀수록 어른은 거의 제자리에서 빙빙 돌게 된다.
_{어른의 힘이 월등히 셀 때: 어른의 공전 궤도 → 작아짐}
어른과 아이의 공통 질량 중심이 어른 쪽으로 더 이동
되기 때문이다. 반대로 어른의 주위를 도는 아이의 당
기는 힘이 커지면 어른과 아이의 공통 질량 중심이 아
이 쪽으로 이동하게 되어 어른의 공전 ㉠ 궤도가 더 커
_{아이의 힘이 커질 때: 어른의 공전 궤도 → 커짐}
지게 된다.   ▶ 행성 발견에 이용되는 시선 속도 측정법의 원리

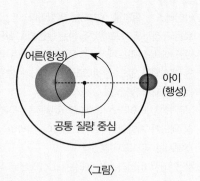

어른(항성)

아이
(행성)

공통 질량 중심

〈그림〉

4 행성이 있는 항성도 공통 질량을 중심으로 공전한다. 항성의 질량이 행성보다 워낙 커
서 항성의 움직임이 상대적으로 고정된 것처럼 보이지만 사실은 미세하게 움직이고 있는
것이다. 시선 속도 측정법은 직접 관측하기 어려운 행성 대신 망원경으로 확인이 가능한
항성을 관측하는 방법이다. 어른이 움직이는 정도를 보고 아이의 무게와 둘 사이의 거리
를 추정˘할 수 있듯이, 항성의 움직이는 정도를 파악함으로써 그 항성의 주변을 돌고 있는
_{시선 속도 측정법을 통한 행성 발견 방법}
행성의 존재 여부˘나 행성의 질량, 행성과 항성 사이의 거리 등을 간접적으로 확인하는 것
이다. 지금까지 발견된 외계 행성의 대부분은 바로 이 시선 속도 측정법으로 발견되었다.
▶ 항성을 관측하여 행성을 간접적으로 확인하는 시선 속도 측정법

● 지문 갈무리
우주에는 무수히 많은
외계 행성들이 있어. 행
성은 스스로 빛을 내지
않기 때문에 직접 관측
하기가 매우 어렵지. 이
글은 이러한 외계 행성
을 찾아내는 데 가장 많
이 사용되는 '시선 속도
측정법'의 원리를 설명
하고 있어. 이 방법은 행
성이 공전하고 있는 별,
즉 항성을 관측하여 행
성을 간접적으로 확인하
는 방법이야.

● 주제
항성을 관측하여 행성을
발견하는 시선 속도 측
정법의 원리

‧ 육안(肉眼): 맨눈. 안경
이나 망원경, 현미경
따위를 이용하지 아니
하고 직접 보는 눈.

‧ 관측(觀測): 육안이나
기계로 자연 현상의
상태나 변화 등을 관
찰하여 측정하는 일.

‧ 공전(公轉): 한 천체가
다른 천체의 주위를
주기적으로 도는 일.

‧ 질량(質量): 물체를 이
루고 있는 물질의 고
유한 양.

‧ 추정(推定): 미루어 생
각하여 판정함.

‧ 여부(與否): 그러함과
그러하지 아니함.

독해력 Upgrade

※각 문단의 중심 내용을 다음과 같이 정리할 때, 빈칸에 들어갈 알맞은 말을 쓰시오.

| **1** 외계 행성에 대한
인류의 관심과 발견 | ➡ | **2** 항성과 (행성)의
차이점 및 행성 발견
방법에 대한 의문 | ➡ | **3** 행성 발견에 이용
되는 (시선 속도 측정법)
의 원리 | ➡ | **4** (항성)을 통해 행
성을 간접적으로 확인
하는 시선 속도 측정법 |

1 세부 정보 파악하기

답 ⑤

이 글의 내용과 일치하는 것은?

① 밤하늘에서 육안으로 외계 행성을 발견할 수 있다.
　　　　　× – 육안으로 행성을 발견할 수 없음
② 행성은 항성의 빛을 반사해서 빛을 내기 때문에 항성보
　　　　　　　　　　　　　× – 항성보다 수천만 배 어두움
다 밝다.
③ 지금까지 발견된 외계 행성 대부분은 직접적인 방법으로
　　　　　　　　　　　　　× – 간접적인 방법으로 확인됨
관측되었다.
④ 시선 속도 측정법은 행성의 공전 궤도를 망원경으로 관
　　　　　　× – 항성을 관측하여 간접적으로 행성을 확인하는 방법임
측하는 방법이다.
☑ 항성의 움직임을 파악하면 항성 주위를 도는 행성의 존
재 여부를 확인할 수 있다. → 4문단

정답 풀이

4문단에서 시선 속도 측정법을 통해 항성의 주변을 돌고 있는 행성의 존재 여부를 간접적으로 확인할 수 있다고 하였으므로, ⑤는 이 글의 내용과 일치한다.

오답 풀이

①, ② 2문단에서 행성은 "스스로 빛을 내지 못하고 항성의 주위를 돌면서 항성의 빛을 받아 반사하므로, 항성보다 수천만 배 어둡고 망원경으로도 직접 관측하기 매우 어렵다."라고 하였다.
③ 1문단에서 대부분의 외계 행성은 간접적인 방법으로 발견되었다고 하였다.
④ 4문단에서 시선 속도 측정법은 항성을 관측하여 행성에 대해 간접적으로 확인하는 방법이라고 하였다.

2 내용 추론하기

답 ②

이 글을 통해 미루어 짐작한 내용으로 적절한 것은?

① 행성의 질량이 작아지면 항성의 공전 궤도가 더 커진다.
☑ 항성의 질량이 커지면 항성의 공전 궤도가 더 작아진다.
　× – 더 작아질 것임
③ 항성과 행성의 거리가 가까워지면 행성의 공전 속도가
　× – 이 글을 통해 추론할 수 없음
빨라진다.
④ 항성과 행성의 질량이 모두 커지면 행성의 공전 궤도가
　× – 이 글을 통해 추론할 수 없음
더 커진다.
⑤ 항성과 행성의 질량이 모두 작아지면 행성의 공전 궤도
　× – 이 글을 통해 추론할 수 없음
가 더 커진다.

정답 풀이

3문단에 따르면, 무거운 어른과 가벼운 아이가 서로 줄을 팽팽하게 잡은 상태에서 아이가 어른의 주위를 빙빙 돌 때, 어른의 힘이 월등히 세면 셀수록 어른은 거의 제자리에서 빙빙 돌게 된다. 제자리에서 빙빙 돈다는 것은 공전 궤도가 작다는 의미이다. 어른과 아이를 각각 항성과 행성에 대응시키면, 항성의 질량이 커질수록 항성의 공전 궤도가 더 작아질 것임을 추론할 수 있다. 이는 4문단에서 "항성의 질량이 행성보다 워낙 커서 항성의 움직임이 상대적으로 고정된 것처럼 보이지만"이라고 한 것을 통해서도 추론할 수 있다.

오답 풀이

① 행성의 질량이 작아지면 상대적으로 항성의 질량은 더 커지게 된 것이므로, 항성의 공전 궤도는 더 작아질 것이다.
③ 항성과 행성의 거리와 행성의 공전 속도 간의 관계는 이 글을 통해 추론할 수 없다.
④, ⑤ 항성과 행성의 질량이 함께 커지거나 작아질 때, 행성의 공전 궤도가 더 커진다고 볼 만한 근거를 이 글에서 찾기 어렵다.

3 어휘의 문맥적 의미 파악하기

답 ③

밑줄 친 부분이 ㉠의 문맥적 의미와 가장 유사한 것은?

① 친구가 시작한 사업이 드디어 정상 궤도에 올랐다.
② 오늘 낮에 고속 열차가 궤도를 이탈하는 사고가 발생했다.
☑ 뉴스에서 인공위성이 무사히 궤도에 진입하였다는 소식을 전했다.
④ 그 회사는 2년 연속 목표 매출이 증가하며 성공 궤도를 밟고 있다.
⑤ 대학을 다니던 지민이는 인생의 궤도를 수정하여 아이돌 가수가 되었다.

정답 풀이

㉠의 '궤도(軌道)'는 '행성, 혜성, 인공위성 따위가 중력의 영향을 받아 다른 천체의 둘레를 돌면서 그리는 곡선의 길'의 의미이다. ③의 '궤도'는 인공위성이 다른 천체의 둘레를 돌면서 그리는 곡선의 길을 의미하므로 ㉠과 문맥적 의미가 가장 유사하다.

오답 풀이

①, ④, ⑤ '일이 발전하는 본격적인 방향과 단계'의 의미이다.
② '기차나 전차의 바퀴가 굴러가도록 레일을 깔아 둔 길'의 의미이다.

어휘력 Upgrade　　※ 다음의 빈칸에 들어갈 알맞은 말을 〈보기〉에서 찾아 쓰시오.

보기
관측
여부
육안
추정

1 공룡으로 (추정)되는 거대한 동물의 뼈가 발견되었다.
　→ 미루어 생각하여 판정함
2 기자는 사실 (여부)를 반드시 확인하고 기사를 써야 한다.
　→ 그러함과 그러하지 아니함
3 이 실험 도구에는 (육안)으로 확인할 수 없는 세균이 묻어 있다.
　→ 맨눈. 안경이나 망원경, 현미경 따위를 이용하지 아니하고 직접 보는 눈
4 기상청에서는 태풍의 발생을 미리 (관측)하고 알려서 피해를 최소화해야 한다.
　→ 육안이나 기계로 자연 현상의 상태나 변화 등을 관찰하여 측정하는 일

축구 경기의 바나나킥에 담긴 비밀

1② 　　2④

● 지문 갈무리

축구 경기에서 볼 수 있
는 바나나킥에는 과학적
원리가 담겨 있어. 이 글
은 '마그누스 효과'와 '베
르누이 정리'라는 과학
이론을 소개하고, 이를
바탕으로 회전하면서 날
아가는 축구공이 휘어지
는 현상을 설명하고 있
어. 아울러 '난류'가 발생
할 경우 공이 휘어지지
않는다는 점을 덧붙여
언급하고 있지.

● 주제

마그누스 효과와 베르누
이 정리로 설명할 수 있
는 축구 경기의 바나나
킥 현상

1 축구 경기를 보면 선수가 찬 공이 휘어서 날아가는 경우를 흔히 볼 수 있다. 이처럼
　　　　일상생활에서 쉽게 볼 수 있는 현상 제시
공이 휘어서 날아가도록 차는 것을 바나나킥이라고 한다. 예측˘ 방향과 다르게 휘어져 날
　　바나나킥의 개념
아가는 축구공은 골키퍼를 당황하게 만들고 그물을 흔들어 득점을 안겨 준다. 경기를 지
켜보는 팬들을 열광˘하게 만드는 이 바나나킥에는 과연 어떤 비밀이 담겨 있는 것일까?
　　　　　　　　　　　　　　　　　질문을 통해 호기심 유발　　　▶바나나킥의 개념과 그 원리에 대한 궁금증

2 ⟦회전하면서 날아가는 축구공이 휘어지는 현상⟧은 '마그누스 효과'와 '베르누이 정리'로
　　중심 화제
설명할 수 있다. 마그누스 효과는 회전하는 물체가 물체 주변의 압력 차이에 의해 휘어져
　　　　　　　　　　　　　　　마그누스 효과의 의미
날아가는 현상으로, 독일의 물리학자인 마그누스가 날아가는 대포의 포탄을 연구하다가
발견하였다. 베르누이 정리는 공기가 빠르게 흐르면 압력이 감소˘하고 공기가 느리게 흐
　　　　　　　　　　　　　베르누이 정리의 의미
르면 압력이 증가한다는 것으로, 스위스의 과학자인 베르누이가 알아낸 원리이다. 축구에
서의 바나나킥은 마그누스 효과와 베르누이 정리에 의한 대표적인 현상이다.

3 선수가 공의 오른쪽 측면을 차서 축구공이
시계 반대 방향으로 회전하며 날아갈 때를 생각
해 보자. 〈그림〉에서 보듯이 공의 오른쪽은 서
로 반대 방향으로 흐르는 공기가 부딪쳐 저항력
공의 오른쪽에서 흐르는 공기의 속도
이 생기면서 공기의 흐름이 느려지고, 이에 따라
공기˘압력이 높아진다. 반면에 공의 왼쪽은 두
가지 공기가 같은 방향으로 흐르며 더해져 공기
공의 왼쪽에서 흐르는 공기의 속도
의 흐름이 빨라지고, 이에 따라 공기 압력이 낮
아진다. 힘은 압력이 높은 쪽에서 낮은 쪽으로
힘이 작용하는 방향
작용하므로 축구공은 왼쪽으로 휘면서 날아가게
공의 오른쪽에서 왼쪽으로 힘이 작용함
되는 것이다. ▶회전하며 날아가는 공이 휘어지는 원리

▶바나나킥을 설명할 수 있는 마그누스 효과와 베르누이 정리

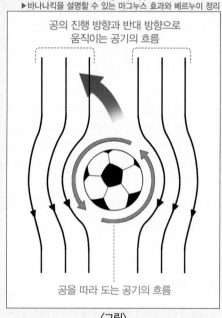

공의 진행 방향과 반대 방향으로
움직이는 공기의 흐름

공을 따라 도는 공기의 흐름

〈그림〉

4 하지만 공의 속도가 아주 빠를 때는 공 주변
　　　　　　　난류의 의미
에 작은 소용돌이인 난류가 생기는데, 이렇게 되
면 공 양쪽에 흐르는 공기 간의 속도 차이가 크지 않아 압력 차이도 크게 발생하지 않는
　　난류의 발생이 미치는 영향
다. 실험에 따르면 축구공의 속도가 시속 108㎞보다 빠르면 난류가 발생한다고 한다. 이
　　　　　　　　　　　　　　난류가 발생하는 공의 속도
경우 공의 왼쪽과 오른쪽에 압력차가 거의 없어 베르누이 정리가 적용˘되지 않는다. 만약
어떤 축구 선수가 시속 120㎞의 속력으로 공을 차는 경우 처음에는 공이 직선으로 날아가
　　　　　　　　　　　　　　　　　　난류가 발생하여 공 양쪽에 압력 차이가 크지 않은 경우
다가, 시속 108㎞ 이하로 속력이 떨어지면 공이 휘면서 날아가게 될 것이다.
　　　난류가 사라져 공 양쪽에 압력 차이가 큰 경우　　　　　　　　　　　　▶난류가 발생하는 경우와 난류가 미치는 영향

˘ 예측(豫測): 미리 헤아
려 짐작함.

˘ 열광(熱狂): 너무 기쁘
거나 흥분하여 미친
듯이 날뜀. 또는 그런
상태.

˘ 감소(減少): 양이나 수
치가 줆. 또는 양이나
수치를 줄임.

˘ 적용(適用): 알맞게 이
용하거나 맞추어 씀.

독해력 Upgrade ※각 문단의 중심 내용을 다음과 같이 정리할 때, 빈칸에 들어갈 알맞은 말을 쓰시오.

| **1** 바나나킥의 개념과 그 원리에 대한 궁금증 | → | **2** 바나나킥을 설명할 수 있는 마그누스 효과와 (베르누이) 정리 | → | **3** 회전하며 날아가는 공이 휘어지는 원리 | → | **4** (난류)가 발생하는 경우와 난류가 미치는 영향 |

1 내용 전개 방식 파악하기 　　目 ②

이 글의 내용 전개 방식으로 적절한 것은?

① 특정 이론이 적용된 다양한 사례를 나열하고 있다.

　　　　　○-회전하면서 날아가는 축구공이 휘어지는 현상
☑ 과학 이론을 바탕으로 구체적 현상을 설명하고 있다.

　　○-마그누스 효과와 베르누이 정리
③ 특정 현상과 관련된 여러 가지 실험 결과를 종합하고 있다.

④ 특정 현상에 대한 문제점을 제기한 뒤 해결 방안을 제시하고 있다.

⑤ 전문가의 말을 인용하여 특정 현상에 대한 기존 이론을 비판하고 있다.

정답 풀이

이 글은 축구 경기에서 볼 수 있는 바나나킥 현상, 즉 회전하면서 날아가는 축구공이 휘어지는 현상을 '마그누스 효과'와 '베르누이 정리'라는 과학 이론을 바탕으로 설명하고 있다.

오답 풀이

① '마그누스 효과'와 '베르누이 정리'가 적용된 현상으로 축구 경기의 바나나킥이 제시되어 있을 뿐, 그 외의 사례를 나열하지는 않았다.

③ 4문단에 축구공이 시속 108㎞보다 빠르면 난류가 발생한다는 실험 내용이 언급되었을 뿐, 여러 가지 실험 결과를 종합하지는 않았다.

④ 이 글에서는 회전하면서 날아가는 축구공이 휘어지는 현상에 대해 문제점을 제기하거나 해결 방안을 제시하지 않았다.

⑤ 바나나킥 현상을 설명할 수 있는 과학 이론을 소개하였을 뿐, 전문가의 말을 인용하거나 기존 이론을 비판하지 않았다.

2 자료 해석의 적절성 판단하기 　　目 ④

이 글을 참고하여 〈보기〉에 대해 분석한 내용으로 적절하지 않은 것은?

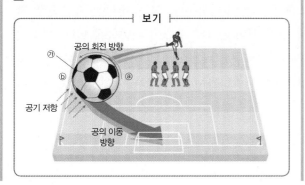

| 보기 |

공의 회전 방향
㉮
ⓑ　　ⓐ
공기 저항
공의 이동 방향

---

① ⓐ쪽의 공기 압력은 ⓑ쪽의 공기 압력보다 낮을 것이다.

② ⓑ쪽에서는 저항력이 작용하여 공기의 흐름이 ⓐ쪽보다 느릴 것이다.

③ 공이 ㉮ 지점을 통과하기 전까지는 공 주변에 난류가 생겼을 것이다.

☑ 공이 ㉮ 지점을 통과한 뒤부터는 축구공의 속력이 시속 108㎞보다 빨라질 것이다.

　　✕ - 시속 108km 이하로 떨어짐
⑤ 회전하면서 날아가는 축구공이 휘어지고 있으므로 이는 마그누스 효과이다.

정답 풀이

〈보기〉의 ㉮는 직선으로 날아가던 축구공이 휘어지기 시작하는 지점이다. ㉮ 이전에 공이 직선으로 날아간 것은 축구공의 속도가 시속 108km 이상이어서 난류가 생겼기 때문이다. 4문단에 따르면 축구공의 속도가 시속 108㎞보다 빠를 때 난류가 발생하는데, 난류가 발생할 경우 공 양쪽에 흐르는 공기 간의 속도 차이가 크지 않아 압력 차이도 크게 발생하지 않는다. 따라서 공이 휘지 않고 직선으로 날아가게 된다. 그러다 축구공의 속도가 시속 108㎞ 이하로 떨어지면 난류의 영향에서 벗어나 공 양쪽에 흐르는 공기 간에 압력 차이가 발생하게 되어, 압력이 높은 쪽에서 낮은 쪽으로 공이 휘어지게 된다. ㉮ 지점에서 공이 휘어지는 것으로 보아 ㉮를 통과하는 시점에 공의 속도가 시속 108km 이하로 떨어지면서 난류가 사라졌음을 알 수 있다.

오답 풀이

① ⓐ쪽은 공기의 저항력이 작용하지 않아 공기의 흐름이 ⓑ쪽보다 빠르다. 따라서 "공기가 빠르게 흐르면 압력이 감소하고 공기가 느리게 흐르면 압력이 증가한다"는 베르누이 정리에 따라 ⓐ쪽의 공기 압력은 ⓑ쪽의 공기 압력보다 낮아진다.

② ⓑ에서는 회전하는 공을 따라 도는 공기의 흐름과, 공이 진행하는 방향의 반대 방향으로 움직이는 공기가 부딪쳐 저항력이 생긴다. 따라서 저항력이 생기지 않는 ⓐ쪽보다 ⓑ쪽의 공기 흐름이 느려진다.

③ ㉮ 지점을 통과하기 전까지는 공이 직선으로 날아가는 것으로 보아, 공 주변에 생긴 난류의 영향을 받았음을 알 수 있다.

⑤ 마그누스 효과는 "회전하는 물체가 물체 주변의 압력 차이에 의해 휘어져 날아가는 현상"이므로 〈보기〉에 나타난 공의 움직임은 마그누스 효과에 해당한다.

어휘력 Upgrade

※다음의 빈칸에 들어갈 알맞은 말을 〈보기〉에서 찾아 쓰시오.

| 보기 |

감소
열광
예측
적용

1 법은 누구에게나 공평하게 (적용)되어야 한다.
　　　　　　　　　→ 알맞게 이용하거나 맞추어 씀
2 그 가수가 무대에 등장하자 관객 모두가 (열광)하였다.
　　　　　　　　　　→ 너무 기쁘거나 흥분하여 미친 듯이 날뜀
3 이번 주말까지 비가 100mm 더 올 것으로 (예측)되고 있다.
　　　　　　　　　　　→ 미리 헤아려 짐작함
4 그 환자는 혈액 속의 헤모글로빈이 (감소)되어 빈혈이 생긴 것이다.
　　　　　　　　　　→ 양이나 수치가 줆

네가 어디에 있는지 알고 있다, GPS

1 ④　　 2 ③

● **지문 갈무리**
GPS는 인공위성을 이용한 위치 파악 시스템으로, 현재 다양한 분야에서 활발하게 이용되고 있어. 이 글은 이러한 GPS에 적용된 '삼변 측량의 원리'를 설명하고, GPS 수신기가 어떻게 자신의 현재 위치를 파악하는지에 대해 알려 주고 있지.

● **주제**
인공위성을 이용해 위치를 파악하는 GPS의 원리

1 GPS(Global Positioning System)는 인공위성을 이용해 위치를 정확하게 알아내는 기술로, 기존의 위치 탐지˟ 시스템보다 휴대˟하기 편하고 정확하며 시간이나 장소, 기상˟ 여건의 영향을 덜 받으므로 쉽게 사용할 수 있다.
　　　　　　　　　　　　　　　　　　　　　　　　　　　　　　　▶GPS의 개념과 장점

2 GPS는 두 점의 위치를 알고 이 두 점과 나머지 한 점과의 거리를 알면 그 한 점의 위치를 구할 수 있다는 삼변 측량의 원리가 적용된 기술이다. 가령, 〈그림〉과 같이 위치를 알고 있는 점 A·B와, 위치를 모르는 점 P가 있다고 하자. 이때 A와 P의 거리를 알고, B와 P의 거리를 알면 P의 위치를 구할 수 있다. A와 B를 중심으로 하여 각각의 점과 P 사이의 거리를 반지름으로 하는 원을 그리면 〈그림〉처럼 두 개의 원이 나오는데, 두 원이 교차˟하는 2개의 점 중 하나가 바로 P의 위치가 된다.

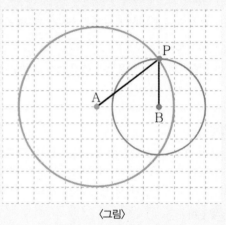

〈그림〉

　　　　　　　　　　　　　　　　　　　　　　　　　　　　▶GPS에 적용된 삼변 측량의 원리

3 GPS도 이러한 원리를 사용하여 위치를 알아낸다. 위성에서 나오는 전파에는 위성의 정확한 위치를 알려 주는 신호가 포함되어 있다. 만약 위성이 두 개가 있고 사용자가 가진 GPS 수신기에 이 위성들의 신호가 잡힌다면, 이것은 삼변 측량에서 두 점의 위치를 아는 것과 같다. 그렇다면 이제 GPS 수신기 위치에서 각 위성까지의 거리를 알아내야 하는데, 이때 위성 안의 시계와 전파를 수신˟하는 GPS 수신기 안의 시계는 서로 일치해야 한다. 그래야 위성에서 보낸 전파가 수신기까지 오는 데 걸린 시간을 정확히 계산할 수 있기 때문이다. GPS 수신기는 전파의 이동 시간을 계산하여 위성과 수신기 사이의 거리를 구한다. 전파는 빛의 속력으로 이동하므로, 전파가 이동하는 데 걸린 시간에 빛의 속력을 곱하여 위성과 GPS 수신기 사이의 거리를 구할 수 있다. ▶GPS 수신기가 위성들과 수신기 사이의 거리를 알아내는 방법

4 GPS 수신기에서 각 위성까지의 거리를 알아냈다면, 이제 사용자의 위치 정보를 얻을 수 있다. 이때 GPS 수신기의 위치는 보통 두 지점이 나오는데, 이 중 하나는 지구 표면 가까이에 위치하고 다른 하나는 지구에서 멀리 떨어진 우주 공간에 위치하게 된다. 따라서 GPS 수신기는 둘 중 지구 표면 가까이에 있는 지점을 자신의 현재 위치로 파악한다. 이처럼 GPS 수신기만 있으면 위치를 비교적 정확하게 나타낼 수 있어서 ㉠GPS는 현재 여러 분야에 적극적으로 활용되고 있다. ▶GPS 수신기가 자신의 위치를 파악하는 방법

˟ **탐지(探知):** 드러나지 않은 사실이나 물건 따위를 더듬어 찾아 알아냄.

˟ **휴대(携帶):** 손에 들거나 몸에 지니고 다님.

˟ **기상(氣象):** 바람, 구름, 눈, 더위, 추위 등 대기 중에서 일어나는 물리적인 현상을 통틀어 이르는 말.

˟ **교차(交叉):** 서로 엇갈리거나 마주침.

˟ **수신(受信):** 전화, 라디오, 텔레비전 방송 따위의 신호를 받음. 또는 그런 일.

독해력 Upgrade　　※각 문단의 중심 내용을 다음과 같이 정리할 때, 빈칸에 들어갈 알맞은 말을 쓰시오.

1 GPS의 개념과 장점	→	**2** GPS에 적용된 (삼변 측량)의 원리	→	**3** GPS 수신기가 위성들과 수신기 사이의 거리를 알아내는 방법	→	**4** GPS 수신기가 자신의 (위치)를 파악하는 방법

1 세부 정보 파악하기 　　　답 ④

이 글을 읽고 〈보기〉를 이해한 것으로 적절하지 <u>않은</u> 것은?

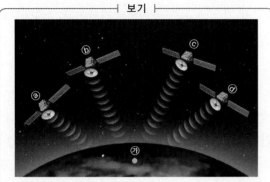

보기

※ ㉮는 GPS 수신기의 위치이고, ⓐ~ⓓ는 GPS 수신기에 신호가 잡힌 위성들임.

① GPS 수신기가 ㉮를 파악하는 방법에는 삼변 측량의 원리가 적용되어 있다. → 2문단

② ⓐ~ⓓ가 GPS 수신기에 보내는 신호에는 각 위성의 위치를 알려 주는 정보가 들어 있다. → 3문단

③ ⓐ~ⓓ를 이용해 위치를 파악하는 GPS 기술은 기존의 위치 탐지 시스템에 비해 여러 가지 장점이 있다. → 1문단

☑ GPS 수신기는 ⓐ~ⓓ가 보내는 전파가 ㉮에 도달하는 데 걸리는 시간을 계산하여 각 위성의 위치를 구한다.
　　　× ─ 위성과 GPS 수신기 사이의 거리를 구함

⑤ 위성 안의 시계와 GPS 수신기 안의 시계가 서로 일치하지 않으면, ㉮에서 ⓐ~ⓓ까지 각각의 거리를 계산하는 데 오차가 생길 수 있다. → 3문단

정답 풀이

3문단에서 "위성에서 나오는 전파에는 위성의 정확한 위치를 알려 주는 신호가 포함되어" 있으며, "GPS 수신기는 전파의 이동 시간을 계산하여 위성과 수신기 사이의 거리를 구한다." 라고 하였다. 즉 GPS 수신기는 위치를 알고 있는 위성 ⓐ~ⓓ가 보내는 전파가 ㉮에 도달하는 시간을 계산하여, 여기에 빛의 속력을 곱해 위성과 GPS 수신기 사이의 거리를 구한다.

오답 풀이

① 2문단의 "GPS는 두 점의 위치를 ~ 삼변 측량의 원리가 적용된 기술이다."를 통해 알 수 있다.

② 3문단의 "위성에서 나오는 전파에는 ~ 신호가 포함되어 있다."를 통해 알 수 있다.

③ 1문단의 "기존의 위치 탐지 시스템보다 ~ 쉽게 사용할 수 있다."를 통해 알 수 있다.

⑤ 3문단의 "위성 안의 시계와 ~ 계산할 수 있기 때문이다."를 통해 알 수 있다.

2 구체적 사례에 적용하기 　　　답 ③

이 글을 바탕으로 할 때 ㉠의 사례로 적절하지 <u>않은</u> 것은?

① GPS를 이용해 물류의 이동 상황을 실시간으로 확인할 수 있다.

② GPS와 전자 지도를 연결하면 목적지까지의 길 안내를 받을 수 있다.

☑ GPS 수신기를 피부에 이식해 <u>전자 여권으로 사용하여</u> <u>신원을 확인할 수 있다.</u>
　　　　　　　　× ─ GPS 기술과 관계없음

④ 버스에 GPS 수신기를 장착하면 버스가 어디를 지나고 있는지를 각 정류장에서 알 수 있다.

⑤ 치매 환자의 목걸이나 허리띠에 GPS 수신기를 장착하면 환자의 위치를 가족들이 파악할 수 있다.

정답 풀이

GPS는 인공위성을 이용해 위치를 정확하게 알아내는 기술이다. 그런데 ③은 위치 정보를 파악하여 활용하는 것이 아니라 여권처럼 개인의 신원을 확인하는 용도를 말하고 있으므로, 이는 GPS의 활용 사례로 보기 어렵다.

오답 풀이

①, ②, ④, ⑤ 모두 GPS를 통해 위치 정보를 파악하므로 GPS 활용 사례로 적절하다.

단원 어휘 테스트

07회 01 ㉣ 02 ㉡ 03 ㉢ 04 ㉠ 05 지각 06 공전 07 인력 08 만성 09 여부 10 미세 11 침투 12 행세 13 감지 14 완화 15 우려 16 육안 17 방지하기 18 거대한 19 제거하는 20 생존하기

08회 01 ㉠ 02 ㉢ 03 ㉡ 04 ㉣ 05 유발 06 중력 07 감염 08 침강 09 열광 10 동원 11 유영 12 일사불란 13 예측 14 공유 15 억제 16 관측 17 충돌할 18 방어하지 19 부착했다 20 극복하는

어휘력 Upgrade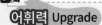

※다음의 빈칸에 들어갈 알맞은 말을 〈보기〉에서 찾아 쓰시오.

보기

기상
교차
수신
휴대

1 (기상)이 악화되어 비행기가 뜨지 못했다.
　→ 바람, 구름, 눈, 더위, 추위 등 대기 중에서 일어나는 물리적인 현상을 통틀어 이르는 말

2 그는 땀이 많아서 항상 손수건을 (휴대)하고 다닌다.
　→ 손에 들거나 몸에 지니고 다님

3 대전역에서는 여러 방면으로 가는 많은 철로가 (교차)한다.
　→ 서로 엇갈리거나 마주침

4 고산 지역에서는 전파 방해가 심해서 라디오 방송조차 잘 (수신)되지 않는다.
　→ 전화, 라디오, 텔레비전 방송 따위의 신호를 받음

기술 01 적정 기술이란 무언일까

1 ④   **2** ④   **3** ③

● 지문 갈무리
적정 기술은 현지의 사람들이 직접 생산하고 소비할 수 있는 기술로, 빈곤 지역 사람들의 삶에 도움을 주기 위해 만들어진 인간적인 기술이야. 이 글은 적정 기술이 어떻게 시작되고 발전되었는지와 적정 기술의 구체적 사례를 설명하고, 적정 기술의 가치와 함께 앞으로 해결해야 할 과제도 덧붙이고 있어.

● 주제
적정 기술의 특징과 의의 및 과제

1 '적정 기술(Appropriate Technology)'은 특정 사회 공동체의 정치, 문화, 환경 등의
　　　　중심 화제　　　　　　　　　　　　　　　　　　　적정 기술의 개념
측면을 고려하여 현지에서 직접 생산과 소비가 가능하도록 만들어진 기술이다. 이는 주로
빈곤 지역에 사는 가난한 사람들의 삶의 질을 향상시키기 위해 만들어진 기술이라 할 수
적정 기술의 대상과 목적
있다. ▶적정 기술의 개념과 목적

2 적정 기술의 기초를 제공한 사람은 인도의 비폭력 평화주의자인 마하트마 간디이다.
　　　　　　　　　　　　　　　　　　　　　　　　　적정 기술의 기초를 제공한 사람
그는 인도의 작은 마을들이 물레를 돌려 자급자족ⓥ하는 경제를 이루어 나갈 수 있도록 유
　　　적정 기술의 기초가 된 간디의 물레
도하였다. 하지만 이 기술을 본격적으로 연구하기 시작한 사람은 영국의 경제학자 슈마허
　　　　　　　　　　　　　　　　　　　　　　　　　　　　적정 기술을 본격적으로 연구한 사람
이다. 그는 1973년 《작은 것이 아름답다》라는 저서를 통해 '중간 기술'이라는 개념을 소개
했다. 중간 기술은 최소의 비용으로 현지의 재료와 노동력을 사용하여 현지 사람들이 직
　　　　　　　슈마허가 소개한 중간 기술의 개념(= 적정 기술)
접 사용할 수 있는 소규모 생산 기술을 말한다. 중간 기술이라는 이름이 열등ⓥ한 것으로
오해받을 수 있어서 현재는 '대안 기술', '적정 기술'이라는 이름을 사용한다.
　　　　　　　　　　　　　　　　　　　　　　　　　▶적정 기술의 시작과 발전

3 적정 기술이 사용된 대표적인 사례는 모하메드 바 아바가 고안한 '항아리 냉장고'이
　　　　　　　　　　　　　　　　　　　　　　　　적정 기술의 대표적 사례
다. '항아리 속 항아리(Pot-in-Pot)'라고도 불리는 이것은 커다란 항아리 속에 작은 항아
리를 집어넣고 그 사이를 모래로 채운 다음, 모래에 물을 충분히 적시면 완성된다. 이 항
　　　　　　　　　　　　　　항아리 냉장고를 만드는 방법

아리 냉장고는 증발의 원리를 이용한 것이
　　　항아리 냉장고에 사용된 과학적 원리
다. 한여름에 옥상이나 바닥에 물을 뿌리면
시원해지는 원리와 같다. 물이 증발하면서
옥상이나 바닥의 열을 빼앗아 가는 것처럼,
항아리 사이에 있는 젖은 모래흙의 수분이
증발하면서 작은 항아리 내부의 온도는 약
증발의 원리에 따른 항아리 냉장고의 효과
2℃ 정도 낮아져 그 안의 음식을 오래 보관할 수 있게 된다. 주기적으로 항아리에 물을 뿌
려 주면 항아리 속 온도를 항상 낮게 유지할 수 있다. 토마토의 경우 항아리 냉장고를 사
용하면 21일 정도 저장이 가능하다. 항아리 냉장고 덕분에 이 지역 사람들은 신선한 과일
이나 채소를 장기간 보관해서 판매할 수 있게 되었다. 항아리 냉장고가 지역민의 삶에 미친 긍정적 영향
　　　　　　　　　　　　　　　　　　▶적정 기술의 사례인 항아리 냉장고의 원리와 효과

4 이처럼 적정 기술은 빈곤 지역 주민들이 당면ⓥ한 문제를 해결하여 삶의 질을 높임으
　　　　　　　　　　적정 기술의 의의
로써 인간적 가치 실현에 이바지ⓥ할 수 있다. 1970년 이후 적정 기술을 기반ⓥ으로 많은 제
품이 개발되어 현지에 보급되어 왔다. 그러나 그 성과에 대해서는 여전히 논란이 있다. 기
술의 보급만으로는 특정 지역의 빈곤 탈출과 경제적 자립을 이룰 수 없기 때문이다. 따라
적정 기술의 한계
서 기술 개발과 더불어 지역 문화에 대한 이해를 높이고 현지인을 교육하는 등 빈곤 지역
　　　　　　　　　　　　　　　　적정 기술의 과제
의 문제를 해결하기 위한 지속적인 노력이 필요하다. ▶적정 기술의 의의와 과제

ⓥ **자급자족**(自給自足): 필요한 물자를 스스로 생산하여 충당함.

ⓥ **열등**(劣等): 보통의 수준이나 등급보다 낮음.

ⓥ **당면**(當面): 어떤 일에 바로 맞닥뜨림.

ⓥ **이바지**: 도움이 되게 함.

ⓥ **기반**(基盤): 기초가 되는 바탕. 또는 사물의 토대.

독해력 Upgrade　　※각 문단의 중심 내용을 다음과 같이 정리할 때, 빈칸에 들어갈 알맞은 말을 쓰시오.

1 (적정 기술)의 개념과 목적　➡　**2** 적정 기술의 시작과 발전　➡　**3** 적정 기술의 사례인 (항아리 냉장고)의 원리와 효과　➡　**4** 적정 기술의 의의와 과제

1 내용 전개 방식 파악하기 　답 ④

이 글에 사용된 설명 방식으로 적절하지 않은 것은?

① 대상의 의미를 분명히 밝히고 있다. → 1문단
② 대상에 대한 구체적인 예를 제시하고 있다. → 3문단
③ 대상에 대한 전문가의 정의를 소개하고 있다. → 2문단
☑ 대상의 실현 양상을 나라별로 비교하여 설명하고 있다.
　✕ – 글에 나타나지 않음
⑤ 대상의 문제점과 그것의 해결을 위한 방향을 제시하고 있다. → 4문단

정답 풀이

이 글에는 적정 기술이 실현되는 양상을 나라별로 비교하여 설명한 부분은 나타나지 않는다.

오답 풀이

① 1문단 첫 문장에서 적정 기술의 개념을 밝혔다.
② 3문단에서 적정 기술의 대표적인 사례로 항아리 냉장고를 제시하였다.
③ 2문단에서 영국의 경제학자 슈마허가 《작은 것이 아름답다》라는 책을 통해 소개한 '중간 기술'의 개념을 제시하였다.
⑤ 4문단에서 적정 기술의 성과에 대해 논란이 있음을 언급하였으며, 이러한 한계를 극복하고 빈곤 지역의 문제를 해결하기 위해서는 지속적인 노력이 필요하다고 하였다.

2 세부 정보 파악하기 　답 ④

〈보기〉는 이 글을 읽은 학생들이 적정 기술에 대해 이해한 내용이다. 적절하지 않은 반응을 골라 묶은 것은?

┤ 보기 ├
㉠ 적정 기술은 현지의 재료와 노동력을 사용하는군. → 2문단
㉡ 적정 기술을 본격적으로 연구한 사람은 슈마허로군. → 2문단
㉢ 적정 기술이 보급된 지역은 빈곤에서 탈출할 수 있군.
　✕ – 기술의 보급만으로는 빈곤을 탈출할 수 없음
㉣ '중간 기술'에 대한 반발로 만들어진 것이 '적정 기술'이군.
　✕ – '중간 기술'이라는 이름이 '적정 기술'로 바뀐 것뿐임
㉤ 적정 기술은 주로 빈곤 지역에 사는 가난한 사람들을 위한 것이군. → 1문단

① ㉠, ㉡　　② ㉠, ㉣　　③ ㉡, ㉤
☑ ㉢, ㉣　　⑤ ㉢, ㉤

정답 풀이

4문단에서 "기술의 보급만으로는 특정 지역의 빈곤 탈출과 경제적 자립을 이룰 수 없기 때문"에 적정 기술의 성과에 논란이 있다고 하였으므로 ㉢은 적절하지 않다. 또한 2문단의 "중간 기술이라는 이름이 열등한 것으로 오해받을 수 있어서 현재는 '대안 기술', '적정 기술'이라는 이름을 사용한다."에서 알 수 있듯이 '적정 기술'은 '중간 기술'에 반대하여 제시된 것이 아니라 중간 기술에서 용어를 고친 것이므로 ㉣은 적절하지 않다.

오답 풀이

㉠ 슈마허가 제시한 중간 기술의 개념을 바탕으로 할 때, 적정 기술은 최소의 비용으로 현지의 재료와 노동력을 사용하는 기술이다.
㉡ 2문단에서 적정 기술을 본격적으로 연구하기 시작한 사람은 영국의 경제학자 슈마허라고 하였다.
㉤ 1문단에서 적정 기술은 주로 빈곤 지역에 사는 가난한 사람들의 삶의 질을 향상시키기 위해 만들어진 기술이라고 하였다.

3 구체적 사례에 적용하기 　답 ③

이 글의 '항아리 냉장고'와 가장 유사한 사례는?

① 나노 기술을 통해 은의 탁월한 항균 효과를 살린 세탁기
② 발광 다이오드를 사용함으로써 두께를 줄이고 화질을 개선한 텔레비전
☑ 가운데가 빈 드럼통에 줄을 매달아 굴려 차량 없이도 많은 물을 옮길 수 있도록 한 물통 → 빈곤 지역에서 직접 생산·소비할 수 있는 소규모 생산 기술
④ 엔진과 전기 모터를 상황에 따라 사용함으로써 유해 가스를 적게 배출하도록 만든 자동차
⑤ 인공위성과 전자 지도를 활용해 모르는 길을 쉽고 정확하게 찾아갈 수 있도록 한 내비게이션

정답 풀이

항아리 냉장고는 가난한 지역의 사람들이 구할 수 있는 재료로 간단한 원리를 적용해 쉽게 만들었다는 특징이 있다. ③의 물통 역시 드럼통에 줄만 매달면 쉽게 만들 수 있고 굴려서 편하게 이용할 수 있어 빈곤 지역의 삶에 도움이 된다. 즉 ③은 적정 기술의 하나로서 항아리 냉장고와 성격이 유사하다.

오답 풀이

①, ②, ④, ⑤는 모두 가난한 사람들의 삶을 개선하기 위해 만든 것이 아니며, 원리나 방법, 재료 등의 측면에서 빈곤 지역의 사람들이 직접 생산하고 소비하기 어려운 기술이다.

어휘력 Upgrade

※다음의 빈칸에 들어갈 알맞은 말을 〈보기〉에서 찾아 쓰시오.

┤ 보기 ├
당면
열등
이바지
자급자족

1 남보다 (열등)하다는 생각을 버려야 성공할 수 있다.
→ 보통의 수준이나 등급보다 낮음
2 그의 꿈은 교육자가 되어 교육 발전에 (이바지)하는 것이다.
→ 도움이 되게 함
3 지구 온난화는 현대에 인류가 (당면)한 중대한 문제 중 하나이다.
→ 어떤 일에 바로 맞닥뜨림
4 우리 집 텃밭에는 채소를 골고루 심었기 때문에 웬만한 채소는 (자급자족)이 된다.
→ 필요한 물자를 스스로 생산하여 충당함

쪼개면 빨라진다, 패킷 교환 방식

1⑤　　2③　　3③

● 지문 갈무리
네트워크상에서 보내는 이메일은 그 내용이 조각조각 나뉘어 전송돼. 이것이 수신자에게 전달된 후 재결합되어 다시 한 통의 이메일이 되는 거지. 이러한 정보 전달 방식을 '패킷 교환 방식'이라고 해. 이 글은 패킷의 개념과 패킷 교환 방식을 트럭에 물건을 실어 전달하는 상황에 빗대어 알기 쉽게 설명하고 있어.

● 주제
패킷의 개념과 네트워크상의 패킷 교환 과정

① 우리는 하루에도 몇 번씩 상대방과 이메일이나 메시지를 주고받는다. 인터넷상에 우편배달부가 있는 것도 아닌데 어떻게 이메일이나 메시지가 상대방에게 잘 전달될 수 있는 걸까? 이를 이해하기 위해서는 먼저 인터넷에서 정보를 전달하는 최소 단위인 '패킷'의 개념과 데이터가 전송되는 과정인 패킷 교환 과정에 대해 알아야 한다.
　중심 화제 ▶인터넷 정보 전달의 단위인 패킷의 개념과 패킷 교환 과정 이해의 필요성

② 먼저 패킷이란 네트워크를 사용해서 데이터를 전송하기 위해 데이터를 일정한 단위로 나누어 놓은 것을 말한다. 「어떤 도시에 살고 있는 사람들에게 필요한 물건들을 보낸다고 가정해 보자. 만약 하나의 트럭에 ⓐ물건들을 전부 싣고 도시로 이동한다면, 도로 상황이 좋지 않거나 다른 사고가 발생하여 물건이 제때 전달되지 못하는 경우가 발생할 수 있다. 그렇다면 ⓑ물건을 여러 개로 나누어서 각각 다른 트럭에 싣고 ⓒ서로 다른 도로를 이용해 물건들을 전달한다면 어떨까? 일부 도로에 문제가 생기더라도 다른 경로를 통해 물건들이 도착하여 사람들이 그것을 이용할 수 있을 것이다.」 ▶패킷의 개념과 패킷 전달을 빗댄 사례

③ ⓓ데이터도 마찬가지다. 패킷으로 나누지 않고 전체를 한꺼번에 보낸다면 ⓔ하나의 경로로만 가야 한다. 그러나 네트워크는 두 대의 컴퓨터끼리만 직접 연결된 구조가 아니다. 여러 대의 컴퓨터가 연결되어 복잡한 구조를 이루고 있다. 따라서 데이터를 보내는 컴퓨터와 받는 컴퓨터가 직접 연결되지 않은 경우 ⓕ데이터가 매우 늦게 전송되거나 전송되지 못하고 막혀 있는 일이 있을 수 있다. 이런 이유로 물건들을 여러 트럭에 나누어 싣고 서로 다른 도로를 이용해 전달하는 방법과 같이 데이터를 ⓖ패킷으로 나누어 ⓗ여러 회선으로 동시에 보내는 방법을 사용하는 것이다. ▶데이터를 패킷으로 나누어 전송하는 이유

④ 이러한 정보 전달 방식을 패킷 교환 방식이라고 한다. 패킷 교환 과정을 구체적으로 살펴보면 다음과 같다. 먼저 A컴퓨터가 B컴퓨터에 전달하고자 하는 메시지가 있을 때 A컴퓨터의 교환기(라우터)가 이를 데이터 패킷으로 나눈다. 이후 교환기가 이 데이터 패킷들을 전송하기 위한 최적의 경로를 파악한다. 그렇게 파악된 최적의 경로에 따라 데이터 패킷을 여러 회선으로 나누어 B컴퓨터로 전송한다. 그러면 B컴퓨터의 교환기에서 수신한 패킷들을 다시 결합하여 데이터를 복원하고, B컴퓨터는 이것을 이메일이나 메시지로 사용자에게 보여 주는 것이다. 한마디로 패킷 교환은 하나의 데이터를 여러 패킷으로 나누고, 인터넷의 여러 회선을 동시에 이용하는 것이다. 이 방식을 활용하면 하나의 회선으로 보내는 것보다 훨씬 빠르고 원활하게 데이터를 전달할 수 있다. ▶패킷 교환 과정과 이 방식의 장점

♥ 가정(假定): 사실이 아니거나 또는 사실인지 아닌지 분명하지 않은 것을 임시로 인정함.
♥ 회선(回線): 전기 음성 신호나 문자 신호 따위가 통할 수 있도록 가설된 선.
♥ 라우터(router): 네트워크 간의 연결점에서 패킷에 담긴 정보를 분석하여 적절한 통신 경로를 선택하고 전달해 주는 장치.
♥ 최적(最適): 가장 알맞음.
♥ 원활(圓滑): 거침이 없이 잘되어 나감.

 독해력 Upgrade　※각 문단의 중심 내용을 다음과 같이 정리할 때, 빈칸에 들어갈 알맞은 말을 쓰시오.

| ① 인터넷 정보 전달의 단위인 패킷의 개념과 패킷 교환 과정 이해의 필요성 | → | ② 패킷의 개념과 패킷 전달을 빗댄 사례 | → | ③ 데이터를 (패킷)으로 나누어 전송하는 이유 | → | ④ (패킷 교환) 과정과 이 방식의 장점 |

1 세부 정보 파악하기 답 ⑤

이 글을 읽고 파악한 내용으로 적절하지 않은 것은?

① 패킷은 데이터를 일정한 단위로 나누어 놓은 것을 뜻한다. → 2문단
② 패킷 교환 방식에서는 인터넷의 여러 회선을 동시에 이용한다. → 3문단. 4문단
③ 데이터를 전송할 때 일정한 단위로 나누지 않으면 하나의 경로로만 가야 한다. → 3문단
④ 데이터를 하나의 회선으로만 보낼 경우 전송이 막히거나 매우 늦어질 수 있다. → 3문단
☑ 네트워크는 두 대의 컴퓨터끼리만 직접 연결된 구조이므로 데이터를 빠르게 전송할 수 있다.
× - 네트워크는 여러 대의 컴퓨터가 연결되어 복잡한 구조를 이룸

정답 풀이

3문단에 "네트워크는 두 대의 컴퓨터끼리만 직접 연결된 구조가 아니다. 여러 대의 컴퓨터가 연결되어 복잡한 구조를 이루고 있다."라고 제시되어 있으므로 ⑤는 적절하지 않다.

오답 풀이

① 2문단에서 패킷이란 "데이터를 일정한 단위로 나누어 놓은 것을 말한다."라고 하였다.
② 3문단과 4문단에서, 패킷 교환은 여러 개로 나눈 패킷을 인터넷의 여러 회선으로 동시에 보내는 방식이라고 하였다.
③, ④ 3문단에서 데이터를 패킷으로 나누지 않고 전체를 한꺼번에 보낸다면 하나의 경로로만 가야 하며, 이 경우 데이터가 매우 늦게 전송되거나 전송되지 못하고 막혀 있는 일이 발생할 수 있다고 하였다.

2 정보 간의 관계 파악하기 답 ③

이 글의 @~ⓗ에 대한 설명으로 적절하지 않은 것은?

① @는 ⓓ를 비유적으로 표현한 것이다.
② ⓑ를 데이터 전송 상황과 대응시키면 ⓖ에 해당한다.
☑ ⓒ를 이용해서 물건을 보내는 것은 ⓔ로 패킷을 보내는 것과 같다.
× - 여러 회선으로 패킷을 보내는 것(ⓗ)과 같음
④ 데이터를 ⓔ에만 의존하여 보내면 ⓕ의 결과가 발생할 수 있다.
⑤ 데이터를 ⓖ와 ⓗ를 이용하여 보내면 원활하게 전송할 수 있다.

정답 풀이

서로 다른 도로(ⓒ)를 이용하여 물건들을 전달하는 것은 여러 회선을 이용하여 패킷을 보내는 것(ⓗ)과 대응된다.

오답 풀이

① 2문단의 물건을 트럭에 실어 도로를 이용해 전달하는 상황은 3문단의 데이터 전송 상황을 빗대어 나타낸 것이다. 즉, 물건들(@)은 데이터(ⓓ)와 대응된다.
② 보낼 물건을 여러 개로 나누는 것(ⓑ)은 하나의 데이터를 패킷으로 나누는 것(ⓖ)과 대응된다.
④ 3문단에 따르면 네트워크는 여러 대의 컴퓨터가 연결되어 복잡한 구조를 이루고 있기 때문에, 하나의 경로(ⓔ)만 이용하여 데이터를 보낼 경우 데이터 전송이 원활하지 못할 수 있다(ⓕ).
⑤ ⓖ와 ⓗ를 이용하여 데이터를 전달하는 방식이 패킷 교환 방식인데, 4문단에서 패킷 교환 방식을 활용하면 하나의 회선으로 데이터를 보내는 것보다 빠르고 원활하게 데이터를 전달할 수 있다고 하였다.

3 핵심 정보 파악하기 답 ③

4를 참고할 때 패킷 교환 방식의 순서로 알맞은 것은?

① 경로 파악 → 패킷 나누기 → 여러 회선으로 패킷 전송 → 패킷 결합 → 패킷 수신
② 경로 파악 → 하나의 회선으로 패킷 전송 → 패킷 나누기 → 패킷 수신 → 패킷 결합
☑ 패킷 나누기 → 경로 파악 → 여러 회선으로 패킷 전송
4문단의 패킷 교환 과정 ① 과정 ②   과정 ③
→ 패킷 수신 → 패킷 결합 및 데이터 복원
  과정 ④   과정 ⑤
④ 패킷 나누기 → 경로 파악 → 여러 회선으로 패킷 전송 → 패킷 결합 및 데이터 복원 → 패킷 수신
⑤ 패킷 나누기 → 경로 파악 → 하나의 회선으로 패킷 전송 → 패킷 수신 → 패킷 결합 및 데이터 복원

정답 풀이

4문단에 따르면 패킷 교환 과정은 보내고자 하는 데이터(메시지)를 교환기(라우터)가 데이터 패킷으로 나누는 것부터 시작한다(과정 ①). 그다음 교환기가 데이터 패킷들을 전송하기 위한 최적의 경로를 파악하고(과정 ②) 파악된 여러 경로로 데이터 패킷을 나누어 전송한다(과정 ③). 그리고 상대 컴퓨터가 패킷을 수신하면(과정 ④) 이 패킷들을 결합하여 데이터를 복원하고(과정 ⑤) 컴퓨터는 사용자에게 메시지를 보여 주는 것이다.

어휘력 Upgrade

※다음의 빈칸에 들어갈 알맞은 말을 <보기>에서 찾아 쓰시오.

┌ 보기 ┐
가정
원활
최적
회선

1 검은콩은 해독력이 뛰어나 혈액 순환을 (원활)하게 해 준다.
→ 거침이 없이 잘되어 나감
2 만일 하늘에 태양이 없다고 (가정)한다면 지구는 어떤 모습일까?
→ 사실이 아니거나 또는 사실인지 아닌지 분명하지 않은 것을 임시로 인정함
3 사계절이 분명한 한반도는 농경 문화가 싹트기에 (최적)의 땅이었다.
→ 가장 알맞음
4 1971년에 판문점의 남북 연락 사무소를 잇는 직통 전화 (회선)이 개통되었다.
→ 전기 음성 신호나 문자 신호 따위가 통할 수 있도록 가설된 선

지구를 살리는 에너지를 찾아라

● 지문 갈무리
화석 연료는 고갈 위험이 있고 환경 문제를 일으킨다는 한계가 있어. 그래서 이를 대체할 에너지에 대한 연구가 꾸준히 이어져 왔지. 이 글은 고갈될 걱정이 없고 친환경적인 '재생 가능 에너지원'이 화석 연료의 대안이 될 수 있다는 점을 설명하면서, 현재 다양하게 개발되어 있는 재생 가능 에너지 기술에 대해 알려 주고 있어.

● 주제
화석 연료의 대안이 될 수 있는 재생 가능 에너지의 특징

▾ **고갈(枯渴)**: 어떤 일의 바탕이 되는 돈이나 물자, 소재, 인력 따위가 다하여 없어짐.

▾ **온실가스**: 지구 대기를 오염시켜 온실 효과를 일으키는 이산화 탄소, 메탄 등의 가스를 통틀어 이르는 말.

▾ **당면(當面)**: 바로 눈앞에 당함.

▾ **누출(漏出)**: 액체나 기체가 밖으로 새어 나옴. 또는 그렇게 함.

▾ **지열(地熱)**: 지구 안에 본디부터 있는 땅속 열.

▾ **집열판(集熱板)**: 열을 한데 모으는 데에 쓰이는 판.

1 현재 인류가 사용하는 에너지의 대부분은 화석 연료를 기반으로 한다. 화석 연료란 땅속에 파묻힌 생물이 오랜 세월에 걸쳐 화석같이 굳어져 만들어진 연료로 석탄, 석유, 천연가스 등을 말한다. 그런데 매장된 양이 한정된 화석 연료는 인구 증가와 산업 발전에 따라 그 소비량이 급속도로 늘어났고, 급기야 화석 연료의 고갈을 걱정해야 하는 상황에 이르렀다. 화석 연료로부터 배출된 온실가스가 일으키는 지구 온난화 현상은 인류의 또 하나의 골칫거리가 되었다. 지구 온난화는 기상 이변을 유발하고 그로 인한 피해는 점점 커지고 있다. 이러한 상황에서 화석 연료의 사용을 계속 고집하는 것은 지구의 미래를 생각하지 않는 무책임한 태도이다. 화석 연료를 대신할 수 있는 에너지를 찾는 것은 인류가 당면한 중요한 과제라고 할 수 있다. ▶화석 연료를 대신할 에너지 개발의 필요성

2 원자력이나 쓰레기를 활용한 에너지가 대안으로 제시되기도 한다. 그러나 원자력 발전의 연료인 우라늄도 언젠가는 고갈될 수 있고 방사능 누출 등의 위험까지 안고 있으므로 원자력은 화석 연료의 대안이 되기에는 적절하지 않다. 쓰레기를 태워 에너지를 얻는 방식도 환경 오염 물질이 배출된다는 문제를 안고 있으며, 쓰레기 역시 사용하면 없어지는 것이므로 화석 연료의 대안이 될 수 없다. ▶원자력과 쓰레기 활용 에너지가 화석 연료의 대안이 될 수 없는 이유

3 이와 달리 태양열이나 바람, 지열 등의 에너지원은 사용해도 없어지지 않고 다시 얻을 수 있다. 태양열은 태양이 존재하는 한 사라지지 않으며, 풍력도 지구에서 바람이 부는 한 계속 얻을 수 있다. 이렇게 언제까지든 계속 사용할 수 있는 에너지를 '재생 가능 에너지원'이라고 한다. 재생 가능 에너지원은 화석 연료처럼 고갈을 염려할 필요가 없으며, 이산화 탄소를 배출하지 않기 때문에 기후 변화를 유발하지 않는다. ▶고갈되지 않고 기후 변화를 유발하지 않는 재생 가능 에너지원

4 재생 가능 에너지원은 인류 전체가 사용하기에 충분하다. 「태양에서 1년간 지구로 오는 태양열은 인류가 1년 동안 사용하는 에너지의 1만 배 정도나 된다. 사하라 사막의 1/10 면적에 비치는 햇빛이 담고 있는 에너지는 인류 전체가 1년간 사용하는 에너지와 같은 양이다.」 이러한 재생 가능 에너지원을 이용할 수 있는 기술은 다양하게 개발되어 있다. 「햇빛을 전기로 변환하는 태양광 발전 기술, 햇빛을 모아 난

방열과 온수를 만드는 태양열 집열판 기술, 바람으로 전기를 만드는 풍력 발전 기술 등은 이미 널리 사용되고 있다. 또한 지열 발전 기술의 보급도 계속 확대되고 있으며, 동식물 폐기물을 활용해 자원으로 바꾸는 기술인 바이오매스 기술도 개발되어 널리 확산되고 있다.」 ▶재생 가능 에너지원의 양과 기술 개발 현황

독해력 Upgrade ※각 문단의 중심 내용을 다음과 같이 정리할 때, 빈칸에 들어갈 알맞은 말을 쓰시오.

1 (화석 연료)를 대신할 에너지 개발의 필요성 → **2** (원자력)과 쓰레기 활용 에너지가 화석 연료의 대안이 될 수 없는 이유 → **3** (고갈)되지 않고 기후 변화를 유발하지 않는 재생 가능 에너지원 → **4** 재생 가능 에너지원의 양과 기술 개발 현황

1 세부 정보 파악하기 　　　　답 ④

이 글을 통해 알 수 있는 내용이 **아닌** 것은?

① 화석 연료의 개념 → 1문단

② 화석 연료의 문제점 → 1문단

③ 재생 가능 에너지의 장점 → 3문단

☑ 지구 온난화에 따른 피해 사례 → 이 글에 제시되지 않음

⑤ 재생 가능 에너지원을 이용하는 기술 → 4문단

정답 풀이

1문단에서 "지구 온난화는 기상 이변을 유발하고 그로 인한 피해는 점점 커지고 있다."라고 하였을 뿐, 구체적인 피해 사례는 언급하지 않았다.

2 핵심 정보 파악하기 　　　　답 ④

이 글을 바탕으로 질문에 답할 때, ⓐ~ⓓ에 해당하는 에너지원으로 적절하지 **않은** 것은?

질문		그렇다	아니다
현재 사용하고 있는 에너지원인가?	⇨	ⓐ	
고갈이 걱정되는 에너지원인가?	⇨	ⓑ	
친환경적인 에너지원인가?	⇨		ⓒ
화석 연료의 대안이 될 수 있는가?	⇨	ⓓ	

① ⓐ: 풍력
② ⓑ: 천연가스
③ ⓒ: 쓰레기를 활용한 에너지
☑ ⓓ: 원자력
　× – 화석 연료의 대안
　으로 적절하지 않음
⑤ ⓓ: 태양열

정답 풀이

2문단에서 "원자력 발전의 연료인 우라늄도 언젠가는 고갈될 수 있고 방사능 누출 등의 위험까지 안고 있으므로 원자력은 화석 연료의 대안이 되기에는 적절하지 않다."라고 하였다. 따라서 원자력은 ⓓ에 해당하는 에너지원으로 볼 수 없다.

오답 풀이

① 4문단에서 바람으로 전기를 만드는 풍력 발전 기술이 이미 널리 사용되고 있다고 하였다.

② 1문단에 따르면 천연가스는 화석 연료로 매장량이 한정적이다.

③ 2문단에 따르면 쓰레기를 태워 에너지를 얻는 방식은 환경 오염 물질이 배출되므로 친환경적이라고 볼 수 없다.

⑤ 3문단에 따르면 태양열은 고갈 염려가 없고 기후 변화를 유발하지 않는 재생 가능 에너지원이므로, 화석 연료의 대안이 될 수 있다.

3 비판의 적절성 판단하기 　　　　답 ②

〈보기〉를 읽고 이 글에 대해 반응한 내용으로 적절하지 **않은** 것은?

┤ 보기 ├

　풍력 발전은 바람의 세기에 따라 풍차 날개가 파손되거나 돌아가지 않을 수 있다. 날개에 치여 죽는 동물의 수도 의외로 많다. 또 풍력 발전소를 조성하기 위해서는 매우 넓은 땅이 필요하다. 마찬가지로 태양열 발전도 계속 확대되다 보면 발전 시설을 설치하는 데 필요한 땅이 모자라는 상황이 올 수도 있다. 단위 시간당 지구에 도달하는 태양 에너지 자체도 한정되어 있다.

① 재생 가능 에너지원을 이용하기 위해서는 적지 않은 자원이 필요하군.
　○–풍력 발전이나 태양열 발전을 위해 넓은 땅이 필요함

☑ 개발된 재생 가능 에너지를 올바른 용도로 사용하는 것이 무엇보다 중요하군.
　× – 〈보기〉와 관련 없는 반응임

③ 재생 가능 에너지원의 양이 충분하다지만, 실제로는 이용에 한계가 있을 수 있군.
　○–〈보기〉의 첫 문장과 마지막 문장에서 확인할 수 있음

④ 재생 가능 에너지원을 이용하는 과정에서 의도치 않은 부정적 결과가 생길 수도 있군.
　○–풍력 발전 과정에서 풍차 날개에 치여 죽는 동물의 수가 많음

⑤ 근본적으로 문제가 없는 자원이나 기술은 없으므로 화석 연료를 대체할 에너지 기술에 대해 꾸준히 연구해야겠군.
　○–재생 가능 에너지원도 〈보기〉와 같은 문제점이 있음

정답 풀이

〈보기〉는 풍력 발전과 태양열 발전의 문제점을 제시한 글이다. 이를 통해 재생 가능 에너지원을 이용할 때 여러 가지 문제가 발생할 수 있다는 관점을 확인할 수 있다. 그러나 '개발된 재생 가능 에너지를 올바른 용도로 사용하는 것'에 대해서는 언급하지 않았으므로 ②는 〈보기〉를 읽고 난 반응으로 적절하지 않다.

오답 풀이

① 풍력 발전이나 태양열 발전을 위해 넓은 땅이 필요하다고 하였으므로 적절한 반응이다.

③ 풍력 발전은 바람의 세기에 따라 풍차 날개가 파손되거나 돌아가지 않을 수 있고, 단위 시간당 지구에 도달하는 태양 에너지 자체도 한정되어 있다고 하였으므로 적절한 반응이다.

④ 풍력 발전 과정에서 풍차 날개에 치여 죽는 동물의 수가 많다고 하였으므로 적절한 반응이다.

⑤ 이 글에서 화석 연료의 대안으로 제시한 재생 가능 에너지원도 〈보기〉와 같은 문제점이 있으므로 적절한 반응이다.

어휘력 Upgrade ※다음의 빈칸에 들어갈 알맞은 말을 〈보기〉에서 찾아 쓰시오.

┤ 보기 ├

고갈
누출
당면
파손

1 유통 과정에서 (파손)된 물품은 교환해 드립니다.
　→ 깨어져 못 쓰게 됨

2 그 단체는 현재 자금 (고갈)로 어려움을 겪고 있다.
　→ 어떤 일의 바탕이 되는 돈이나 물자, 소재, 인력 따위가 다하여 없어짐

3 위급한 일에 (당면)하였을 때는 당황하지 말고 신중하게 대처해야 한다.
　→ 바로 눈앞에 당함

4 밸브나 이음새 부분에서 일어나는 가스 (누출)은 큰 사고로 이어지는 경우가 많다.
　→ 액체나 기체 따위가 밖으로 새어 나옴

거센 폭풍도 이겨 내는 우리 전통 배, 한선

1④　　**2**②　　**3**⑤

● 지문 갈무리
우리 고유의 배를 통틀어 '한선'이라고 해. 이 한선은 우리나라 해안 특성에 잘 맞고 또 매우 튼튼하다는 특징을 갖고 있지. 이 글은 한선의 우수한 기술력을 구조와 재료를 중심으로 설명하고, 이러한 전통 기술의 명맥을 이어 가기 위해 관심을 기울여야 한다는 점을 덧붙여 말하고 있어.

● 주제
우리 전통 배 한선의 우수한 기술력

1 고려 원종 15년, 고려는 원나라 해군과 함께 원정군을 이루어 일본 정벌에 나서게 된다. 이때 일본 규슈 앞바다에서 태풍을 만나 원나라 배는 대부분 파손되거나 침몰하였는데, 고려에서 만든 배들은 원나라 배보다 생존율이 높았다고 한다. 고려의 배가 태풍에서 ▶질문을 통해 독자의 관심 유발
생존율이 높았던 이유는 무엇일까? 그 비밀은 <u>우리나라의 전통 배 한선(韓船)</u>의 구조와
중심 화제
재료를 통해서 확인할 수 있다.　　　　　　　　　　　　　　▶태풍에서도 살아남았던 우리 전통 배 한선

2 한선의 구조와 재료는 조수 간만의 차˙가 크고 물살이 비교적 거세고 빠른 편인 우리
우리나라 해안의 특성
나라 해안의 특성이 고려되었다. 우선 한선
은 바닥이 평평하다. 그래서 썰물 때 배가 쓰
한선의 구조적 특징 ①　　　　　　　　　한선의 바닥을 평평하게 만든 이유
러지지 않고 갯벌에 안전하게 내려앉을 수
있다. 또한 한선은 〈그림〉에 나타난 바와 같
이 멍에와 가룡목이라는 가로로 된 구조물을
한선의 구조적 특징 ②
설치했다. 이는 「배가 좌우 양쪽으로 벌어지
「」: 멍에와 가룡목을 설치한 이유
거나 오그라드는 것을 잡아 주고, 배의 앞뒤
그리고 옆면에서 오는 외부 충격들을 배 전
체가 흡수할 수 있도록 해 준다.」

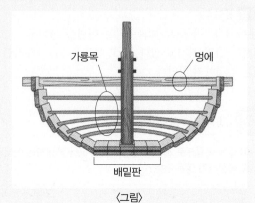

가룡목　　　　멍에

배밑판

〈그림〉

▶한선의 구조적 특징

3 재료 면에서 한선의 특징 가운데 하나는 쇠못 대신 나무못을 사용한 것이다. 나무못은
재료 면에서 한선의 특징 ①
시간이 지나도 녹슬거나 틈이 벌어지지 않고, 쇠못에 비해 탄력성이 좋아서 파도에 의한
한선에 나무못을 사용한 이유
거센 충격을 잘 흡수한다. 또한 한선은 소나무를 재료로 하여 배의 몸체가 튼튼한데, 이
재료 면에서 한선의 특징 ②　　　　　　소나무를 사용한 이유
는 임진왜란 당시 일본 수군이 사용한 안택선˙과 조선 수군이 사용한 판옥선˙을 비교해 보
면 알 수 있다. 안택선은 삼나무를, 판옥선은 소나무를 사용하였는데, 삼나무는 소나무에
안택선과 판옥선의 재료 차이
비해 탄력성이나 단단함이 약해서 두 배가 부딪치면 안택선이 판옥선에 비해 파손 정도가
두 배가 부딪치면 안택선이 더 잘 파손된 이유
컸다. 이 점을 이용하여 조선 수군은 배를 직접 부딪쳐 일본 수군의 배를 깨뜨리는 전법을
한선의 강점을 활용한 조선 수군 ①
쓰기도 했다. 또한 조선 수군은 배의 튼튼한 구조와 재료 덕에 대포와 같은 중화기˙를 배
한선의 강점을 활용한 조선 수군 ②
에서 직접 사용할 수 있었으나, 안택선은 대포가 발사되면서 만들어 내는 반동으로 인한
충격을 견디기 어려워 중화기를 사용하는 데 매우 제한적이었다.　　▶재료 면에서 탁월한 한선의 특징

4 이처럼 한선은 한반도의 자연환경을 고려하여 탁월한 구조와 재료로 튼튼하게 만들어
한선의 우수한 기술
졌기에, 똑같은 태풍 속에서도 원나라 배에 비해 무사할 수 있었다. 그러나 일제 강점기를
거치면서 한선이 열악하다는 일제의 선전으로 인해 한선은 그 명맥˙이 끊기고 말았다. 최
한선의 명맥이 끊긴 이유
근 들어 한선을 이해하고 복원하려는 움직임이 나타나고 있지만 사람들의 관심은 많이 부
족한 상황이다. 우리의 우수한 전통 기술에 좀 더 관심을 기울여야 할 때이다.
한선에 대한 관심 촉구　　　　　　　　　　　　　▶일제 강점기를 거치며 명맥이 끊긴 한선에 대한 관심 촉구

▾조수 간만의 차: 밀물과 썰물 때의 물의 높이 차.

▾안택선(安宅船): '아타케부네'를 우리 한자음으로 읽은 이름. 예전에 일본에서 쓰였던 대형 전투함이다.

▾판옥선(板屋船): 조선 명종 때 개발한 널빤지로 지붕을 덮은 전투함.

▾중화기(重火器): 화약의 힘으로 탄알을 쏘는 병기 가운데 비교적 무게가 무겁고 화력이 강한 것.

▾명맥(命脈): 어떤 일의 지속에 필요한 최소한의 중요한 부분.

독해력 Upgrade　　※각 문단의 중심 내용을 다음과 같이 정리할 때, 빈칸에 들어갈 알맞은 말을 쓰시오.

1 태풍에서도 살아남았던 우리 전통 배 한선	→	**2** 한선의 (구조)적 특징	→	**3** (재료) 면에서 탁월한 한선의 특징	→	**4** 일제 강점기를 거치며 명맥이 끊긴 한선에 대한 관심 촉구

1 중심 내용 파악하기   답 ④

이 글을 신문 기사로 재구성할 때, 표제와 부제로 적절한 것은?

① 전쟁을 승리로 이끈 한선 – 조선 시대 판옥선의 뛰어난 전투력

② 한선이란 무엇인가 – 일제의 탄압 속에서도 살아남은 한선의 저력

③ 태풍에서 살아남은 한선의 비밀 – 발달 과정으로 보는 한선의 역사

☑ 뛰어난 기술력을 보여 주는 한선 – 이제는 그 명맥을 되
  ○ – 구조와 재료를 중심으로 한선의 기술력을 설명
살려 나가야 할 때
  ○ – 4문단에 제시된 글쓴이의 의도

⑤ 세계가 주목하는 한선의 우수함 – 외국의 배와 비교한 한선의 크기와 속도

정답 풀이

이 글은 우리 고유의 배인 한선의 탁월한 기술력을 설명하고 이러한 한선의 명맥을 이어 가기 위한 관심을 촉구하고 있다. 따라서 표제와 부제로 적절한 것은 ④이다.

오답 풀이

① 한선이 전쟁에 유리했다는 점은 이 글의 중심 내용이 아니다.

② 한선은 일제의 탄압으로 명맥이 끊겼으므로 부제가 잘못되었다.

③ 이 글은 한선의 발달 과정에 대한 내용은 다루지 않았다.

⑤ 표제와 부제의 내용 모두 이 글에서 다루지 않았다.

2 세부 정보 파악하기   답 ②

이 글을 읽고 알 수 있는 내용이 아닌 것은?

① 삼나무로 만든 배보다 소나무로 만든 한선이 더 단단하고 강하다. → 3문단

☑ 나무못은 쇠못에 비해 비용이 저렴하고 수리할 때 교체
  × – 이 글을 통해 알 수 없음
하기가 쉽다.

③ 가룡목은 배가 좌우 양쪽으로 벌어지는 것을 잡아 주는 역할을 한다. → 2문단

④ 조선 수군의 판옥선은 대포와 같은 중화기를 배에서 직접 사용할 수 있었다. → 3문단

⑤ 한선의 명맥이 끊기는 데는 한선에 대한 일제의 부정적인 선전이 큰 영향을 미쳤다. → 4문단

정답 풀이

3문단에서 "나무못은 시간이 지나도 녹슬거나 틈이 벌어지지 않고, 쇠못에 비해 탄력성이 좋아서 파도에 의한 거센 충격을 잘 흡수한다."라고 하였다. 나무못이 쇠못에 비해 비용이 저렴하고 수리할 때 교체하기가 쉽다는 내용은 찾아볼 수 없다.

3 반응의 적절성 판단하기   답 ⑤

이 글과 〈보기〉를 읽고 반응한 내용으로 적절하지 않은 것은?

┤ 보기 ├

중국, 일본 등 다른 나라 배들은 배 밑부분이 V 자형으로 뾰족하게 되어 있는데 이러한 형태의 배를 첨저선이라고 한다. 첨저선은 물살을 쉽게 가르고 나아갈 수 있어서 속도가 빠르기 때문에 대부분의 나라는 첨저선을 선호했다.

① 다른 나라의 배들과 비교했을 때 한선의 바닥 모양은 독
  ○ – 다른 나라의 배는 대부분 첨저선인데, 한선은 바닥이 평평함
특하다고 볼 수 있어.

② 한선이 첨저선이 아닌 이유는 한반도의 해안 특성과 밀
  ○ – 조수 간만의 차가 크고 갯벌이 있는 자연환경과 밀접함
접하게 관련되어 있어.

③ 조수 간만의 차가 큰 서해를 드나들기에는 첨저선보다
  ○ – 한선은 수위가 낮아져도 배가 해안 바닥에 걸려 넘어지지 않음
한선이 유리한 것 같아.

④ 한선의 바닥을 V 자 형태로 만들었다면 썰물 때 갯벌 위
에 서지 못하고 쓰러졌을 거야.
  ○ – 바닥이 V 자인 첨저선은 갯벌 위에 제대로 서지 못함

☑ 한선은 먼바다를 빠르게 항해할 일이 없었기 때문에 굳
  × – 원나라 해군과 일본 정벌에 나선 고려의 배는 일본 규슈 앞바다까지 감
이 첨저선으로 만들 필요가 없었어.

정답 풀이

원나라 해군과 함께 일본 정벌에 나선 고려의 배가 일본 규슈 앞바다에서 태풍을 만났다는 1문단의 내용으로 보아, 한선은 육지에서 멀리 떨어진 바다를 항해하기도 하였음을 알 수 있다. 따라서 ⑤의 반응은 적절하지 않다.

오답 풀이

① 〈보기〉에 따르면 대부분 나라의 배는 밑부분이 V 자형인 첨저선인데, 이와 달리 한선은 바닥이 평평하다.

② 한선의 바닥이 평평한 것은 조수 간만의 차가 크고 갯벌이 있는 한반도의 해안 특성이 고려된 것이다.

③, ④ 한선은 첨저선과 달리 바닥이 평평하므로, 썰물로 수위가 낮아져도 배가 해안 바닥에 걸려 넘어지지 않고 갯벌 위에도 안전하게 내려앉을 수 있다.

어휘력 Upgrade

※다음의 빈칸에 들어갈 알맞은 말을 〈보기〉에서 찾아 쓰시오.

┤ 보기 ├
명맥
선호
유리
저력

1 우리나라 사람들은 남향으로 된 건물을 (선호)한다.
→ 여럿 가운데서 특별히 가려서 좋아함

2 축구 대표 팀은 강력한 우승 후보를 상대로 역전승을 거두는 (저력)을 보여 주었다.
→ 속에 간직하고 있는 든든한 힘

3 조선 시대에는 불교의 교세가 땅에 떨어져 서민층을 중심으로 (명맥)만 이어 가게 되었다.
→ 어떤 일의 지속에 필요한 최소한의 중요한 부분

4 산에 오를 때는 되도록 가벼운 신발을 신는 것이 피로감을 덜고 부상을 방지하는 데 (유리)하다.
→ 이익이 있음

하이브리드 자동차

● 지문 갈무리

이 글은 대표적인 친환경 차인 하이브리드 자동차에 대해 소개하고 있어. 하이브리드 자동차의 구성 요소와 각각의 기능을 설명하고, 속도나 주행 상태에 따라 어떤 작동이 이루어지는지를 상세히 설명하고 있지. 그리고 하이브리드 자동차가 비록 단점이 있긴 하지만 장점이 크기 때문에 앞으로도 중요한 교통수단으로 사용될 것이라고 전망하고 있어.

● 주제

하이브리드 자동차의 특징

♥ 상용화(常用化): 일상적으로 쓰이게 됨. 또는 그렇게 만듦.

♥ 운동 에너지: 운동하는 물체가 가지고 있는 에너지.

♥ 주행(走行): 주로 동력으로 움직이는 자동차나 열차 따위가 달림.

♥ 가속(加速): 점점 속도를 더함. 또는 그 속도.

♥ 구동력(驅動力): 동력 기구를 움직이는 힘.

♥ 감속(減速): 속도를 줄임. 또는 그 속도.

♥ 정차(停車): 차가 멈춤. 또는 차를 멈춤.

1 대기 오염이 날로 심각해지는 요즘, 환경 오염을 줄일 수 있는 자동차에 대한 관심도 높아지고 있다. 그러한 관심 속에서 개발되어 상용화♥에 성공한 것이 하이브리드(hybrid) 자동차이다. '하이브리드'란 두 가지 기능을 하나로 합쳤다는 의미이다. 하이브리드 자동차는 화학 연료를 소모하는 기존의 엔진에 전기 모터를 함께 장착하여, 내연 기관 엔진만 있는 자동차보다 화학 연료 소비율을 낮추고 배기가스를 적게 배출하는 대표적인 친환경 차이다.
▶ 하이브리드 자동차의 개념과 특징

2 ㉠하이브리드 자동차는 〈그림〉처럼 내연 기관 엔진과 전기 모터, 배터리, 연료 탱크, 변속기 등으로 이루어져 있다. 내연 기관 엔진은 휘발유나 경유 등의 연료를 연소시켜 열에너지를 기계적 에너지로 바꾸고 이 에너지로 바퀴를 굴린다. 전기 모터는 바퀴가 회전하면서 생기는 운동 에너지♥를 전력으로 바꾸어 배터

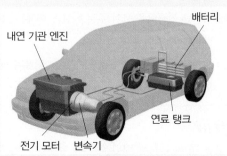

〈그림〉

리를 충전하거나, 거꾸로 배터리에 충전된 전기를 사용하여 자동차를 움직이게 한다. 변속기는 내연 기관 엔진과 전기 모터의 회전 운동을 바퀴에 전달한다. 그리고 연료 탱크는 연료를 보관하고 엔진에 공급한다.
▶ 하이브리드 자동차의 구성 요소와 각 요소의 기능

3 하이브리드 자동차의 시동을 걸 때는 전기 모터가 바퀴를 회전시킴으로써 자동차를 출발시키는데, 이때 내연 기관 엔진은 사용하지 않으므로 소음이 적고 매연도 배출되지 않는다. 주행♥을 할 때는 상황에 따라 내연 기관 엔진과 전기 모터를 적절히 사용한다. 가속♥할 때는 엔진과 전기 모터를 모두 사용해서 구동력♥을 높이고, 감속♥할 때는 엔진을 멈추고 바퀴의 운동 에너지로 전기 모터를 회전시킨다. 이때 발생하는 전기 에너지를 배터리에 충전하고 이를 다시 재사용함으로써 연료 및 전기 에너지의 사용 효율을 높일 수 있다. 정차♥할 때는 엔진과 전기 모터가 모두 정지한다.
▶ 주행 상태와 속도에 따른 하이브리드 자동차의 작동 원리 및 장점

4 하이브리드 자동차는 「대용량의 배터리와 전기 모터를 추가로 장착해야 하므로 기존의 자동차보다 무겁고 가격이 비싸다. 또한 충전 시간이 오래 걸리고, 배터리의 용량 한계로 주행 거리도 비교적 짧으며, 배기가스를 아예 배출하지 않는 것은 아니라는 단점이 있다.」 그러나 기존의 자동차가 갖지 못한 장점으로 보아, 무공해에 가까운 전기 자동차나 수소 자동차가 완전히 상용화되기 전까지 하이브리드 자동차는 계속해서 중요한 교통수단의 역할을 할 것으로 보인다.
▶ 하이브리드 자동차의 한계와 전망

 독해력 Upgrade

※ 각 문단의 중심 내용을 다음과 같이 정리할 때, 빈칸에 들어갈 알맞은 말을 쓰시오.

| **1** 하이브리드 자동차의 개념과 특징 | → | **2** 하이브리드 자동차의 (구성 요소)와 각 요소의 기능 | → | **3** 주행 상태와 (속도)에 따른 하이브리드 자동차의 작동 원리 및 장점 | → | **4** 하이브리드 자동차의 한계와 전망 |

1 내용 전개 방식 파악하기 답①

> **이 글에 쓰인 서술 방식으로 적절한 것은?**
>
> ☑ 대상을 구성 요소별로 나누어 각각의 기능을 설명하고 있다. → 2문단
> ② 대상이 지닌 문제점의 원인을 다양한 관점에서 분석하고 ×
>   있다.
> ③ 대상의 한계를 지적하고 그것을 극복할 방안을 제시하고 ×
>   있다.
> ④ 대상의 문제점을 바탕으로 앞으로의 상황을 부정적으로 전망하고 있다. ×
> ⑤ 대상의 핵심 기술이 변화 · 발전해 온 과정을 중심으로 ×
>   내용을 전개하고 있다.

정답 풀이

이 글의 2문단에서 하이브리드 자동차는 "내연 기관 엔진과 전기 모터, 배터리, 연료 탱크, 변속기 등으로 이루어져 있다."라고 구성 요소를 분석하고, 각각의 요소가 어떤 기능을 하는지를 설명하였다.

오답 풀이

②, ③ 4문단에 하이브리드 자동차의 한계로 몇 가지 단점이 제시되긴 하였으나, 그 원인을 분석하거나 극복 방안을 제시하지는 않았다.
④ 공해 없는 자동차가 상용화되기 전까지는 하이브리드 자동차가 계속해서 중요한 교통수단의 역할을 할 것이라고 전망하였다.
⑤ 하이브리드 자동차의 핵심 기술이 변화 · 발전해 온 과정에 대해서는 다루지 않았다.

2 세부 정보 파악하기 답⑤

> **㉠에 대한 설명으로 적절하지 않은 것은?**
>
> ① 배기가스를 적게 배출하는 친환경 차이다. → 1문단
> ② 기존 자동차에는 없는 전기 모터가 장착되어 있다. → 1문단
> ③ 기존 자동차보다 무겁고 가격이 비싸다는 단점이 있다. → 4문단
> ④ 전기 자동차나 수소 자동차와 달리 상용화된 교통수단이다. → 1, 4문단
> ☑ 대용량 배터리가 있어서 기존 자동차보다 주행 거리가 길다. × – 배터리의 용량 한계로 주행 거리가 비교적 짧음

정답 풀이

4문단에서 하이브리드 자동차는 배터리의 용량 한계로 주행 거리가 비교적 짧다고 하였으므로 ⑤는 적절하지 않다.

오답 풀이

①, ② 1문단에서 확인할 수 있다.
③ 4문단에서 확인할 수 있다.
④ 1문단에서 하이브리드 자동차가 상용화에 성공했음을, 4문단에서 전기 자동차나 수소 자동차가 상용화되기 전임을 알 수 있다.

3 개념을 적용하여 자료 해석하기 답④

> **다음은 하이브리드 자동차에 대한 수업의 일부이다. 선생님의 질문에 대한 답으로 알맞은 것은?**
>
> 선생님: 아래의 그래프는 하이브리드 자동차의 주행 구간과 속도를 나타낸 것입니다. ㉮~㉺ 중에서 연료 공급이 중단되어 엔진이 정지되고 전기 모터가 배터리를 충전하는 구간은 어디일까요?
>
>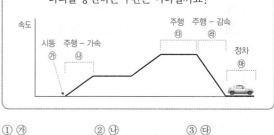
>
> ① ㉮   ② ㉯   ③ ㉰
> ☑ ㉱   ⑤ ㉲

정답 풀이

제시된 그래프에서 ㉮는 시동을 걸 때이고, ㉯~㉱는 주행 상태이며, ㉲는 정차 상태이다. 그리고 주행 중 ㉯는 가속할 때이고 ㉱는 감속할 때이다. 3문단에서 "감속할 때는 엔진을 멈추고 바퀴의 운동 에너지로 전기 모터를 회전시킨다. 이때 발생하는 전기 에너지를 배터리에 충전"한다고 하였으므로, 선생님의 질문에 대한 답으로 알맞은 것은 감속 구간인 ㉱이다.

오답 풀이

㉮ 시동을 걸 때는 전기 모터가 바퀴를 회전시킴으로써 자동차가 출발한다.
㉯ 가속할 때는 엔진과 전기 모터를 모두 사용해서 구동력을 높인다.
㉰ 주행을 할 때는 상황에 따라 내연 기관 엔진과 전기 모터를 적절히 사용한다.
㉲ 정차할 때는 엔진과 전기 모터가 모두 정지한다.

어휘력 Upgrade ※다음의 빈칸에 들어갈 알맞은 말을 <보기>에서 찾아 쓰시오.

보기
가속
전망
정차
주행

1 당분간 따뜻한 날씨가 지속될 것으로 (전망)된다.
   → 앞날을 헤아려 내다봄. 또는 내다보이는 장래의 상황
2 신호 문제로 지하철의 (정차) 시간이 평소보다 길어졌다.
   → 차가 멈춤. 또는 차를 멈춤
3 편리한 기계들이 발명되면서 산업화가 더욱 (가속)되었다.
   → 점점 속도를 더함. 또는 그 속도
4 이 자전거에는 안전등이 달려 있어서 야간 (주행)에도 안전합니다.
   → 주로 동력으로 움직이는 자동차나 열차 따위가 달림

조명 기구의 3단 변신

1 조명 기구는 전기 에너지를 빛 에너지로 변환하여 어두운 곳을 환하게 밝힌다. 이때
중심 화제
조명 기구를 밝히는 데 사용되는 전력의 양이 빛으로 바뀌는 비율을 가리켜 발광 효율이
발광 효율의 개념
라고 한다. 전기를 이용한 인류 최초의 조명 기구라 할 수 있는 백열전구가 발명된 이래
형광등과 LED(발광 다이오드) 같은 조명 기구들이 새롭게 등장했는데, 이들은 발광 효율
을 높이는 방향으로 발전하였다.   ▶발광 효율을 높이는 방향으로 발전한 조명 기구
조명 기구의 발전 방향

2 백열전구는 둥근 유리구 안에 필라멘트˘를 넣고 질소나 아르곤과 같이 다른 물질과
백열전구의 구조
화합하지 않는 기체를 넣은 단순한 구조이다. 필라멘트에 전압을 가하면 필라멘트가 뜨거
백열전구의 발광 원리
워지며 빛을 내보낸다. 그런데 전구에 들어가는 전력의 양 중 빛으로 변하는 것은 10% 정
도이고 나머지는 열로 변한다. 그렇기 때문에 백열전구는 발광 효율이 아주 낮다. 또한 필
백열전구의 특징 ① – 낮은 발광 효율
라멘트가 고온으로 가열되므로 끊어지기 쉬워 수명도 짧다.   ▶백열전구의 구조와 발광 원리 및 특징
백열전구의 특징 ② – 짧은 수명

3 형광등은 원통형 유리관 안에 수은 및 다른 물질과 화합하지 않는 아르곤과 같은 기
형광등의 구조
체가 들어 있고, 양 끝에 필라멘트가 붙어 있는 구조이다. 「이 두 개의 필라멘트를 가열하
「 」: 형광등의 발광 원리
면 열전자˘가 나오게 되는데, 이 열전자가 수은 입자에 충돌하면 자외선˘이 발생하고, 자
외선이 형광등 안쪽에 발라진 형광 물질에 닿으면 빛으로 바뀐다.」이때 형광 물질의 종류
에 따라 빛의 색이 달라지기도 하고 자외선을 빛으로 바꾸는 효율이 달라지기도 한다. 형
광등은 필라멘트에서 직접 빛을 얻는 것이 아니므로 백열전구에 쓰이는 전력의 30% 정도
형광등의 특징 ① – 백열전구보다 좋은 발광 효율
로 같은 밝기의 빛을 낼 수 있다. 또한 백열전구에 비해 열도 적게 나고 수명도 5~6배 정
형광등의 특징 ② – 백열전구보다 적은 열 발생, 긴 수명
도 길다.   ▶형광등의 구조와 발광 원리 및 특징

4 LED(발광 다이오드)는 p형, n형이라는 두 종류의 반도체˘를 접합한 구조로 되어 있
LED의 구조
다. LED에서 빛이 만들어지는 원리는 의외로 간단하다. 반도체에 빛을 쬐어 주면 전자와
정공˘이 만들어지면서 전류가 흐르고 이 전류가 빛
이 된다. 즉, 「전자가 많은 n형 반도체와 정공이 많
「 」: LED의 발광 원리
은 p형 반도체를 접합해서 만든 pn반도체에 전기를
걸어 주면, 중간에서 여유분의 전자와 정공이 만나
면서 빛이 만들어지는 것이다.」LED는 전기 에너지
를 직접 빛 에너지로 바꾸어 주기 때문에 발광 효율
LED의 특징 ① – 뛰어난 발광 효율
이 백열전구나 형광등보다 높다. 또한 필라멘트와
같은 가열체가 없으므로 형광등에 비해 수명이 길
LED의 특징 ② – 형광등보다 적은 열 발생, 긴 수명
고 열 발생 또한 적다.   ▶LED의 구조와 발광 원리 및 특징

● **지문 갈무리**
조명 기구는 좀 더 효율적으로 빛을 내는 방향으로 발전해 왔어. 이 글은 백열전구, 형광등, LED의 구조와 발광 원리, 특징에 대해 구체적으로 알려 주고 이들의 발광 효율과 수명, 열의 발생량을 비교하여 설명한 글이야.

● **주제**
백열전구, 형광등, LED의 구조와 발광 원리 및 특징

▼ **필라멘트(filament):** 전구 내부에서 전류에 의해 가열되어 빛을 발하는 가는 금속 선.

▼ **열전자(熱電子):** 금속이 가열되어 온도가 높아질 때 방출되는 전자.

▼ **자외선(紫外線):** 태양 광선의 스펙트럼을 사진으로 찍었을 때 가시광선의 바깥쪽에 나타나는 전자파를 통틀어 이르는 말.

▼ **반도체(半導體):** 전기를 전하는 성질이 중간 정도인 물질을 통틀어 이르는 말. 낮은 온도에서는 거의 전기가 통하지 않으나 높은 온도에서는 전기가 잘 통함.

▼ **정공(正孔):** 반도체의 전자가 밖에서 에너지를 받아 보다 높은 상태로 이동하면서 그 뒤에 남은 구멍.

독해력 Upgrade   ※각 문단의 중심 내용을 다음과 같이 정리할 때, 빈칸에 들어갈 알맞은 말을 쓰시오.

1 (발광 효율)을 높이는 방향으로 발전한 조명 기구	→	**2** 백열전구의 구조와 발광 원리 및 특징	→	**3** (형광등)의 구조와 발광 원리 및 특징	→	**4** (LED)의 구조와 발광 원리 및 특징

1 세부 정보 파악하기 답 ④

이 글을 통해 알 수 있는 내용이 아닌 것은?

① LED는 두 종류의 반도체를 접합한 구조로 되어 있다.
　　　　　　　　　　　　　　　　　　　　→ 4문단
② 형광등은 백열전구보다 나중에 등장한 조명 기구이다.
　　　　　　　　　　　　　　　　　　　　→ 1문단
③ LED는 반도체를 통해 전기 에너지를 직접 빛 에너지로
바꾼다. → 4문단
☑ 백열전구는 오랫동안 켜 두어도 필라멘트가 끊어질 염려
　　　　　　　　　　　× – 필라멘트가 고온으로 가열되므로 끊어지기 쉬움
가 없다.
⑤ 발광 효율이란 조명 기구에 공급되는 전력의 양이 빛으
로 바뀌는 비율이다. → 1문단

정답 풀이

2문단에서 백열전구는 "필라멘트가 고온으로 가열되므로 끊어
지기 쉬워 수명도 짧다."라고 하였다. 따라서 백열전구를 오랫
동안 켜 두면 고온으로 가열된 상태가 지속되어 필라멘트가 끊
어질 염려가 있으므로 ④는 적절하지 않다.

오답 풀이

① 4문단의 "LED는 p형, n형이라는 두 종류의 반도체를 접합한 구조로
되어 있다."에서 알 수 있다.
② 1문단의 "전기를 이용한 인류 최초의 조명 기구라 할 수 있는 백열전
구"에서 알 수 있다.
③ 4문단의 "LED는 전기 에너지를 직접 빛 에너지로 바꾸어 주기 때문
에"에서 알 수 있다.
⑤ 1문단의 "조명 기구를 밝히는 데 사용되는 전력의 양이 빛으로 바뀌
는 비율을 가리켜 발광 효율이라고 한다."에서 알 수 있다.

2 핵심 정보 파악하기 답 ⑤

이 글을 읽고 정리한 내용으로 알맞은 것은?

수명(짧다 < 길다)	백열전구 < LED < 형광등	①
	LED < 형광등 < 백열전구	②
열 발생(적다 < 많다)	백열전구 < 형광등 < LED	③
발광 효율(낮다 < 높다)	형광등 < LED < 백열전구	④
	백열전구 < 형광등 < LED	☑

정답 풀이

2문단에서 "백열전구는 발광 효율이 아주 낮다. 또한 필라멘
트가 고온으로 가열되므로 끊어지기 쉬워 수명도 짧다."라고
하였다. 그리고 3문단에서 형광등은 "백열전구에 쓰이는 전
력의 30% 정도로 같은 밝기의 빛을 낼 수 있다. 또한 백열전
구에 비해 열도 적게 나고 수명도 5~6배 정도 길다."라고 하
였다. 4문단에 따르면 LED는 백열전구나 형광등보다 발광
효율이 높고 필라멘트 같은 가열체가 없어 열이 적게 나며 수
명도 길다. 이와 같은 내용을 종합하면 수명과 발광 효율은
'백열전구 < 형광등 < LED'로 정리할 수 있고, 열 발생은 'LED
< 형광등 < 백열전구'로 정리할 수 있다.

3 자료 해석의 적절성 판단하기 답 ④

이 글을 참고하여 〈보기〉를 이해한 것으로 적절하지 않은 것은?

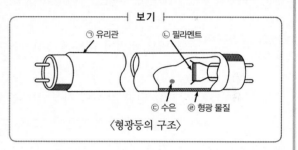
〈형광등의 구조〉

① ㉠ 안에는 아르곤과 같이 다른 물질과 화합하지 않는 기
체가 들어 있다.
② 형광등에는 ㉡이 두 개가 있으며 각각 양 끝에 붙어 있다.
③ ㉡에서 나온 열전자가 ㉢에 충돌하면 자외선이 발생한다.
☑ ㉢이 ㉣에 닿으면 전기 에너지가 빛으로 바뀐다.
　× – 자외선이 ㉣(형광 물질)에 닿으면 빛으로 바뀜
⑤ ㉣의 종류에 따라 빛의 색이 달라질 수 있다.

정답 풀이

3문단에서 "자외선이 형광등 안쪽에 발라진 형광 물질에 닿
으면 빛으로 바뀐다."라고 하였으므로, 수은(㉢)이 형광 물질
(㉣)에 닿아 빛이 만들어진다고 한 ④는 적절하지 않다.

오답 풀이

① 형광등은 원통형 유리관 안에 "다른 물질과 화합하지 않는 아르곤과
같은 기체"가 들어 있다고 하였다.
② 형광등은 "양 끝에 필라멘트가 붙어 있는 구조"라고 하였다.
③ "두 개의 필라멘트를 가열하면 열전자가 나오게 되는데, 이 열전자
가 수은 입자에 충돌하면 자외선이 발생"한다고 하였다.
⑤ "형광 물질의 종류에 따라 빛의 색이 달라지기도" 한다고 하였다.

어휘력 Upgrade
※다음의 빈칸에 들어갈 알맞은 말을 〈보기〉에서 찾아 쓰시오.

보기: 가열, 수명, 화합, 효율

1 물을 (가열)하면 수증기가 발생한다.
　→ 어떤 물질에 열을 가함
2 피로가 쌓일수록 일의 (효율)은 떨어지기 마련이다.
　→ 들인 노력과 얻은 결과의 비율
3 건전지의 (수명)이 다했는지 기기가 작동하지 않았다.
　→ 사물 따위가 사용에 견디는 기간
4 이번 축제는 지역 주민들이 함께 (화합)할 수 있는 좋은 계기가 될 것이다.
　→ 화목하게 어울림

씨를 뿌려 비를 만드는 인공 강우

● 지문 갈무리
이 글은 구름에 인공적인 영향을 주어 비를 내리게 하는 인공 강우 기술에 대해 소개하고 있어. 차가운 구름층인지 따뜻한 구름층인지에 따라 비를 내리는 원리가 다르다는 점을 설명하고, 인공 강우가 긍정적인 효과가 있는 한편 부작용을 가져올 수도 있다는 점을 함께 알려 주고 있어.

● 주제
인공 강우의 개념과 특징 및 전망

1 비는 자연 현상이기 때문에 사람의 힘으로 비가 오게 하는 것은 불가능하다고 여겨져 왔다. 그래서 대형 산불이 빨리 진화되지 않아 피해가 커질 때, 사람들은 비가 내리기를 그저 바랄 뿐이었다. 그런데 필요한 지역에 인공적˙으로 비를 내릴 수 있는 ㉠인공 강우 기술이 개발되었다. 인공 강우는 구름층은 형성되어 있지만 구름 방울˙들이 비가 내릴 수 있는 빗방울로 자라지 못하는 경우에, 인공적으로 구름 씨˙ 역할을 하는 작은 입자들을 대기 중에 뿌려 빗방울 형성을 촉진˙해 비를 내리게 하는 것이다. ▶인공 강우의 개념

2 인공 강우의 원리는 구름층의 속성에 따라 크게 두 가지로 나뉜다. 먼저 0℃ 이하의 차가운 구름층은 작은 얼음 알갱이인 빙정이 주변의 수증기 입자들을 끌어들여 큰 빙정이 되어 비나 눈으로 내린다. 이런 빙정 역할을 할 수 있는 요오드화 은이나 빙정 생성을 촉진하는 드라이아이스를 구름 씨로 뿌려 줌으로써 인공 강우를 유발할 수 있다. 다음으로 0℃ 이상의 따뜻한 구름층은 작은 물방울들이 충돌과 병합˙에 의해 큰 물방울로 성상하여 비를 내리기 때문에, 이런 역할을 촉진할 수 있는 염화 나트륨과 같은 흡습성˙ 물질이나 물을 구름 씨로 뿌려 주면 인공 강우가 일어날 수 있다. ▶구름층의 속성에 따른 인공 강우의 원리

3 인공 강우로 기상 상태를 효과적으로 조절하면 가뭄, 홍수, 집중 호우, 태풍과 같은 자연재해를 예방할 수 있고, 농작물 재배에 도움이 되며, 충분한 수자원을 미리 확보할 수 있다. 하지만 인공 강우는 구름이 형성되지 않은 맑은 하늘에서 비를 내리게 할 수는 없고 생성 초기의 짧은 순간의 구름에만 적용할 수 있는 한계점이 있다. ▶인공 강우의 효과와 한계

4 인공 강우는 여러 요인들을 고려하여 실시되어야 한다. 구름 씨를 뿌리는 시점이 적절하지 않거나 적당한 구름층이 형성되지 않은 상황에서 인공 강우를 시도하게 되면, 구름층에 큰 구멍이 생기고 구름 입자들이 떨어져 나가면서 구름층을 파괴하여 자연적으로 내리는 비마저 방해하는 상황이 발생할 수 있다. 또 인공 강우가 실시된 주변 지역이 장기간에 걸쳐 가뭄에 시달리는 경우도 발생할 수 있다. ▶인공 강우를 시도할 때 발생할 수 있는 부작용

5 최근에는 대기 중에 존재하는 수많은 입자들을 전기장으로 뒤흔들어 수증기를 끌어 모으는 방법으로 맑은 하늘에서 비를 내리게 하는 방법들이 연구되고 있다. 아마도 가까운 미래에는 구름층이 없는 상태에서도 비를 내리게 될 수 있을 것이다. 이처럼 기상 상태를 인간이 마음대로 조절할 수 있게 된다면 우리의 삶은 더 윤택˙해질 것이다. 하지만 이러한 시도들이 지구의 생태계에 어떤 악영향을 줄지는 아무도 예측할 수 없고 기술에 소요˙되는 비용도 막대하다. 우리 삶을 풍요롭게 해 주면서도 부작용을 최소화한 인공 강우 기술을 위해 더욱 체계적이고 신중한 연구가 꾸준히 진행되어야 할 것이다. ▶인공 강우 기술에 대한 전망과 당부

˙인공적(人工的): 사람의 힘으로 만든 것.

˙구름 방울: 대기 속에 떠다니면서 구름을 형성하는 작은 물방울.

˙구름 씨: 인공 강우를 만들기 위해 구름에 뿌리는 화학 물질.

˙촉진(促進): 다그쳐 빨리 나아가게 함.

˙병합(倂合): 둘 이상의 조직이나 사물을 하나로 합침.

˙흡습성(吸濕性): 물질이 공기 중의 습기를 빨아들이는 성질.

˙윤택(潤澤): 살림이 풍부함.

˙소요(所要): 필요로 하거나 요구되는 바.

독해력 Upgrade   ※각 문단의 중심 내용을 다음과 같이 정리할 때, 빈칸에 들어갈 알맞은 말을 쓰시오.

| **1** 인공 강우의 개념 | → | **2** (구름층)의 속성에 따른 인공 강우의 원리 | → | **3** 인공 강우의 효과와 (한계) | → | **4** 인공 강우를 시도할 때 발생할 수 있는 (부작용) | → | **5** 인공 강우 기술에 대한 전망과 당부 |

1 세부 정보 파악하기   답 ②

⊙에 대한 이해로 적절하지 <u>않은</u> 것은?

① ⊙은 구름 방울들이 자연적으로 빗방울로 자라지 못할
때 시도한다. → 1문단

✔ ⊙은 구름이 형성되지 않은 맑은 하늘에서 비를 내리게
   ⤷ × - 아직은 구름이 형성되지 않은 맑은 하늘에서 비를 내리게 할 수 없음
하는 기술이다.

③ ⊙으로 가뭄, 홍수, 집중 호우, 태풍과 같은 자연재해를
예방할 수 있다. → 3문단

④ ⊙을 실시할 때, 구름층의 온도에 따라 사용하는 화학 물
질의 종류가 다르다. → 2문단

⑤ ⊙을 잘못 시도하면 자연적으로 내리는 비마저 방해하는
부작용이 발생할 수 있다. → 4문단

정답 풀이

3문단의 "인공 강우는 구름이 형성되지 않은 맑은 하늘에서
비를 내리게 할 수는 없고"와 5문단의 "가까운 미래에는 구름
층이 없는 상태에서도 비를 내리게 될 수 있을 것이다."를 통
해 현재의 기술로는 구름층이 없는 맑은 하늘에서 비를 내리
게 할 수 없다는 것을 알 수 있다.

오답 풀이

① 1문단에서 "인공 강우는 구름층은 형성되어 있지만 구름 방울들이
비가 내릴 수 있는 빗방울로 자라지 못하는 경우에" 비를 내리게 하
는 기술이라고 하였다.

③ 3문단에서 "인공 강우로 기상 상태를 효과적으로 조절하면 가뭄, 홍
수, 집중 호우, 태풍과 같은 자연재해를 예방"할 수 있다고 하였다.

④ 2문단에서 0℃ 이하의 차가운 구름층에는 "빙정 역할을 할 수 있는
요오드화 은이나 빙정 생성을 촉진하는 드라이아이스를 구름 씨로
뿌려" 사용하고, 0℃ 이상의 따뜻한 구름층에는 작은 물방울들의 충
돌과 병합을 촉진하는 "염화 나트륨과 같은 흡습성 물질이나 물을
구름 씨로 뿌려" 사용한다고 하였다.

⑤ 4문단에서 "구름 씨를 뿌리는 시점이 적절하지 않거나 적당한 구름
층이 형성되지 않은 상황에서 인공 강우를 시도하게 되면, 구름층에
큰 구멍이 생기고 구름 입자들이 떨어져 나가면서 구름층을 파괴하
여 자연적으로 내리는 비마저 방해하는 상황이 발생할 수 있다."라
고 하였다.

2 자료 해석의 적절성 평가하기   답 ⑤

이 글을 읽고 <보기>에 대해 보인 반응으로 적절하지 <u>않은</u> 것은?

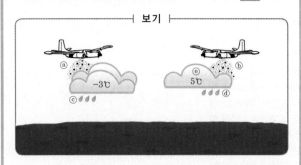

① ⓐ: 빙정 기능을 하는 요오드화 은을 구름 씨로 뿌리는
   ⤷ ○ - 차가운 구름층은 빙정 역할을 하는 요오드화 은을 구름 씨로 사용함
것이 좋겠군.

② ⓑ: 습기를 빨아들이는 염화 나트륨을 구름 씨로 사용하
   ⤷ ○ - 따뜻한 구름층은 흡습성이 있는 염화 나트륨을 구름 씨로 사용함
는 것이 적절하겠군.

③ ⓒ: 빙정들이 근처의 수증기를 끌어들여 크기가 커지면
   ⤷ ○ - 차가운 구름층에서 비가 만들어지는 원리로 알맞음
서 비로 내리겠군.

④ ⓓ: 작은 물방울들이 서로 부딪히고 합쳐지며 물방울이
   ⤷ ○ - 따뜻한 구름층에서 비가 만들어지는 원리로 알맞음
굵어져서 비가 오겠군.

✔ ⓔ: 생성된 지 오래된 구름층에 구름 씨를 뿌려야 인공
   ⤷ × - 인공 강우는 생성 초기의 짧은 순간의 구름에만 시도 가능함
강우가 성공할 확률이 높겠군.

정답 풀이

3문단에서 인공 강우는 "생성 초기의 짧은 순간의 구름에만
적용할 수 있는 한계점이 있다."라고 하였다. 따라서 생성된
지 오래된 구름층에 구름 씨를 뿌려야 인공 강우가 성공할 확
률이 높을 것이라는 반응은 적절하지 않다.

오답 풀이

① ⓐ에서 구름 씨를 뿌리려는 구름층은 −3℃의 차가운 구름층이다. 2
문단에 따르면 이 경우 요오드화 은이나 드라이아이스를 구름 씨로
뿌려 주어 인공 강우를 유발할 수 있다.

② ⓑ에서 구름 씨를 뿌리려는 구름층은 5℃의 따뜻한 구름층이다. 2문
단에 따르면 이 경우 염화 나트륨과 같은 흡습성 물질이나 물을 구
름 씨로 뿌려 주어 인공 강우를 유발할 수 있다.

③ 0℃ 이하의 차가운 구름층은 작은 얼음 알갱이인 빙정이 주변의 수
증기 입자들을 끌어들여 큰 빙정이 되어 비나 눈으로 내린다.

④ 0℃ 이상의 따뜻한 구름층은 작은 물방울들이 충돌과 병합에 의해
큰 물방울로 성장하여 비를 내린다.

 어휘력 Upgrade   ※다음의 빈칸에 들어갈 알맞은 말을 <보기>에서 찾아 쓰시오.

보기
병합
윤택
인공적
촉진

1 광고는 판매를 (촉진)하기 위한 가장 대표적인 수단이다.
    → 다그쳐 빨리 나아가게 함

2 신라는 24대 진흥왕 때 가야를 (병합)하여 국토를 확장하였다.
    → 둘 이상의 조직이나 사물을 하나로 합침

3 인류가 이룩한 문명은 인간에게 (윤택)한 생활을 가져다주었다.
    → 살림이 풍부함

4 동해안 일대는 천연적인 관광 자원과 (인공적)인 관광 자원이 잘 어우러져 있다.
    → 사람의 힘으로 만든 것

기술 08 초고층 건물이 휘청거리지 않는 이유는 뭘까

1 ④　　**2** ④　　**3** ⑤

● 지문 갈무리

초고층 건물을 지을 때는 건물에 작용하는 힘을 고려해야 해. 건물 자체의 무게나 바람 등으로 인해 가해지는 힘을 잘 버텨야 건물이 흔들리지 않고 안전하거든. 이 글은 초고층 건물이 건물에 작용하는 힘을 견딜 수 있도록 코어월 공법, 건물 단면의 곡선 처리, 댐퍼와 같은 기술이 활용됨을 설명하고 있어.

● 주제

하중을 견디기 위해 초고층 건물에 활용되는 기술

1 현재 세계에서 제일 높은 건물은 두바이에 있는 부르즈 할리파로 163층에 828미터이다. 이렇게 높은 건물은 어떻게 지어지는 걸까? 일반적으로 초고층 건물은 높이가 200미터 이상이거나 50층 이상인 건물을 말한다. 초고층 건물은 건물 자체의 엄청난 무게를 견뎌야 하며, 높은 곳의 거센 바람을 이겨 내야 한다. 이때 무게로 인해 위에서 아래로 작용하는 힘을 수직 하중˘이라 하고, 바람 등에 의해 가로 방향으로 작용하는 힘을 수평 하중이라고 한다. ▶초고층 건물의 개념과 초고층 건물이 받는 하중

2 부르즈 할리파는 하중을 견디는 방법으로 코어월 공법을 사용했다. 코어월(core wall)이란 건축물의 중앙부에 세우는 빈 파이프 모양의 철골 콘크리트 구조물로, 건물의 중심을 잡는 역할을 하는 벽체이다. 코어월의 가운데 빈 공간을 활용하기 위해 보통 이 부분에 계단이나 승강기, 수도 시설 등을 집중시킨다. 부르즈 할리파에 쓰인 코어월에는 800kg/㎠의 고강도 콘크리트가 사용되었는데, 이러한 고강도 콘크리트는 외부에서 작용하는 힘을 잘 지탱˘하여 건물이 크게 흔들리지 않게 한다. ▶하중을 견디기 위해 초고층 건물에 활용되는 코어월 공법

3 일반적으로 건물의 높이가 높아질수록 수평 하중이 커지는데, 바람은 건물에 작용하는 수평 하중의 대부분을 차지한다. 바람에 의한 수평 하중은 바람과 부딪히는 건물의 면적이 같을 때 바람의 세기와 비례하게 된다. 건물을 위에서 내려다본 단면˘이 사각형인 경우,「바람이 건물의 모서리에 부딪히면 일부 공기 덩어리가 떨어져 나간다. 이 공기 덩어리는 건물 뒤로 돌아가 소용돌이를 만들어 바람이 불어온 방향의 직각 방향으로 건물을 흔들게 된다.」건물의 단면을 곡선으로 하거나 모서리를 둥글게 한 건물은 떨어져 나가는 공기 덩어리를 작게 만들어 바람이 일으키는 진동을 감소시킬 수 있다. 유선형˘으로 생긴 물고기와 잠수함이 물의 저항을 덜 받는 것과 비슷한 원리라고 할 수 있다. 부르즈 할리파 역시 바람에 의한 수평 하중을 감소시키기 위해 건물의 전체 면을 곡선으로 처리하였다. ▶바람에 의한 수평 하중을 줄이는 건물의 곡선 처리

4 초고층 건물은 바람에 의한 건물의 흔들림을 줄이기 위해 특수한 설비를 이용하기도 하는데, 대표적인 것이 진동을 흡수하는 장치인 댐퍼이다. 건물 내부에 거대한 추를 매달아 둔다거나, 상층부에 무거운 구조물을 놓고 조금씩 움직일 수 있게 스프링 등으로 고정해 두면, 바람이 불어 건물이 기우는 방향과 반대로 추가 흔들리면서 하중을 상쇄˘시켜 건물의 흔들림이 줄어들게 된다. ▶바람에 의한 수평 하중을 줄이는 댐퍼 기술

˘하중(荷重): 물체에 작용하는 외부의 힘 또는 무게.

˘지탱(支撑): 오래 버티거나 배겨 냄.

˘단면(斷面): 물체의 잘라 낸 면.

˘유선형(流線型): 물이나 공기의 저항을 최소한으로 하기 위하여 앞부분을 곡선으로 만들고, 뒤쪽으로 갈수록 뾰족하게 한 형태.

˘상쇄(相殺): 상반되는 것이 서로 영향을 주어 효과가 없어지는 일.

독해력 Upgrade

※각 문단의 중심 내용을 다음과 같이 정리할 때, 빈칸에 들어갈 알맞은 말을 쓰시오.

| **1** 초고층 건물의 개념과 초고층 건물이 받는 하중 | ⇒ | **2** 하중을 견디기 위해 초고층 건물에 활용되는 (코어월) 공법 | ⇒ | **3** 바람에 의한 수평 하중을 줄이는 건물의 곡선 처리 | ⇒ | **4** 바람에 의한 수평 하중을 줄이는 (댐퍼) 기술 |

1 내용 전개 방식 파악하기 답 ④

이 글의 서술상의 특징으로 적절하지 않은 것은?

① 용어의 의미를 명확하게 제시하고 있다. → 1~2문단

② 구체적인 예를 들어 대상에 대해 설명하고 있다. → 1~3문단

③ 유추의 방법을 사용하여 독자의 이해를 돕고 있다. → 3문단

☑ 대상의 발달 과정을 중심으로 내용을 전개하고 있다.
　× - 대상의 발달 과정을 다루지 않음

⑤ 의문문을 사용하여 화제에 대한 관심을 유도하고 있다.
　→ 1문단

정답 풀이

이 글은 하중을 견디기 위해 초고층 건물에 사용되는 기술들을 소개하고 있다. 이들을 발달 과정에 따라 설명한 것은 아니므로 ④는 적절하지 않다.

오답 풀이

① 초고층 건물, 수직 하중과 수평 하중, 코어월 등의 뜻을 제시했다.

② 초고층 건물의 예로 부르즈 할리파를 언급하며 설명하고 있다.

③ 단면이 곡선으로 된 건물이 바람의 힘을 덜 받는 것은 "유선형으로 생긴 물고기와 잠수함이 물의 저항을 덜 받는 것과 비슷한 원리"라고 한 것에서 유추의 방법이 사용되었다.

⑤ "이렇게 높은 건물은 어떻게 지어지는 걸까?"라는 의문문을 통해 화제에 대한 관심을 유도하였다.

2 세부 정보 파악하기 답 ④

이 글의 내용과 일치하는 것은?

① 초고층 건물은 보통 100층 이상인 건물을 말한다.
　× - 높이가 200미터 이상이거나 50층 이상인 건물

② 건물의 높이가 높아질수록 수평 하중이 줄어든다.
　× - 커짐

③ 고강도 콘크리트는 초고층 건물의 안전을 위협하는 요인이다.
　× - 하중을 잘 지탱하여 건물 안전에 도움이 됨

☑ 건물에 작용하는 수평 하중의 대부분을 차지하는 것은 바람이다. → 3문단

⑤ 수직 하중은 바람이나 지진 등에 의해 건물의 사방에서 작용하는 힘이다.
　× - 수평 하중

정답 풀이

3문단에서 "바람은 건물에 작용하는 수평 하중의 대부분을 차지한다."라고 하였으므로 ④는 이 글의 내용과 일치한다.

오답 풀이

① 1문단에 따르면 초고층 건물은 높이가 200미터 이상이거나 50층 이상인 건물을 말한다.

② 3문단에 따르면 건물의 높이가 높아질수록 수평 하중이 커진다.

③ 2문단에 따르면 고강도 콘크리트는 외부에서 작용하는 힘을 잘 지탱하여 건물이 크게 흔들리지 않게 하므로 안전에 도움이 된다.

⑤ 1문단에 따르면 수직 하중은 무게로 인해 위에서 아래로 작용하는 힘이다.

3 반응의 적절성 판단하기 답 ⑤

이 글을 읽고 초고층 건물을 짓기 위해 나눈 의견으로 적절하지 않은 것은?

① 바람으로 건물이 흔들릴 때 진동이 흡수되도록 건물에 댐퍼를 설치해야 해요. → 4문단에 근거함

② 건물 중앙부에 고강도 콘크리트 구조물로 벽체를 세워서 건물의 중심을 잡아야 해요. → 2문단에 근거함

③ 바람에 의한 수평 하중을 감소시킬 수 있도록 건물의 단면을 곡선으로 처리해야 해요. → 3문단에 근거함

④ 계단과 승강기는 코어월의 가운데 빈 공간을 활용하여 건물 중심에 설치하는 게 좋겠어요. → 2문단에 근거함

☑ 건물 내부에 거대한 추를 매달아 두면 건물에 부딪히는 바람의 세기를 약화시킬 수 있어요.
　× - 바람에 의한 건물의 흔들림을 줄일 수 있음

정답 풀이

4문단에 따르면 건물 내부에 거대한 추를 매달아 두는 것은 진동을 흡수하기 위한 댐퍼 기술이다. 댐퍼를 설치하면 바람이 불어 건물이 기우는 방향과 반대로 추가 흔들리면서 하중을 상쇄시켜 건물의 흔들림이 줄어들게 된다. 댐퍼가 바람의 세기를 약화시키는 것은 아니므로 ⑤는 적절하지 않다.

오답 풀이

① 4문단에서 바람에 의한 건물의 흔들림을 줄이기 위해 진동을 흡수하는 장치인 댐퍼를 이용한다고 하였다.

② 2문단에서 건축물의 중앙부에 빈 파이프 모양의 철골 콘크리트 구조물을 세우는 코어월 공법으로 건물의 중심을 잡고 하중을 견딜 수 있다고 하였다.

③ 3문단에서 건물의 단면을 곡선으로 하거나 모서리를 둥글게 한 건물은 떨어져 나가는 공기 덩어리를 작게 만들어 바람이 일으키는 진동을 감소시킬 수 있다고 하였다.

④ 2문단에서 코어월의 가운데 빈 공간을 활용하기 위해 보통 이 부분에 계단이나 승강기, 수도 시설 등을 집중시킨다고 하였다.

어휘력 Upgrade　※다음의 빈칸에 들어갈 알맞은 말을 〈보기〉에서 찾아 쓰시오.

┌─ 보기 ─┐
단면
상쇄
지탱
하중
└──────┘

1 수레가 (하중)을 견디지 못해 주저앉았다.
　→ 물체에 작용하는 외부의 힘 또는 무게

2 지금 이 담은 버팀목 몇 개로 겨우 (지탱)되고 있다.
　→ 오래 버티거나 배겨 냄

3 주방장이 가로썰어 놓은 굴은 (단면)이 깨끗하여 활짝 핀 꽃처럼 보였다.
　→ 물체의 잘라 낸 면

4 영지가 왔다는 반가움이 민수가 오지 않았다는 섭섭함을 (상쇄)하지는 못했다.
　→ 상반되는 것이 서로 영향을 주어 효과가 없어지는 일

속도에 날개를 달다, 양자 컴퓨터

1 양자론은 우리 눈으로 확인할 수 없는 원자나 전자와 같이 물질을 구성하는 입자˘나 빛(광자) 등이 움직이는 원리를 파악하는 과학 이론이다. 그리고 이 양자론을 이해하는 핵심 열쇠는 '상태의 공존˘'이다. 우리가 실제로 체험할 수 있는, 즉 눈으로 확인 가능한 현실 세계의 관점에서 입자는 입자로, 파동˘은 파동으로 보이는 것이 상식이다. 그러나 원자나 전자처럼 극히 작은 양자˘의 세계에서는 <u>하나의 대상에 입자와 파동의 상태가 공존할 수 있다.</u>
_{양자론 이해의 핵심이 되는 원리}
_{양자론의 개념}
▶양자론의 개념과 양자론 이해의 핵심인 상태의 공존

2 이렇게 하나의 대상에 상태가 공존할 수 있다는 양자론의 관점과 원리가 활용된 것이 양자 컴퓨터이다. 우리가 현재 사용하고 있는 ㉠일반 컴퓨터의 경우, 정보를 표현할 때
_{중심 화제}
전류가 흐르거나 흐르지 않는 두 가지 상태를 각각 1과 0에 대응시키는 이진법을 사용한다. 이때 정보를 처리하는 최소 단위로 '비트(bit)'를 사용한다. 비트 하나에는 0과 1 두 가
_{일반 컴퓨터에서 정보 처리의 최소 단위}
지의 정보를 넣을 수 있는데, 정보를 표현할 때는 둘 중 하나만 나타낼 수 있다. 즉 <u>1비트가 한 번에 처리할 수 있는 정보는 하나이며, 두 개의 정보가 공존할 수 없는 것이다.</u> 그러
_{비트의 특징 ①}
므로「1비트로 나타낼 수 있는 정보는 0 또는 1의 두 가지이다. 두 개의 비트, 즉 2비트로
_{「」: 비트의 개수에 따라 나타낼 수 있는 정보의 양}
나타낼 수 있는 정보의 개수는 4개(00, 01, 10, 11)이고, 3비트로 나타낼 수 있는 정보의 개수는 8개(000, 001, 010, 011, 100, 101, 110, 111)이다.」이때 <u>각각의 비트는 순차적으로 입력해야 한다.</u> 예를 들어 111을 표현하기 위해서는 세 개의 비트를 순차적으로 입력해야
_{비트의 특징 ②}
만 하는 것이다.
▶비트를 최소 단위로 한 일반 컴퓨터의 정보 처리 방식

3 일반 컴퓨터와 달리 상태의 공존이 가능하다는 양자론을 바탕으로 한 ㉡양자 컴퓨터는 '양자 비트'를 정보 처리의 최소 단위로 한다. 양자 비트는 0과 1의 두 가지 정보를 동
_{양자 컴퓨터에서 정보 처리의 최소 단위}   _{양자 비트의 특징}
시에 나타낼 수 있어서, 1비트가 한 번에 두 개의 정보를 동시에 처리할 수 있다. 만약 두 개의 양자 비트가 있다면 4개의 정보(00, 01, 10, 11)를 한꺼번에 처리하는 것이 가능하며, n개의 양자 비트는 2의 n제곱만큼의 정보를 동시에 처리할 수 있다. 따라서 양자 컴퓨터의 연산 속도는 정보를 순차적으로 처리해야 하는 일반 컴퓨터와 비교할 수 없을 만
_{양자 컴퓨터의 특징}
큼 빠르다.
▶양자 비트를 사용해 정보를 동시에 처리하는 양자 컴퓨터

4「수학의 소인수 분해˘를 예로 들 경우, 250자리의 이진법 체계의 수를 소인수 분해 하
_{「」: 일반 컴퓨터와 양자 컴퓨터의 속도 차이}
려면 지금의 컴퓨터로는 80만 시간이 걸릴 것으로 예상한다. 만약 1,000자리의 이진법 체계의 수라면 우주의 나이보다도 더 많은 시간이 걸릴 것이라고 본다. 그러나 양자 컴퓨터로는 몇십 분 정도면 충분하다. 또한 기존 컴퓨터로는 해독하는 데 수백 년 이상 걸리는
_{양자 컴퓨터의 빠른 속도를 보여 주는 예 ① – 소인수 분해}
암호 체계도 양자 컴퓨터를 이용하면 불과 4분 만에 풀어낼 수 있다.」
_{양자 컴퓨터의 빠른 속도를 보여 주는 예 ② – 암호 해독}
▶정보 처리 속도가 아주 빠른 양자 컴퓨터

왼쪽 여백 (side notes)

● **지문 갈무리**
이 글은 기존의 일반 컴퓨터보다 연산 능력이 훨씬 뛰어난 양자 컴퓨터에 대해 설명하고 있어. '비트'를 사용하는 일반 컴퓨터와 '양자 비트'를 사용하는 양자 컴퓨터의 정보 처리 방식을 대조적으로 설명하고, 양자 컴퓨터의 연산 속도가 얼마나 빠른지를 구체적인 예를 들어 알려 주고 있지.

● **주제**
일반 컴퓨터와 양자 컴퓨터의 정보 처리 방식과 양자 컴퓨터의 뛰어난 연산 속도

˘**입자(粒子)**: 물질을 구성하는 미세한 크기의 물체.

˘**공존(共存)**: 두 가지 이상의 사물이나 현상이 함께 존재함.

˘**파동(波動)**: 공간의 한 점에 생긴 물리적인 상태의 변화가 차츰 둘레에 퍼져 가는 현상. 물의 겉면에 생기는 파문이나 음파, 빛 따위를 이른다.

˘**양자(量子)**: 더 이상 나눌 수 없는 에너지의 최소량의 단위.

˘**소인수 분해**: 자연수를 소수의 곱으로만 나타내는 일. 12는 2×2×3으로 나타낼 수 있다.

독해력 Upgrade

※각 문단의 중심 내용을 다음과 같이 정리할 때, 빈칸에 들어갈 알맞은 말을 쓰시오.

| **1** 양자론의 개념과 양자론 이해의 핵심인 상태의 공존 | → | **2** (비트)를 최소 단위로 한 일반 컴퓨터의 정보 처리 방식 | ⇨ | **3** (양자 비트)를 사용해 정보를 동시에 처리하는 양자 컴퓨터 | ⇨ | **4** 정보 처리 속도가 아주 빠른 양자 컴퓨터 |

1 내용 전개 방식 파악하기 답 ④

이 글의 서술 방식으로 적절하지 않은 것은?

① 대상의 뜻을 분명히 밝히고 있다. → 1문단

② 구체적인 예를 들어 독자의 이해를 돕고 있다. → 2문단, 4문단

③ 두 대상의 특징을 차이점을 중심으로 제시하고 있다. → 2문단, 3문단

✔ 대상이 지닌 한계를 비판하며 글을 마무리하고 있다.
　　　× - 글의 끝부분에서 대상이 지닌 한계를 비판하지 않음

⑤ 대조를 통해 두 대상 중 하나의 장점을 부각하고 있다. → 4문단

정답 풀이

이 글의 끝부분에서는 기존 컴퓨터와 양자 컴퓨터의 연산 속도를 대조하여 양자 컴퓨터의 빠른 속도를 부각하고 있다. 대상이 지닌 한계를 비판하지 않았으므로 ④는 적절하지 않다.

오답 풀이

① 1문단에서 양자론의 개념을 정의하였다.

② 2문단과 4문단에서 예를 들어 설명하고 있다.

③ 2~3문단에 걸쳐 일반 컴퓨터와 양자 컴퓨터의 정보 처리 방식의 차이를 설명하였다.

⑤ 4문단에서 일반 컴퓨터와 양자 컴퓨터의 연산 속도를 대조하여 양자 컴퓨터의 빠른 정보 처리 속도를 부각하였다.

2 핵심 정보 파악하기 답 ④

㉠과 ㉡에 대한 설명으로 적절하지 않은 것은?

① ㉠은 이진법을 사용하여 정보를 저장한다.

② ㉠과 달리 ㉡은 정보의 동시 처리가 가능하다.

③ ㉡은 ㉠보다 훨씬 빠른 속도로 연산이 가능하다.

✔ ㉡은 정보를 순차적으로 입력하여 차례대로 처리한다.
　　　× - ㉠(일반 컴퓨터)의 특징임

⑤ ㉠은 정보 처리 단위로 비트를, ㉡은 양자 비트를 사용한다.

정답 풀이

2문단에서 일반 컴퓨터(㉠)는 1비트가 한 번에 하나의 정보를 처리할 수 있으며, 각각의 비트를 순차적으로 입력하여 정보를 나타낸다고 하였다. 그리고 3문단에서 양자 컴퓨터(㉡)는 하나의 양자 비트가 0과 1의 두 가지 정보를 동시에 나타낼 수 있다고 하였다. 따라서 양자 컴퓨터(㉡)가 정보를 순차적으로 입력하여 차례대로 처리한다는 ④의 설명은 적절하지 않다.

3 내용 추론하기 답 ③

이 글로 미루어 알 수 있는 내용으로 적절한 것은?

① 일반 컴퓨터에서 10101을 나타내려면 4비트가 필요하다.
　　　　　　　　　　　　　　　　　× - 5비트가 필요함

② 일반 컴퓨터는 2비트로 두 가지의 정보를 나타낼 수 있다.
　　× - 네 가지 정보를 나타낼 수 있음

✔ 양자 컴퓨터에서 4개의 양자 비트는 16개의 정보를 동시에 처리할 수 있다.

④ 양자 컴퓨터는 하나의 대상에 상태가 공존할 수 없다는
　　　　　　　　× - 하나의 대상에 상태가 공존할 수 있다는 관점을 바탕으로 함
관점을 바탕으로 고안되었다.

⑤ 양자 컴퓨터는 소인수 분해와 같은 연산을 빠르게 해낼 수 있지만 암호 해독에는 적합하지 않다.
　　　　　　× - 암호 해독도 기존 컴퓨터보다 빠르게 해낼 수 있음

정답 풀이

3문단에서 "n개의 양자 비트는 2의 n제곱만큼의 정보를 동시에 처리할 수 있다."라고 하였다. 따라서 양자 컴퓨터에서 4개의 양자 비트는 2의 4제곱만큼, 즉 16개의 정보를 동시에 처리할 수 있다.

오답 풀이

① 일반 컴퓨터는 1비트가 0 또는 1 중 하나의 정보를 나타내므로 10101을 나타내려면 5비트가 필요하다.

② 일반 컴퓨터에서 2비트로 나타낼 수 있는 정보의 개수는 4개(00, 01, 10, 11)이다.

④ 양자 컴퓨터는 하나의 대상에 상태가 공존할 수 있다는 양자론의 관점과 원리가 활용된 것이다.

⑤ 양자 컴퓨터는 기존 컴퓨터보다 빠르게 암호 체계를 해독해 낼 수 있다.

단원 어휘 테스트

09회 01 ㉠ 02 ㉢ 03 ㉣ 04 ㉡ 05 윤택 06 빈곤 07 주행 08 전송 09 소요 10 누출 11 고갈 12 저력 13 유해 14 가속 15 전망 16 가정 17 흡수하여 18 적합하다 19 기여한 20 지탱하지

10회 01 ㉣ 02 ㉡ 03 ㉢ 04 ㉠ 05 정차 06 배출 07 상쇄 08 수신 09 고안 10 파손 11 양상 12 명맥 13 선호 14 부각 15 공존 16 향상 17 전환하기 18 조성하는 19 신중하게 20 제공하고

어휘력 Upgrade ※다음의 빈칸에 들어갈 알맞은 말을 〈보기〉에서 찾아 쓰시오.

보기
고안
공존
부각
파동

1 이 도시는 현대와 과거가 (공존)하고 있다.
　　→ 두 가지 이상의 사물이나 현상이 함께 존재함

2 소리의 (파동)은 고막에 전달된 후 증폭된다.
　　→ 공간의 한 점에 생긴 물리적인 상태의 변화가 차츰 둘레에 퍼져 가는 현상

3 생산량을 늘릴 수 있는 새로운 농사법이 (고안)되었다.
　　→ 연구하여 새로운 안을 생각해 냄

4 그는 세계 선수권 대회에서 우승을 거둔 이후 유망주로 (부각)되었다.
　　→ 어떤 사물을 특징지어 두드러지게 함

인권을 향한 외침, 여성 운동

1 인권이란 사람이 사람으로서 당연히 누려야 하는 인간답게 살 권리이다. 인권은 성
별, 국적, 나이 등의 조건과 무관하게 누구에게나 주어진 권리이다. 그러나「오랜 역사 속
에서 여성은 인권을 제대로 보호받지 못한 경우가 많았고, 흔히 남성과 가정에 종속˚된 존
재로 인식되었으며, 그러한 인식을 바탕으로 한 제도에 의해 억압˚받아 왔다.」 여성 운동
은 이러한 차별적인 상황을 극복하기 위한 사회 운동이다. 이는 여성이 주체적이고 동등
한 사회 구성원으로서 살아가는 사회를 실현하고자 하는 움직임으로, 우리나라에서는 개
화기 때부터 비롯되었다.
▶여성 운동의 배경과 개념

2 엄격한 유교 사회였던 조선에서는 남존여비˚의 가치관으로 인해 다양한 불평등이 존
재했다.「가부장으로서 가정에서 절대적인 권력을 가진 남성과 달리 여성은 남성에게 종속
되고 남성을 뒷받침하는 존재로 인식되었다. 사회 활동이 가능했던 남성과 달리 여성은
사회 활동이 금지되어 관직에 나아갈 수도 없었다.」 그러나 19세기 후반 개화기에 이르러
서구 문물이 들어오고 신교육을 받은 여성들이 등장하면서 이러한 사회에 대한 비판 의식
이 생겨났다. 그들은 여성도 인간으로서 자기 정체성을 가져야 한다고 보았으며, 여성 단
체를 조직하여 활동하면서 여성의 교육권 보장과 남녀의 균등˚한 교육 기회 등을 주장하
였다.
▶조선 사회의 불평등과 개화기의 여성 운동

3 20세기에 들어 자본주의가 정착하고 산업화가 이루어짐에 따라 여성의 사회적 활동
도 늘어났다. 그리고 신체 조건과 힘이 중요하던 노동 현장에 과학 기술이 도입되면서 여
성들도 노동 현장에서 중요한 역할을 맡게 되었다. 이에 따라 여성이라는 이유로 차별받
지 않을 권리를 더 활발히 주장하게 되었고, 이러한 여성 운동을 통해 여성의 사회적 지위
는 과거에 비해 많이 상승하게 되었다.
▶20세기 여성 운동과 여성의 지위 변화

4 21세기 여성 운동은 그 주체와 범위가 더욱 확장되면서 다양한 변화를 일으키고 있
다.「양성평등이 모든 사회 구성원이 함께 추구해야 하는 공동의 과제라는 인식이 확대되
었고, 여성의 인권 보장을 위해 법과 제도도 개선되고 있으며, 정치ㆍ경제ㆍ교육ㆍ문화
등 여성 운동의 영역도 더욱 다양해졌다.」 여성이 억압받아 온 역사에 비해 여성 운동의 역
사는 매우 짧지만, 짧은 시간 동안 이뤄 낸 성과와 변화는 적지 않다고 볼 수 있다. 앞으
로의 여성 운동은 이러한 성과를 바탕으로 하여 모든 사람의 평등, 인권, 복지를 추구하는
방향으로 확장되어야 할 것이다.
▶21세기 여성 운동의 양상과 여성 운동이 나아갈 방향

● **지문 갈무리**
역사적으로 대부분의 사
회에서는 성별에 따른
불평등 현상이 나타났
어. 많은 여성들이 여성
이라는 이유로 남성과
동등한 인권을 보장받지
못했던 거지. 이 글은 이
러한 배경 속에서 일어
난 여성 운동에 대해 소
개하고 있어. 개화기에
싹튼 한국 여성 운동의
흐름을 설명하고, 앞으
로 여성 운동이 나아갈
방향을 덧붙이고 있지.

● **주제**
여성 운동의 배경과 한
국 여성 운동의 전개

▼ **종속(從屬):** 자주성이
없이 주가 되는 것에
딸려 붙음.

▼ **억압(抑壓):** 자기의 뜻
대로 자유로이 행동하
지 못하도록 억지로
억누름.

▼ **남존여비(男尊女卑):**
남자는 높고 여자는
낮다는 뜻으로, 사회
적 지위나 권리 등에
서 남자를 여자보다
우대하고 존중하는 일
을 가리킴.

▼ **균등(均等):** 고르고 가
지런하여 차별이 없
음.

독해력 Upgrade　※각 문단의 중심 내용을 다음과 같이 정리할 때, 빈칸에 들어갈 알맞은 말을 쓰시오.

| **1** (여성 운동)의 배경과 개념 | → | **2** 조선 사회의 불평등과 (개화기)의 여성 운동 | → | **3** 20세기 여성 운동과 여성의 지위 변화 | → | **4** 21세기 여성 운동의 양상과 여성 운동이 나아갈 방향 |

1 중심 내용 파악하기　답 ④

이 글의 표제와 부제로 가장 적절한 것은?

① 인권과 여성 운동의 상관관계 – 조선 시대의 사례를 중심으로

② 남성과 여성, 그 불평등의 역사 – 교육과 노동 문제를 중심으로

③ 여성 운동이 나아갈 방향은 무엇인가 – 법과 제도의 개선을 중심으로

☑ 여성 운동은 왜, 어떻게 전개되었나 – 한국 사회의 여성 운동을 중심으로
　　1문단　　　2~4문단

⑤ 우리는 왜 여성 운동에 주목해야 하는가 – 21세기 여성 운동의 성과를 중심으로

정답 풀이

이 글은 1문단에서 여성 운동이 일어나게 된 배경을 설명하고, 2~4문단에서 개화기에 싹튼 한국의 여성 운동이 시대의 흐름에 따라 어떻게 전개되어 왔는지를 설명하였다. 따라서 이 글의 표제와 부제로 가장 적절한 것은 ④이다.

오답 풀이

① 이 글을 통해 여성 운동이 여성 인권의 확립을 추구한다는 점을 알 수 있으나, 인권과 여성 운동의 상관관계가 글 전체의 중심 내용은 아니며 조선 시대의 사례는 2문단에서 다루었을 뿐이다.

② 이 글은 남녀의 불평등의 역사가 아니라, 불평등을 극복하기 위해 일어난 여성 운동에 대해 중점적으로 다루고 있다.

③ 여성 운동이 나아갈 방향이 4문단에서 부수적으로 언급되었을 뿐이며, 법과 제도의 개선을 중심으로 방향을 제시하지도 않았다.

⑤ 시대별로 전개된 여성 운동의 내용과 성과를 통해 여성 운동에 주목해야 하는 이유를 짐작할 수는 있으나, 이것이 글 전체의 중심 내용은 아니다. 21세기 여성 운동의 성과 또한 4문단에서만 언급되었을 뿐이다.

2 반응의 적절성 판단하기　답 ⑤

이 글과 〈보기〉를 읽고 난 반응으로 적절하지 않은 것은?

┤ 보기 ├

〈대한민국 헌법〉

제11조 ① 모든 국민은 법 앞에 평등하다. 누구든지 성

별·종교 또는 사회적 신분에 의하여 정치적·경제적·사회적·문화적 생활의 모든 영역에 있어서 차별을 받지 아니한다.

〈양성평등 기본법〉

제3조 "양성평등"이란 성별에 따른 차별, 편견, 비하 및 폭력 없이 인권을 동등하게 보장받고 모든 영역에 동등하게 참여하고 대우받는 것을 말한다.

제4조 ① 모든 국민은 가족과 사회 등 모든 영역에서 양성평등한 대우를 받고 양성평등한 생활을 영위할 권리를 가진다.
② 모든 국민은 양성평등의 중요성을 인식하고 이를 실현하기 위하여 노력하여야 한다.

① 여성이라는 이유로 차별받지 않을 권리는 〈대한민국 헌법〉에서 보장하고 있어.
　○ – 헌법에서, 누구든지 성별에 의해 차별을 받지 아니한다고 하였음

② 우리 사회에서 양성평등이라는 개념이 확립되고 중시되기까지, 여성 운동이 많은 영향을 미쳤을 거야.
　○ – 이 글에 제시된 여성 운동의 내용과 성과를 통해 짐작할 수 있음

③ 〈양성평등 기본법〉을 보면, 오늘날 사회가 남존여비의 가치관이 당연시되었던 조선 사회에 비해 얼마나 많이 달라졌는지 알 수 있어.
　○ – 법에서 양성평등에 대해 명시하고 있는 것을 통해 알 수 있음

④ 양성평등이 단지 여성 운동만의 과제가 아니라 모든 사회 구성원이 함께 추구해야 하는 공동의 과제임을 〈양성평등 기본법〉에서 확인할 수 있어.
　○ – 제4조 ②에서 모든 국민이 양성평등 실현을 위해 노력해야 한다고 하였음

☑ 양성평등을 법에서 명시하고 있긴 하지만 현실의 차별은 여전히 존재하므로, 앞으로의 여성 운동은 여성의 이익을 극대화하는 것을 궁극적인 목표로 삼고 나아가야 해.
　✕ – 이 글과 〈보기〉를 통해 알 수 없음
　✕ – 모든 사람의 평등, 인권, 복지를 추구하는 방향으로 확장되는 것이 바람직함

정답 풀이

현실에 여전히 존재하는 성차별에 대해서는 이 글과 〈보기〉에 제시되지 않았다. 또한 이 글의 4문단에서 "앞으로의 여성 운동은 이러한 성과를 바탕으로 하여 모든 사람의 평등, 인권, 복지를 추구하는 방향으로 확장되어야 할 것이다."라고 하였고, 〈보기〉를 통해 법에서 추구하는 양성평등은 성별에 관계없이 모두가 동등하게 인권을 보장받고 대우받는 것임을 알 수 있다. 이를 종합적으로 고려할 때, 현실의 차별이 여전히 존재하므로 앞으로의 여성 운동이 여성의 이익을 극대화하는 것을 궁극적인 목표로 삼아야 한다는 ⑤의 반응은 적절하다고 볼 수 없다.

어휘력 Upgrade

※다음의 빈칸에 들어갈 알맞은 말을 〈보기〉에서 찾아 쓰시오.

┤ 보기 ├
균등
억압
영위
종속

1 인간의 삶이 과학 기술에 (종속)되어서는 안 된다.
　→ 자주성이 없이 주가 되는 것에 딸려 붙음

2 조선 시대에는 유교를 숭상하고 불교를 (억압)했다.
　→ 자기의 뜻대로 자유로이 행동하지 못하도록 억지로 억누름

3 꾸준히 운동을 해야 건강하고 활기찬 삶을 (영위)할 수 있다.
　→ 일을 꾸려 나감

4 지역의 (균등)한 발전을 위해서는 중앙에 집중된 인구와 기업들을 분산시켜야 한다.
　→ 고르고 가지런하여 차별이 없음

융합 02 프랙털, 수학에서 예술로 나아가다

● **지문 갈무리**
이 글은 수학적 개념인 '프랙털'이 예술 분야에서 응용되고 있음을 설명하고 있어. 먼저 친숙하지 않은 개념인 프랙털에 대해 소개한 다음, 이를 응용한 프랙털 아트의 개념과 구체적인 작품, 구현 방법 등을 설명하고 있지.

● **주제**
수학에서 출발한 프랙털의 특성과 이를 응용한 프랙털 아트의 특징

1 고사리 이파리를 확대해 보면 전체의 형태와 동일한 모양이 계속 반복되는 것을 발견할 수 있다. 이처럼 「부분의 모양이 전체의 형태를 닮는 '자기 유사성'을 지니면서, 전체와 동일한 모양이 부분에서 계속 반복되는 '순환성'이 나타날 때, 이러한 구조를 「프랙털(fractal)'이라고 한다.
▶프랙털의 개념 및 특성

2 프랙털의 예는 고사리 잎 외에도 자연에서 다양하게 찾아볼 수 있다. 눈의 결정체, 나뭇가지가 뻗어 나가는 모양, 울퉁불퉁한 해안선, 여러 줄기로 갈라져 나오는 번개, 심지어 사람의 혈관이 뻗어 나가는 모양에서도 프랙털 구조를 발견할 수 있다. 우리 눈으로 확인 가능한 규칙적인 자연 현상이나 모습뿐만 아니라, 언뜻 보면 불규칙해 보이는 자연 현상이나 모습에서도 프랙털을 찾아낼 수 있는 것이다.
▶자연에 다양하게 존재하는 프랙털의 예

3 프랙털이라는 용어는 1975년에 미국의 수학자 망델브로에 의해 제시되었다. 수학에서는 프랙털의 성질과 프랙털 이론을 적용해 만든 도형에 대한 연구가 이루어져 왔다. 이처럼 수학에서 출발한 프랙털은 예술 분야에서 응용˙되고 있는데 이를 '프랙털 아트'라고 한다. 프랙털 아트는 주로 컴퓨터 그래픽을 이용하여 같은 모양이 반복되는 추상적이고 몽환적˙인 그림이나 영상을 만들어 내는 시각 예술이다.
▶수학에서 출발한 프랙털을 예술에 응용한 프랙털 아트

4 프랙털 아트의 대표적인 작가로는 카와구치 요이치로가 있다. 그는 프랙털 모양을 발생시키는 소프트웨어를 이용하여 자신의 작품 세계를 확립˙하였다. 그의 대표작인 〈성장 모델(Growth Model)〉은 「조개껍질, 양과 사슴의 뿔, 산호 등의 성장 과정을 관찰하여 이를 컴퓨터 프로그램을 활용해 단순화시킨 뒤, 대상이

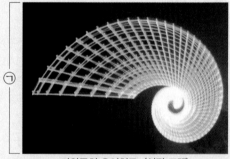
카와구치 요이치로, 〈성장 모델〉

만들어진 원리와 법칙에서 규칙성을 찾아 프랙털 아트로 구현˙한 작품이다. 프랙털 아트는 전통적인 예술 작품에서도 발견할 수 있다. 서양의 고딕 성당에 나타나는 스테인드글라스와 동양의 불교 미술인 만다라˙ 등이 대표적인 예이다. 이들 작품에서는 프랙털의 특성인 자기 유사성과 순환성을 찾아볼 수 있다.
▶프랙털 아트 작품의 예

5 프랙털 아트는 「규칙적으로 반복되는 이미지를 복사하여 나열하는 방법을 사용하거나, 반복되는 이미지들을 확대 또는 축소하여 이미지에 변화를 주기도 하며, 규칙적으로 반복되는 이미지 자체를 변환하는 방법을 사용하기도 한다.」 그러나 확대·축소·변환이라는 방법을 사용하더라도 이는 작품의 특정 부분에 변화를 주기 위한 방법일 뿐이며, 작품의 전체적인 모습은 '같은 모양의 반복'이라는 프랙털 구조에 바탕을 두고 있다.
▶작품 전체와 부분에서 사용되는 프랙털 아트의 구현 방법

˙**응용(應用)**: 어떤 이론이나 이미 얻은 지식을 구체적인 개개의 사례나 다른 분야의 일에 적용하여 이용함.

˙**몽환적(夢幻的)**: 현실이 아닌 꿈이나 환상과 같은 것.

˙**확립(確立)**: 체계나 견해, 조직 따위가 굳게 섬.

˙**구현(具現)**: 어떤 내용이 구체적인 사실로 나타나게 함.

˙**만다라(曼茶羅)**: 신성한 단에 부처와 보살을 배치한 그림으로 우주의 진리를 표현한 것.

독해력 Upgrade ※각 문단의 중심 내용을 다음과 같이 정리할 때, 빈칸에 들어갈 알맞은 말을 쓰시오.

| **1** (프랙털)의 개념 및 특성 | → | **2** (자연)에 다양하게 존재하는 프랙털의 예 | → | **3** (수학)에서 출발한 프랙털을 예술에 응용한 프랙털 아트 | → | **4** 프랙털 아트 작품의 예 | → | **5** 작품 전체와 부분에서 사용되는 프랙털 아트의 구현 방법 |

1 세부 정보 파악하기　　답 ③

이 글에 언급된 내용이 아닌 것은?

① 프랙털의 특성 → 1문단

② 프랙털 아트의 개념 → 3문단

☑ 프랙털 도형의 구체적인 예 → ×

④ 프랙털이 발견되는 자연 현상 → 2문단

⑤ 프랙털이라는 용어를 제시한 학자 → 3문단

정답 풀이

3문단에서 "수학에서는 프랙털의 성질과 프랙털 이론을 적용해 만든 도형에 대한 연구가 이루어져 왔다."라고 하였을 뿐, 프랙털 도형의 구체적인 예는 제시하지 않았다.

2 반응의 적절성 판단하기　　답 ③

이 글의 ⊙에 대한 반응으로 적절하지 않은 것은?

① 컴퓨터 프로그램을 활용하여 만들어 낸 시각 예술이군.
→ 3, 4문단에 근거함

② 작품 전체를 이루는 기본 원리는 같은 모양의 반복이군.
→ 5문단에 근거함

☑ 눈에 보이는 규칙적인 자연 현상을 사실적으로 묘사하였군.
×－자연물을 관찰한 결과를 단순화시켜 컴퓨터 프로그램으로 구현함

④ 반복되는 이미지들을 부분에 따라 확대, 축소하여 변화를 주었군. → 5문단에 근거함

⑤ 자연물의 성장 과정을 관찰하여 그것에서 찾아낸 규칙성을 구현하였군. → 4문단에 근거함

정답 풀이

3문단에서 "프랙털 아트는 주로 컴퓨터 그래픽을 이용하여 같은 모양이 반복되는 추상적이고 몽환적인 그림이나 영상을 만들어 내는 시각 예술"이라고 하였으며, 4문단에서 프랙털 아트의 대표 작품인 〈성장 모델〉이 "조개껍질, 양과 사슴의 뿔, 산호 등의 성장 과정을 관찰하여 이를 컴퓨터 프로그램을 활용해 단순화시킨 뒤, 대상이 만들어진 원리와 법칙에서 규칙성을 찾아 프랙털 아트로 구현한 작품"이라고 하였다. 이를 바탕으로 할 때 ③의 반응은 적절하지 않다.

오답 풀이

① 3문단에 제시된 프랙털 아트의 개념과 4문단에 제시된 〈성장 모델〉의 제작 과정을 바탕으로 할 때 적절하다.

②, ④ 5문단에 제시된 프랙털 아트의 구현 방법을 바탕으로 할 때 적절하다.

⑤ 4문단의 "조개껍질, 양과 사슴의 뿔 ~ 구현한 작품이다."를 바탕으로 할 때 적절하다.

3 구체적 사례에 적용하기　　답 ④

이 글을 참고하여 〈보기〉의 ㉮~㉰를 이해한 것으로 적절하지 않은 것은?

┤ 보기 ├

㉮ 생드니 대성당　　㉯ 시에르핀스키　　㉰ 눈 결정체
　스테인드글라스　　　삼각형

① ㉮는 프랙털을 응용한 전통적인 예술 작품이다.

② ㉯는 자기 유사성을 갖는 도형이다.

③ ㉰는 자연에서 찾아볼 수 있는 프랙털의 예이다.

☑ ㉮와 ㉯는 불규칙한 자연 현상에도 프랙털이 존재함을 보여 준다.
×－불규칙한 자연 현상과 관련 없음

⑤ ㉮, ㉯, ㉰는 동일한 모양이 반복되는 순환성을 보인다.

정답 풀이

〈보기〉의 ㉮는 고딕 성당의 스테인드글라스로 전통적인 예술 작품에서 발견되는 프랙털 아트이고, ㉯는 프랙털 이론이 적용된 수학적 도형이다. ㉮, ㉯ 모두 불규칙한 자연 현상에 존재하는 프랙털 구조를 나타낸 것이 아니므로 ④는 적절하지 않다.

오답 풀이

① 4문단에서 "프랙털 아트는 전통적인 예술 작품에서도 발견할 수 있다."라고 하며 서양의 고딕 성당에 나타나는 스테인드글라스를 예로 들었는데, ㉮가 이에 해당한다.

② ㉯는 부분이 전체의 모양을 닮는 성질, 즉 자기 유사성을 갖는 프랙털 도형이다.

③ 2문단에 따르면 ㉰와 같은 눈의 결정체는 자연에서 찾아볼 수 있는 프랙털의 예에 해당한다.

⑤ ㉮, ㉯, ㉰는 각각 동일한 모양이 계속 반복되고 있으므로 순환성을 지녔다.

어휘력 Upgrade　　※다음의 빈칸에 들어갈 알맞은 말을 〈보기〉에서 찾아 쓰시오.

┤ 보기 ├
구현
몽환적
응용
확립

1 희곡은 무대에서 (구현)되는 문학이다.
→ 어떤 내용이 구체적인 사실로 나타나게 함

2 교통질서를 (확립)하기 위해 제도를 정비하였다.
→ 체계나 견해, 조직 따위가 굳게 섬

3 식물에 대한 과학적 지식이 농업에 (응용)되고 있다.
→ 어떤 이론이나 이미 얻은 지식을 구체적인 개개의 사례나 다른 분야의 일에 적용하여 이용함

4 이 그림은 마치 꿈속을 여행하는 듯한 (몽환적) 기분을 느끼게 한다.
→ 현실이 아닌 꿈이나 환상과 같은 것

가상 세계의 문을 여는 AR과 VR

1 증강 현실(AR)은 실제 세계에 3차원 가상 물체를 겹쳐 보여 주는 기술로, 현실 세계에 실시간으로 부가˚ 정보를 갖는 가상 세계를 합쳐 하나의 영상으로 처리한다. 축구 중계를 할 때 그라운드에 나타나는 정보 그래프가 대표적인 예이다. 가상 현실(VR)은 실제와 ㉠비슷하나 실제가 아닌 인공 환경을 기본 개념으로 하고 있다. 이 환경은 상상이나 환영˚의 개념은 아니면서 현실과는 밀접하지만 그렇다고 현실은 아닌 공간이다. 가상 현실은 어떤 특정한 환경이나 상황을 컴퓨터로 만들어, 그것을 사용하는 사람이 마치 실제 그 세계 안에 존재해 직접 경험하는 것처럼 만들어 준다. ▶증강 현실과 가상 현실의 개념

2 이러한 증강·가상 현실 구현을 위해서는 여러 기술이 필요한데, 지금까지 가장 활발하게 기술이 진척˚된 분야는 눈을 ㉡감싸는 머리 덮개형 디스플레이, 즉 HMD(Head Mounted Display) 개발 분야이다. HMD는 인간의 감각 중 가장 많은 정보를 받아들이는 시각을 속여 맨눈으로 볼 때와 최대한 비슷하게 만드는 기술을 기반으로 한다. 초창기 HMD는 눈앞 액정에 시각 정보를 제공하는 수준이었지만 디스플레이 기술이 ㉢나아지면서 최근에는 오감˚을 다양한 센서와 결합한 HMD가 출시되었고 이러한 HMD는 게임이나 교육용 프로그램에서 최적의 몰입도를 갖게 하고 있다.

▶증강·가상 현실을 구현하는 데 필요한 HMD 기술의 발전 현황

3 그러나 증강·가상 현실 기술들에 대한 우려의 목소리도 높다. 첫째는 조작 가능성이다. 프로그램에 대한 접근과 조작이 ㉣쉬워진다면 이것이 악용되어 사용자들의 자유 의지가 제한되고 억압될 수 있다. 둘째로 사람 간의 관심이나 공감의 결여˚이다. 현실에서 상처받은 사람들이 증강·가상 현실로 들어간다면 사람을 통한 감정 교류가 축소되면서 관심을 주고받는 것을 회피하거나 공감 능력이 떨어지게 될 수 있다. 마지막으로 현실 도피에 대한 우려이다. 가상 현실에 지나치게 몰입하여 현실을 거부하는 사람들이 늘어날 수 있다는 것이다. ▶증강·가상 현실에 대한 우려

4 이와 관련하여 우리는 보드리야르의 철학론을 ㉤눈여겨볼 필요가 있다. 보드리야르는 광고가 발달하고 이미지가 넘치는 현대 사회에서는 현실보다 가상이 더 중요시되고 있다고 보았다. 그는 현실보다 더 현실 같은 허상˚이 우리의 사유를 특정 방향으로 마비시키고 있으며 이로 인해 사람들이 현실과 가상을 잘 구분하지 못하고 수동적, 순응적 존재가 된다고 하였다. 이러한 보드리야르의 철학은 증강·가상 현실과 우리 삶의 관계를 다시 한번 생각해 보게 한다. 증강·가상 현실 기술이 발전해 나감에 따라 그것을 현명하게 받아들이는 태도에 대한 고민도 필요할 것이다. ▶증강·가상 현실과 관련하여 보드리야르의 철학에 주목해야 할 필요성

독해력 Upgrade

※각 문단의 중심 내용을 다음과 같이 정리할 때, 빈칸에 들어갈 알맞은 말을 쓰시오.

1 (증강 현실)과 가상 현실의 개념	→	**2** 증강·가상 현실을 구현하는 데 필요한 (HMD) 기술의 발전 현황	→	**3** 증강·가상 현실에 대한 우려	→	**4** 증강·가상 현실과 관련하여 보드리야르의 철학에 주목해야 할 필요성

1 세부 정보 파악하기

답 ④

이 글의 내용과 일치하는 것은?

① 증강 현실은 현실에는 존재하지 않는 공간을 기반으로
　×-가상 현실의 특징임(1문단)
한다.

② 최근의 HMD 기술은 눈앞 액정에 시각 정보를 제공하는
　　　　　　　　　×-초창기 HMD 기술임(2문단)
수준에 이르렀다.

③ 축구 중계에서 그라운드에 나타나는 정보 그래프는 가상
현실 기술의 예이다.
×-증강 현실 기술의 예임(1문단)

☑ HMD의 기반은 시각을 속여 맨눈으로 볼 때와 최대한 비
○-2문단에 제시됨
슷하게 만드는 기술이다.

⑤ 보드리야르는 광고가 발달하고 이미지가 넘치는 현대에
서는 가상보다 현실이 더 중요시된다고 보았다.
×-현실보다 가상이 더 중요시되고 있다고 보았음(4문단)

정답 풀이

2문단에서 "HMD는 인간의 감각 중 가장 많은 정보를 받아들
이는 시각을 속여 맨눈으로 볼 때와 최대한 비슷하게 만드는
기술을 기반으로 한다."라고 하였다.

2 관점 파악하기

답 ⑤

〈보기〉의 입장에서 ③에 대해 할 말로 가장 적절한 것은?

┤ 보기 ├

'외상 후 스트레스 장애(PTSD)'는 교통사고, 전쟁, 폭행
등 생명을 위협할 정도의 극심한 스트레스를 경험한 후 발
생하는 심리적 반응으로 우울증, 분노 장애, 악몽 등의 증
상이 나타난다. 그런데 이러한 PTSD를 치료하는 데 가상
현실 프로그램이 뛰어난 효과가 있음이 증명되었다. 가상
현실 프로그램을 통한 PTSD 치료에서는, HMD를 환자에
게 씌우고 이것이 가상 현실임을 알려 주면서 환자가 경험
한 것과 비슷한 상황을 눈앞에 보여 준다. 환자는 당시의
끔찍한 기억을 떠올리면서도 이것이 가상 현실임을 알기
에 그 장면을 마주할 수 있다. 이러한 치료가 거듭되면서
환자는 점점 눈앞의 상황에 둔감해지고 스트레스 장애도
감소된다. 치료 결과 90% 정도의 장애가 개선되었다.

① 가상 현실로 인해 환자들의 자유 의지가 제한되고 억압
　×-3문단에 제시된 관점
될 수 있다.

② 가상 현실 기술은 의료 분야에서 더욱 쉽고 단순하게 구
　×-〈보기〉의 관점이 아님
현될 수 있다.

③ 가상 현실 치료 프로그램을 만든 사람은 환자를 감시하
　×-〈보기〉의 관점이 아님
는 역할을 할 수 있다.

④ 상황에 따라서는 가상 현실을 통해 현실에서 도피하는
　×-〈보기〉의 관점이 아님
것이 삶에 도움이 되기도 한다.

☑ 현실에서 상처받은 사람들이 가상 현실의 도움을 받는
○-치료의 측면에서 가상 현실을 긍정적으로 보는 〈보기〉의 관점이 드러남
것을 부정적으로만 볼 수는 없다.

정답 풀이

3문단은 증강·가상 현실 기술로 발생할 수 있는 문제점을
언급하였고, 〈보기〉는 가상 현실 기술이 의학 분야에서 효과
적으로 활용될 수 있다는 점을 말하고 있다. 즉 〈보기〉는 치
료의 측면에서 가상 현실을 긍정적으로 보고 있으므로, 이러
한 입장에서 3문단에 대해 할 말로 가장 적절한 것은 ⑤이다.

3 어휘의 문맥적 의미 파악하기

답 ②

문맥상 ㉠~㉤과 바꿔 쓰기에 적절하지 않은 것은?

① ㉠: 유사하나　　　☑ ㉡: 용납하는

③ ㉢: 발전하면서　　④ ㉣: 용이해진다면

⑤ ㉤: 주목할

정답 풀이

㉡의 '감싸다'는 '전체를 둘러서 싸다.'의 뜻이고, ②의 '용납하
다'는 '너그러운 마음으로 남의 말이나 행동을 받아들이다.'의
뜻이므로 서로 바꿔 쓰기에 적절하지 않다.

오답 풀이

① 유사하다: 서로 비슷하다.
③ 발전하다: 더 낫고 좋은 상태나 더 높은 단계로 나아가다.
④ 용이하다: 어렵지 아니하고 매우 쉽다.
⑤ 주목하다: 관심을 가지고 주의 깊게 살피다.

단원 어휘 테스트 ✔

11회 01 ㉡　02 ㉠　03 ㉣　04 ㉢　05 상승　06 악용　07
오감　08 환영　09 구현　10 조작　11 몰입　12 정착　13 확
립　14 진척　15 결여　16 응용　17 현명한　18 거부했다　19
축소했다　20 개선하기로

어휘력 Upgrade　※다음의 빈칸에 들어갈 알맞은 말을 〈보기〉에서 찾아 쓰시오.

┤ 보기 ├

결여
부가
둔감
진척

1 공사가 순조롭게 (진척)되어 기한 내에 마무리될 전망이다.
　　　　　　　　　　└ 일이 목적한 방향대로 진행되어 감

2 음식이 뜨거울 때는 혀가 (둔감)해져서 맛을 잘 느끼지 못한다.
　　　　　　　　　　　　└ 무딘 감정이나 감각

3 해설 위원은 자신감이 (결여)된 선수들의 태도 때문에 경기에서 패배한 것이라고 보았다.
　　　　　　　　　　　　└ 있어야 할 것이 빠져서 없거나 모자람

4 아버지는 전화 통화를 비롯한 기본적인 서비스만 사용하실 뿐 (부가) 서비스는 전혀 이용하지 않는다.
　　　　　　　　　　　　　　　　　　　└ 주된 것에 덧붙임

memo

www.ggumtl.co.kr

청소년들 모두가 아름다운 꿈을 이룰 그날을 위해
꿈을담는틀은 오늘도 희망의 불을 밝힙니다.

중학 국어 일등급 독해력 ①

•• 비문학을 어렵게 느끼고 다가가기 힘들어하는 학생들이 많습니다. 이 책은 학생들에게 비문학 독해란 무엇인지 알려 주고 독해 연습을 통해 비문학과 차차 친해질 수 있도록 하지요.　　　　　　　　　　　　　　　– 김경아 선생님

•• 독해력과 어휘력은 국어 공부뿐만 아니라 모든 학습의 바탕입니다. 이 책을 단짝처럼 옆에 두고 매일매일 공부하면 독해력과 어휘력을 키울 수 있고, 이는 학교 공부를 잘할 수 있는 바탕이 됩니다.　　　　　– 백승재 선생님

•• 다양한 글 읽기는 사고의 폭을 넓히고 지식을 확장시켜 줍니다. 이 책은 예술, 사회, 인문, 과학, 기술, 융합의 다양한 지문을 수록하여 풍부하고 핵심적인 이슈들을 짚어 보게 합니다.　　　　　　　　　　　– 최홍민 선생님

•• 최근 수능 국어에는 정보량이 많은 긴 비문학 지문이 출제되고 있습니다. 이러한 흐름을 볼 때 이제 중학생에게도 비문학 독해 학습이 꼭 필요해졌습니다. 이 책은 지문과 문제에서 수능 유형을 충실하게 반영하여, 수능까지 내다본 비문학 공부를 시작하기에 더없이 좋은 교재입니다.

　　　　　　　　　　　　　　　　　　　　　　　　　– 송경님 선생님

지은이 김우경 외　**펴낸곳** (주)꿈을담는틀
펴낸이 백종민　**등록번호** 제302-2005-00049호
대표전화 1544-6533　**팩스** 02-749-4151　**펴낸날** 2019년 9월 25일 초판 1쇄
주소 서울시 영등포구 당산로 50길 3 꿈을담는빌딩　**홈페이지** www.ggumtl.co.kr

새 교과서에 맞춘 최신 개정판

적중! 영문법 3300제

문법 개념 정리		내신 대비 문제
출제 빈도가 높은 문법 내용을 표로 간결하게 정리	+	연습 문제+영작 연습+중간·기말 고사 대비+워크북

1. **최신 개정 교육과정 교과서 연계표** (중학 영어 교과서의 문법을 분석)
2. **서술형 대비 강화** (학교 시험에 자주 나오는 서술형 문제 강화)
3. **문법 인덱스** (적중! 영문법 3300제의 문법 사항을 abc, 가나다 순서로 정리)